U0457294

# 权威·前沿·原创

皮书系列为
"十二五""十三五"国家重点图书出版规划项目

BLUE BOOK

智库成果出版与传播平台

智能交通蓝皮书
**BLUE BOOK** OF INTELLIGENT TRANSPORTATION

# 中国智能交通产业发展报告（2021）

ANNUAL REPORT ON DEVELOPMENT OF INTELLIGENT
TRANSPORTATION INDUSTRY IN CHINA (2021)

研　创 / 中国智能交通协会

社会科学文献出版社
SOCIAL SCIENCES ACADEMIC PRESS（CHINA）

**图书在版编目（CIP）数据**

中国智能交通产业发展报告.2021/中国智能交通
协会研创.－－北京：社会科学文献出版社，2022.1
（智能交通蓝皮书）
ISBN 978－7－5201－9629－1

Ⅰ.①中… Ⅱ.①中… Ⅲ.①交通运输管理－智能系
统－研究报告－中国－2021 Ⅳ.①U495

中国版本图书馆 CIP 数据核字（2022）第 006897 号

**智能交通蓝皮书**

## 中国智能交通产业发展报告（2021）

研　　创／中国智能交通协会

出 版 人／王利民
责任编辑／张丽丽
文稿编辑／公靖靖
责任印制／王京美

出　　版／社会科学文献出版社·城市和绿色发展分社（010）59367143
　　　　　地址：北京市北三环中路甲 29 号院华龙大厦　邮编：100029
　　　　　网址：www.ssap.com.cn
发　　行／社会科学文献出版社（010）59367028
印　　装／三河市东方印刷有限公司

规　　格／开　本：787mm×1092mm 1/16
　　　　　印　张：26.75 字　数：402 千字
版　　次／2022 年 1 月第 1 版 2022 年 1 月第 1 次印刷
书　　号／ISBN 978－7－5201－9629－1
定　　价／128.00 元

读者服务电话：4008918866

▲ 版权所有 翻印必究

# 智能交通蓝皮书编委会

主　　任　李朝晨

顾　　问　（按姓氏拼音排序）

　　　　　岑晏青　关积珍　郭继孚　黄建玲　贾利民
　　　　　李　斌　李兴华　李作敏　刘宝树　马　林
　　　　　王长君　吴志新　张　毅　赵新勇　赵玉民

主　　编　杨　颖　王　力

委　　员　（按姓氏拼音排序）

　　　　　初秀民　刘　浩　孟春雷　穆　屹　史天运
　　　　　宋向辉　王　杰　王　亮　王　羽　魏　运
　　　　　吴宏刚　张　笛　张纪升　张　可

主要执笔人　（按姓氏拼音排序）

　　　　　边　扬　蔡　蕾　初秀民　董海龙　方　靖
　　　　　高国飞　郭　悦　郝　亮　何东林　何　伟
　　　　　何忠贺　侯凯文　胡　娟　黄　辣　蒋仲廉
　　　　　兰加芬　李海舰　李　恒　李宏海　李　静
　　　　　李　平　李铁柱　李学飞　李亚檬　刘　浩
　　　　　刘建峰　刘漫霞　刘雨辰　吕晨阳　孟春雷

彭璐易　邵　赛　石永辉　史天运　宋　琪
宋　瑞　宋向辉　隋莉颖　孙　玲　孙杨世佳
王东柱　王　浩　王　磊　王　力　王　娜
王　羽　魏　运　吴宏刚　修伟杰　杨莹莹
于海洋　曾　敏　曾乾瑜　张　凡　张纪升
张　可　张立立　张玲玉　张　孜　赵　丹
赵晓华

# 研创单位简介

中国智能交通协会成立于 2008 年，是由科技部牵头，公安部、交通运输部、住房和城乡建设部、中国国家铁路集团有限公司、中国民航局等交通行业主管部门共同发起，经民政部注册、登记的具有法人资格的全国性、行业性非营利社会组织，是代表中国智能交通行业面向世界的唯一的国家级社会组织。自成立以来，中国智能交通协会一直在政府的领导下，面向企业，建立政府与企业沟通的桥梁，促进企业间的横向联系与合作；推动行业技术进步和产业资源整合，促成产、学、研合作，推进国际交流与合作；加快交通领域的信息化、智能化进程，依法维护行业和会员的合法权益，促进中国智能交通产业的健康可持续发展。

# 主要编撰者简介

**李朝晨** 中国智能交通协会理事长。长期在科学技术部工作,曾担任科学技术部新闻发言人、办公厅主任、政策法规与体制改革司司长,中国驻美国使馆公使衔科技参赞,中国驻英国使馆公使衔科技参赞,科学技术部国际合作司巡视员、人事司副司长、国外干部处处长,原国家科委成果局成果处处长、奖励处处长,中国驻希腊使馆一等科技秘书等。长期从事科技政策、科技外事、科技宣传、科技管理等方面的工作,具有很好的国际视野、政策水平、组织领导能力和对外工作能力,熟悉和了解国家科技发展与改革、科技法规与政策、科技外交和外事、科技成果转化等方面的工作,曾参加中长期科技发展规划纲要配套政策的起草和协调、中美创新对话、中美和中英科技合作、国家发明奖励条例修订、科技进步奖励条例制定等重要工作。

**杨 颖** 中国智能交通协会秘书长。主要研究领域为智能交通。曾参与国家科技攻关计划、"863"计划、国家科技支撑计划项目并主持参加了多个课题研究,多年组织编写智能交通行业相关图书,自2011年起每年组织出版《中国智能交通行业发展年鉴》《智能交通产品与技术应用汇编》等。

**王 力** 教授,博士生导师,城市道路交通智能控制技术北京市重点实验室主任,北方工业大学电气与控制工程学院院长,北京市科技新星,北京市长城学者,中国智能交通协会中青年专家,中国仪器仪表学会物联网工作委员会常务理事。主要研究方向为城市交通系统控制理论与技术、车路协同与系统智能等,主持国家自然科学基金项目、国家重点研发计划子课题、北京市科委项目等 40 余项,实现混杂交通系统控制、动静态交通一体优化等理论和技术创新,研究成果在北京、山东等地得以应用。先后获得省部级科技奖 5 项,发表学术论文 50 余篇,申请国家发明专利 11 项。

# 筑牢交通强国建设的智能科技基石

　　交通方式的演进和基础设施的发展始终与人类文明的进程息息相关。两千年前的丝绸之路，架设起东西方经济、文化交流的桥梁。陶渊明笔下桃花源的阡陌交通，构造出农耕时代良田美池交错相通的理想家园。从农耕文明迈入工业时代后，现代交通更是以惊人的能量驱动经济发展，带来人类生产生活方式翻天覆地的变化。在世纪交替的50多年中，以信息技术、清洁能源为引领的科技革命和产业变革浪潮席卷全球，使交通这一古老而又新鲜的领域呈现群体突破的创新发展态势，深度重塑交通发展新模式，催生了一个世人瞩目的新领域。

　　以系统观审视交通科技创新群体突破的浩荡时代潮流，一个突出的特征，就是多学科、跨领域的集成创新和融合发展。信息技术、新能源、新材料和先进制造广泛交叉形成的技术群整体演进，推动着交通工具、运载装备和基础设施等持续升级换代。互联网系统、大数据、云计算以及各类传感器，推动人、机、物的深度融合并形成万物互联的智能交通体系，成为构建智能社会的重要基础设施。

　　中国的交通科技创新与新一轮科技革命和产业变革相向而行，在国家现代化进程中的战略意义不断凸显。以习近平同志为核心的党中央立足国情、着眼全局、面向未来，确立了建设交通强国的重大战略决策。交通是建设现代化经济体系的先行领域。实现交通事业科技创新富有活力、智慧引领，是实现强国目标的核心和关键所在，也是构建布局完善、立体互联的基础设施，实现交通装备先进适用、完备可控，运输服务安全可靠、便捷舒适，运

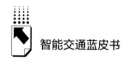
行质量经济高效、绿色低碳等交通强国目标任务的坚实保障。

过去20余年，在政产学研用各方的共同努力下，我国智能交通科技创新成就斐然。伴随着持续的创新发展，一个安全可靠、便捷高效、绿色智能、开放共享的现代化综合交通运输体系正在形成。交通科技产业界积极把握信息化机遇，推动先进信息基础设施与交通领域的跨界深度融合，为交通的智能化不断注入新动力。特别是智能化交通工具的高速发展，与智慧公路、智慧城市建设齐头并进，使交通产业生态圈不断拓展新空间，给人们的出行带来更多保障和便利。面对突如其来的新冠肺炎疫情，智能交通相关技术应用在疫情防控和服务保障、复工复产过程中起到了至关重要的作用。

当前，5G通信、人工智能、大数据等技术加速推广应用，交通领域逐步呈现"车路协同""车能融合""车网互联"态势："车路协同"依托智能网联技术，汇聚多渠道实时信息，为自动驾驶提供超越感知视野的认知智能，实现新能源汽车与智能交通、智慧城市的深度融合；"车能融合"利用高速公路沿线和停车场周边空间建设光伏发电设施，在服务区建设充换电站、氢能加注站等，都是便利电动出行、推进低碳交通的好办法；"车网互联"通过交通装备与道路网、物联网、能源网等多网融合，打通客流、物流、信息流，实现信息与城市、交通、充电设施的互联互通，提升交通系统的质量与效益。智能交通产业体系正在孕育兴起，其影响深刻且广泛，将为人类社会发展做出重大贡献。

千帆竞发，勇立潮头者胜。通过科技创新为智能交通赋能加油，推动交通科技高水平的自立自强，为交通强国建设筑牢基石，是时代赋予我们的重大使命，我们必须以强大的创新自信，百尺竿头更进一步。这一自信源于党和政府的战略决策和高度重视，源于国家现代化进程为交通科技创新开辟的广阔空间，源于广大科技工作者与企业家、管理者团结合作、矢志创新、不断开拓的豪情壮志。越是在激烈的竞争中，越是要加紧锤炼队伍，燃放创新创造的激情。创新赛场瞬息万变，机遇稍纵即逝，我们要更加善于洞察和把握世界交通科技创新发展的规律，清醒认识我们在核心关键技术、标准体系等方面与其他国家的差距，强化攻关，迎头赶上。要以人才为本，加快培养各方面的领军人才，创造更具吸引力的优质创新生态环境，大力推动产学研融合发展，形成富有活力的交通创新体系。

当前智能时代的创新日益体现出平台化、协同化的特征。我们要大力发挥产学研各创新主体的引领作用，更需要有平台型组织来架设交流互动的桥梁，以最大限度地提升创新体系的效能。中国智能交通协会作为全国性、行业性的国家级社会组织，在各部门的指导支持下，坚持服务于交通领域的信息化、智能化，坚持以有效的公共产品服务会员，为智能交通领域的平台建设、科技进步、产业发展发挥了积极的催化和协同作用。《中国智能交通产业发展报告（2021）》的出版，具有重要意义。《中国智能交通产业发展报告（2021）》汇聚起各方面专家智慧，以前瞻的视野研判智能交通发展趋势，是一本寓战略思考与发展实践于一体的读物，希望能够为智能交通领域的同行和社会各界提供有益借鉴，更广泛地团结起科技界、产业界力量，并使各方力量共同参与到智能交通产业高质量发展事业中。

是为序。

2021 年 10 月 11 日

# 摘　要

　　我国智能交通经过 20 余年的发展，取得了显著成效。随着新一代信息技术的发展，在政策、需求等因素的有力支持下，我国智能交通基础设施及应用系统的建设和运营日益成熟，智能交通发展理念、技术内涵、应用场景和服务对象的不断变化带动着我国智能交通产业规模稳步上升，智能交通已成为综合交通运输系统创新发展和交通强国建设的有力支撑，推动着国民经济的高质量发展。

　　智能交通是当今社会的关注热点。结合智能交通产业发展的实际需求，中国智能交通协会组织行业专家，通过产业框架梳理、现状调查分析、阶段性发展特征提取等方式，研究提出产业发展建议，描绘产业发展蓝图，面向行业出版发行《中国智能交通产业发展报告（2021）》。

　　本书是全面系统地记述我国智能交通产业发展现状的年度研究报告，主要包括总报告、分报告、专题篇、借鉴篇、附录五个部分。总报告通过对智能汽车、智慧公路、新基建、智慧出行、城市道路交通管理等智能交通主要领域进行产业发展现状特征提取，分析我国智能交通产业发展趋势及面临的挑战，提出产业未来发展策略。分报告和专题篇覆盖了公路、铁路、水路、城市轨道交通、城市道路交通、智能汽车、智慧停车和智慧机场等多个领域，通过翔实的数据和现状调查展现了相关领域的发展全貌，针对产业发展的热点问题和面临的挑战进行深入分析并提出对策和建议。借鉴篇主要通过对中欧智能交通发展特点及趋势的比较，提出了中欧智能交通未来合作领域、方向及相关建议。附录借助 2020 年我国智能交通市场规模统计数据分

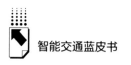
析了我国区域智能交通发展特点。

《中国智能交通产业发展报告（2021）》认为，我国智能交通产业已进入稳步有序发展的阶段，新技术的跨界融合有效提升了交通管理和交通服务水平，轨道、公路、水运、机场等基础设施统筹规划，加速推进了综合立体交通网建设，提升了多种交通方式运行的协同性、安全性、高效性，从而促进了智能交通产业链的不断完善。但是，产业发展在面临广阔市场前景的同时，也不断暴露出瓶颈与短板。核心关键技术自主可控能力薄弱且受制于人，高端人才缺乏，智能交通技术、产品和应用方面已有的标准体系滞后且不健全、不统一等因素，都制约着行业新产品、新模式、新业态的发展。因此，为促进智能交通行业的可持续发展，应加强顶层设计，健全法律法规标准体系建设，加强多层次人才储备，强化融合创新、协同发展，通过资源优化、统筹实施，推进各种运输方式的智能化建设，提高交通大数据资源共享与利用效率，完善智能化的交通安全与应急保障体系，从而最终构建安全、绿色、便捷、高效、经济、可持续的生态交通体系。

本书以严谨与通俗并重的方式，既从受众的角度让广大读者了解我国智能交通产业的发展现状与趋势，又从专业的角度分析产业发展面临的问题并提出对策及建议，将为交通行业相关管理部门、科研院所、高校企业、社会公众把握整个智能交通产业发展动向提供参考和借鉴。

**关键词：** 智能交通　产业发展　交通强国建设

# 目 录

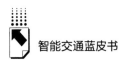
## Ⅲ 专题篇

## Ⅳ 借鉴篇

## Ⅴ 附 录

皮书数据库阅读**使用指南**

# 总 报 告

## General Report

**B.1**

# 2020年中国智能交通产业发展分析及展望

李朝晨 杨颖 宋琪*

摘 要： 2020年中国智能交通产业在诸多利好政策引导和新技术发展背景下，虽然面临新冠肺炎疫情重大考验，但仍继续保持良好的发展势头，智能汽车快速发展，新型道路基础设施和智慧公路建设大力推进，交通管理效率和一体化出行服务质量持续提升。总体上，智能交通产业发展机遇和挑战并存，创新驱动和民生改善的迫切需求为智能交通产业发展创造了广阔的市场前景，但与此同时，基础研究不足、标准体系建设滞后、核心关键技术自主可控能力薄弱、市场应用推广机制不完善等制约产业发展的诸多问题依然较为突出。为支撑交通强国建设，满足我国交通运输"四网融合"的重大发展需

---

* 李朝晨，中国智能交通协会理事长，长期从事科技政策、科技创新、科技管理、国际合作等方面的工作；杨颖，中国智能交通协会秘书长，高级工程师，主要研究方向为智能交通；宋琪，博士，中国智能交通协会咨询研究部，主要研究方向为智能交通行业标准化。

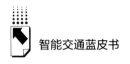

求，促进交通运输行业产业升级和创新发展，未来我国智能交通发展亟待加强顶层设计和科技创新，强化面向应用场景的产品研发，加快完善智能交通技术标准化建设。重点推动智能化交通基础设施、基于智能技术的交通安全与应急保障体系、以人为本的智慧出行服务、高效能车路协同与自动驾驶等方面的创新发展，加大自主创新研发投入，着力提升智能交通产业整体发展能力。

关键词：　智能交通　智慧出行　车路协同

# 一　中国智能交通产业发展现状

20 多年来，中国智能交通发展取得了显著成效，已从以道路交通智能管理为主的初步探索阶段，发展为支撑综合交通运输系统高效安全运行的全方位创新和规模化应用新阶段。特别是随着信息技术、人工智能、互联网等技术的发展，智能交通发展理念、技术内涵、应用场景和服务对象都发生了巨大的变化，新一代智能交通系统正在逐渐形成。

"十二五"与"十三五"时期，以云计算、大数据、物联网、移动互联网、人工智能、高精度定位等为代表的新一代信息技术蓬勃发展，催生了以网约车、共享单车、定制公交、小微型客车分时租赁、代驾、代客泊车等为代表的城市出行服务新业态，为智能交通技术创新和市场拓展注入了新的活力和动力，促进了智能交通产业发展。近年来，综合交通运输智能化、协同化越来越得到重视，各运输方式、各交通领域协同化运营和一体化服务的需求日益凸显。在以移动互联为代表的新一代信息技术"互联网＋"时代，统筹各界力量、整合各方资源，构建智能、绿色、高效、安全的综合交通运输体系成为大势所趋。智能交通技术在保障交通运输安全稳定运行、提升交通运输管理和服务水平、改善人们的出行体验等方面发挥了至关重要的作用。特别是新冠肺炎疫情的突发，给交通运输带来巨大的挑战和考验。在疫情防控的重要时期，交通运输既是遏制病毒传播的重要环节，又是服务人民群众出行、维护社会生产生活秩序，以及保障疫情防控期间医护人员等重点人群出行和防控物资供应的重要支撑。交通溯源、运行监测、重大物资运输监管等智能交通技术和系统应用，有效地保障了我国交通运输及疫情防控的重大需求。

2020年，中国智能交通产业经历了新冠肺炎疫情这场大考，在经受住考验的同时，发展方向更加明确，应用领域也进一步扩展。ITS114数据统计显示，截至2020年12月底，我国智能交通千万项目的市场规模约为616.21亿元，其中城市智能交通千万项目市场规模约为296.12亿元，项目数约为1400个，高速公路信息化千万项目市场规模约为320.09亿元，项目数近500个。受新冠肺炎疫情影响，市场规模、项目数量相比2019年均有所下降，但与2019年之前比，仍有很大幅度的增长。

## （一）智能汽车发展战略推动产业转型升级

2020年2月，国家发展改革委等11部门联合出台了《智能汽车创新发展战略》，提出了我国智能汽车下一个五年发展战略格局，明确了发展智能汽车的战略愿景和主要任务。2020年12月，《交通运输部关于促进道路交通自动驾驶技术发展和应用的指导意见》发布，提出加快推动智能网联汽车封闭测试、开放道路测试系统的建设。在国家政策引导和市场驱动双重作用下，智能汽车和自动驾驶领域的技术研发热情高涨，高精度地图、激光雷达以及车载计算芯片等近几年都取得了很大进展。同时，新型基础设施建设的全面推进，为导航定位、高精地图、5G等相关行业以及为智能交通设施、智能交通管理设施建设提供相关产品的智能交通企业营造了广阔的市场前景。新势力造车企业与传统车企结束"各自为战"的局面，加强合作、创新融合，着力于共同推进智能汽车产业发展。

根据《2020年新车智能化程度调查报告》统计数据，2020年上半年上市新车走势维持在较低的水平，每月新车均未超过20款，6月以后，国内疫情趋于

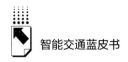

缓和，新车上市的频次也逐步增加。2020 年全国上市 265 个车系，共计 1099 个车型，其中智能汽车 89 个车系，占 33.58%；车型 210 个，占 19.11%。①智能汽车领域企业持续注入资金支持技术开发、产品生产，2020～2021 年中国智能网联汽车领域共有 107 件投融资事件，融资金额在 2020 年达到顶峰，超过了 400 亿元，其中战略投资和 C 轮融资的占比最大，北京市的融资数量最多。除此之外，2020～2021 年还有 5 家相关企业进行了 IPO 上市，其中 2 家企业在上、深交所上市，3 家企业在美国上市。

与此同时，智能汽车相关法律法规、技术标准及认证管理成为我国交通管理领域的关注热点和工作重点，我国正在有序推进智能汽车安全责任主体认定、智能汽车道路交通违法违规行为取证和处置、安全事故追溯和责任追究等相关法规建设。只有健全与智能汽车应用场景相适应的交通管理法律法规，才能规范智能汽车行业并促进其健康发展，才能为智能汽车参与下的道路交通安全和畅通保驾护航。

## （二）新型道路基础设施建设蓬勃发展

2020 年 3 月，中共中央政治局常务委员会召开会议，明确提出要加快推进国家规划已明确的重大工程和基础设施建设，其中包括加快 5G 网络、数据中心等新型基础设施建设进度。这短短的一句话，让"新型基础设施建设"再次成为热词。我国以智慧公路、智能铁路、智慧航道、智慧港口、智慧民航、智慧邮政、智慧枢纽建设为载体，以先进信息技术的应用赋能交通产业，不断推动既有交通基础设施的升级和新型道路基础设施建设。

具体而言，包括 5G、北斗三号全球卫星导航系统、ETC 和数据中心在内的各种新型基础设施得到快速发展，5G 推进速度超过计划。工信部数据显示，2020 年我国大概新增 58 万个 5G 基站，推动共建共享 5G 基站 33 万个，年初制定的所有地市都有 5G 覆盖的目标已经实现。5G 技术的连续广

---

① 《2020 年新车智能化程度调查报告》，太平洋汽车网，2020 年 12 月 31 日，https：//www.pcauto.com.cn/news/2365/23656831.html。

域覆盖、热点高容量、低功耗大连接和低时延高可靠等优点，为自动驾驶、交通感知网络落地应用提供了良好的信息支撑环境。北斗三号全球卫星导航系统在2020年7月31日正式开通，已逐步应用在自动驾驶、交通管控等方面。2020年全年ETC应用的利好政策频出，ETC建设持续推进，ETC和各种新型基础设施的应用快速向智慧交管、智慧公路、智慧停车等市场扩展。据交通部门统计，自2020年起，全国29个联网省份的487个高速公路省界收费站全部取消，各类通行费减免等优惠政策均依托ETC系统实现。全国共建成ETC门架2.66万套，改造ETC车道6.75万条、天线等外场设备25万余套，全国ETC用户累计超过2.26亿，全网进入一体化运行服务的新阶段，在很大程度上缓解了因收费而导致的交通拥堵问题，促进了物流业降本增效和区域协同发展。①

### （三）新型基础设施建设背景下智慧公路建设有力推进

智慧公路正成为公路行业研究和应用的热点领域。交通运输部在9省市开展的新一代国家交通控制网和智慧公路试点工程持续推进，推动了公路数字化、网络化、智能化发展。构建交通基础设施网、感知通信控制网和绿色能源网深度融合的智能公路网，越来越成为共识。

高速公路是政府投资基础设施建设的主要领域，根据交通运输部统计数据，2017～2020年，我国高速公路建设投资额逐年增长，2020年，全国高速公路建设完成投资1.3万亿元，比2019年增长17.2%，取得阶段性进展。同时，互联网＋、大数据、云计算、物联网、人工智能、移动互联网等新技术的创新融合应用，实现了高速公路感知监测、运营管理、出行服务等能力的全面提升。

### （四）出行服务智慧化日益普及

近年来，我国出行服务市场的发展逐渐趋于理性，朝着多样化、共享

---

① 王刚：《智慧高速与车路协同高质量发展》，第二十三届中国高速公路信息化大会，2021年4月。

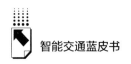
化、定制化方向发展。交通、旅游等各类信息充分开放，一体化出行服务蓬勃发展，长期存在的出行需求与服务资源的数据链和信息交互瓶颈得到突破，市场驱动的各类数字化出行助手不断涌现，为旅客提供了"门到门"的全程出行定制服务。基于智能技术的定制公交、智能停车、汽车维修、网约车、共享单车、小微型客车分时租赁等城市出行服务新业态不断壮大。随着政府监管机制的完善和运营企业服务意识的增强，规范运营和提升服务品质已成为出行服务新业态的发展重点。

2020 年，各省市政府愈加重视构建一体化出行服务平台，北京、上海、广州等城市纷纷布局建设各自的出行服务平台。同时，互联网企业如高德、腾讯、百度等依托数据优势，通过汇集各种出行方式、提供统一服务入口、加强与政府合作，纷纷发布了各自的出行服务解决方案。

2017～2019 年，我国移动出行的用户规模持续扩大，市场规模也呈现逐年扩大的态势。据《2021 年中国移动出行产业全景图谱》数据统计，2018 年移动出行用户规模突破 5 亿人，2019 年达到 5.63 亿人，2020 年受到新冠肺炎疫情居家政策的影响，第一季度出行活跃度大幅下降，第二季度疫情得到有效控制，移动出行活跃度逐渐恢复，用户规模约为 5.69 亿人。整体来看，2020 年移动出行行业整体市场规模下降幅度不大，市场规模约为3255.3 亿元。①

## （五）交通运输现代化治理能力快速提升

交通运输高质量发展离不开行业治理能力现代化。2020 年，交通运输部对交通运输治理体系和治理能力现代化再次作出战略性规划，提出到2025 年，交通运输高质量发展的制度体系基本形成，行业现代治理能力和治理效能明显提升，有力支撑交通强国建设，服务现代化经济体系建设和民生改善的作用更加突出。

---

① 前瞻产业研究院：《预见 2021：〈2021 年中国移动出行产业全景图谱〉（附市场现状和发展趋势等)》，搜狐网，2021 年 8 月 2 日，https：//www.sohu.com/a/480884477_ 473133。

2020年，在新冠肺炎疫情影响下，交通运输产业依靠交通仿真决策、人工智能、大数据分析、并行计算等领域的理论知识、关键技术、硬件资源与软件产品，准确研判客流和物流在全国范围内的流动状况，实现了对城市疫情防控时期交通管理措施的定制化分析与方案优化，支撑了各个地区疫情防控和复工复产决策的重大需求，提升了综合运输网和城市交通管理的决策与服务能力。

### （六）综合交通大数据一体化平台建设加快

各种运输方式智能化、一体化趋势日益凸显，为了适应和支撑道路、铁路、水路、空中交通等多种交通方式协同运行及高效衔接，国家和各地加快了综合交通大数据一体化平台建设。以数据资源赋能交通发展为切入点，推动大数据与综合交通运输深度融合，因地制宜，通过有效构建地方特色的综合交通大数据中心体系，规范数据标准，加强数据汇集、数据挖掘的能力，使之有效支撑综合交通运输决策管理与服务。

## 二 中国智能交通产业发展趋势和挑战

2019年9月，中共中央、国务院印发《交通强国建设纲要》，在基础设施、交通装备、运输服务、科技创新、安全保障、开放合作、治理体系和能力方面为中国智能交通未来发展指明了方向，明确了智能交通应当发挥的支撑作用、应当营造的发展环境和应当实现的应用场景，是中国未来相当长一段时间内智能交通建设的统领性文件。2021年2月，中共中央、国务院印发《国家综合立体交通网规划纲要》，勾勒了未来15年我国综合立体交通网的建设目标和实现路径。在《交通强国建设纲要》《国家综合立体交通网规划纲要》加快推进的背景下，我国智能交通产业将面临新技术与交通行业深度融合、多方式运输智慧协同、支撑新型基础设施建设、打破智能交通信息资源共享壁垒、打造智慧出行体系等发展趋势，既有良好政策环境和市场需求的强力支持，也面临产业自身培育和核心技术自主创新的强烈需求。

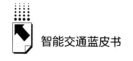
## （一）发展趋势

**1. 新技术与交通行业深度融合**

新一代信息技术的飞速发展，为智能交通的技术变革提供了重要的技术支撑。智能交通系统的核心在于将多种先进技术有效集成运用于整个交通运输系统，通过技术融合和协同创新应用，实现大范围、全方位发挥作用的实时、准确、高效的综合运输组织和管理，增强交通运输的效能和安全保障能力。在落实"双纲要"重大战略任务部署的背景下，迫切需要构建新兴技术与智能交通深度融合的完整体系，建立政产学研协同推进的创新机制，面向交通行业应用场景和技术需求，重点解决高新技术在交通运输领域的应用落地和融合创新的重大难题，促进智能交通产业持续健康发展。

面向交通运输行业重大应用需求和存在的主要技术难题，通过大数据、云计算、信息模型等技术的融合建设"智慧服务系统"；发挥物联网、计算机视觉等技术优势突破智能化服务核心技术瓶颈，实现传统服务功能的数字化升级迭代；通过深度融合车联网、能源网、信息网、交通运输网，提高能源利用效率和交通运输效率，满足旅客、货物运输的动态和实时响应要求；强化5G、超级计算、人工智能的协同赋能打造"智慧管理系统"，利用"智"力代替人力，极大提升资源管理水平和安全保障能力。

**2. 多方式运输智慧协同**

《交通强国建设纲要》明确提出，要推动铁水、公铁、公水、空陆等联运发展，推动交通发展由各种运输方式相对独立发展向更加注重一体化融合发展转变，构建安全、便捷、高效、绿色、经济的现代化综合交通体系，但目前多式联运水平低和转换效率不高的问题依旧突出。因此，针对着力打造互联互通、无缝对接、安全高效、服务便捷的海陆空铁立体多式联运现代化综合交通体系的迫切需求，亟待通过智能技术和智能交通产业发展，助力和支撑多方式协同运行体系构建。

一是健全交通互通枢纽设施智能化运行体系，统筹规划建设多种运输方式智能化高效换乘和集疏系统，构建数字化智慧枢纽运行管理和服务技术支撑系统，全面深化多式联运综合交通体系基础保障，确保发展多式联运模式的基本设施支持到位。

二是建立现代化交通信息开放共享机制，铁水、公铁、公水、空陆等联运信息应做到及时精准互通，搭建多式联运智能调控平台，实时统筹协调。以管理服务信息化为突破口，推动多种运输方式全时空全方位高效共同作用，实现旅客、货物系统的高效服务和运转，着力推进实现"1小时经济圈"快速通勤目标，促进物流降本增效。

三是推进典型示范工程建设，形成以典型带动全体的发展模式，充分应用信息、智能技术推动多式联运系统和装备研发，发挥多式联运在建设客运服务体系、现代流通体系中的重要纽带作用，努力实现国内大循环与国内国际双循环战略链接。

**3. 支撑新型基础设施建设**

新型基础设施建设主要包括5G基站建设、特高压、城际高速铁路和城市轨道交通、新能源汽车充电桩、大数据中心、人工智能、工业互联网七大领域，以新发展理念为引领，以技术创新为驱动，以信息网络为基础，面向高质量发展需要，形成数字化、信息化、智能化的基础设施体系。现阶段，智能交通面临着基础设施网、运输服务网、信息网和能源网"四网"融合的发展要求和技术难题，亟待在系统架构、关键部件、设备、集成应用系统等方面，研发低成本、高效能的体系化解决方案和实用化产品，支撑传统交通基础设施数字化更新和新型智能化交通基础设施建设。

**4. 打破智能交通信息资源共享壁垒**

中国智能交通管理系统建设主体较多，涉及公安管理部门、交通管理部门、城建部门等多个职能部门，各个部门之间缺乏有效及时的信息沟通，导致机构设置冗余、信息重叠或脱节、系统之间相互独立等一系列资源分散的问题。此外，对于同一智能交通管理系统也存在分批建设、单独建库、单独应用的问题，各个应用系统的信息达不到深度集成与共融。亟待建立信息共享和互联互通的管理机制及技术模式，打破信息和资源的壁垒，实现跨管辖区域、跨交通模式的信息资源无缝衔接及高效利用。因此，建立部门协同、

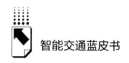

合作机制，完善相关法律、法规和标准的支撑，建立综合交通信息平台，实现交通数据的采集与统计、通信传输、分析与挖掘、交换与共享、实时发布等服务，是未来智能交通系统发展的必然趋势。平台建设过程中应处理好数据共享涉及的公平性、安全性、隐私性、包容性等敏感问题。现阶段，交通领域的数据共享已开始初步形成，但应用范围还很有限，对于地区的交通利益相关方来说，最基本、最重要的是保证数据收集的安全和隐私问题。在建立安全、规范、共享的综合交通信息平台的过程中，应推动相关企业广泛参与，形成部门、企业等多方利益共享、相互支撑协同的可持续产业发展生态，为企业创新发展提供新的机遇。

5. 打造智慧出行体系

智能交通要坚持以人为主体、系统服务于人的发展理念，打造一体化的智慧出行体系。利用信息技术、互联网技术、人工智能技术等新兴技术，以数据为关键要素和核心驱动建立智能化综合分析平台，积极推进个人出行一体化服务，提供全方位的数字化出行助手，服务于构建低碳化、智能化的出行服务体系新格局。

完善的智慧出行体系需要全社会方方面面资源的共同参与，在宏观战略和重要规划的引领和指导下，政产学研应协同推进智能化、一体化出行体系的研发和应用，以创新推动和政策支持为主要出发点和落脚点，建立健全政府监管模式，促进各方资源的共建共享，积极引导企业强化服务意识，积极研发智能化、一体化出行服务产品，打造新业态、新模式下的全出行链的信息服务，并深入推进相关产品和集成系统的落地应用。

## （二）政策环境

2020 年以来，我国越来越重视产业发展的顶层设计和政策环境构建，中共中央、国务院以及国家相关部委相继发布了一系列的政策意见（见表1）来指导和规范智能交通产业的健康发展，为智能交通产业带来重要的发展机遇。因此，在诸多利好政策的引导下，2020 年我国智能交通市场虽然受到新冠肺炎疫情影响，但仍然取得较快发展。

表 1　国家层面有关智能交通行业的政策文件汇总

| 部门 | 发布时间 | 政策名称 | 政策要点 |
| --- | --- | --- | --- |
| 国家发展改革委等 11 部门 | 2020 年 2 月 | 《智能汽车创新发展战略》 | 提出到 2025 年，中国标准智能汽车的技术创新、产业生态、基础设施、法规标准、产品监管和网络安全体系基本形成。2035～2050 年，中国标准智能汽车体系全面建成、更加完善 |
| 交通运输部、国家发展改革委 | 2020 年 7 月 | 《绿色出行创建行动方案》 | 通过开展绿色出行创建行动，倡导简约适度、绿色低碳的生活方式，引导公众出行优先选择公共交通、步行和自行车等绿色出行方式，降低小汽车通行总量，整体提升我国各城市的绿色出行水平 |
| 交通运输部 | 2020 年 8 月 | 《关于推动交通运输领域新型基础设施建设的指导意见》 | 提出到 2035 年，交通运输领域新型基础设施建设取得显著成效。先进信息技术深度赋能交通基础设施，成为加快建设交通强国的有力支撑。泛在感知设施、先进传输网络、北斗时空信息服务在交通运输行业实现深度覆盖，基本建立行业数据中心和网络安全体系，推进智能列车、自动驾驶汽车、智能船舶等的应用。加快提升科技创新支撑能力，实现前瞻性技术应用水平居世界前列 |
| 国务院 | 2020 年 10 月 | 《新能源汽车产业发展规划（2021—2035 年）》 | 提出到 2025 年，纯电动乘用车新车平均电耗降至 12.0 千瓦时/百公里，新能源汽车新车销售量达到汽车新车销售总量的 20% 左右，高度自动驾驶汽车实现限定区域和特定场景商业化应用。到 2035 年，纯电动汽车成为新销售车辆的主流，公共领域用车全面电动化，燃料电池汽车实现商业化应用，高度自动驾驶汽车实现规模化应用，从而有效提高节能减排水平和提升社会运行效率 |

| 部门 | 发布时间 | 政策名称 | 政策要点 |
| --- | --- | --- | --- |
| 国务院<br>新闻办公室 | 2020 年 12 月 | 《中国交通的可持续发展》白皮书 | 总结了近几年来我国交通行业的发展与成就,深入诠释了中国交通可持续发展的理念和实践,并提出了未来中国交通发展的政策主张 |
| 中共中央、<br>国务院 | 2021 年 2 月 | 《国家综合立体交通网规划纲要》 | 明确提出推进综合交通统筹融合发展的要求,坚持系统观念,整体性推进、一体化发展,从跨方式、跨领域、跨区域、跨产业四个维度,推进铁路、公路、水运、民航、邮政等融合发展,推进交通基础设施网与运输服务网、信息网、能源网四网合一,推进区域交通运输协同发展,推进交通与相关产业跨界融合发展 |

## （三）问题及挑战

我国在发展智能交通方面具有制度上的优势,足够大的市场给智能交通的发展提供了一个良好的市场环境,人工智能、大数据等技术在交通领域的应用催生了新模式、新业态。中国智能交通产业发展前景广阔,正处于产业升级阶段,发挥好市场优势,进一步打通创新链、应用链、价值链,已经成为智能交通产业发展的重要趋势。但与此同时,产业发展也面临着不少问题和挑战。

### 1. 存在的问题

一是智能交通技术、产品、应用的构架还尚未明确,相应的标准体系尚不健全、不统一,制约了智能交通产业的规范、有序、持续发展。随着新技术在交通领域的创新应用,原有的框架体系和标准体系已不适应新产品、新模式、新业态的发展。进一步研究智能交通框架体系和系列化标准,是当前产业发展面临的核心问题,也是产业发展不可回避的重大需求。

二是技术创新与交通应用的要求还不相适应。新技术的应用虽取得了一些成效，提升了交通管理效率，提高了交通服务的质量，但是与真正解决交通实际问题还有很大差距。此外，新技术的实际落地也存在一定难度，例如自动驾驶的落地，现有的道路交通条件还无法提供有力支撑，智能化的基础设施建设还相对落后，应用场景和需求特性还有待进一步深化研究。

三是关键技术仍受制于人，与自主可控的国家战略需求差距依然较大。智能交通发展的有力推进离不开新技术的融合应用，而我国芯片、激光雷达等技术研发强度与创新型强国之间有较大差距，高端人才缺乏，原始创新能力不足，导致关键核心技术受制于人。

四是智能交通研究和示范应用点分散而不成体系。由于智能交通研究和示范应用点在缺乏统筹规划的背景下迅速落地发展，技术参差不齐，缺乏系统规划和长远发展目标，低层次重复研发现象较为突出，不利于智能交通行业的整体健康发展。

五是目前国内智能交通企业多数为中小企业，创新能力不足，企业竞争力和稳定性相对较弱。智能交通是一个跨行业、跨领域融合发展的典型行业，具有边界交叉、产业链长、大体量企业和中小企业双多等特点。2020年，受新冠肺炎疫情影响，一些中小企业无法及时复工，导致业务停滞、营业额减少、流动资金紧张，供应链和资金链面临断裂又导致企业经营困难。

2. 面临的挑战

近年来，新一代信息技术应用迅速落地，如何结合交通场景和产业需求，精准利用新技术解决交通系统现存的关键问题，是智能交通产业发展面临的巨大挑战。

（1）智慧公路

我国公路建设在总体里程、分布密度方面都已经达到世界领先水平，但是在智能化建设、运维等方面与世界领先水平还存在一定差距。随着大数据、人工智能等技术在交通领域的深入应用，智慧公路已成为公路建设的主导方向，构建公路基础设施全寿命服役状态综合感知体系、车路协同信息交互与控制系统、空天地一体化高精度地理信息系统、跨地域路网综合管控云平台等，都将是智慧公路建设的目标及首要任务。

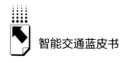

（2）智能铁路

新一代信息技术是智能铁路得以快速发展的基础和原动力。为把握机遇，直面挑战，智能铁路建设需要着力于以下几方面：借助新兴信息技术，提高铁路信息化、智能化建设水平，支撑国家发展战略；提升铁路运营效率，保障铁路运输安全；提升服务质量，降低物流成本；转变铁路管理模式，不断提高生产、经营、决策效率和水平，进而提高经济效益和市场竞争力，加快实现铁路智能化进程。

（3）水路

与交通其他领域相比，水路交通的智能化发展速度相对落后。但是随着北斗卫星导航系统的完善应用、大数据和人工智能等新技术与交通的深度融合，水运行业迎来了新挑战、新机遇。智能水路运输发展的短板主要集中在船舶智能航行技术、船舶智能机舱技术、智能船舶泛在传感与边缘计算技术、智能航运系统信息通信与网络安全技术、水上交通安全风险管控技术、港口物流智能管理技术、基础设施与装备智能化设计技术以及智能船舶性能测试系统等方面。

（4）城市轨道

得益于国家政策、产业优势和前期经验，我国城市轨道的发展有着独特的优势和机遇。但是，当前国际同行竞争激烈，我国城市轨道交通发展面临着不小的挑战：战略性交通装备自主创新能力不足，部分核心技术尚有差距，关键技术受制于人；工程造价偏高，融资渠道单一，资金缺口较大，投资收益低，资金循环周期长，需政府财政补贴；交通管理难度大，安全监管责任重，应急处置能力欠缺，建造、运营、维护过程中的信息化、标准化水平有待提高；轨道交通服务水平有待提高。

（5）城市道路交通管理

近几年，城市建设不断推进、城市规模不断扩张，道路交通网建设日益完善，交通需求急剧增长，交通供需矛盾十分突出。主要体现在：机动车保有量增长速度快，道路容量压力增大，拥堵、停车难等问题仍是城市交通管理关注的热点；智能化道路基础设施建设还较落后，设施合理性、安全性有待提高；道路交通安全问题依旧突出，随着自动驾驶技术的推进，由此引发的安全问题亟待研究解决；交通管理手段智能化、服务水平还需进一步提升；此外新冠肺炎疫情下道路交通应急、保障方面暴露的短板，也对未来交通管理提出了新的要求。

（6）智能汽车

汽车产业"四化"（电动化、智能化、网联化、共享化）发展趋势愈发明显，新能源汽车、智能网联汽车成为汽车领域着力推进的重点方向。现阶段，人工智能、物联网、先进机器人、大数据、云计算、智能制造等新技术与汽车的融合层次较浅，智能汽车领域的基础技术还比较薄弱，核心技术仍落后于世界先进水平；我国零部件企业相对弱小，行业缺乏有效协同研发机制；智能网联汽车相关法规、标准体系有待完善，配套设施建设落后；智能汽车数据安全、网络安全、软件升级、功能安全和预期功能安全管理有待加强；自动驾驶引发的道路交通安全问题有待解决。这些都是智能汽车产业发展面临的严峻挑战。

（7）智慧民航

国际航空运输协会（IATA）的数据显示，未来20年，全球民航旅客的人数将翻一番。这将使空中机场调度、交通管制和飞机系统面临巨大的压力。因此如何提高飞机系统安全性，提升安检效率和质量，降低工作人员劳动强度，提高乘客满意度，是当下民航发展面临的挑战和急需解决的难题。

# 三 未来中国智能交通产业发展策略

## （一）发展目标

中国智能交通产业发展应紧密围绕国家综合交通运输系统重大需求，以提升交通效能和安全保障能力为核心，强化自主创新，加快推进新技术、新产品研发，建立公正、公平的市场竞争机制和成果转化机制，形成可持续的产业生态发展环境。必须立足国情，面向综合交通应用需求，进一步厘清未来发展的基本思路：一是坚持创新核心地位，注重科技赋能，拓展新技术在

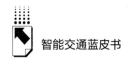

交通领域的融合应用场景，建立以企业为主体，产学研用深度融合的机制；二是从区域、城市群、都市圈三个层次进行经济社会发展需求梳理，适应供给侧结构性改革要求，促进国家交通运输基础设施骨干网络、新一代智能型交通基础设施、交通运输自身综合发展及交通运输与其他领域融合发展；三是创新系统和产品开发协同、投融资、市场推广、运营服务等机制和利益共享体系，优化产业结构、合理配置资源；四是加强新技术对交通运输安全与应急保障能力建设的支撑；五是依托新技术，加快推进绿色低碳发展，促进交通与自然和谐发展。

在发展路径上，注重"统、合、联"，加强统筹，平衡好各种方式的规模、结构、功能、布局和建设时序等，提高整体效率，避免资源浪费；加强融合，促进各种运输方式之间的协同发展，促进交通运输与其他产业的融合发展，实现共赢；加强联通，既要强化基础设施的硬联通，又要强化运输服务管理的软联通。

在工作重心上，以"补短板、促融合、提质效、保安畅、强服务、优治理"为目标开展工作，有效解决地区之间及各种交通运输方式之间发展的不协调、不平衡问题；大力促进各种运输方式之间、交通运输与其他产业之间的融合发展；持续强化创新驱动发展，利用数字化提高传统交通产业效能、赋予传统交通产业新的发展动能；全力保障交通运输的畅通和安全，提升综合交通运输的组合效益；丰富交通服务品类，提升交通服务水平；借助新技术提升交通运输治理精细管理能力，提升精准施策水平。

## （二）发展对策

### 1. 加强顶层设计，强化协同发展

当前和今后一个时期内，我国的发展仍将处于重要战略机遇期，国内、国际的环境对加快交通强国建设、构建现代化高质量国家综合立体交通网提出了新的、更高的要求，因此需要强化国家战略规划部署，加强顶层规划设计。应进一步加强智能交通产业相关管理部门的协同管理，制定出台智能交通产业规划，完善引领产业发展和促进技术创新的具体政策措施，形成支撑

智能交通产业发展的全链条技术经济政策架构。

2. 加快基础创新，提高应用创新质量

强大的基础科学研究是建设世界交通强国的基石，针对国际智能交通前沿和战略必争领域，在国家重大科技计划中布局基础性、前沿性、前瞻性重点项目，关注智能交通相关特色产业，着力实现前瞻性基础研究和引领性原始创新成果的重大突破，突破核心关键技术、前沿引领技术、现代工程技术及颠覆性技术，实现自给自足，创新开放合作模式，拓宽渠道，建设世界一流创新团队，强化基础科学研究和产业技术创新融合应用，从而夯实创新型国家和世界交通强国的建设基础。

3. 强调融合创新，促进产业相关领域共同发展

新技术在智能交通领域的跨界、跨学科融合应用，促进了各种运输方式之间的协同发展，同时也促进了智能交通与其他产业的融合发展。不同运输方式之间的数据有效衔接、共享，能够实现跨领域、跨区域和跨运输方式的顺畅衔接，同时依托综合交通枢纽城市的建设，能够加快智慧港口、智慧机场建设；交通与旅游的融合发展，应发挥交通对全域旅游发展的基础性促进作用，加快旅游交通体系的规划建设，加快推进旅游运输定制化服务发展，形成交通与旅游的良性互动；交通与装备制造等相关产业的融合发展，应提升交通装备制造业智能化水平，强化智能交通与现代装备制造业的相互支撑。

## （三）重点发展方向

紧密围绕国家重大战略部署和交通产业发展需求，推动 IT、智能制造与交通、汽车产业深度融合，提升智能交通产业整体发展水平。

1. 支撑绿色生态交通体系发展

在规划、设计、建设、运营等每个环节，针对以往各种运输方式基础设施布局规划相对独立造成的资源浪费问题，统筹协调多种交通运输方式，充分利用移动互联网、云计算、大数据、物联网等先进技术，将传统交通运输业和互联网进行有效融合，建立系统完备的生态智能交通体系，在满足人们交通需求的同时，以最低的社会成本实现最高的交通运行效率，大幅提升智

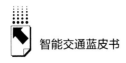
慧出行服务水平，实现节能减排，重点发展清洁高效的运输装备，推广新能源和清洁能源应用，完善供电、加气等配套设施，促进绿色交通发展，有效解决环境污染问题。

2. 建设智能化的交通安全与应急保障体系

交通安全是永恒的命题，应进一步普及交通大数据应用技术，加强交通安全核心要素规律研判，持续完善以智能化和数字化为重要支撑的交通安全与应急保障体系。加大基础设施安全防护投入，加强安全设施建设、养护、监测，利用新技术提升交通安全与应急保障治理的专业化、智能化水平，提高应急保障措施的效率，从而提高交通防灾抗灾能力，加强交通安全综合治理水平，切实提高交通安全水平，以不变应万变。

3. 提高交通基础信息资源共享与利用效率

协调公安管理部门、交通管理部门、城建部门等多个职能部门，打破交通基础信息资源的壁垒，统筹交通基础信息相关工作，有效解决信息重叠或脱节、系统之间相互独立等资源分散问题，实现跨管辖区域、跨交通模式的信息资源的无缝衔接。利用新技术在交通信息采集、决策分析和综合服务中的应用，系统规划城市交通大数据工程建设，实现交通信息资源共享与高效利用，为城市交通管理提供有力支撑。

4. 加快车路协同建设，支撑智能汽车落地应用

加速推进新型道路基础设施建设和既有道路基础设施改造，丰富车路协同应用场景，有效整合优化智能汽车相关资源，避免多头分散、资源浪费等问题，完善智能汽车落地应用的相关法律、法规和标准体系，实现车辆和道路基础设施之间的智能协同和配合，由各个行业主管部门统筹推动智能汽车技术落地和产业发展，首先实现在特定场景、区域的落地应用。

5. 加速推进基础设施智能化建设

基础设施的数字化和智能化是未来发展的大趋势，积极推进 5G、城际高速铁路、城市轨道交通、新能源汽车充电桩、大数据中心等领域的新型基础设施建设，统筹发展相关产业链，促进产业间融合发展，推动产业新业态、新模式的发展。

6. 加快各种运输方式的智能化建设

打造全新的智慧铁路系统，加强轨道交通线网互联互通，建立信息交互平台，提升数据挖掘能力，建立集监测、监控和管理于一体的铁路网络智能安全监管平台和信息传输系统，完善铁路站场突发事件应急预案方案，完善智慧地铁的技术标准体系。建立基于大数据的城市交通决策支持体系，对综合交通枢纽到发客货数据、公交车实时数据、出租车行车数据、道路事故数据等进行深入挖掘分析，强化综合客运枢纽和城市公共交通的运输组织衔接和运营信息共享公开。

重点建设智能民航管理与服务系统，构建全面互联、互通、互动的智慧化协同运行环境，实现空管管理数字化、决策科学化，深度融合航空公司商务部门、运行控制部门，集中、高效调度航空器、机组、地面保障设备等关键资源，满足旅客、货物运输的动态要求。

构建中国智能航运体系，建立工作协调机制，持续研发智能船舶关键技术，推进现有智能船舶技术的应用，有效提升港口生产、服务、管理的智能化水平，提升港航企业和第三方平台管理的智能化水平，推进网络和信息安全技术研究与应用，推进智能航行安全风险管控对策建设。

## （四）相关建议

1. 开展智能交通产业政策研究

为加快落实国家交通发展和相关科技创新战略，引领和促进智能交通产业发展，建议国家发展改革委牵头研究智能交通产业政策，广泛征求与智能交通产业和应用密切相关的政府部门、行业协会、企业等多方面意见，明确未来 10～15 年的产业发展目标、技术政策和经济政策，为智能交通产业可持续发展奠定政策基础。

2. 健全智能交通科技创新政策

健全与智能交通产业发展相适应的科技创新相关的政策、法律、法规和规范，建议国家重点研发计划持续设立智能交通重点专项，持续加大交通科技投入，制定激励措施鼓励企业加大科技研发投入，激发产业创新原动力和

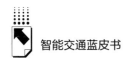

成果转化驱动力。发挥各主体责任担当作用，确保科技资金投入合理稳定。在国家预算内建立稳定的交通科技资金，加大中央和地方财政对交通科技发展的支持力度，发挥好财政科技投入的引导激励作用和对市场各类创新要素配置的导向作用，优化创新资源配置，引导社会资源投入创新；正确处理政府引导与市场配置两者之间的关系，制定合理的、差异化的资金政策，形成财政资金、金融资本、社会资本多方投入的新格局。

3. 加强资源统筹和组织实施

充分利用已有资金资源，鼓励产业龙头企业、产业创新联盟牵头成立市场化的发展基金，利用多种渠道，引导社会资本支持智能交通发展，鼓励社会资本积极参与重大项目建设、实施、运营和科技成果转化的应用。根据国家级科技创新基地的布局和框架，统筹推进智能交通领域创新基地的建设，整合并引导现有与智能交通相关的实验室聚焦前沿领域，攻克技术难题、推进示范应用。充分利用国际国内创新资源，鼓励国内智能交通企业与国际智能交通领先高校、科研院所、团队展开合作，同时，鼓励国外智能交通企业、科研机构在华设立研发中心，搭建面向智能交通企业的全球化服务平台。

4. 健全多层次人才建设

建设高端人才队伍是智能交通发展的重中之重，要坚持培养和引进相结合，完善智能交通相关教育体系，加强人才储备和团队建设，重点培养复合型人才，加强与全球顶尖智能交通研究机构的合作互动。

5. 加快完善智能交通技术标准化建设

建设完善的智能交通技术标准化体系，智能交通相关领域标准工作的跨领域协同融合、创新发展是关键。从产业发展来看，标准化是企业共赢的基点，从共赢基点出发培养市场，也是标准化工作有效促进市场和企业共赢的途径。智能交通相关行业标准的归口单位，也应多思考如何及时、合理地把企业的创新成果引入标准化的工作框架之下，更快更好地适配企业或者行业高速、高迭代的创新需求，对符合行业发展必要性、适合被转化成标准的创新成果，予以充分鼓励和引导。

## 参考文献

《中共中央　国务院印发国家综合立体交通网规划纲要》，中国政府网，2021 年 2 月 24 日，http：//www. gov. cn/zhengce/2021 – 02/24/content_ 5588654. htm。

《国务院办公厅关于印发新能源汽车产业发展规划（2021—2035 年）的通知》，中国政府网，2021 年 11 月 2 日，http：//www. gov. cn/zhengce/content/2020 – 11/02/content_ 5556716. htm。

《交通运输部关于推动交通运输领域新型基础设施建设的指导意见》，中国政府网，2020 年 8 月 3 日，http：//www. gov. cn/zhengce/zhengceku/2020 – 08/06/content_ 5532842. htm。

《"十四五"交通运输重点工作确定》，中国经济网，2021 年 3 月 28 日，http：// www. ce. cn/xwzx/gnsz/gdxw/202103/28/t20210328_ 36416794. shtml。

# 分 报 告
## Sub Reports

# B.2
# 2020年中国高速公路智能化产业发展报告

李斌　孟春雷　蔡蕾　郝亮　刘雨辰　吕晨阳　李铁柱*

摘　要：　经过30余年的建设，我国已经形成以高速公路网为骨架的国家干线公路网。高速公路网已成为支撑国家经济发展、服务群众生活、保障国家安全的战略资源和设施。高速公路智能化产业发展在我国起步相对较晚，其经历了三个发展阶段，目前产业关注度较高。本报告从高速公路智能化产业定义入

* 李斌，交通运输部公路科学研究院副院长，研究员，主要研究方向为智能交通、车路协同、路网运行等；孟春雷，北京中交国通智能交通系统技术有限公司董事长，研究员，主要研究方向为智能交通、节能减排、信息服务等；蔡蕾，北京中交国通智能交通系统技术有限公司副总经理兼总工，研究员，主要研究方向为智能交通、出行服务等；郝亮，北京中交国通智能交通系统技术有限公司，副研究员，主要从事智能交通和交通安全相关的科研、咨询、设计、技术服务等工作；刘雨辰，北京中交国通智能交通系统技术有限公司，主要从事智能交通领域的科研咨询、规划设计、实施方案编制、技术推广等工作；吕晨阳，北京中交国通智能交通系统技术有限公司，主要研究方向为高速公路智能化产业、智慧公路、车路协同等；李铁柱，北京中交国通智能交通系统技术有限公司，高级工程师，主要从事智能交通和通信工程研究、设计、实施等工作。

手，结合大量的数据统计，客观分析了高速公路的产业发展环境、产业规模、产业竞争力、区域发展特点，总结了产业发展目前存在的关于产业链、市场环境、复合型人才方面的若干问题。通过深入研究，分析了未来产业发展在产业结构、研发投入、人才技术、竞争机制、具体实施路径方面的相关需求，提出了创新驱动、智慧发展，集约低碳、绿色发展和一体化融合发展的趋势，在此基础上预测了市场供需和规模。最后针对存在的问题和发展需求，提出了做好产业化布局、深挖市场需求、加快打造高路公路智能化产业发展策源地、做好人才储备、构建良好的市场环境等对策建议，对产业未来发展具有一定的参考价值。

关键词： 高速公路 智能化 产业化

# 一 我国高速公路智能化产业发展现状

## （一）高速公路智能化产业定义

经过 30 余年的建设，我国高速公路快速发展，与国家干线公路结合基本成网。根据《2020 年交通运输行业发展统计公报》数据，截至 2020 年底，全国公路总里程达到 519.81 万公里，其中高速公路里程达到 16.10 万公里。高速公路网已成为支撑国家经济发展、服务群众生活、保障国家安全的战略资源和设施。利用现代科技和管理技术手段，建设好、养护好、管理好庞大的高速公路基础设施，实现高速公路智能化，为国民经济和社会生活提供可靠的服务保障，已成为交通运输产业主要的战略任务和产业发展方向。

高速公路智能化是对传统高速公路机电工程的传承、融合和创新，其范畴既包括传统高速公路机电工程，也包括利用新技术、新工艺和新模式提升高速公路智能化水平的所有系统。因此，高速公路智能化是指将信息、通信、控制、集成等技术应用于高速公路基础设施数字化和先进感知信息设施，并集成应用于人、车、路、环境相融合的高速公路建设、管理、养护和运营系统，提升高速公路系统运行的有序度和可控度，从而建立起安全、畅通、节能的综合交通运输系统。

关于高速公路智能化产业目前尚没有统一定义，通过查阅相关文献和研究，本报告认为杨公朴和王国清提出的论点比较合适，即高速公路智能化产业是指为高速公路智能化提供相近商品或服务，在相同或相关价值链上活动的企业集合或系统。

### （二）产业发展进程

高速公路智能化产业发展与我国高速公路的发展密切相关。1984 年之前，中国内地没有高速公路，上海至嘉定高速公路是我国首条高速公路，于 1984 年底开始建设。到 1995 年我国高速公路达到 2141 公里。"八五"时期全国新增高速公路 1619 公里，"十三五"时期全国新增高速公路 37500 公里。[①] 我国高速公路建设快速发展，也带动了高速公路智能化产业发展。

就高速公路智能化发展阶段来说，我国起步相对较晚，但发展十分迅速。经过 30 多年的发展和积累，我国高速公路智能化在技术研发、产业发展、系统建设等方面已取得长足的进步，可以从发展战略和体系框架构想跟踪起步、技术攻关和试点应用、典型示范和示范应用、集成服务引领发展、互联网 + 交通融合创新五个阶段来描述发展过程。结合高速公路智能化产业发展实际，本报告把高速公路智能化产业发展划分为三个阶段，分别是起步阶段、发展阶段和高质量发展阶段（见图 1）。

---

① 根据交通运输部历年《交通运输行业发展统计公报》数据整理。

**图1　高速公路智能化产业发展进程**

资料来源：根据公开资料整理。

1. 起步阶段（1993～2006年）

1993年6月，全国公路建设工作会议明确了起步阶段我国高速公路建设要向高等级公路方向发展。当时比较有代表性的工程是京津塘高速公路。京津塘高速公路是第一条经国务院批准并部分利用世界银行贷款按国际项目管理模式组织建设的跨省、市高速公路，其建设的通信、监控、收费三大机电系统技术水平与国际接轨，是中国高等级公路建设的新起点，也是高速公路三大机电系统体系形成的基础。

ETC是ITS应用比较早且应用比较广泛的系统。从2001年开始，交通运输部公路科学研究院就高速公路收费系统关键技术和标准展开研究，同时我国东部省份开展了省内高速公路联网收费工作，比较有代表性的省际联网工程是京沈高速公路联网收费工作。

从1993年到2006年，这个阶段高速公路智能化按照通信、监控、收费三大机电系统建设，同时高速公路收费系统省内互联互通，逐渐形成了高速

公路智能化的产业雏形。

2. 发展阶段（2007~2017年）

从2007年到2017年，我国高速公路实现了大跨越发展。这个阶段比较有代表性的是以京沈高速联网收费为代表的ETC区域联网示范工程、ETC全国联网工程、高速公路通行费增值税电子发票改革、中国高速交通广播全国5省市示范工程、全国重点营运车辆联网联控工程、以互联网公司为代表的信息服务等产业化工作。

（1）ETC区域联网示范工程。2007年4月，《交通运输部关于开展京津冀和长三角区域高速公路联网不停车收费示范工程建设的通知》（交公路发〔2007〕161号）发布，北京、天津、河北、江苏、浙江、上海、安徽和江西开始着手高速公路联网不停车收费示范工程建设。随后，交通运输部组织制定了《高速公路区域联网不停车收费示范工程暂行技术要求》，作为我国ETC系统建设的重要指导文件，该标准成功指导了各地ETC系统的建设和应用。截至2009年8月底，北京、上海、江苏、江西、福建、安徽已依据上述标准、规范建设和开通了ETC系统，共建设不停车收费车道600余条，[①] 支持国标储值刷卡的车道约9000条。

（2）ETC全国联网工程。2014年交通运输部开展了全国ETC联网工作，截至2014年底，共有14个省份正式联网，到2015年，基本形成29个省份ETC联网。[②] 经过几年的普及，全国2000余万ETC用户实现了由南向北、自西向东的全国高速公路的不停车畅行。

（3）高速公路通行费增值税电子发票改革。2017年，经过交通运输部、国家税务总局的共同推进，实现了高速公路通行费增值税电子发票统一开

---

① 科技部原副部长吴忠泽在北京交通大学举行的第五届中国交通高层论坛上的发言。
② 《图表：14个省份实现高速公路ETC联网》，中国政府网，2014年12月26日，http://www.gov.cn/xinwen/2014-12/26/content_2797522.htm；《今年底29省份ETC联网》，中国政府网，2015年6月17日，http://www.gov.cn/xinwen/2015-06/17/content_2880921.htm。

具，为 ETC 用户提供了高效便捷的服务。

（4）中国高速公路交通广播全国 5 省市示范工程。继 2009 年 3 月交通运输部与中央人民广播电台实现战略合作之后，2010 年 10 月交通运输部公路局和中央人民广播电台联合启动了京津塘高速公路调频广播试点工程，取得了较好的交通服务效果和良好的社会反响。2013 年 7 月 30 日，《交通运输部关于开展中国高速公路交通广播示范工程建设的通知》（交公路发〔2013〕449 号）发布，要求开展京、津、冀、湘、渝 5 省市 54 条路段 5500 公里广播信号覆盖工程建设。该项目由交通运输部公路科学研究院作为技术支持单位。目前中国高速公路交通广播覆盖已达 20 个省份，是交通运输部和中央人民广播电台实施应急广播、平时服务百姓、面向全国的交通信息服务频道。

3. 高质量发展阶段（2018年至今）

这个阶段比较有代表性的工作是各省份都在积极开展新建、改扩建高速智慧公路的探索、筹划和建设、管理、养护、运营等工作，高速公路智能化得到行业内外的高度关注。"云大物移智"等新一代信息技术对高速公路智能化产业产生了革新换代的影响；2018 年国务院总理李克强提出推动取消高速公路省界收费站，交通运输部利用两年时间完成了从 4 省市试点到全国撤站工程；交通运输部开展 9 省市新一代国家交通控制网和智慧公路试点工程，明确了 6 个试点方向，各省份也在纷纷开展智慧公路探索实践；十九大报告明确提出建设交通强国，《交通强国建设纲要》《交通运输部关于推动交通运输领域新型基础设施建设的指导意见》《中华人民共和国国民经济和社会发展第十四个五年规划和 2035 年远景目标纲要》等文件陆续发布。

（1）全国取消高速公路省界收费站，促进物流降本增效。2018 年国务院总理李克强主持召开国务院常务会议，提出"推动取消高速公路省界收费站"，促进物流降本增效。随后，江苏、山东、重庆和四川作为第一批试点省市，率先取消了 15 个高速公路省界收费站。2019 年，国务院正式发布了取消高速公路省界收费站的具体实施方案。2020 年 1 月，487 个高速公路省界

收费站全部撤销。① 我国高速现有 ETC 用户 2.26 亿，ETC 门架 2.66 万套，ETC 车道 6.8 万条（含 ETC 专用车道和混合车道）。② 基于 ETC 的全国高速公路联网收费系统已成规模，全国一张网运营、一体化服务的格局初步形成。

（2）交通运输部开展 9 省市新一代国家交通控制网和智慧公路试点工程，截至 2020 年底基本都进行到招标实施阶段。交通运输部开展新一代国家交通控制网和智慧公路试点工程，9 个省市按照要求，进行 6 个方向的试点，具体内容如表 1 所示。除了 9 个试点省市外，其他各省份也在积极推动智慧公路探索及建设。

表 1　9 省市新一代国家交通控制网和智慧公路试点的具体内容

| 试点方向 | 省市 |
| --- | --- |
| 基础设施数字化 | 北京市、河北省、河南省、浙江省 |
| 路运一体化车路协同 | 北京市、河北省、广东省 |
| 北斗高精度定位综合应用 | 江西省、河北省、广东省 |
| 基于大数据的路网综合管理 | 福建省、河南省、浙江省、江西省 |
| "互联网 +"路网综合服务 | 吉林省、广东省 |
| 新一代国家交通控制网 | 江苏省、浙江省 |

资料来源：根据《交通运输部办公厅关于加快推进新一代国家交通控制网和智慧公路试点的通知》整理。

（3）各省份学习交通强国内容，积极部署落实。2019 年 9 月，中共中央、国务院发布了《交通强国建设纲要》，同年 10 月交通运输部开展了第一批交通强国建设试点工作，确定 13 个省份为第一批交通强国建设试点省份；2020 年 12 月 27 日，在全国交通运输工作会议上，交通运输部为 21 家交通强国建设试点单位授牌；2021 年 2 月 8 日，交通运输部下发第三批共 34 家交通强国建设试点单位，旨在用 3 ~ 5 年的时间，取得

① 《取消高速公路省界收费站工程并网切换顺利完成再见了！487 个高速公路省界收费站》，中国政府网，2020 年 1 月 3 日，http：//www.gov.cn/xinwen/2020 - 01/03/content_5466215.htm。

② 智慧交通：《王刚：ETC 的未来发展思考》，搜狐网，2021 年 4 月 29 日，https：//www.sohu.com/a/463828247_649849。

相对完善的系统性成果，打造一批先行先试典型样板，并在全国范围内有序推广。

### （三）产业发展环境

随着我国交通运输领域出台了一系列发展政策，制定、修订了一批标准规范，高速公路智能化产业发展环境得到进一步改善，主要体现在以下五个方面。

1.《交通强国建设纲要》为产业发展确立"风向标"

2019年9月中共中央、国务院印发的《交通强国建设纲要》提出，到2035年，实现"智能、平安、绿色、共享交通发展水平明显提高"，到21世纪中叶，实现"基础设施规模质量、技术装备、科技创新能力、智能化与绿色化水平位居世界前列"。此外，该纲要将提高"智能交通发展水平"和"基础设施智能化水平"写入国家层面交通发展战略目标，并明确提出"大力发展智慧交通"，为我国高速公路智能化产业发展指明了方向。

2.《国家综合立体交通网规划纲要》为产业发展描绘"路线图"

2021年2月中共中央、国务院印发的《国家综合立体交通网规划纲要》从"提升智慧发展水平"和"加快既有设施智能化"两方面进一步阐述了推进智慧发展的举措，包括推进交通基础设施数字化、构建高精度交通地理信息平台、全方位布局交通感知系统、推进智能网联汽车（智能汽车、自动驾驶、车路协同）、构建综合交通大数据中心体系等。同时明确了"推动公路路网管理和出行信息服务智能化"，为我国高速公路智能化产业发展描绘了路线图。

3.《交通运输领域新型基础设施建设行动方案（2021—2025年）》为产业发展明确"着力点"

2021年8月交通运输部印发的《交通运输领域新型基础设施建设行动方案（2021—2025年）》在"智慧公路建设行动"中明确指出"提升公路智能化管理水平"和"提升公路智慧化服务水平"，在提升公路基础设施数字化水平、建设智慧路网平台、推进高速公路ETC系统应用、提升服务区智能化水平、丰富车路协同应用场景等方面细化了具体任务，进一步为我国

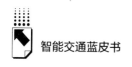

高速公路智能化产业发展明确了着力点。

4. 多省份政策为产业发展提供"落脚点"

多省份研究出台了富有特色与实践意义的落地政策，据不完全统计，广东、甘肃、福建、江苏、湖南、天津、上海、山东、浙江、海南等省份纷纷出台了交通领域相关的"十四五"规划，均提出推动交通可持续发展，加快提升交通领域智慧化水平。山东、浙江、江苏、宁夏已出台智慧高速公路建设的指导性文件，对新技术的验证、推广，终端产品的研发、设计具有很强的指导意义。总体上看，国家层面与地方层面的一系列交通运输领域发展政策为高速公路智能化产业高质量发展创造了完备的指导体系和政策环境。

5. 标准体系为产业发展提供有力保障

近年来，随着综合交通运输标准化体制机制更加完善、政策制度体系更加健全，行业标准体系对产业发展的支撑保障效果更加明显。2017 年 10 月交通运输部发布的《公路工程标准体系》（JTG 1001—2017）中新增了公路运营板块，该板块由运行监测、出行服务、收费服务、应急处置、车路协同、造价 6 个模块构成，旨在提升公路基础设施的信息化和智能化水平，推动智慧公路建设。2019 年 4 月交通运输部发布的《交通运输信息化标准体系（2019 年）》促进了云计算、大数据、物联网、移动互联网、人工智能等信息技术在交通运输行业的创新应用和发展，加快了信息化基础设施、数据资源、信息应用、网络安全、工程规范等方面标准的制修订，确保交通运输行业信息化建设规范有序，提升信息化服务效能和保障网络安全。此外，中国公路学会、中国智能交通协会、中国智能交通产业联盟等社会团体围绕行业创新领域积极开展了团体标准的制修订工作，团体标准得到了快速发展。以上标准的制定和修订促进了相关技术应用，带动了产业发展，提升了高速公路智能化产业发展水平。

## （四）产业规模

经过 30 多年的发展，高速公路智能化水平已经有了明显的提升，产业链已经初步建立，并形成了一定的产业规模。

1. 全国高速公路里程和建设投资

根据交通运输部 2006～2020 年《交通运输行业发展统计公报》数据，"十一五"期间至"十三五"期间高速公路里程和建设投资情况如表 2 所示。

表 2　"十一五"期间至"十三五"期间高速公路里程和建设投资情况

| "十一五"期间 | | | | | | |
|---|---|---|---|---|---|---|
| 年份 | 2006 | 2007 | 2008 | 2009 | 2010 | 合计 |
| 总里程(万公里) | 4.53 | 5.39 | 6.03 | 6.51 | 7.41 | |
| 新建里程(万公里) | 0.43 | 0.86 | 0.64 | 0.48 | 0.90 | 3.31 |
| 建设投资(亿元) | — | — | — | — | 6862 | |
| "十二五"期间 | | | | | | |
| 年份 | 2011 | 2012 | 2013 | 2014 | 2015 | 合计 |
| 总里程(万公里) | 8.49 | 9.62 | 10.44 | 11.19 | 12.35 | |
| 新建里程(万公里) | 1.08 | 1.13 | 0.82 | 0.75 | 1.16 | 4.94 |
| 建设投资(亿元) | 7224 | 7238 | 7297 | 7818 | 7949 | |
| "十三五"期间 | | | | | | |
| 年份 | 2016 | 2017 | 2018 | 2019 | 2020 | 合计 |
| 总里程(万公里) | 13.10 | 13.64 | 14.26 | 14.96 | 16.10 | |
| 新建里程(万公里) | 0.75 | 0.54 | 0.62 | 0.70 | 1.14 | 3.75 |
| 建设投资(亿元) | 8235 | 9257 | 9972 | 11504 | 13479 | |

资料来源：根据交通运输部 2006～2020 年《交通运输行业发展统计公报》数据整理。

由表 2 可见，到 2020 年，我国高速公路总里程已经达到 16.10 万公里，较 2019 年，同期增长 1.14 万公里，总里程位居全球榜首。"十三五"期间的新建里程较"十二五"期间有所下降，侧面反映了高速公路的传统基础建设已趋于完善，而随着高速公路新建和改扩建的里程的增加，智能交通的需求量正在不断增大。

交通运输部自 2010 年开始公布固定资产建设投资的数值，11 年来逐年增长；"十三五"期间更是增长迅速，基本未受新冠肺炎疫情影响，证明了市场的短时修复能力很强，也侧面反映了行业处于向上发展状态。

2. 高速公路智能化市场规模

据中国智能交通协会统计，近 10 年来，随着国家政策的不断落地，高速公路里程不断增加，智能化的市场规模不断增大，2019 年新建高速公路智能化系统市场规模约为 224 亿元（见图 2）。

**图 2　2011～2019 年中国新建高速公路智能化系统市场规模发展趋势**

资料来源：中国智能交通协会、前瞻产业研究院。

除新建项目外，高速公路改扩建项目也不断增多。据中国智能交通协会和前瞻产业研究院统计，2019 年中国存量高速公路智能化系统市场规模在275 亿元左右（见图 3）。

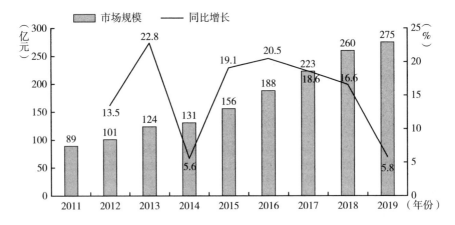

**图 3　2011～2019 年中国存量高速公路智能化系统市场规模发展趋势**

资料来源：中国智能交通协会、前瞻产业研究院。

由高速公路智能化市场规模以及固定资产建设投资的数据计算可知，我国高速公路智能化系统建设投资占高速公路总投资的比重在1%~3%，而国外发达国家的比重为7%~10%，表明我国与国外发达国家仍有较大差距。

3. 高速公路智能化相关企业经营规模

目前国内从事高速公路智能化的企业有20000多家，智能交通产业属于复合型产业，与交通、软件、信息等都有紧密的联系。本报告选取了其中比较有代表性的10家上市企业，分析了它们的营业收入，详见表3。

表3　2018~2020年部分高速公路智能化上市企业（排名不分先后）营业收入

单位：亿元

| 公司 | 2020年 | 2019年 | 2018年 |
|---|---|---|---|
| 万集科技 | 16.63 | 33.51 | 6.92 |
| 金溢科技 | 15.64 | 28.60 | 6.04 |
| 山东高速 | 113.70 | 104.10 | 68.29 |
| 招商公路 | 70.69 | 82.92 | 67.59 |
| 华设集团 | 53.54 | 46.88 | 41.98 |
| 苏交科 | 54.99 | 59.67 | 70.30 |
| 千方科技 | 94.19 | 87.22 | 72.51 |
| 四维图新 | 21.48 | 23.10 | 21.34 |
| 皖通科技 | 15.76 | 14.60 | 12.49 |
| 博通集成 | 8.09 | 11.75 | 5.46 |

资料来源：各公司年报。

从表3可以看出，山东高速、招商公路等开展公路运营、公路基础设施投资等业务的企业营业收入体量较大，且稳中有增。受国务院办公厅关于取消高速公路省界收费站的影响，2019年金溢科技、万集科技等开展ETC相关业务的公司营业收入平均增长了4倍，从侧面证明了高速公路的产业发展受政策影响较大。

此外，公科飞达、北京诚达、长天智远等高速公路集成商，也积极参与到了高速公路产业中。根据赛文研究院发布的"2020年中国高速公路机电市场亿元俱乐部名单"，用户订单过亿元的企业共50家。公科飞达2020年

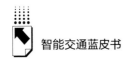

共中标 12 个高速机电千万项目，其中过亿项目 4 个，包括 G25 长深高速德清至富阳段扩容杭州段及 G25 富阳至 G60 诸暨高速联络线（杭州绕城高速公路西复线杭州至绍兴段）机电工程等。2020 年长天智远共中标 9 个高速机电千万项目，其中过亿项目 1 个，为闻喜东镇至垣曲蒲掌高速公路古城联络线高速公路附属工程。

除了上述智能交通企业，还有百度、阿里、腾讯等互联网头部企业，以及华为等知名通信公司也加入了高速公路智能化建设的行列。其中百度参与了多个智能驾驶测试场的建设和运营；腾讯在智能驾驶、数据服务、云计算及路网运行仿真等多个方面正在形成具有竞争力的解决方案；华为在高速公路通信关键设备和端管云方面形成了成熟的解决方案，并且在全国高速公路联网收费业务的机电产品上，占有较大的市场份额。互联网公司积极参与高速公路智能化产业不仅丰富了智慧高速技术手段，而且与传统行业内企业形成互补合作，有利于高速公路智能化产业进一步提升水平、扩大规模。

### （五）产业竞争力

本报告将主要从核心竞争力、基础竞争力和环境竞争力三个方面对产业竞争力进行阐述和分析。

1. 核心竞争力主要体现在技术创新能力提高、产业规模较大等方面

实时精准交通诱导服务、准全天候通行、预防性养护、通行效率提升等管理与服务需求推动了高速公路智能化产业创新能力的提高。例如，为提高实时精准交通诱导服务，产业重视车路交互、基于数据的交通诱导、主动推送、人工智能、大数据等技术，提升了传统高速公路信息服务领域的科技含量，很多人工智能服务设备陆续得到应用；很多科技公司深入挖掘高速公路车辆运行数据开展交通诱导发布、车辆服务、出行中服务区服务等业务；广义车路协同、高精度地图、北斗地基增强、雷达等多源融合技术也正在行业中试点应用。这些创新应用，有力促进了科技创新能力的快速发展及应用落地。随着"十四五"期间新建高速公路和改扩建高速公路规模的不断增长，行业对高速公路智能化的要求越来越高，产业规模和前景较好。

2. 基础竞争力主要体现在高新技术的国产化、基础科研水平的提升以及完善的金融体系等多个方面

高速公路智能化是交叉应用领域，技术的发展依赖于各行业基础研究的发展，随着我国科研实力的不断增强以及"卡脖子技术"的不断攻克，高速公路智能化的基础竞争力也将不断提升，例如高精度传感器、高性能芯片等逐步实现国产化。国家及行业更加注重科技研发，相继成立了专门的智能交通科研部门、重点实验室、测试场地等。高校和科研机构同高速公路建设与运营企业合作更加紧密，新技术和新产品相继在高速公路智能化领域落地应用，大大提升了产业的基础竞争力。另外，我国高速公路智能化产业金融体系逐步完善，以国有资金投入为主，民间资本作为有益补充的融资方式也进入高速公路智能化产业中，旧的产业竞争格局不断被打破，以业务为主导的企业间新竞争模式不断呈现，给高速公路智能化基础竞争力注入活力。

3. 环境竞争力主要体现在政府的政策扶持和市场机遇等方面

从近期国家和各省份发布的政策、规划等来看，政府对于信息化、智能化等相关产业的扶持力度和政策倾斜是逐渐增加的，让企业在技术研发和市场布局方面更有信心加大投入。同时，产业竞争环境整体向好，市场准入、检测体系不断完善，制度能够根据生产力的发展不断调整优化，为产业的良性发展提供了保障。此外，国家"双碳"目标、新基建、数字交通等政策的不断落实，将为高速公路智能化产业的高质量发展提供更多机遇；国家"一带一路"倡议和"走出去"战略将为高速公路智能化产业国际化发展、参与全球竞争、拓展海外市场提供良好的机遇和平台。

## （六）区域发展特点

全国高速公路产业的发展各有特点，本报告按照地理划分7大区域：华北地区、东北地区、华东地区、华中地区、华南地区、西南地区、西北地区。通过各区域增长里程和交通基建投资数据反映各区域发展特点。

1. 各区域增长里程

《2020年交通运输行业发展统计公报》显示，截至2020年，高速公路

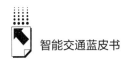
总里程达到了 16.10 万公里，但 31 个省份的具体里程数暂未公开，因此本报告选取了国家统计局 2017~2020 年《中国统计年鉴》的数据，按照地区进行了划分，具体如图 4 所示。

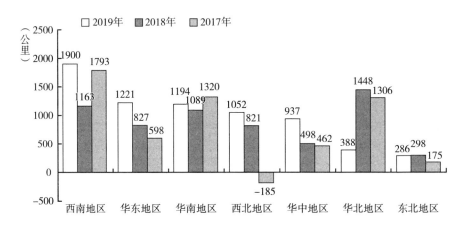

**图 4  2017~2019 年各区域高速公路增长里程**

从图 4 来看，西南地区、华南地区处于里程高速增长状态，2017~2019 年增长里程数分别为 4856 公里和 3603 公里，华东地区、西北地区、华中地区 2017~2019 年里程均处于稳步上升状态。华北地区 2019 年有较大回落，增长里程仅为 2018 年增长里程的 73.20%，逐步呈现饱和状态。东北地区受经济、地理、气候等多重因素影响，里程增加速度较缓，2017~2019 年增长里程总和较小。

2. 各区域交通基建投资

2021 年交通运输工作会议以及各省份的政府工作报告公开的数据显示，其中 12 个省份的预期投资规模超过千亿元，分别为河北省、上海市、浙江省、四川省、江苏省、广西壮族自治区、河南省、云南省、山东省、福建省、湖北省、重庆市。

从交通基建类型来看，公路是投资力度最大的，而公路基础设施是智能交通发展的重要基础载体，其中华东地区、西南地区的投资处于大幅领先的状态，尤其是全国经济发展最高的华东地区，已经突破了万亿大关，在一定程度上反映了华东地区、西南地区的智能交通市场需求较大，产业发展空间非常广阔。而华南地区、华中地区、华北地区、西北地区的投资比较平均，处于稳健发展状态。东北地区由于地理和气候原因，投资较少，发展较缓，需求较小（见图5）。

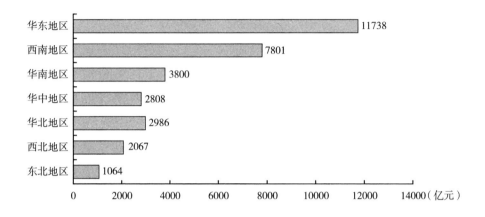

**图5　2021年各区域交通基建投资情况**

资料来源：据公开资料整理。

3. 各区域特点分析

（1）华东地区虽然公路里程数增加不明显，但交通基建投资力度依然保持遥遥领先。作为我国经济最发达的地区，华东地区整体的智能化产业水平也是全国领先的。

（2）西南地区作为国家重点关注的区域，尤其是川渝经济区，近期投入较大，发展较快。

（3）华南地区、华中地区、华北地区、西北地区，均保持着自己的节奏稳步发展。

（4）东北地区受地理等因素影响，相较于其他地区发展较缓。

## （七）产业发展存在的问题

高速公路智能化产业发展已经历起步阶段和发展阶段，从2018年开始，

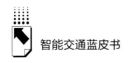

逐渐进入高质量发展阶段，现有高速公路智能化产业需求和产业结构不太适应当前行业的发展速度，产业基础和产业链还有很多方面需要提升，且高速公路智能化产业技术创新能力不高，大多数高端产品的关键生产部件和生产设备还离不开国外公司。产业发展还未形成强强联合、优势互补、高效适配的协同创新体系。此外，产品准入标准、企业信用体系、复合型人才队伍等方面也存在不足。

# 二　我国高速公路智能化产业发展趋势及预测

## （一）产业发展需求

### 1. 市场产业结构将面临调整，双碳元素将融入交通行业

政府工作报告明确指出，在"十四五"期间，要推动绿色发展，促进人与自然和谐共生。从国家政策导向来看，大力发展智慧交通和创新引领已成为下一个产业的风口，产业需求结构已从公路网的管理、提高通行费收入等逐渐向服务人民群众满意出行、降本增效、"双碳"目标转变，而需求结构的升级会促使新部门或新业务的出现，以及旧部门或旧业务的衰落，这种产业链的变化带动了关联产业的发展，并推动产业结构的优化。因此需要各参与企业提前做好需求研究和分析，提前为产业结构转型升级做好准备。

### 2. 企业加强研发投入和提升技术创新能力的需求

我国高速公路智能化经过多年工程探索，正在从点状的技术试点验证向系统化的技术集成示范转变，但仍存在技术落地与推广应用效果不理想、与工程实际结合不紧密、关键核心技术创新应用能力不足等问题。高速公路智能化产业还未形成强强联合、优势互补、高效适配的协同创新体系。产业链上中下游、大中小企业融通创新模式不够完善，企业创新主体作用发挥不充分，仍须鼓励企业加强研发投入，并以满足市场需求为导向开展技术、服务、组织和模式等各类创新，产业科技含量和技术水平有待进一步提高，不

断向产业链和价值链高端延伸。

3. 高精尖技术与产业人才培养的需求

智慧交通产业对人才的综合能力要求较高，未来，随着行业快速发展，对人才的要求势必会更加突出。行业的发展离不开人才的支持。以产业集聚人才、靠人才引领产业，加强"高精尖"人才培育，在交通运输、信息通信技术、电力电子、软件与网络信息安全、互联网等领域培养人才，重点聚焦北斗卫星定位、5G、大数据等技术的应用，培养一批能够深度挖掘行业需求的"侦察兵"人才、能够提供科技解决方案的研发人才、能够推动产业发展的市场人才。

4. 形成好的市场环境，建立市场良性竞争机制

我国智慧交通系统建设由于没有完善的产品准入标准和企业信用体系，在项目建设过程中难以辨别产品的优劣和企业的信用，产品设备的售后服务没有保障。交通行业的产业化发展，离不开好的市场环境的支持。政府应规划好市场的竞争格局，建立对应的保障措施，依靠"众人划桨"形成市场良性竞争机制，引入合理的招标流程、准入机制，保证市场的严肃性和公平性，使企业越战越勇、越战越强。以追求共赢为目标，共同推动交通行业的健康发展。

5. 明确支撑国家政策落地具体实施路径的需求

《交通强国建设纲要》《交通运输部关于推动交通运输领域新型基础设施建设的指导意见》等国家政策以及智慧公路的相关政策、指南，明确了行业的发展方向和新技术的应用，是工程应用的重要着力点。目前已经有20余个省份开展了交通强国建设试点，但工程落地仍需要更加具体的解决方案和框架来支撑。

## （二）产业发展趋势

基于上文对我国高速公路智能化产业的发展现状、环境、规模、竞争力和需求等方面的分析，本报告认为我国高速公路智能化产业今后仍将保持高质量发展阶段，体现为创新驱动、智慧发展，集约低碳、绿色发展和一体化融合发展的趋势。

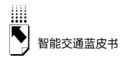

### 1. 创新驱动、智慧发展

我国高速公路智能化产业未来将更加注重科技创新赋能，利用更加丰富的技术手段，提升基础设施全要素、全周期数字化水平，增强交通、环境、结构全息感知能力，加强智能云控平台建设，推动主动式预防性安全管控、基于用户位置的伴随式出行服务、基于用户身份的全域协作管理、广义车路协同等新应用的成熟与迭代，有效提升高速公路安全水平、运行效率和服务质量，助力实现"人享其行、物优其流"的发展目标。

### 2. 集约低碳、绿色发展

我国高速公路智能化产业将围绕碳达峰目标与碳中和愿景，加快低碳转型，推进产业能源结构调整，实现绿色可持续发展。充分发挥产业集成优势，利用云计算、大数据、物联网、BIM + GIS 等现代信息技术在高速公路设计、施工、养护、运营全生命周期中的应用，并结合绿色能源、资源再生循环利用技术、减污降碳技术等，实现基础设施绿色化、装备设施低碳化清洁化、资源节约集约利用，推动产业转型升级。

### 3. 一体化融合发展

我国高速公路智能化产业未来将实现跨行业、跨领域融合发展，依托交通基础设施网与运输服务网、信息网、能源网的融合，依托与信息技术、高端装备制造、快递、物流、旅游等相关产业的融合，依托与 5G、区块链、人工智能、新材料、新能源等前沿科技的融合，实现最大限度的资源共享，统筹发展"智慧化 + 绿色化"新模式，推动产品、服务、模式联动创新、迭代升级，全面塑造发展新优势，加快夯实我国高速公路智能化产业高质量发展基础。

## （三）产业规模预测

根据上文产业规模中的数据，可以知晓 2011～2020 年中国高速公路的建设投资情况如表 4 所示。

**表4　2011～2020年中国高速公路建设投资情况**

单位：亿元

| 年份 | 2011 | 2012 | 2013 | 2014 | 2015 |
|------|------|------|------|------|------|
| 建设投资 | 7224 | 7238 | 7297 | 7818 | 7949 |
| 年份 | 2016 | 2017 | 2018 | 2019 | 2020 |
| 建设投资 | 8235 | 9257 | 9972 | 11504 | 13479 |

资料来源：根据交通运输部2011～2020年《交通运输行业发展统计公报》数据整理。

由表4可知，过去十年的建设投资按照每年7.35%的平均增长率在增加，由此推断未来"十四五"时期中国高速公路建设投资情况大致如表5所示。

**表5　未来"十四五"时期中国高速公路建设投资情况预测**

单位：亿元

| 年份 | 2021 | 2022 | 2023 | 2024 | 2025 |
|------|------|------|------|------|------|
| 建设投资 | 14468 | 15531 | 16671 | 17896 | 19210 |

资料来源：根据交通运输部2011～2020年《交通运输行业发展统计公报》数据预测。

由表5可知，"十四五"时期高速公路总建设投资约83776亿元。根据前述产业规模的数据可知，我国高速公路智能化系统建设投资占高速公路总投资的比重在1%～3%。随着新基建、交通强国等国家政策引导，高速公路智能化系统投资比重将增加，因此预测比重按照3%计算，可知"十四五"期间高速公路智能化系统建设投资预计可达2513亿元。

## 三　我国高速公路智能化产业发展对策建议

针对上面提到的高速公路智能化产业存在的问题，结合趋势分析及目前的政策和市场环境，提出如下五个方面的对策建议。

### （一）关注国家政策、规划及顶层设计的政策导向，提前做好产业化布局，加大资金投入

国家的中长期规划为产业发展指明了方向。从《中华人民共和国国民

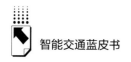
经济和社会发展第十四个五年规划和 2035 年远景目标纲要》、《国家综合立体交通网规划纲要》和《交通强国建设纲要》等文件中可以看出，推动产业链协同创新发展、北斗产业高质量发展，完善交通安全生产体系，提高应急救援能力，培育新兴数字产业，产业数字化转型及推进智能交通产业化都是国家未来重点关注的领域。在此基础上，进一步优化政府财政资金投入结构，增加高速公路智能化技术研发和产业化投入，加大对自主创新、重点科技成果转化、重大技术创新、孵化器以及公共服务平台建设等重点项目的资助力度。利用金融相关方式方法，引导机构对高速公路智能化项目给予高度支持。

### （二）积极深入挖掘高速公路智能化市场需求，加快推进新技术、新产品、新服务的应用示范，以消费升级推动产业发展

市场需求是产业发展壮大的关键因素。要加强需求侧的研究与分析，挖掘行业需求并引领行业发展，提前布局推进新产品、新服务的应用示范，将潜在需求转化为现实供给，以消费升级推动产业发展。《交通强国建设纲要》及"十四五"相关政策文件都提出"以人民为中心"的发展理念，高速公路智能化产业的发展方向也要牢牢把握住人民的需求来开展产业化布局。

### （三）以科技创新为源头，加快打造高速公路智能化产业发展策源地

以创新、引领为核心，支持鼓励企业加大 R&D 投资力度，强化其在产业和区域创新体系中的引领作用，进一步提高自主创新能力。以原始创新、集成创新、引进消化吸收再创新为重点，支持和鼓励高新技术企业加大技术创新投入，落实企业 R&D 投资补贴、企业 R&D 费用税前扣除等政策，努力在产业链发展关键技术领域和关键环节形成具有自主知识产权的创新成果。要建立健全政、产、学、研、用相结合的产业技术创新体系，构建"基础研究＋技术＋科技成果产业化＋金融"的全过程科技创新生态链，强化材

料、工艺、技术、服务等环节的创新主体地位，探索科技与产业协同、成果与应用互动的新模式，提升关键环节和关键领域的创新能力。通过产业与创新链协同发展，培育新业态、新模式，发展特色产业集群，带动区域经济转型，形成创新型经济集聚新格局。

### （四）提前做好"高精尖缺"人才的储备，强化高速公路智能化产业的人才建设

人才是高速公路智能化产业发展的核心要素。建立多层次、多类型的高速公路智能化人才引进、培养和服务体系，要深入分析制约人才创造力的关键问题，加快推进人才发展政策和体制创新，确保人才按照知识、技能、管理等要素参与合理的利益分配，以市场价值回报人才价值，全面激发人才创业创新动力和活力。

### （五）构建良好的市场环境，完善产业发展的相关政策

市场环境的构建需要遵循市场主导、政府调控原则开展，要深刻认识到市场配置资源的基础性作用，以市场需求为导向，着力营造良好的市场竞争环境，激发各类市场主体的积极性。针对产业发展中面临的最低价中标、缺乏统一市场准入规则、市场信用体系不健全等问题，建议针对创新产业出台相关的政策及管理办法，完善相关的体制机制，营造良好的产业环境，促进产业健康持续发展。

**参考文献**

王新科、蔡胜昔、蔡蕾、孟春雷：《高速公路交通广播信息安全管理研究》，《公路交通科技》（应用技术版）2015年第6期。

杨公朴、夏大慰主编《现代产业经济学》，上海财经大学出版社，1999。

王国清：《高速公路产业化发展战略研究》，博士学位论文，长安大学，2000。

《京津冀ETC客户9月28日实现不停车通行》，北京市交通委员会网站，2010年9

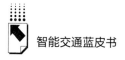

月 28 日，http：//jtw. beijing. gov. cn/xxgk/dtxx/201009/t20100928_ 335897. html。

《关于印发高速公路区域联网不停车收费示范工程暂行技术要求的通知》，交通运输部公路局网站，2008 年 9 月 4 日，https：//zizhan. mot. gov. cn/sj2019/gongluj/gonglugl_ glj/201810/t20181015_ 3099786. html。

《交通运输部关于开展中国高速公路交通广播示范工程建设的通知》，中华人民共和国交通运输部网站，2013 年 8 月 20 日，https：//xxgk. mot. gov. cn/jigou/glj/201308/t20130820_ 2978941. html。

《国务院办公厅关于印发深化收费公路制度改革取消高速公路省界收费站实施方案的通知》，中国政府网，2019 年 5 月 21 日，http：//www. gov. cn/zhengce/content/2019 – 05/21/content_ 5393377. htm。

《交通运输部办公厅关于加快推进新一代国家交通控制网和智慧公路试点的通知》，中华人民共和国交通运输部网站，2018 年 2 月 27 日，https：//xxgk. mot. gov. cn/2020/jigou/zhghs/202006/t20200630_ 3320182. html。

《中共中央、国务院印发〈交通强国建设纲要〉》，中国政府网，2019 年 9 月 19 日，http：//www. gov. cn/zhengce/2019 –09/19/content_ 5431432. htm。

《中华人民共和国国民经济和社会发展第十四个五年规划和 2035 年远景目标纲要》，中国政府网，2021 年 3 月 13 日，http：//www. gov. cn/xinwen/2021 –03/13/content_ 559 2681. htm。

《交通运输部关于推动交通运输领域新型基础设施建设的指导意见》，中国政府网，2020 年 8 月 3 日，http：//www. gov. cn/zhengce/zhengceku/2020 –08/06/content_ 553284 2. htm。

《中共中央、国务院印发〈国家综合立体交通网规划纲要〉》，中国政府网，2021 年 2 月 24 日，http：//www. gov. cn/gongbao/content/2021/content_ 5593440. htm。

《交通运输部关于发布〈公路工程标准体系〉的公告》，中华人民共和国交通运输部网站，2017 年 11 月 27 日，https：//xxgk. mot. gov. cn/jigou/glj/201711/t20171127_ 2979560. html。

《交通运输部办公厅关于发布〈交通运输信息化标准体系（2019 年）〉的通知》，中华人民共和国交通运输部网站，2019 年 5 月 31 日，https：//www. mot. gov. cn/zhengcejiedu/jtysxxhbztx/xiangguanzhengce/201905/t20190531_ 3208040. html。

# B.3

# 2020年中国智能铁路产业发展报告

贾利民　郭　悦　史天运　李　平　邵　赛*

摘　要： 国铁集团以智能京张、京雄示范工程为牵引，形成了智能建造、智能装备、智能运营三大领域关键技术装备创新成果，目标是实现铁路建设及运营更加安全可靠、更加经济高效、更加温馨舒适、更加方便快捷、更加节能环保。本报告通过分析国家及国铁集团在智能铁路方向上的战略规划，调研铁路工程、运输经营、安全保障领域的智能化业务建设需求，对中国智能铁路产业现状和趋势进行了深入研究，对智能建造、智能装备、智能运营、基础平台、示范应用五个领域进行了现状论述，清晰并直观地展示了各领域的核心技术、智能化需求、科研攻关热点以及代表性成果。同时，对上述各领域未来三年的经济规模和技术攻关趋势进行了预测，并提出了加强政策扶持、强化风险防控、加大科技创新投入力度、加强人才队伍建设、深化外部交流合作、培育智能铁路产业集群等对策建议。

关键词： 智能铁路　智能建造　智能装备　智能运营

---

* 贾利民，北京交通大学智能系统与安全技术研究中心主任，博士生导师，轨道交通控制与安全国家重点实验室首席教授，主要研究方向为高速铁路、智能交通系统、铁路智能运输系统；郭悦，中国铁道科学研究院集团有限公司，副研究员，主要研究方向为智能铁路、动车组运用检修及PHM、运输信息化等；史天运，中国铁道科学研究院集团有限公司科技和信息化部主任，研究员，博士生导师，主要研究方向为智能铁路、智能车站、智能安全监控、铁路信息化等；李平，中国铁道科学研究院集团有限公司首席研究员，博士生导师，主要研究方向为智能铁路、大数据应用、信息化规划、安全应急等；邵赛，中国铁道科学研究院集团有限公司，助理研究员，主要研究方向为智能铁路、大数据应用等。

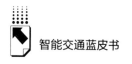

# 一 我国智能铁路产业发展现状

十九大报告首次明确提出建设交通强国的发展战略，为我国交通发展描绘了宏伟蓝图。中共中央、国务院于2019年9月印发《交通强国建设纲要》，明确提出广泛应用智能高铁等新型装备设施，开发新一代智能交通管理系统。2020年8月，中国国家铁路集团有限公司（以下简称"国铁集团"）印发《新时代交通强国铁路先行规划纲要》，进一步明确了智能铁路的目标和要求。2021年3月，《中华人民共和国国民经济和社会发展第十四个五年规划和2035远景目标纲要》发布，明确要求"建设智能铁路"。中国铁路正处在一个关键的转型期，铁路运输需求快速增长，路网规模不断扩大。高速铁路成网运营，对内要求提升运输组织效率、提高经营效益，对外要求优化服务品质、提高安全水平。因此，运用先进的智能手段改造传统铁路运输方式，实现铁路运输智能化成为当前铁路发展的迫切需求，充分体现出交通运输业优化升级的客观要求。

## （一）智能铁路产业定义

智能铁路是广泛应用云计算、大数据、物联网、移动互联网、人工智能、北斗导航、BIM、5G等新一代信息技术，综合高效利用资源，实现铁路移动装备、固定基础设施及内外部环境间信息的全面感知、泛在互联、融合处理、主动学习和科学决策，实现全生命周期一体化管理的新一代铁路系统。智能铁路培育形成新产业，体系初步形成，涵盖智能建造、智能装备、智能运营三大板块以及基础平台，研究成果如图1所示。通过搭建服务智能铁路产业科技创新资源，在更大的范围内、更高的层次上引导技术、成果和人才等各类创新要素向产业集聚，为打造创新型发展的智能铁路产业链提供强有力的支撑。

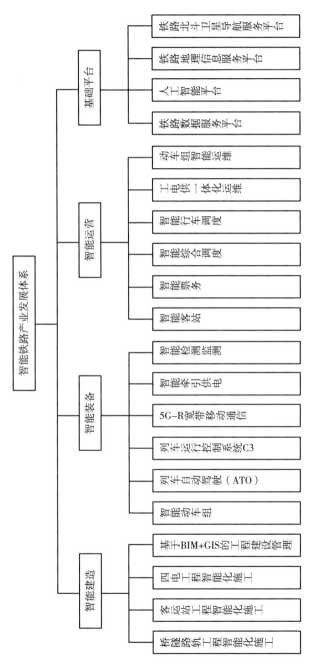

图 1 智能铁路产业发展体系

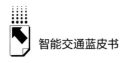

### （二）产业发展环境

**1. 国家战略**

近年来，党和国家高度重视并大力扶持智能化技术发展，将智能化技术纳入国家战略。2014 年 3 月，大数据技术首次写入政府工作报告。2015 年 5 月，国务院印发了《中国制造 2025》，提出加快新一代信息技术与制造业深度融合，推进智能制造，到 2020 年制造业数字化、网络化、智能化取得明显进展。2016 年 12 月，国务院印发了《"十三五"国家信息化规划》，强调建立统一开放的大数据体系。2017 年 7 月，国务院印发了《新一代人工智能发展规划》，提出人工智能"三步走"的战略目标，推动我国成为世界主要人工智能创新中心，为跻身创新型国家前列和经济强国奠定重要基础。2019 年 3 月，国务院政府工作报告提出要打造工业互联网平台，拓展"智能＋"，为制造业转型升级赋能。2020 年 3 月，《工业和信息化部关于推动 5G 加快发展的通知》发布，强调要丰富 5G 技术应用场景，推动 5G 在各行业各领域的融合应用创新。2020 年 4 月，国家发改委明确提出新型基础设施的范围，以 5G、物联网、人工智能、区块链等为代表的新基建将赋能各行各业智能化升级。2021 年 3 月，《中华人民共和国国民经济和社会发展第十四个五年规划和 2035 年远景目标纲要》发布，进一步要求建设智能铁路、智慧民航、智慧港口、数字航道、智慧停车场等智能交通应用场景。

**2. 国铁集团规划**

2020 年 8 月，面对世界前沿科技发展的浪潮、国家和行业重大战略部署，以及铁路自身高质量发展的需求，国铁集团发布了《新时代交通强国铁路先行规划纲要》，明确将智能化作为未来铁路发展的重大方向，对智能铁路进一步明确目标和要求：到 2035 年，铁路自主创新能力和产业链现代化水平全面提升，铁路科技创新体系健全完善，关键核心技术装备自主可控、先进适用、安全高效，智能高铁率先建成，智慧铁路加快实现；到 2050 年铁路智慧化水平保持世界领先的发展目标。

### 3. 铁路建设需求

发展智能高速铁路能够改变长期以来存在的一些低效问题，促进建设运输生产各个环节的流程再造、模式创新，推动行业生产力整体跃升。在工程建设方面，当前和未来一段时期，我国铁路建设仍将保持较大规模，工程建设项目向现代化、大型化方向发展，传统的建造和管理模式已经不能适应新时期的发展要求，迫切需要借助智能化手段，推动铁路建设效率、工程质量、施工安全、节能环保水平等取得新的提升。运输经营方面，当前我国铁路调度指挥、列车开行效率以及庞大路网基础设施使用效能仍亟待提升，铁路运输服务供给还不能很好地匹配多样化、个性化的需求，制约了铁路运输服务能力和质量的提升。因此急需发展智能铁路，实现复杂路网条件下的智能动态调度、按需组织列车开行、提供差异化服务、实行弹性票价模式等，有效提升铁路运营效率与服务品质，增强铁路市场吸引力和竞争力。在安全保障方面，随着高速铁路网规模持续扩大，铁路运营场景不断丰富，利用传统的"人防、物防、技防"方式开展设施设备养护维修、安全隐患排查和灾害预测预警的效率与效果已经不能适应新时期铁路发展需求。在养护维修、检测监测、灾害预警、系统集成等方面，均需要提高智能化技术应用水平，更好发挥"技防"对高铁安全保障的重要作用，实现对高铁运营状态和运输安全的实时监测、智能分析、科学诊断和智能化管理，提高高铁安全水平。

### 4. 竞争对手

随着中国的改革开放与人们生活水平的日益提高，人们的生活方式发生了重大的变化，出行方式更加多样，但主要的还是航空、铁路、公路交通。人们对出行方式的选择也是不同的。在考虑采取哪种出行方式的时候，多数市民会着重考虑安全、出行时间和出行距离三个因素。

从安全性上考虑，铁路和航空在所有交通工具中是较为安全的。从出行距离上考虑，对于长距离的路程，人们普遍选择航空和铁路。而对于中短距离的路程，铁路、公路更为便捷、经济。收入水平低的人群大多数选择火车等经济便捷的交通方式。随着距离的增加，飞机的优势愈加明显。近些年，公路、航空行业大力发展智能交通、智慧民航，大大提升了运输品质及乘客

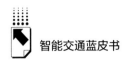

体验。同时，航空公司也推出了低价机票政策以获得消费市场，对铁路运输造成了巨大的冲击。因此，为了保持竞争力，铁路需要推出更智能化的服务，以顺应时代发展潮流。

## （三）产业发展现状

### 1. 智能建造

智能建造是以 BIM + GIS 技术为核心，综合应用物联网、云计算、移动互联网、大数据等新一代信息技术，与先进的工程建造技术相融合，通过自动感知、智能诊断、协同互动、主动学习和智能决策等手段，进行工程设计及仿真、数字化工厂、精密测控、自动化安装、动态监测等工程化应用，构建勘察、设计、施工、验收、安质、监督全寿命可追溯的闭环体系，实现建设过程中进度、质量、安全、投资的精细化和智能化管理，形成一个和谐共生的工程建设产业生态环境，使复杂的建造过程透明化、可视化，推动铁路建设从信息化、数字化走向智能化。

（1）桥隧路轨工程智能化施工

在铁路里程不断增长的背景下，交通产业对信息化、智能化建设的需求也日益增长。铁路桥隧路轨智能化施工在智能工厂、智能化施工机械、信息化终端建设、BIM 技术应用等方面都取得了较快发展。

在智能工厂建设方面，以桥梁工程智能梁场、轨道工程智能板厂（轨枕场）为代表，实现了对关键工艺的自动化生产，以及工厂生产全过程的信息化管理，同时桥梁预应力自动张拉、桥梁预应力管道自动压浆、桥梁静载试验、轨道板/轨枕外观尺寸快速检测等自动化生产装备也得到了推广应用。在智能化施工机械方面，以路基智能填筑、隧道成套智能化施工机械为代表。在路基智能填筑中，智能推土机、智能平地机、无人驾驶压路机、智能挖掘机等机械的应用大幅提高了施工效率。隧道防排水智能铺挂台车、数字化智能衬砌模板台车、衬砌质量检测车的应用提高了隧道关键工序的施工质量。在 BIM 技术应用方面，基于 BIM + GIS 的协同设计管理在多条高铁线路开展试点应用，BIM 技术在装配式结构生产、桥梁全生命周期管理、综合交通枢纽建设管理等项目中也日益得到普及。

（2）客运站工程智能化施工

客运站工程智能化施工是通过应用 BIM、云计算、物联网、人工智能、虚拟现实等新技术，基于虚拟建造、智能监测、进度/质量/安全施工管控等手段，实现高铁客站施工全过程的数据采集、智能分析及智能预警、数据共享和信息协同。

在高铁客站建设施工管理过程中，搭建基于 BIM、人工智能、虚拟现实、云端协同等技术的客站施工建设技术体系架构，构建基于 BIM 技术的虚拟建造、工程要素全面感知采集、立体移动传输的智能建设管理平台，支撑铁路站房工程施工全过程、全工序、全要素的精准管控和可追溯，打造基于 BIM 技术的"一站一景"工程，进一步提升客站施工能力，在京张、京雄、川藏、湖杭等众多铁路项目的站房工程中进行应用。

（3）四电工程智能化施工

四电工程智能化施工以 BIM + GIS 技术为核心，通过物联网、云计算、人工智能等信息技术与专业工程技术的融合，实现对通信、信号、电力、电气化等工程的信息化管理、数字化仿真建造以及全生命周期的可视化，从而有效跟踪、控制关键进度节点，减少碰撞与返工，提高建造质量，保证施工安全，优化施工进度，辅助施工现场管理。

作为京张高铁站后重点专业工程之一，通过更加智能化的技术来进行四电工程的建设，并利用数字化集成的信息系统来辅助施工，不仅保障了京张高铁的顺利开通和运营，还填补了国内基于 BIM 的全生命周期管理理念在铁路四电工程领域的空白。在京雄城际的四电工程中，坚持以质量为核心的精品、智能、绿色、人文工程建设理念，结合京张高铁的先进经验，启用四电综合性施工管理系统，囊括质量、安全、进度等多个方面的管理内容，利用集成化的管理平台打造智能化、精品化的京雄城际铁路四电工程。

（4）基于 BIM + GIS 的工程建设管理

基于 BIM + GIS 的工程建设管理对 BIM 技术和 GIS 技术的深度融合，不仅体现在标准的制定、语义的传递以及格式的转换方面，更多地还在软件平

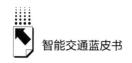

台对信息模型的处理分析和实际应用方面加以体现。京张高铁开展基于 BIM +
GIS 技术的智能建造探索应用，以智能建造建设需求为依托，以信息化、
BIM 技术、GIS 技术为手段，建立面向铁路工程建设的新一代信息化管理平
台。京雄城际在智能京张经验的基础上，制定了《京雄城际铁路精品工程
实施方案》，研发基于 BIM + GIS 的铁路工程建设管理一张图系统。该系统
以 BIM + GIS 技术为核心，面向铁路工程建设生命周期，结合"云大物移
智"等信息技术，为建设单位主导下的各参建单位提供统一的协同管理工
具，为实现数字孪生铁路及建设项目全寿命周期管理奠定基础。

2. 智能装备

智能装备包括智能移动装备（智能动车组）和智能基础设施（智能供电
系统、智能列车运行控制与自动驾驶系统、智能通信系统）等。智能动车组
具有自动驾驶、自监测、自诊断、自决策、导向安全、预防性维修等功能；
智能供电系统具有及时发现供电系统故障，自动诊断并回复，实现供电设备
远程监控、预防性维修、故障诊断预警和全生命周期管理等功能；智能列车
运行控制及自动驾驶系统具有对列车的运行方向、运行间隔和运行速度进行
监督及控制的功能，并通过运用人工智能等技术实现了列车的自动发车、自
动运行、自动停车、自动车门控制等功能；智能通信系统可实现人与人、人
与机器或机器与机器之间的宽带化的多业务综合承载功能、智能视频功能等。

（1）智能动车组

智能动车组分为 8 辆标准编组和 17 辆超长编组，适应不同线路的运力
需求。与既有复兴号标准配置动车组相比，复兴号智能动车组在以下四个方
面得到优化提升：一是动车组头型外观的优化设计，列车阻力和能耗进一步
降低；二是动车组功能设施更加完善，采用基于 5G 技术的列车 Wi-Fi，随
着沿线 5G 网络信号的覆盖，将为旅客提供更优质的语音通话和移动网络服
务；三是动车组旅客服务设施更加人性化，增设"静音车厢"；四是动车组
安全监控和智能运维水平进一步提升，采用以太网控车技术，升级车载安全
监测系统，对列车各系统进行全面监测，升级优化车载故障预测与健康管理
系统（PHM），监控室内设置智能监控屏，实现多系统综合信息的智能融合

显示，新增了安全环路故障精准定位、故障情况下的视频联动等功能，并且配置手持移动终端，可以快速确认和处置故障。

复兴号京张智能动车组主要从满足高寒地区运用需求，提升山区线路适应能力、智能化水平和应急处置能力，降低气动阻力，节能降耗等方面进行了优化提升。采用动力电池实现自走行功能，提升了供电故障时列车自我救援能力；采用低阻力、轻量化设计，列车综合节能7%；设置高加速模式，列车爬坡能力更强，适应京张高铁山区线路运行需求。

2017年以后，为满足中国智能高铁战略发展需求，国铁集团组织动车组制造企业依次研制了京张和京雄智能动车组。2019年底，2列智能动车组在京张高铁投入运营。2020年配置的智能动车组已经在京沪高铁、京广高铁、京哈高铁、成渝高铁运用，共计21组，包括4列8组17编、13组8编。该领域的市场刚刚起步。

（2）列车自动驾驶

列车自动驾驶在列车自动防护（ATP）的监督下自动控制列车运行，实现车站自动发车、站间自动运行、车站自动停车、车门自动开门与防护、车门站台门联动控制等主要功能。自动驾驶技术可有效确保列车运行安全、提高列车运行效率、降低牵引能耗、减轻司机劳动强度、改善旅客乘车体验，是高速铁路智能化的重要标志。

在国铁集团的领导下，2017年国内启动高速铁路ATO系统研究，经历了系统方案研究、接口规范的制定、系统结构设计、子系统软硬件开发调试、实验室仿真测试环境的开发调试、系统功能测试、互联互通测试、车载设备安装调试和试用等阶段，2019年在京张线智能高铁上实现CTCS3 + ATO的运营，开创世界将自动驾驶技术运用到350km/h等级铁路的先河。高速铁路ATO系统于2021年3月18日通过国铁集团组织的技术评审，具备商用资格。

（3）智能牵引供电

智能牵引供电系统以智能化牵引变电所、分区所、AT所等智能供电设施为基础，运用信息化、网络化技术突破牵引变电所亭间的信息孤岛瓶颈，

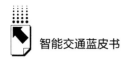
进行系统整合、多信源数据共享，建立广域测控保护、故障自愈重构、故障报警预警机制和系统健康评估体系，提高了牵引供电系统运行的可靠性以及运行维护水平。

智能牵引供电系统在京沈客专综合试验段进行了试验验证，在京张高铁、京雄城际等智能高铁进行示范建设，标志着我国铁路电气化领域已经掌握了智能牵引变电成套技术，有力支撑了基础设施转型升级。

（4）智能检测监测

随着列车运行速度的提高，高铁列车运行环境安全面临诸多挑战，亟须基于物联网感知、智能视频监控、智能传感探测、新一代通信网络、智能处置、大数据分析、北斗卫星等技术，全方位实时掌握铁路沿线灾害及监测设备状态，实现风、雨、雪、地震等自然灾害，人为、环境入侵事件的自动监测、报警、预警及紧急处置，为列车运行和计划调整提供辅助决策信息，综合运用"人防、物防、技防"手段，提高铁路防灾减灾水平。目前，自然灾害及异物侵限监测系统、一体化综合视频监控系统等在铁路方面广泛应用，智能化的入侵识别和视频分析有了初步成果，但仍需进一步研究和提升。

3. 智能运营

智能运营采用泛在感知、虚拟现实、智能视频、智能监测、事故预测及智联网等技术，实现运输计划的一体化编制和智能调整，全力打造列控与调度一体化体系，保障列车的自动安全准点运行。围绕购票、进站、候车、乘车、出站等环节，为旅客提供自助化、精准化、个性化、智能化、国际化无障碍全过程出行服务。通过高铁移动装备、固定设施、运输过程及自然环境等的状态感知，实现行车事故、设备故障的预测、预警，突出超前防范，整体提升高铁运行安全保障能力。掌握基础设施及移动装备劣化机理及演变规律，实现预测性维修，提高养护维修效率，降低运维成本。

（1）智能客站

智能客站是在现代铁路管理、服务理念和物联网、云计算、人工智能、大数据、机器人等最新信息技术基础上，以旅客便捷出行、车站温馨服务、生产组织高效、安全实时保障、设备节能环保为目标，实现铁路客运车站智能出行服务、智能生产组织、智能安全保障、智能绿色节能有机统一的新型生产服务系统。智能车站致力于为铁路客站提供信息化、自动化、智能化的旅客服务和生产组织手段，促进高速铁路客运业务向信息化发展，实现由人工化向自助化、信息化、智能化的转变。对于智能车站，主要开展了旅客服务与生产管控相关设备及应用系统的研发和应用，以客站旅客服务与生产管控平台为基础核心平台，以智能化、自助化设备为前端支撑，在云计算、大数据、物联网、人工智能、机器人等新信息技术基础上，实现铁路客运车站旅客服务、客运生产组织、客运设备管理和安全应急有效集成与一体化应用，系统按照集中架构和云部署，提高了部署的效率，降低了运维成本。

2019年，客站旅客服务与生产管控平台及各类自助化设备在京雄城际、京张高铁上线，提高了客运车站的旅客服务自助化水平、生产组织高效协同能力、安全应急保障能力和绿色节能水平，全面助力智能京雄、智能京张建设。京张、京雄应用成果有力支撑了京张高铁、京雄城际客运车站旅客服务、客运组织、安全保障等业务领域的信息化能力提升，有效推动客运车站智能化发展。截至2021年8月，国铁集团共组织实施完成百余个客运车站。

（2）智能票务

随着国铁集团客运提质计划和复兴号品牌战略等措施的深入实施，铁路服务供给和经营发展能力不断加强，在构建舒适、快捷的客运服务体系方面也有了更高的标准。客票系统作为旅客出行服务主渠道，亟须构建智慧化出行服务技术体系，深化运营领域关键技术创新和产业化应用，打造一站式全程畅行服务生态链，实现出行即服务。通过深化与文化、旅游等产业融合发展，创新酒店、约车、旅游等定制产品，实现为旅客提供智慧化、互联化、共享化、个性化的美好出行服务的目标。通过客运生产作业自动化、智能化，辅以智能化票务管理和售票组织管理手段，多措并举提高运营效率，满足深化运输供给侧结构性改革的要求，提升业务集中管理水平、加强客运决策事件驱动能力，打造安全优质、人享其行的一流运输服务品质。

2018年11月，海南环线高铁首次推行电子客票试点，2020年6月，在

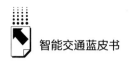

全路高铁和普速列车开通电子客票服务，实现了全行程信息闭环管理，提升了旅客的出行体验，提高了资源的综合利用能力，完成了从过去"走得了"到现在"走得好"的跨越式发展，不断践行交通强国、铁路先行的发展目标。

（3）智能综合调度

智能综合调度是智能铁路中智能运营的核心组成部分。智能综合调度运用运筹学、大数据、人工智能、计算机仿真、网络优化等技术，基于对运输需求、设施设备状态、所处环境状态、生产动态的实时自动获取，实现客货运输计划、列车开行计划、机车车辆运用计划、乘务计划和生产作业计划的一体化编制，实现计划的自动下达和执行过程的动态监控，实现生产效率和运输效益的自动评价。智能综合调度以确保运输生产安全、稳步提高运输效率、不断提升运输效益、深入优化运输服务质量为目标，实现铁路运输能力充分发挥，实现对运输未来态势的自动预估预测和运输方案智能决策。

（4）智能行车调度

调度信息具有多源、异构、海量的特征，需要各调度子系统能协同合作，为调度决策提供洞悉全局，综合优化的信息支撑。利用人工智能、大数据等新兴技术和控制反馈、计划调度等优化理论方法，在确保安全的前提下，可以有效提升高铁调度系统的优化决策和智能化指挥能力，以及对运输资源的科学合理配置水平，并且能不断提高运行效率和服务品质。我国高铁智能调度集中系统是在现有 CTC3.0 系统上，结合智能高铁发展需求，在列车运行自动调整、进路和命令安全卡控、行车调度综合仿真和行车信息数据平台、ATO 功能应用等方面进一步优化完善，实现调度集中系统更深层次的智能化，提升调度指挥系统智能化水平。

（5）工电供一体化运维

工电供一体化运维平台以铁路全寿命周期管理为目标，基于 BIM + GIS 技术，将工程建造、运维数据紧密衔接，进行数据交付与共享，将BIM 模型承载的建设过程信息和动态监测信息无缝转移到运维平台，完成设计与施工阶段静态、动态数据资料交付运维，并向既有工务、电务、供电运维管理信息系统提供数据接口，实现设计、施工期数据向运维阶段的共享与深化。建设期数据为运维提供数据基础、延伸数据价值，运维期对建设过程进行追踪、辅助研判设备故障及运行状态，进而可推动铁路基础设施建维一体、全寿命周期管理。工电供一体化运维平台有效地将基础设施资源进行集中统一管理，强化专业结合部管理，提高天窗利用率、维修作业效率和资源利用率，促进设备维修创新提效。同时，随着物联网、5G、人工智能的兴起，通过大数据、智能分析手段诊断与预判设备健康状态，开展设备状态预防性决策，加快了工电供一体化运维平台的发展速度。

（6）动车组智能运维

动车组智能运维以云计算、物联网、大数据、人工智能、5G 等信息技术在动车段（所）的各核心领域应用为主线，打造全生命周期业务链，全面贯通业务链关键环节数据，通过先进制造技术与现代维修理念深度融合，实现智能动车组的安全风险超前防范和定制化精准维修，支持安全可靠、高效运用、经济维修的动车组运维，实现动车组运用检修的"精准、高效、优质、低成本"（见图 2）。

动车组管理信息系统（EMIS）包括 1 个智能运维数字中台、1 个调度指挥中心系统和 N 个应用子系统。智能运维数字中台整合动车组运维关键数据资源，面向应用子系统，提供数据、业务及关键技术支撑。目前，该系统已全面应用于国铁集团、18 个铁路局、动车段和运用所。

动车组故障预测与健康管理系统是国铁集团统一、开放的 PHM 平台，全方位整合动车组新造、检修运用、监测和运行环境数据资源，通过与生产环节贯通，形成精准智能运维的新模式。该系统采用"一级部署，多级应用"的模式，在国铁集团一级部署，提供面向国铁集团、铁路局集团公司、动车（车辆）段、运用所的统一网站，为路内用户提供运行状态监控、故障预测、健康管理、视情维修、大数据分析等应用服务。通过与动车组生产作业系统、主机厂及零部件造修企业系统的互联互通，实现动车组健康状态的查询和各类预警故障的综合闭环管理。

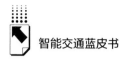

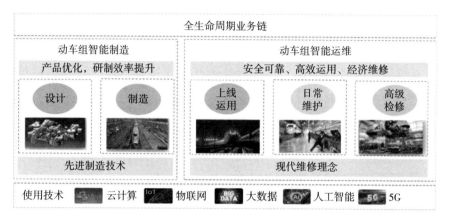

**图 2 动车组全生命周期业务链**

资料来源：笔者自制。

4. 基础平台

（1）铁路数据服务平台

国铁集团在中国铁路主数据中心部署了铁路数据服务平台，依托主数据中心基础设施资源，提供了 PB 级数据存储能力，汇集了防灾、综合视频、安全监测等信息系统相关数据，为动车组 PHM 大数据应用、车流推算等十余项大数据应用提供了支撑。除此之外，该平台在北京局、广州局、哈尔滨局、太原局、青藏公司 5 个路局集团公司及京沪高速铁路公司、浩吉铁路公司进行部署应用，对打破系统间数据壁垒、降低系统接口的重复建设成本、构建企业级数据资产全景视图、挖掘数据价值、支撑典型应用具有重要意义。

（2）铁路地理信息服务平台

依据《铁路信息化总体规划》，地理信息服务平台面向全路提供国家基础地理信息服务、铁路专业公用地理信息服务、铁路专业专用地理信息服务、铁路地理信息功能服务，支持基于铁路地理信息服务平台的应用开发。地理信息服务平台按照"1 个主平台、18 个路局级平台、N 个客专公司"建设原则，开展满足自身定制业务及需求的应用。据项目组统计，截至 2021 年 7 月底，已完成了北京、广州、乌鲁木齐、昆明、成都、西安、青藏公司 7 个路局级平台建设，完成了京张高铁、京沪高铁、川藏铁路 3 个客专公司建设，完成了铁科院、铁路通信中心、铁路公安、朔黄重载铁路4个专业级平台建设，平台现访问量3.2亿多次，发布地图服务650余个，涵盖132类铁路基础设施，支撑应用70余个，提供各类专题图30余幅。

（3）铁路北斗卫星导航服务平台

依据《铁路信息化总体规划》，铁路北斗卫星导航服务平台为一体化集成数据服务平台的重要组成部分。平台向用户提供厘米级至亚米级的精确实时定位服务，实现授时服务，为终端设备、业务应用系统提供精准时间服务；实现通信服务，为终端设备之间、终端设备与北斗平台之间，以及终端设备与普通手机用户之间提供短报文通信服务；实现在网设备统一管理，准确掌握全路卫星导航应用设备在网位置、状态等信息，并实现全路在网设备综合展示；支持时空信息共享，为铁路数据服务平台提供在网设备时空信息，支撑基于时空信息大数据分析，支持与路外其他行业、企业时空信息共享。截至2021年7月底，已完成平台研发与部署，接入京张高铁基准站及人员、基础设施、铁塔等终端数据，支撑京张北斗高精度服务与应用。

5. 京张高铁、京雄城际开启我国铁路智能化建设的探索和示范

京张高铁是北京至西北地区快速通道和京津冀地区城际铁路网的重要组成部分，既是成功举办2022年冬奥会的交通保障线，也是京津冀一体化发展的经济服务线；既是彰显京张铁路百年历史的文化线，也是全面展示中国铁路建设尤其是中国高铁建设成果的示范线。聚焦"交通强国、铁路先行"目标任务，打造"精品工程、智能京张"的建设目标，确保从设计、建造到运营整体达到系统最优，成为推动我国高铁技术新一轮创新的标志性工程。2019年12月30日，京张高铁开通运营，习近平总书记作出重要指示："从自主设计修建零的突破到世界最先进水平，从时速35公里到350公里，京张线见证了中国铁路的发展，也见证了中国综合国力的飞跃。"① 通过智

---

① 《习近平对京张高铁开通运营作出重要指示》，新华网，2019年12月30日，https://baijiahao. baidu. com/s? id = 1654339123351608875&wfr = spider&for = pc。

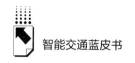

能建造、智能装备、智能运营技术创新的不断深化和完善，京张高铁实现了中国智能高铁 1.0 的重大创新，包括盾构隧道全预制拼装成套技术、钢桁梁模块化/智能化建造技术、客站智能施工和全生命周期管理、路基智能填筑、基于 BIM + GIS 的工程建设管理平台、智能动车组、动车组自动驾驶技术（CTCS - 3 + ATO）、智能牵引变电所、基础设施智能视频监控系统、工电供一体化运维系统、智能调度集中系统、智能客站管控平台、全面电子客票系统、铁路北斗地基增强及服务平台等 20 多项，为世界铁路发展贡献中国智能高速铁路方案，全面引领世界智能高铁的发展。

2017 年 2 月 23 日，习近平总书记在河北安新主持召开河北雄安新区规划建设工作座谈会时明确指出雄安新区建设要坚持"世界眼光、国际标准、中国特色、高点定位"。2017 年 10 月 18 日，习近平总书记在党的十九大报告中指出"以疏解北京非首都功能为'牛鼻子'推动京津冀协同发展，高起点规划、高标准建设雄安新区"。2020 年 12 月 27 日，京雄城际铁路全线建成通车，连接北京和雄安的首条高铁投入使用。京雄城际铁路从设计到建造，始终秉承着绿色生态理念，积极推进模块化制造和装配式建筑设计，实现从灰色基础设施向绿色生态基础设施的转变，集铁路、生态、智慧、景观、人文于一体，全方位打造绿色京雄。在京张高铁的创新成果基础上，京雄城际铁路首次在铁路行业实施全线、全过程、全专业的 BIM 工程化应用，实现从设计、施工到运营全生命周期三维数字化智能管理。在可行性研究、初步设计阶段，利用卫星影像、航空摄影、无人机等数据，建立高精度模型，为方案可视化比选、施工便道与大临工程的可视化选址等提供三维基础场景。在施工图设计阶段，实现了全线、全专业参数化建模。在施工阶段，建立了 BIM + GIS 电子沙盘，与施工进度、工程影像等信息进行关联。依托 BIM 技术，京雄城际铁路实现了智能化装配式建筑设计、智能梁场、智能板厂、钢筋自动化加工、路基智能压实、接触网智能预配等一系列成果。在预制场自动化、钢筋加工场自动化、智能化施工、智慧工地等方面取得重大突破。智能牵引供电系统，由智能牵引供电设施、智能供电调度系统和智能运行检修管理系统组成，具备全息感知、多维融合、重构自愈、智慧运维的先进性能，提高了牵引供电系统的安全性、可靠性以及运行效率品质。据中铁建工集团雄安站项目党工委副书记王星运介绍，雄安站巨大的椭圆屋顶是一座广度发电站，辐射了4.2万平方米光伏材料，年均发电量可达580万千瓦时，每年能减少二氧化碳排放4500吨，实现了车站完美的绿色节能。把雄安站建设成为"畅通融合、绿色温馨、经济艺术、智能便捷"的智能客站，将车站与城市空间更加紧密地融合，实现高铁与航空、城轨等交通方式无缝衔接。

京张高铁、京雄城际是我国高速铁路智能建造、智能装备、智能运营的集大成者，形成了一系列智能高速铁路技术创新实践。

### （四）产业竞争力

1. 智能建造

（1）桥隧路轨工程智能化施工。基于各专业理论与实践知识同新技术的深度结合，以多专业、多维度、多元化融合发展以及成套技术体系为依托，坚持创新驱动质量为先，示范应用扎实推进为原则，实现各专业领域系列化、标准化应用，提升施工效率、提高安全保障能力、推动业务模式创新。特别是BIM与GIS的集成与融合，实现了铁路建筑信息全生命周期信息化管理的革命性转变，深化了多领域的协同应用，为铁路工程建设解决专业众多、数据海量、数据层级关系复杂等问题创造了必要条件。

（2）客运站工程智能化施工。受益于云计算、移动互联网的发展，客运站工程施工不断向数字化、智能化、少人化方向发展。在国铁集团的统筹规划下，以精品工程为牵引，加强智能建造关键技术研究与应用，推动设计、建设、运营全生命周期信息共享，实现全方位建设质量管控，探索构建基于BIM技术的全生命周期智能管理系统，促进客站智能化施工，具备核心竞争力。

（3）四电工程智能化施工。在机械化、工厂化的基础上，对BIM、GIS、物联网、人工智能等新一代信息技术在科研和工程应用上取得了一定的成绩和经验。各施工单位智能化施工以高质量、高效率、高安全性为目标，辅以四电专业的智能施工机械，结合工厂化自动预配、信息化施工组织管理和 BIM 施工应用、物联网数据采集等关键技术，开展四电设备管理、四电接口检查管理、BIM 施组模拟、BIM 虚拟建造等应用，解决了目前建设单位项目管理中存在的四电信息缺失、接口管理困难、建设进度管控困难等一系列问题，为施工单位多方位、多角度、多层次的项目管理服务提供管理工具，提升了施工管理水平，实现铁路四电工程施工技术的飞跃。

（4）基于 BIM + GIS 的工程建设管理。BIM 与 GIS 的集成与融合能实现铁路建筑信息全生命周期管理的革命性转变，深化多领域的协同应用，为铁路工程建设解决专业众多、数据海量、数据层级关系复杂等问题创造必要条件。通过全过程静态、动态信息的高度融合，以及多层次、多维度、多粒度的信息汇聚与关联，实现铁路工程资源信息的可视化、立体化，为建设管理与决策提供强有力的技术支撑。

相比传统施工及其管理方式，智能建造产业具有更强的竞争力。

2. 智能装备

（1）智能动车组。智能动车组以安全可靠、经济高效、便捷舒适为宗旨，以信息全方位感知、数据融合处理、科学决策为手段，采用物联网、云计算、大数据、人工智能等先进技术，实现智能动车组自主感知、自运行、自监控、自诊断、自决策、自保护，甚至到自恢复等功能，即建立环境状态智能感知、智能自动驾驶信息交互、智能数据融合处理、智能列车协同控制、智能安全状态监控、智能故障导向安全控制、智能故障预测与诊断、智能旅客信息服务、智能运维信息融合为代表的智能动车组技术体系。

（2）智能牵引供电。采用经济、可靠、节能、集成、环保的设备与设计，以全站信息数字化、系统功能集成化、通信平台网络化、结构设计紧凑化、信息共享标准化、高压设备智能化和运行状态可视化为基本要求，能够支持牵引供电实时在线分析和控制决策，进而提高牵引供电运行可靠性及经济性。智能供电调度系统基于云计算、大数据、BIM 和人工智能技术，以数据全景可视化、调度协同化、作业自动化、决策智能化为基本要求，实现对牵引供电系统的远程监视控制、调度运行管理、辅助监控等功能，支持与其他相关系统的协调联动，进而保障牵引供电系统安全可靠、经济高效运行。

（3）智能检测监测。高效、主动的智能检测监测是高速铁路运营和服务的基础，为智能高铁提供包括车站客运安全、基础设施安全、动车组运行安全、运行环境安全等方面的全方位安全管理和监控能力。通过自我感知、互联互通、智能决策技术评估分析高速铁路设备设施的运用、检修、维护信息，掌握服役状态和性能变化规律，建立了贯穿高速铁路系统全生命周期、全面覆盖高速铁路行车安全和基础设施的检测监测体系，强化人防、物防、技防"三位一体"的检测监测能力，为修程修制优化、故障预测、故障处置等提供技术支撑，保证了高速铁路系统的安全性、可靠性、可用性及可维护性。

智能装备技术的优越性必定催生智能装备产业的蓬勃发展。

3. 智能运营

（1）智能客站。在云计算、大数据、物联网、人工智能等新信息技术基础上，以旅客便捷出行、车站温馨服务、生产高效组织、安全实时保障、设备节能环保为目标，实现客站出行服务智能化、生产组织智能化、安全保障智能化、绿色节能智能化，具有全面感知、资源共享、自助服务、主动适应、协同联动等典型特征。智能客站不仅将有效适应和把握智能化时代发展的特征和趋势，也为更好地在智能客站建设中利用先进技术提供了基础的平台保障。

（2）智能票务。12306平台建成后，铁路日售票能力从100万张提升到2000万张，彻底解决了旅客彻夜排长队购票的难题，实现了铁路售票的数字化转型升级。智能票务以服务旅客为中心，充分运用先进的经营管理理念和信息技术，打造服务旅客智慧化出行的核心支撑平台，实现旅客服务功能更加丰富，支付方式更加便捷，用户体验和客户满意度明显改善；服务对象不断扩大，管理效率持续提升，营销手段更加智能，运营成本更加经济；系统处理能力强、可靠性、可用性和扩展性高，使得铁路客运竞争力大幅度提升。

（3）智能综合调度。智能综合调度系统在充分借鉴国外高速铁路调度系统建设和成功运营经验的基础上，结合北京冬奥会旅客出行需要，依据智能高铁体系框架规范展开设计，自主创新，打造中国高铁运输综合调度的标

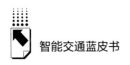

志性工程。该系统以满足客运运输需求和运力资源的合理运用、服务奥运为目标，实现对运输需求、设施设备状态、环境状态、生产动态的实时状态信息及时、准确、完整获取，通过对业务功能的深层次加工，实现"运输调度一体化、站段生产一体化"。

（4）智能行车调度。综合运用各种智能化技术，对路网运行状态进行智能化的监视、分析、预警、辅助决策和自愈控制，面向调度全专业，提供智能化的业务支撑手段，为铁路调度指挥提供全面的技术支撑。实现能够协调人、车辆和线路之间的交互关系，通过各种信息的综合判断从而进行科学的决策，智能化的应用大大提高了运营的安全性和协调性。

（5）工电供一体化运维。基于可视、直观、智能的BIM建造技术，建成首条全线、全专业应用BIM、GIS等数字化技术的高速铁路，BIM技术所产出的建造模型承载着大量的工务、电务、供电专业基础设施建造数据信息，相关数据可直接应用于运营及设备养护维修当中。利用京张高铁BIM模型集成铁路基础设施从设计、施工到运维阶段的全寿命周期数据，可延伸BIM、GIS技术的价值应用，与专业检测监测系统建立共享数据接口，推动构建基础设施可视化的检测监测体系、生产维修过程管理以及跨专业的信息共享和深度运用，方便专业运维部门对铁路基础设施进行高效管理，开展数据深度分析、挖掘和智能化应用。

（6）动车组智能运维。动车组智能运维系统以物联网、云计算、大数据、人工智能新一代信息技术和智能装备应用为主线，推进先进技术与运维业务融合，实现运维管理信息的全面感知、业务数据的高度共享和智能分析，基于数据和知识驱动的决策，基于智能装备的无人化和少人化操作，形成自感知、自分析、自决策、自执行能力，进一步强化动车组运行安全保障能力、提升检修效率和质量、降低检修成本。

智能运营和服务的高效、便捷、先进和综合特点，大大促进了智能运营产业的发展和壮大。

4. 基础平台

铁路数据服务平台充分支撑铁路行业数据管理和模型算法集成，对于加快推动铁路数据资源开放共享，带动铁路行业数据治理及大数据分析应用示范具有重要作用。铁路地理信息服务平台管理的地理信息是各个产业的基础核心数据，管理各类铁路地理信息数据资产，在高精度地图、便携式可穿戴数据采集设备、应急智能分析决策等领域不断创新与攻关，已形成了一系列具有产业竞争力的核心技术与产品。铁路北斗卫星导航服务平台是国铁集团唯一面向勘察设计、工程建设及运营维护的统建时空信息服务基础平台，实现业务终端的统一、集中监控，提出"两图融合、专业专图、专图专用"应用模式，实现高精度地图和高精度定位图的动静态融合与展示，面向铁路行业各大应用场景的北斗应用终端提供不同等级、不同类型的高精度位置服务。随着"平台＋应用"模式的不断固化，智能铁路基础平台业务也将得到快速发展。

# 二　我国智能铁路产业发展趋势及预测

## （一）产业发展需求

当前，以云计算、大数据、物联网、人工智能、5G等信息技术为代表的新一轮科技革命方兴未艾，成为创新驱动发展的先导力量。信息技术与交通、新能源、新材料等交叉融合，正在引发以智能、绿色、泛在为特征的群体性技术突破，促进工业经济向信息经济转型，铁路信息化进入全面覆盖、加速创新、跨专业融合、引领发展的新阶段。世界主要国家积极推进信息化与工业化融合，我国相继发布了《中国制造2025》、"互联网＋"行动计划、《促进大数据发展行动纲要》、《新一代人工智能发展规划》、《交通强国建设纲要》等。基于大数据、人工智能、5G等新技术与交通行业的深度融合构建智能铁路已成为引领铁路创新发展的重要方向。

2008年以来我国铁路发展迅速，取得了世界瞩目的成就。但与国外铁路发达国家相比，运输效率还有提升空间，高质量的运输服务供给水平还有待进一步提升。由于我国路网规模大、分布广，跨越高寒、冻土、湿热、岩

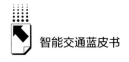

溶等不同地带，在建设和运营中面临许多复杂地质、气候、自然环境的考验，对铁路的安全性、可靠性提出了新的要求。综上所述，当前及未来一段时间，中国智能铁路产业发展的战略需求主要来源于运输效率提升、服务品质提升、安全水平提升、装备智能化、基础设施智能化等5个层面，如图3所示。

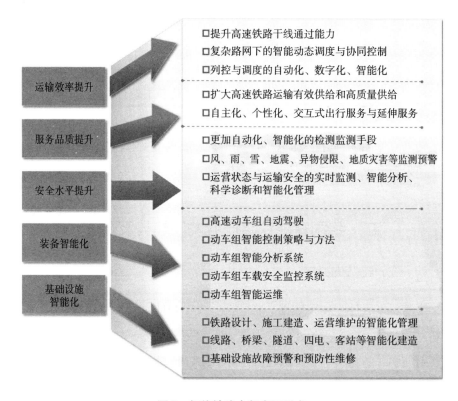

**图3　智能铁路内部发展需求**

资料来源：笔者自制。

1. 运输效率提升

由于成网条件下我国路网结构复杂、运营里程长、区域环境差异大、客流量大且出行需求多样等特点，面临着如何更加有效地利用铁路资源、提升铁路干线通过能力等挑战。此外，随着我国各种交通运输方式的不断融合发展，面临着网络型运输组织模式和技术创新的要求，亟须研究复杂路网下的智能动态调度与协同控制以提高调度指挥效率和运输组织水平，推进列车控制及调度指挥的自动化、数字化和智能化，提高列车的开行效率和基础设施的使用效率。

**2. 服务品质提升**

随着我国物流业快速发展，货物运输需求急剧增加，货主对于运输过程以及供应链的透明度要求也有所提高，由此，应重点关注精确性服务、自助化服务、定制化服务。同时，应满足铁路货运组织改革和传统货运向现代物流转型的新要求。此外，迫切需要利用信息技术，从货物运输核心业务向现代物流上下游产业链延伸服务，保证到货时间，提升物流服务管理水平，提高差异化竞争能力。

**3. 安全水平提升**

随着路网规模和客流量的快速增长，为确保铁路运行安全，在基础设施和移动装备的检测监测、安全评估等方面面临着重要挑战。随着路网规模持续扩大、新技术装备大量投用，安全保障压力不断增大，迫切需要加快发展更加自动化、智能化的基础设施和移动装备检测监测手段，构建涵盖地质灾害、自然灾害、外部环境等在内的防灾预警系统，实现对铁路运营状态和运输安全的实时监测、智能分析、科学诊断和智能化管理。

**4. 装备智能化**

迫切需要研发高速动车组自动驾驶技术及自主化成套技术体系，研制动车组车载安全监控系统，研制基于故障树和智能诊断技术的智能分析系统，形成多参量、多系统、多学科融合的智能诊断体系，掌握动车组智能运维关键技术，实现健康管理，集成采用物联网、大数据、云平台、人工智能等当前先进技术实现高速动车组的自动驾驶、智能监控、智能诊断、智能服务、智能运维等。

**5. 基础设施智能化**

迫切需要将云计算、物联网、BIM、GIS、移动互联网、大数据等信息技术与先进工程建造技术高效融合，构建基础设施的故障诊断预警、预防性维修、主动运维和资产全生命周期管理体系，实现桥梁、隧道、线路、轨道、车站、四电等基础设施的智能化施工等，以及铁路设计、施工、运营、维护各阶段的全生命周期智能化管理。

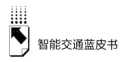

## （二）产业发展趋势

智能铁路技术创新成果和工程项目成功经验为既有线智能化升级改造和智能高铁新线建设提供的重要依据和行动指南，为世界铁路发展贡献中国智能铁路方案，推动智能铁路上下游产业链持续发展。随着云计算、物联网、大数据、人工智能等新技术与铁路业务领域的更深层次、更广范围的融合应用，以及数字孪生、CPS、智联网（AIoT）、下一代通信、区块链、扩展现实（xR）、无屏显示、大数据智能、量子计算等前沿技术与铁路业务领域的探索应用，将持续深化智能建造、智能装备、智能运营等关键核心技术攻关和自主创新。未来，智能铁路产业应用由辅助协同向自主操控升级，研发自修复型智能列车，探索全自动无人驾驶（UTO），构建基于量子通信、区块链等新技术的智能安全体系，实现智能铁路全生态整体效能最优。同时，与其他交通方式行业联动，整合与其他产业资源，进一步打通铁路企业上下游产业，打造出具有全球竞争力的智能铁路产业集群，并朝着"规模化、集约化、专业化"发展。

## （三）市场供需及产业规模预测

《新时代交通强国铁路先行规划纲要》明确提出到 2035 年"全国铁路网 20 万公里左右，其中高铁 7 万公里左右""智能高铁率先建成，智慧铁路加快实现"等目标。

依托智能高速铁路发展，提升铁路智能建造、智能装备、智能运营水平，能够直接提升我国融合基础设施发展；通过增加对云计算、物联网、大数据、北斗定位、移动通信、5G、人工智能等先进技术的需求，凭借铁路广阔的市场，能够有力刺激相关技术创新，从而推进信息基础设施发展；此外，智能高速铁路是众多智能技术的一个尖端集成，发展智能高速铁路必然能够发挥"头雁"效应，进一步带动整个产业链发生重要技术革新，催生新技术、新产品、新产业、新业态、新模式，激发企业技术革新和发展壮大，创造新的强大引擎，对加快我国创新型国家建设具有重要意义。

1. 智能建造

当前 BIM、GIS、数字孪生、施工机器人、自动化质检、预制化与拼装化等新技术在我国铁路工程建设全过程中的应用还需加快扩大和深化，迫切需要加强工程建造关键领域技术创新，为优质高效推进铁路建设提供技术支持，重点围绕勘察设计、工程施工、建设管理等方面的若干主要任务开展技术攻关和工程实践。根据国铁集团信息化总体规划，"十四五"时期将继续推进建设管理领域信息化建设，提升铁路建设标准化管理水平。GIS、北斗、航空摄影测量、激光雷达、空天地一体化勘测、大数据及智能诊断、协同管理等技术手段将促进桥隧路轨、客站、四电工程在安全、质量、进度管理等方面进一步提升智能化水平，提升高铁智能建造水平，为基础设施全生命周期健康管理奠定基础。

未来三年，随着中国铁路"八纵八横"战略规划的持续开展，越来越多的铁路建设项目将极大地提升对工程建设管理信息化的需求，与此对应的 BIM + GIS 融合技术服务将供不应求。同时，智能化施工不仅提升了工程建设效率，更保障了工程建设质量，对高铁建设具有重要意义，预计未来三年桥隧路轨、客站、四电领域的产业规模将持续扩大。

2. 智能装备

随着智能动车组功能和性能的不断提升，未来智能动车组的市场份额将不断扩大。CTCS - 3 级列控系统目前已在我国高速铁路中广泛应用，是我国高速铁路信号系统的核心装备，是保障行车安全的关键设备，自动驾驶是方向，必将迎来大发展。国铁集团是智能牵引供电系统应用的主力军的地位不会改变，国家能源集团和地方重载线路，均有智能牵引供电系统的应用需求，市场前景较为广阔。智能牵引供电系统技术条件的发布也对产业发展的进一步规范提供了良好的基础。

随着人工成本的逐步提高，智能检测监测技术的市场需求将逐步释放，未来三年内，随着自然灾害、周界入侵、异物侵限和铁路周边环境安全预警等领域需求的不断增大，一方面将提高智能终端产业市场的需求，另一方面将加快智能算法行业的融入，因此市场将迎来一个稳定成长期。未来随着智

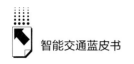

能检测监测设备的逐级部署，国体集团—各铁路局集团公司的智能检测监测平台将逐步建成，设备市场将不断拓展。

3. 智能运营

利用人工智能、大数据、5G、云计算等信息技术手段，围绕客运服务、运输组织、养护维修三方面内容，增强旅客服务和生产指挥的一体化管控，提高车站工作人员作业效率，实现人员、设备的合理配置、优化运用维修。

（1）客运服务。一是智能客运方面。围绕旅客全过程出行，感知旅客在进站、候车、乘车、出站、换乘等各个环节多样化及个性化的需求，自适应地配置、优化客运生产服务资源，实现旅客安全、快捷、舒适、绿色地出行。在客运生产组织方面，以客运车站设施设备及运营环境状态感知、故障诊断、智能决策为基础，实现车站服务多样化、车站设备智能化、客运车站人员—设备—作业的协同联动，优化业务流程，提高管理效率，提升服务质量。二是智能票务方面。未来 3 年铁路客票系统年售票量将持续提升，为了满足旅客购票、进出站、验票等需求，既有售票窗口设备、自动取票机、实名制核验闸机、检票闸机、手持检票设备、柱式半自助闸机等需要持续更新换代，特别是对于新建高铁和城际铁路而言，这些设备是标配，市场规模尚可。另外，通过"12306"平台更好地实现与航空、公路、水运等多种方式的有机衔接，推动"高铁＋航空＋公路＋水运＋城市交通"等综合交通联运服务发展，做到优势互补。同时，以"12306"平台为基础，推行行业级的"平台＋生态"战略，与合作伙伴、客户等共同构建生态系统。

（2）运输组织。随着铁路信息化、自动化技术的进一步发展，铁路调度指挥系统已成为整个铁路行车指挥的"大脑"，其核心目的已发展为有效优化列车与有限的线路、站场资源之间的占用关系，保障行车安全，提升线路运力，解决日益增长的运输需求与有限的线路资源之间的矛盾。未来的智能综合调度将贯通铁路运输生产全过程，实现铁路智能运输、旅客智能出行，全面提升安全生产、运营管理、客运服务的现代化水平。智能综合调度将广泛地使用云计算、物联网、大数据、人工智能、区块链等先进的技术，以运输综合计划为核心牵引，实现面向运输生产全过程的更安全、更高效、更可靠的运输调度管理。智能行车调度指挥系统既可作为既有行车调度指挥系统升级改造的产品，又可作为新线建设的行车调度指挥装备，其推广应用具有十分广阔的市场前景，具有重要的社会效益和重大的经济效益。

（3）养护维修。一是工电供一体化运维方面。随着国铁集团工电供一体化改革推进，未来新建高速、普速或重载铁路均采用综合维修模式，各铁路局集团公司的既有工务、电务、供电专业站段也会陆续进行合并与整合，逐步建立新的专业融合的基础设施段，工电供一体化运维平台应用场景逐步增多，随着专业融合的经验积累，对工电供一体化运维平台的需求也在逐步增多。为提高铁路安全生产现代化管理水平，实现线路的科学管理，合理、有效地分配资金、材料、人力和作业时间，保持线路设备的良好使用状态，保障运输生产安全，需不断完善优化工电供一体化运维平台的应用。二是动车组智能运维方面。到2035年，我国基本建成交通强国，交通装备先进适用、完备可控，运输服务便捷舒适、经济高效，科技创新富有活力、智慧引领，强化载运工具质量治理，保障运输装备安全，强化交通应急救援能力。系统建设的产业规模由动车（客车）段级系统、动车运用所级系统组成，包括动车（客车）段、运用所管理信息系统的工程建设，包括动车组智能运维系统的设计、开发、实施、推广，相关软件移植与系统集成方面的软件研发工作；以及计算机硬件设备、网络设备、与生产管理相关的视频监控、综合布线等工程建设工作。动车组智能运维系统有望实施到新建动车组运维段所和城际铁路动车组基地，产生逾千万的经济效益。

4. 基础平台

（1）铁路数据服务平台

未来随着数据逐步成为关键的生产要素，铁路大数据将加快推动产业升级，大数据服务平台作为基础平台将为国铁集团及铁路局集团公司、城际铁路、地方铁路、城市轨道交通、境外铁路等铁路管理和运营实体提供强大的大数据服务能力，充分支撑各铁路局集团公司、城际铁路、地方铁路、城市轨道交通、境外铁路等单位的数据管理和应用需求，支持平台的落地应用。未来铁路数据服务平台将逐步扩展至各个铁路局集团公司，结合境外铁路智

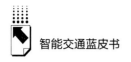

能化需求，促进平台在境外铁路的落地应用，并在地方铁路、城际铁路等领域开展应用建设和系统实施。

（2）铁路地理信息服务平台

一方面，借助国铁集团地理信息平台国家基础地理信息数据，各路局针对管辖范围内的铁路地理资产，开展了资产管理、调度决策、养护维修等定制化的需求应用，提升了数据资产的获取效率。另一方面，各客专公司利用地理信息技术，从铁路设计初期就开展了线路、站场等位置选线工作；进入铁路建设、验收期，利用地理信息进行设备台账、竣工验收资料的电子化管理，极大地提升了管理效率，强化了各部门之间专业共享融合意识；进入铁路运营期，如京沪高铁示范模式，对全线采用 BIM + GIS 技术、大数据技术、智能分析技术，构建了"全专业、高保真、精细化"的三维可视化场景，形成了以资产管理、检测监测、养护维修、智能决策等一体化应用，实现了线路全生命周期时空化管理，推动了铁路智能化发展。此外，地方铁路、重载铁路对地理信息技术的优势也呈现较强的需求，如朔黄铁路提出利用 GIS 技术实现沿线工务、供电、电务设备监测检测的运行状态、报警决策进行可视化分析，同时提出以直观便捷的方式查看每日货车的装货量、周转量、货品内容，这些业务生产需求都将有利于产业进一步深入发展。

（3）铁路人工智能平台

铁路人工智能平台将推进基础能力开放平台应用示范，通过选取典型场景开展铁路人工智能分析基础能力开放平台应用示范。2021 年前，完成铁路人工智能基础能力开放平台中图像识别、自然语言处理、知识图谱、数据挖掘各人工智能应用在铁路相关场景中的应用，为示范单位相关部门提供人工智能服务。2023 年前，完成铁路人工智能云边融合建设，提升铁路智能化应用效率。以铁路人工智能应用示范工程为基础，形成铁路各专业、各应用场景的典型应用案例，并将其推广到国铁集团、铁路局、铁路科研单位各种相同或相似应用场景中，针对特殊的应用需求，提供定制化的开发；提供多元的接口规范，能够将人工智能服务接入铁路各类建设、生产、运维系统中。

（4）铁路北斗卫星导航服务平台

据项目组预测，未来服务列车高精度定位规模为 2 万余列，服务人员定位终端规模为 10 万余部，服务基础设施监测设备为 5 万余套，产业规模达 5 亿/年；提供基于在网设备管理的时空数据共享服务市场需求预测 1 亿/年。北斗卫星导航服务平台提供的高精度位置服务近三年产业规模预测约 8000 万，在网设备管理提供的服务近三年产业规模预测约 1000 万。

# 三　中国智能铁路产业发展对策建议

## （一）加强政策扶持，实施重点保障

智能铁路作为国民经济的先导性、基础性、战略性产业，作为我国经济社会发展的新经济增长点，国家各相关部门及各级政府应加大对智能铁路发展的政策支持力度，坚持"自下而上"与"自上而下"相结合，不断激发铁路部门、装备制造企业、用户等市场主体的积极性。加强国家对智能铁路领域基础研究的投入，高度重视处于研发阶段的前沿新技术，适度超前安排，以此鼓励科研机构、企业、行业协会等对智能铁路关键技术进行改造升级，调动智能铁路行业领域技术创新人员的积极性。出台突出体现国家对重点行业聚焦支持的相关政策，鼓励以完善智能铁路产业链为核心的企业合并和并购重组，以实现规模化经营并防止出现"投资碎片化"，集中力量培育和塑造中国智能铁路品牌。

## （二）强化风险防控，保证产业安全稳定运营

智能铁路相较传统铁路交通，面临包含组织变革风险、管理规范风险、业务优化风险、技术创新风险在内的多种新型风险，因此更应从思想、技术、管理等方面构建智能铁路风险防控机制。一是提高思想认识，以战略思维、国际视野和前沿意识认识智能铁路，主动适应智能铁路带来的创新与变革。二是建立健全智能铁路政策，切实落实智能铁路战略的政策指导作用。三是落实组织职能，制定专项建设规划，监督专项建设过程，统筹协调和解

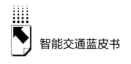

决智能铁路战略规划与实施中的重大事项。四是保证技术可控，重视激励原始创新和核心技术研发，并加强自主知识产权保护，突破国外技术壁垒。五是推进制度建设，健全完善智能铁路的各项规章制度，有效提高智能铁路建设、应用与运维水平，促进智能铁路战略良性发展。六是健全相关工作体制，充分调动各方积极性，助力智能铁路项目落地建设与长远发展。

### （三）加大科技创新投入力度，提升智能化水平和深度

科学合理布局智能铁路行业协同创新平台，依托协同创新推进科技成果联合转化，不断加强"产学研"结合，完善重点领域共性技术开发平台。重视配套解决人工智能、大数据、物联网、区块链、新一代移动通信等技术问题，一并纳入未来规划与建设中，在技术层面实现不断突破。整合国家创新资源，通过自主创新补齐短板，实现智能铁路重要领域核心技术的自主可控。进一步加强知识产权工作，依托国内市场加快建立与国际接轨的智能铁路自主化标准体系，突破发达国家的技术标准壁垒。建设国家级智能铁路科技创新平台，研发覆盖智能建造、智能装备、装备运营三大板块的各领域信息应用系统及设备。

### （四）加强人才队伍建设，健全科研人员激励机制

进一步优化科技人才发展环境，完善人才培养和使用机制。加强高层次人才遴选、培养和推荐，持续推动智能铁路人才培养行动计划，在智能化领域打造具有重要影响力的国家级专家队伍。加强青年科技人才培养，鼓励优秀青年人才承担各类科研项目。建立健全科研人员激励机制，充分激发科技人才创新创造活力。

### （五）深化外部交流合作，打造智能铁路国家品牌

联合国内相关行业、企业开展关键技术应用合作，深入挖掘智能铁路需求，促进研发工作和需求相衔接，实现产学研结合，科工贸一体，加快智能铁路产业发展布局和工程应用。深化与 UIC、ISO、IEC 等国际组织的交流

合作，积极对接国外知名科研机构、企业和高等院校等科技资源，不断开拓科技交流合作新渠道。健全完善国际化科学研究与工程建设制度，培养一批综合素质过硬、具备国际化视野的科技骨干和专家。积极主办、承办和鼓励参加各类铁路国际会议，推动建立世界铁路科研组织新模式、交流合作新格局，从技术、标准、模式等方面落实"走出去"战略。做好铁路国家品牌的海外推广，突破海外标准壁垒，推动中国铁路技术标准与国际接轨，获得国际社会的认可。以中国智能铁路建设为基础，通过鼓励和支持中国铁路的智能建造、智能装备、智能运营等载体，加大智能铁路领域的标准、产品、文化、周边服务的出口，培育形成智能铁路国家品牌。

## （六）培育智能铁路产业集群，提高智能化服务水平

培育智能铁路产业集群，实现产业集群"规模化、集约化、专业化"发展，培育一批现代化的铁路企业，打造出具有全球竞争力的智能铁路产业集群。一是要提升铁路企业的规模化水平。通过铁路企业与民航、公路等运输行业联动以及与其他产业的资源融合，加快推动铁路企业向上下游产业延伸，不断深化智能铁路产业链整合，夯实铁路行业基础性工作。二是要提升铁路企业的集约化水平。通过加大对云计算、大数据、5G、人工智能、区块链、移动互联网、物联网、超级计算等先进技术的应用，强化企业资源的利用及开发，促进铁路企业的效率提升和产业升级。营造标准统一、竞争公平、规范有序的铁路产业市场环境，统筹领域的各种资源，提高市场集中度和集约化运作水平，减少低水平无序竞争，促进相关生产要素有序流动。三是要提升铁路企业的专业化水平。通过业务创新优化铁路组织模式，推进铁路企业提升智能建造、智能装备、智能运营水平进而提升其专业化服务水平。

**参考文献**

王同军：《中国智能高速铁路体系架构研究及应用》，《铁道学报》2019年第11期。

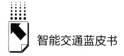
王同军:《中国智能高铁发展战略研究》,《中国铁路》2019 年第 1 期。

何华武、朱亮、李平、郑金子:《智能高铁体系框架研究》,《中国铁路》2019 年第 3 期。

王同军主编《智能高速铁路体系架构与标准体系》,中国铁道出版社,2020。

王同军:《京张高铁智能化服务总体架构、关键技术与应用示范》,《铁路计算机应用》2021 年第 7 期。

王同军:《基于 BIM 技术的铁路工程建设管理创新与实践》,《铁道学报》2019 年第 1 期。

李平、邵赛、薛蕊、张晓栋:《国外铁路数字化与智能化发展趋势研究》,《中国铁路》2019 年第 2 期。

马建军、李平、邵赛、张晓栋:《智能高速铁路关键技术研究及发展路线图探讨》,《中国铁路》2020 年第 7 期。

朱少彤:《CTCS3 + ATO 高速列车自动驾驶系统关键设备研究》,《中国铁路》2018 年第 10 期。

齐延辉、周黎:《复兴号中国标准动车组》,《工程》2020 年第 3 期。

# B.4
# 2020年中国水路运输智能化产业发展报告

赵玉民　兰加芬　初秀民　蒋仲廉　何　伟*

摘　要： 智能化是近年水路交通运输行业发展的热点之一。本报告提出了水路运输智能化产业的定义，通过分析智能船舶、智慧港口、智能航道、智能海事监管发展以及产业发展经济与政策环境，指出水路运输智能化产业发展还存在航运信息分散、航运信息基础设施建设不足、航运标准体系及保障制度不够完善、核心技术有待突破等问题，并预测水路运输智能化产业前景十分广阔，预计2022年中国智能船舶行业市场规模将达到300亿元左右。最后，为落实水路运输智能化产业总体规划，突破智慧海事与港口、智能船舶等领域关键技术，提出了加强政策支持、支持试点示范、促进开放合作三种保障措施。

关键词： 智能航运　智能船舶　智慧港口　智慧海事

* 赵玉民，中国交通通信信息中心交通运输通信信息集团有限公司副总经理，正高级工程师，主要研究方向为卫星通信、信息化等；兰加芬，武汉理工大学智能交通系统研究中心，国家水运安全工程技术研究中心福建分中心，在读博士研究生，研究方向为船舶智能航行；初秀民，武汉理工大学智能交通系统研究中心，国家水运安全工程技术研究中心福建分中心，研究员，博士生导师，主要研究方向为水上交通安全状态感知；蒋仲廉，武汉理工大学智能交通系统研究中心，副研究员，博士生导师，主要研究方向为船舶交通流理论；何伟，国家水运安全工程技术研究中心福建分中心，副教授，硕士生导师，主要研究方向为交通系统协同控制。

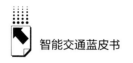

# 一 中国水路运输智能化产业发展现状

## （一）水路运输智能化产业定义

中国拥有 1.8 万公里海岸线和 12.7 万公里内河航道，船舶总吨位位居世界前列，素有"航运大国"的美称。水路运输在中国综合交通运输系统中具有十分重要的地位，时刻影响着整个社会的经济活动。在低碳经济发展的背景下，水路运输更是表现出极其突出的优势。

水路运输是以船舶为主要运输工具，以港口或港站为运输基地，以水域包括海洋、河流和湖泊等为运输活动范围的一种运输方式，主要分为海洋运输和内河运输。水路运输系统主要包括船舶、船员、客货、港口航道、监管装备，拥有优势的水运资源促使中国水路运输行业持续发展。

在涉及经济贸易活动的交通体系中，水路运输发挥着无可替代的作用，90% 的贸易往来运货量都是靠水路运输完成的。近年来，中国水路货物运输量及周转量稳步增长。交通运输部发布的数据显示，2019 年中国水路货物运输量达 74.72 亿吨，同比增长 6.3%，水路货物周转量达 103963.04 亿吨公里，同比增长 5.0%；2020 年中国水路货物运输量达 76.16 亿吨，同比增长 1.9%，水路货物周转量达 105834.44 亿吨公里，同比增长 1.8%。①

水路运输作为中国主要的交通运输方式之一，其因效率、效益、安全、环保等优势受到了广泛关注。智能信息化顺应了发展的要求，更重要的是，智能信息化的水运系统将在时空资源优化利用、多种运输模式一体化协同运营、全面改进舒适便捷安全等方面更好地满足人们对美好生活的需求以及社会经济发展需求。目前，水路运输已逐步跨入智能化新时代，其发展方向包

---

① 《2019 年交通运输行业发展统计公报》，交通运输部珠江航务管理局网站，2020 年 5 月 12日，https：//zjhy. mot. gov. cn/zzhxxgk/jigou/zhghc/202007/t20200708_ 3428230. html；《2020年交通运输行业发展统计公报》，中华人民共和国交通运输部网站，2021 年 5 月 19 日，https：//xxgk. mot. gov. cn/2020/jigou/zhghs/202105/t20210517_ 3593412. html。

括全方位的信息感知、深层次的信息融合以及多维度的智能技术应用等。

水路运输系统智能化即运用先进的传感识别、通信网络、智能计算、信息控制等高新技术，对船舶、客货、航道、港口等水运要素进行智能感知、实时跟踪、动态监控，构建安全、高效、低碳的水路运输系统，其涵盖航道智能化、船舶智能化、港口智能化、海事监管智能化等方面，包括船舶信息感知与服务、港口管控一体化、水路交通管控自动化、水路运输仿真等关键技术。水路运输系统智能化的目标是实现水路运输更加安全、高效和绿色。

## （二）产业发展现状

近年来，中国水路运输智能化研究取得了一定进展，例如船舶监控系统的开发、船岸协同以及航道要素感知融合技术的突破等。目前中国大多数港口建成了港口电子数据交换系统、船舶交通管理系统、船舶自动识别系统；此外，运输效率、运输安全与环境、与其他运输方式的智能运输系统衔接成为水路智能运输系统建设和技术发展的重点。航运各管理单位和广大港航企业持续投入，开发了电子航道图，基本建成了以计算机网络、视频监视、GPS 定位、VTS/AIS 监控等为基础的信息化基础设施体系。本报告将从水路交通智能化研究的角度出发，从船舶、航道、港口、海事监管等方面分析水路运输智能化的最新研究进展与趋势。

### 1. 智能船舶

依据《智能船舶规范》，智能船舶是通过通信、传感器、物联网等技术手段，自动感知并采集海洋环境、港口以及船舶自身等方面的要素信息，并利用自动控制、计算机以及大数据等先进技术，实现航行、保养、维护以及货物运输等功能智能化的船舶。

目前世界各国均对智能船舶开展了广泛的研发。例如，日本将智能船舶作为其航运业的重点研发内容之一，并与 NAPA 合作开发了航路优化支持系统。韩国现代重工是智能船舶研发的先导者，2016 年其宣布与英特尔、SK 航运、微软等企业在以前合作研发的基础上继续合作开发智能船舶。

在欧洲，2015 年，由英国高校、企业与船级社合作颁布的《全球海洋技术趋势2030》报告中，明确提出将智能船舶列为海洋关键技术之一。2017年4月，Rolls-Royce公司与新加坡海工和船舶中心（TCOMS）达成战略合作。同期，Rolls-Royce公司还与瑞典渡船公司Stena Line签署了协议，表示将合作研发首套船舶智能感知系统，并提出了2020年、2025年、2030年和2035年目标。2020年，他们的很多标志性工程实现了远程操控，也运营了标志性的航线；2025年计划实现近海遥控无人船，2030年实现遥控无人驾驶远洋船，2035年实现自主无人驾驶远洋船。此外，芬兰宣布在2025年研制第一艘无人自主航行运输船舶。Kongsberg与Yara International 2020年联手共同打造的Yara Birkeland号零排放无人驾驶船舶，实现了自动靠离泊和货物装船，每次航行可节约90%的运营成本。

2014年，中国也对智能船舶进行了研究，中国船级社2015年12月发布了全球首部《智能船舶规范》，并在2020年进行了升级。原中国船舶工业集团公司在2017年交付的"大智"号，成为中国首艘自主研发的智能船舶。中远海运集团旗下上海船舶运输研究所研发的智能"1+3"平台也已成功应用到21万吨散货船上，并取得了优异的成绩。

随着物联网、人工智能、5G等技术日趋成熟，智能船舶的多传感器智能感知、远程宽带信息传输、自主学习与信息智能处理等特点将更加凸显，未来智能船舶应用前景将更加广阔。在后续研发中，需要重点从以下几个方向加以突破。

（1）智能航行。基于物联网、云计算、大数据等新技术，突破多源异构信息实时采集与深度处理技术，为智能规划和优化船舶的航行速度及航行路线提供技术支持。同时，突破道—标—闸—船协同关键技术，实现智能船舶的自动避碰。

（2）智能船体。构建并及时更新船体全生命周期数据库，为船体结构维保、监造等提供技术支撑。同时，建立船体的多维度综合预警及辅助决策系统，促进船体智能水平提升，保障船体安全。

（3）智能机舱。构建机舱状态监测与预警系统，实现机舱设备的智能故障定位与健康评估，并为机舱设备维保及操纵提供决策建议。

（4）货物智能管理。基于无线射频、大数据、自动控制等技术，实现船内货物的自动识别、状态自动监测、精准盘点与预警等功能，为管理和决策提供依据。

（5）智能集成平台。构建高度集成的船舶数据集成及应用平台，实现智能船体、智能机舱、智能航行等系统数据的互联互通，提升全船综合智能化水平。

2. 智慧港口

智慧港口指的是以现代化基础设施设备为基础，以信息物理系统为框架，以高新技术与港口运输业务深度融合为核心，以港口运输组织服务创新为动力，集疏运一体化的系统，实现港口对信息综合分析处理与相关资源优化配置的能力。

第一代自动化集装箱码头，以荷兰鹿特丹 ECT 码头为代表，采用单小车岸桥＋内燃机液压驱动 AGV＋轨道吊（Single ARMG），其中 AGV 采用固定圆形路线。

第二代自动化集装箱码头，以德国汉堡 CTA 码头为代表，采用双小车岸桥＋柴油发电驱动 AGV＋穿越式轨道吊（Crossover ARMGs），其中 AGV 采用灵活路线。

第三代自动化集装箱码头，以荷兰鹿特丹 Euromax 码头为代表，采用双小车岸桥＋柴油发电驱动 AGV＋接力式轨道吊（Twin ARMGs），其中 AGV 采用灵活路线。

为推进智慧港口的建设和发展，自 2017 年开始，中国重点出台一系列政策推动港口智能化方面转型升级，青岛港、上海港、广州港、天津港等在信息互联共享、港口陆运业务协同、港口物流链、港口作业自动化、创新技术应用等方面取得一系列成果。例如，中国第一个自动化集装箱码头——厦门远海码头，基于中国港口实际，采用双小车岸桥＋电池驱动 AGV＋接力式轨道吊，实现了对各设备的高效智能管理，从安全、效率和能耗角度确立最佳路径，具备全智能、零排放、安全、环保的性能优势，比传统码头节省

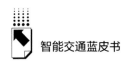

能源25%以上，效率提升20%。[①]

未来，中国港口将围绕港口作业自动化、港口陆运业务协同、信息互联共享、港口物流链、创新技术应用五大方向发展转型，主要关键技术包括龙门吊远程控制、桥吊远程控制、AGV集卡跨运车控制和视频监控与AI识别等，重点实现以下功能：

（1）信息联动。通过AI、大数据、云计算、5G等先进技术，实现泊位、船舶、岸桥、港口机械、人力等多源异构信息联动，实现码头多维度精细管理。

（2）智能决策。在信息联动的基础上，结合运筹优化算法，对调度、作业计划等做出高效决策，进一步优化港口的资源分配。

（3）自主作业。在智能决策基础上，结合边缘计算＋AI能力，实现设备自动高效地完成任务，提升港口作业效率与智能化运作能力。

3. 智能航道

智能航道指基于数字航道，综合应用物联网、地理信息系统、虚拟仿真等多种技术，实现船舶与航道信息的自动采集、高度共享、融合处理和深层次应用，为水路运输绿色、高效、安全提供重要保障。

以"先分段推进后整合提升"为建设思路，2006年交通运输部启动在长江下游南京至浏河口河段建设数字航道项目，并于2008年通过了验收，标志着中国首条数字航道正式亮相。2019年长江数字航道实现了全面联通运行，数字航道的建成推动了长江航道管理服务方式由传统人工模式向数字化模式转型。尽管内河航道助航智能化取得了一定的技术成果，但仍处于起步阶段，内河航道智能化尚需广泛深入地研究，包括：

（1）全面感知。突破多传感器采集与融合技术，实现全方位、高精度感知船舶、航标、船闸、航道岸线等通航要素信息。

（2）广泛互联。借鉴新一代的感知—传输—应用技术体系，突破视频

---

① 李春晖：《科技赋能智慧港口 中远海运"魔鬼码头"进入5G时代》，中国财经网，2019年11月25日，http：//finance.china.com.cn/news/special/zoujinxinguoqi/20191125/5131761.shtml。

监控网络、RFID网络、VHF通信网络、无线传感网络、无线与移动通信网等异构网络融合与协同运行技术,构建船—标—岸一体化感知网络。

(3)深度融合。整合信息资源,搭建基于云计算的一级数据中心和二级数据中心,构建海量云数据处理与分析挖掘中心,为航道数据深度应用提供支撑。

(4)智能应用。以航行船舶、港航企业、社会公众及相关港航管理单位等服务主体个性需求为重点,建立航道综合信息服务系统,对分散的信息资源进行有序组织,做到逻辑上集中、物理上分散,实现相关用户的按需服务以及航道维护作业的智能控制。

(5)完善机制。建立健全智能航道养护、管理、服务所需的标准体系及运行机制。

4. 智能海事监管

智能海事监管指充分利用当下先进的人工智能、云计算、互联网以及物联网等网络平台,借助自动控制等相关技术,赋予海事系统互联、感知、预测、分析以及控制等能力,并进行货物监管、船舶动态监控、海事巡航和通航环境管理等,提升海事全过程和全方位管理效能。

2011年,电子巡航在长江芜湖段进行了试点运行,仅第一个月就纠违近5000起。2012年,长江干线水域全面实施电子巡航。截至2015年底,通过电子巡航监管模式,长江海事局提供交通服务29万余次、纠违2万余起、监控重点船舶30万余艘次,确保了辖区内的通航安全。同年,佛山海事局也将电子巡航用于水上交通管理,实现了1350公里水道巡航耗时30分钟的目标,大幅度提升了巡航效率。①

近几年来,海事监管在智能化建设方面突飞猛进,各种电子化海事监管系统、业务管理软件及海事网站等技术项目先后建成、使用并不断发展。以信息技术为核心的交通管理系统(VTS)、船舶自动识别系统(AIS)、水上安全电视监控系统(CCTV)、全球海上遇险与安全系统(GMDSS)等现代

---

① 刘艳利:《海事信息化 监管智能化》,《中国海事》2016年第4期,第12~13页。

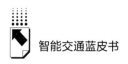

化管理手段在确保水上交通安全、改善水上交通秩序、确保船舶航行安全方面发挥出积极的作用。其主要关键技术包括：

（1）船舶感知与通信技术。利用传感器、物联网等技术，实现船—人—货—港—环境等水上交通要素信息的全样本感知，构建全覆盖的海事信息通信网络，提高监管能力。

（2）海事大数据整合技术。通过数据库、虚拟化、大数据总线等技术实现海事信息整合及与海事业务系统的互联互通，建立海事信息资源共享体系，提高监管效率。

（3）海事大数据分析挖掘技术。利用机器学习、人工智能、时空统计等技术分析挖掘水上交通安全动态、事故险情、风险预警、排放污染等知识，提高监管质量。

（4）海事智慧监管云平台。利用互联网、云计算、大数据等建立云环境下的海事智慧监管平台，提供各业务和信息系统核心功能的云化实现和服务，提高监管服务水平。

## （三）产业发展环境

### 1. 政策环境分析

与低碳经济相结合是交通运输业未来发展的主要方向，而水路运输作为综合交通运输业的重要组成部分，其适应低碳经济发展势在必行。与其余运输方式相比，水路运输具备较好的经济性和环保性，不仅符合低碳经济的社会发展需求，对推动中国运输产业更好发展也有着重要作用。为提升水路运输管理能力和服务水平，促进现代水路运输业快速发展，全面提高水路运输智能化、现代化水平，中国先后发布了一系列政策支撑文件。2011年，《国务院关于加快长江等内河水运发展的意见》发布，提出建成畅通、高效、平安、绿色的现代化内河水运体系。2014年，《国务院关于依托黄金水道推动长江经济带发展的指导意见》发布，提出打造畅通、高效、平安、绿色的黄金水道。2017年，习近平总书记在十九大报告中指出要瞄准世界科技前沿，加强应用基础研究，突出技术创新，为建设交通强国提供有力支撑。

同年，《交通运输部关于开展智慧港口示范工程的通知》指出，将选取一批港口进行智慧港口示范工程建设，以推进智慧港口的建设和发展。

2019年，交通运输部与中央网信办、国家发改委、科技部等七部门联合发布了《智能航运发展指导意见》，为未来30年智能航运的发展确定了方向。同年9月，中共中央、国务院发布《交通强国建设纲要》，提出广泛应用智能航运、自动化码头等新型装备设施，开发新一代智能交通管理系统。此外，同年11月，交通运输部、国家发改委、财政部等九部门为贯彻落实《交通强国建设纲要》，发布了《关于建设世界一流港口的指导意见》。2020年，为贯彻落实交通强国建设战略部署，交通运输部印发了《内河航运发展纲要》，以推动内河航运高质量发展。2021年，中共中央、国务院印发的《国家综合立体交通网规划纲要》提出到2035年将实现北斗时空信息服务、交通运输感知全覆盖，智能船舶技术达到世界先进水平，基本建成便捷顺畅、经济高效、绿色集约、智能先进、安全可靠的现代化高质量国家综合立体交通网。

2. 经济环境分析

（1）中国继续坚持全面推进深化改革开放。在经济全球化推动下，水路运输成为与国内、国际连接交互的重要节点。随着信息化水平的不断提高，发展中国水路运输智能化产业是必然趋势。

（2）中国大力发展实体经济。水路运输是国家的重要物流方式，也是实体经济的代表。促进水路运输转型升级，发展中国水路运输智能化产业，是促进实体经济建设的重要目标。

（3）中国大力推动城市经济建设。发展水路运输智能化有利于促进相关产业协同发展，打造新的经济增长点，对城市吸引外资，改善就业，增加政府税收，提高居民收入都有着重要作用。

3. 社会环境分析

（1）现如今，客户对全程物流的服务要求提高，让水路运输升级提效的需求越来越迫切，促进水路运输技术创新是必然趋势。

（2）保护环境、减少污染是社会发展的要求，打造"绿色、环保、高

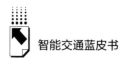

效"的智能化水路运输系统有利于保护环境，实现可持续发展。

（3）面对百年未有之大变局，构建双循环新发展格局将进一步凸显水路运输的基础优势，水路交通运输智能化有助于提升竞争新优势，形成内贸驱动、内外贸互动、国内外市场一体化运行新格局。

4. 技术环境分析

随着全球经济的发展和城市化、现代化进程的推动，水路运输行业保持稳步发展状态。在政策上，各国均积极推进智能运输系统建设；在技术上，应用机器视觉技术、大数据技术、卫星通信技术等高新技术实现水路运输智能化。

（1）机器视觉技术

机器视觉技术在船舶智能航行、货物智能管理、龙门吊远程控制、桥吊远程控制、视频监控与 AI 识别等方面均具有重要的作用，例如用于流转运输环节，通过机器视觉技术在集装箱流转运输的过程中对集装箱基本信息进行识别，便于下一步的操作。机器视觉技术是一种基础功能性技术，2016～2019 年，全球机器视觉市场规模不断扩大，至 2019 年突破百亿美元，达到 102 亿美元。[1] 高工产业研究院（GGII）数据显示，2019 年中国机器视觉市场规模为 65.5 亿元（不包含计算机视觉市场），同比增长 21.8%。2014～2019 年复合增长率为 28.4%，并预测到 2023 年中国机器视觉市场规模将达到 155.6 亿元。[2]

（2）大数据技术

船舶航线规划、安全预警、港口陆运业务协同、智能决策等功能均离不开大数据的支持。例如，利用大数据技术可以对集装箱的基本信息进行采集、存储、传输、处理等，使港口中装卸、运输、查询等环节更高效、准确。2018 年以来，大数据技术快速发展，以及大数据与人工智能、VR、5G、区块链、边缘智能等一批新技术交会融合，持续加速技术创新。与此

---

① 前瞻产业研究院：《2021 中国机器视觉市场研究报告》，2021。
② 高工产业研究院：《2020 年中国机器视觉行业调研报告》，2021。

同时，伴随新型智慧城市和数字城市建设热潮，各地与大数据和数字经济相关的园区加速落地，大数据产业持续增长。赛迪顾问有限公司统计显示，2020年中国大数据产业规模达6388亿元，同比增长18.6%，预计未来三年增速保持15%以上，到2023年产业规模将超过10000亿元。[①]

（3）卫星通信技术

"十三五"期间，航天领域国家政策密集出台，卫星通信产业发展迎来重大契机；卫星国家队、民营企业纷纷布局卫星通信产业，卫星通信技术得到了快速发展。北斗卫星导航系统成为继GPS、GLONASS之后的第三个成熟的卫星导航系统，在水路运输智能化产业的应用越来越广泛。《2020中国卫星导航与位置服务产业发展白皮书》数据显示，截至2019年12月，国内已有3200余座内河导航设施、2900余座海上导航设施应用北斗系统。[②]2019年世界无线电通信大会通过了甚高频数据交换系统（VDES）频率划分决议，VDES作为未来E-航海重要支撑系统，将全面替代现有AIS系统，有效弥补监控范围受AIS基站覆盖范围限制、基站设备维护成本较高、无法进行直接双向沟通、港内船舶AIS终端安装不规范等不足，实现船岸双向通信，从而为船位自动发送、一键报警、轨迹回放以及信息交互等功能提供通信手段。中国VDES频轨资料排在世界首位，相关VDES载荷、终端、平台、系统运控等方面都走在世界前列。2019年中国共发射卫星54颗，其中通信卫星12颗，占比为22.2%，所占比例快速提升。[③]2020年4月20日，国家发改委将卫星互联网作为通信网络基础设施的代表之一，纳入新型基础设施——信息基础设施的范畴。2020年7月，北斗三号全球卫星导航系统正式开通。伴随低轨宽带通信卫星系统应用领域不断成熟，火箭发射能力提升、成本下降，中国低轨宽带通信卫星应用到海空领域将实现突破性进展。

① 中国大数据产业生态联盟：《2021中国大数据产业发展白皮书》，2021。
② 中国卫星导航定位协会：《2020中国卫星导航与位置服务产业发展白皮书》，2020。
③ 前瞻产业研究院：《2021年中国通信卫星行业市场现状及发展前景分析 低轨通信卫星市场有望快速发展》，2021年8月4日，https://bg.qianzhan.com/report/detail/300/210804-cfed0084.html。

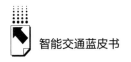

### （四）产业规模

一直以来，世界水路运输市场都被传统海运大国和少数发达国家所垄断。但随着近年来的技术革新，发展中国家也在积极建设和发展航运能力，国际航运中心逐步向新兴工业化国家和发展中国家转移。中国政府网数据显示，中国已经成为具有重要影响力的水运大国，内河货运量、海运船队规模、港口规模等数据均居世界前列。

①内河货运量。2020 年，中国内河货运量 38.15 亿吨，货物周转量 1.6万亿吨公里，截至 2020 年底，中国内河航道通航里程达到 12.77 万公里，其中高等级航道里程 1.61 万公里，居世界第一位。

②海运船队规模。2020 年底，中国海运船队的运力规模达到了 3.1 亿载重吨，居世界第二位。其中，中远海运集团的船舶运力规模在世界海运企业中位列第一，招商局集团紧随其后，位列第二。同时，中国海运服务网络不断完善，国际海运承担了中国约 95% 的外贸货物运输量，国际航线往来100 多个国家和地区，全程物流服务逐步向世界主要国家或地区的主要内陆城市延伸。

③港口规模。2020 年全国港口货物吞吐量 145.5 亿吨，港口集装箱吞吐量 2.6 亿标箱，均居世界第一位。多年来，中国港口货运规模一直稳居世界第一，形成了五大区域沿海港口群，并以港口为枢纽贸易通达全球，构建综合国际水路运输系统。①

### （五）产业发展存在的问题

中国水路运输智能化产业经过多年的建设和发展已经取得了一定的成效，船队规模位居世界前列，沿海港口设施水平达到国际一流，内河水运基础设施建设取得重大进展，但仍存在一些不足。

---

① 《我国已成具有重要影响力的水运大国》，中国政府网，2021 年 6 月 25 日，https：//www. mot. gov. cn/guowuyuanxinxi/202106/t20210625_ 3610574. html。

（1）航运信息分散

港口、航道、海事、运管等各部门的信息化系统普遍存在分散建设的现象，各系统在设计之前缺乏统一的技术和数据标准，数据资源整合难度较大，信息开放共享格局尚未形成。航运基础数据库尚未建立，不能支持航运管理部门及航运企业在模拟、监控、诊断、预测、控制等方面的智能化应用，无法解决航运从规划到设计、建造、运维闭环过程中的复杂问题，制约了航运智能化发展。

（2）航运信息基础设施建设不足

新一代通信技术在中国有了长足发展，但要看到大宽带无线通信还处于成长期，卫星宽带、窄带通信技术研发制造能力尚待提高，关键技术有待突破，示范应用的成效有待验证和推广。在航运感知终端应用方面，航运管理部门、水运企业主要推进建设了视频监控、船舶 AIS、VITS 终端、货车 RFID 电子车牌等基于物联网的感知设备，感知网络覆盖较为有限，数据要素不全，对于航道地形、港口、船闸、锚地、水位、环境等大量重要基础数据缺乏有效信息采集手段，无法对航运全要素进行全面及时的感知。随着信息化发展水平的提高，算力资源、内存资源、存储资源还无法承载日益增长的业务需求。

（3）航运标准体系及保障制度不够完善

港航数据资源目录、数据分级分类标准、数据资源权属、航运公共数据开放目录、定期更新发布机制等相关标准尚未建立，航运标准体系尚未形成，智能航运发展政策支持及保障制度尚不完善。

（4）核心技术有待突破

物联网、云计算、大数据、人工智能等高新技术在船舶、港口、航道、航行保障、安全监管以及运行服务等领域的创新应用不足，状态感知、认知推理、自主决策执行、信息交互、运行协同等关键技术有待突破，智能港口、智能航保、智能船舶等成套智能航运技术需进一步攻关，复杂场景感知、自主协同控制、调度组织优化、信息安全交互等核心软件与协同创新集成平台需进一步研发。此外，港口集疏运系统建设需进一步完善，水运与其他运输方式未能有效衔接，且铁水、公水、江海等多式联运体系尚不完善。

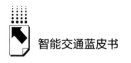
## 二 中国水路运输智能化产业发展趋势及预测

### （一）产业发展需求

2019 年，交通运输部等七部门联合发布的《智能航运发展指导意见》总结了从现在到 2050 年航运发展的总体方针，这一政策为中国未来航运发展提供了方向，体现了中国对智能航运的重视与支持。超大型智能原油船（VLCC）"凯征"轮、"海辽"轮的交付，以及中远海运集团发布的全球首艘大型集装箱智能船成果，推动着水路运输迈向智能化进程。

新冠肺炎疫情也进一步推动了智能航运的发展，水路运输智能化可以满足业界对无接触操控等远距离服务的需求。2020 年 3 月 13 日，新加坡智能拖轮"PSA Polaris"号成功完成首期海上试验，它能够避开虚拟与现实中的各种障碍物，实现自主航行。而"筋斗云 0 号"作为中国首艘自主航行货船也早已完成首次货物运载。青岛联通与智慧航运（青岛）科技有限公司签订了"5G 智能航运应用示范项目战略合作协议"，利用 5G 与海事卫星等新一代信息技术构建陆海空一体的通信网络格局，助力国家无人远洋船科研项目的快速推进。除了智能船舶，航运业的电子化、无纸化也使得人们足不出户即能办理业务，极大提高了效率和便利性。

由此可见，水路运输走向智能化是必然趋势，尤其是在新冠肺炎疫情的影响下，水路运输智能化的重要性更是不言而喻。

### （二）产业发展趋势

随着传感器技术、通信技术、GIS 技术、计算机技术和信息处理技术的不断发展，全球多个国家的水路运输产业逐渐向智能化升级。近年来，中国的水路运输智能化产业取得了一定成效。洋山、青岛、厦门等港口已建成全自动码头。此外，中国船舶与航运企业同高校、科研机构等开展了一系列产学研项目研究，"明远"号、"凯征"轮和"大智"号分别成为获得了世界首艘智能船舶船级符号的超大型矿砂船、油轮和散货船。2015年，中国船级社发布了全球首个智能船舶规范，并相继发布了针对船舶智能机舱、船舶网络系统、船用软件等方面的检测指南。

水路运输智能化是将水路运输要素与物联网、人工智能等新兴技术进行深度融合，随着水路运输智能化产业的发展，逐渐实现智能船舶实际营运，港口全自动化作业，引导自动化集装箱码头、堆场库场改造，推进危险品全链条可追溯、电子表单与业务在线办理、物流全程可视化等，具体包括以下三个方面。

（1）船舶运营智能化新生态。智能船舶能够实时采集感知船舶设备、航道环境、运行态势大数据，为先进的船舶数字化运营管理提供数据支撑，实现船舶智能航线优化、智能能效、智能货物管理等智能化应用，促进船舶运营更加安全、经济、高效与环保。

（2）船岸一体构建协同新平台。通过对5G、新型卫星通信、物联网、远程监控等技术的应用，实现船船、船岸、船港的信息互联互通，促进船岸一体化协同管理，实现岸基相关机构对海上船舶的远程监测、预警与管控，实施智慧化船队精准管理。

（3）非接触性服务成为新常态。将来，远程验船、无人机检测、VR船员培训等非接触性作业将进一步发展，实现便捷、高效、可随时随地开展各种业务。

## （三）产业发展前景广阔

中国是航运大国，航运业是国民经济、对外贸易、社会发展的重要支撑。与陆运和空运相比，航运凭借其覆盖范围广、航道投资小、运输能力强、占地少、成本低的优势，在现代货物运输中具有不可替代的地位。近年来，随着国民经济增长和政策支持，中国航运业发展迅速。中国水路货物运输量从2015年的56.43亿吨增长到2020年的80.15亿吨，年复合增长率达

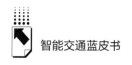

到 7. 27%，预计 2021 年中国水路货物运输量将达 85. 98 亿吨。①

水路运输智能化产业作为一个能够成为新经济增长点的战略新兴产业，具有良好的市场效益，其市场前景十分广阔。水路运输智能化将实现从仓储到运输再到配送等环节资源的互联互通，促进港口、航运、物流、贸易全程化、一体化发展，提高航运业上下游的协同性，全面提升航运业的市场感知能力、风险防范能力、资源优化能力和经营判断能力，逐步以虚拟化仿真、智能船舶、智慧港口等多种形式降低人力成本，提高服务的柔性与效率。例如，中国首个应用智能配载技术的集装箱码头——宁波港大榭集装箱码头，截至 2018 年底，应用智能配载船舶千余艘次，大幅提升了配载计划的制订效率，在吞吐量达 300 万集装箱时的装船作业时间可平均提前 3~4 个小时，在节能减排的同时实现降本提效。② 此外，《2019 年智能船舶行业投资前景及投资策略研究报告》提出未来五年内，中国智能船舶行业订单量将会快速增加，预计 2022 年，中国智能船舶行业市场规模将达到 300 亿元左右，水路运输智能化产业前景十分广阔。③

## 三 中国水路运输智能化产业发展对策建议

### （一）技术建议

在水路运输智能化发展过程中，须以"打造以智能化为特征的航运要素协同发展的新模式、新业态"的核心理念为指导，以航运全要素、全方式、全周期的数字化为基础，以航运大数据的挖掘与应用为驱动，促进水路交通运输活动各阶段在物理空间和虚拟空间的不断融合、交互作用，构建以

---

① 中商产业研究院：《2021 年中国航运业市场规模和发展趋势预测分析》，中商情报网，2021 年 4 月 26 日，https：//www. askci. com/news/chanye/20210426/1620171434680. shtml。
② 《人工智能深入融合，在多个领域得到应用》，中国安防行业网，2020 年 11 月 20 日，http：//news. 21csp. com. cn/c16/202011/11401435. html。
③ 《2019 年智能船舶行业投资前景及投资策略研究报告》，北京新思界国际信息咨询有限公司，2019。

数字化、智能化为典型特征的现代航运体系，加快推进航运发展过程中数据挖掘、边缘计算、数字孪生等技术应用，最终形成行业各方共生、行业自我更新优化的智能航运生态圈。在这个过程中，应当重点关注以下几个方面。

1. 总体规划设计

网络信息安全保障研究。针对5G、北斗三号全球卫星导航系统、VDES等新技术应用、工业互联网、大数据等方面，构建多领域、多层次的网络安全技术体系，有效应对不断变化的安全风险；明确网络安全管理责任，提升行业信息安全监管水平，深入推进智慧航运系统网络安全评估，建立动态监测评估机制；强化监管，加大对违反网络安全规定的通报和责任处罚力度；强化组织部署，加强与相关部门沟通协调，全力做好日常活动的网络与信息安全保障工作。

智能航运系统标准体系研究。围绕智能航运系统标准体系建设，以数据为核心，按照从数据产生到应用的流程主线，研究航运数据在感知、采集、传输、应用和共享等方面的规范标准，稳步推进智能航运体系构建。根据航运数据的属性或者特征，重点考虑航运数据资源的权属边界以及数据开放和共享需求，建立航运数据资源分级分类标准、航运数据资源目录及公共数据开放目录、航运数据交换标准、内河电子航道图建设标准、航运外场感知终端建设标准、航运通信传输网络建设标准、电子航道图数据生产预处理规范及流程等，充分考虑航运数据对公民安全、社会稳定和国家安全的重要程度，以及数据的涉密程度等，确定航运数据的级别。

2. 智能航保

建设全要素港航大数据仓库。整合静态数据，如航道信息、临河建筑物信息、过河建筑物信息、港口泊位信息、船闸信息、航标信息、航道标牌、锚地信息、储罐信息、环保设施等；半静态低频度更新数据，如航道断面数据、综合执法数据等；动态业务及运营数据，如船闸运营数据、船舶航行数据、船舶报港报闸数据等；动态感知数据，如航道感知数据、港口感知数据、船舶感知数据、视频监控数据、视频AI分析数据等。在此基础上，建立支持包括结构化数据、半结构化数据和非结构化数据，高频更新的感知数

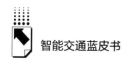

据，频繁读取的业务数据，需要快速定位的流媒体数据等多层次、多结构、多要求的复杂数据构成的全要素港航大数据仓库，并通过数据中台向内外部提供统一的数据服务。

建设电子航道图生产系统。通过电子航道图生产系统建设，实现生产数据的编辑操作、储存管理与维护、数据版本与历史数据管理等功能，并开发电子航道图信息服务接口，如 REST、OGC、API 应用接口等，以支持航道动态监测、管养、公众信息服务、港航 App 等不同应用系统的开发。

3. 智能监管

升级完善综合执法信息系统。升级完善包括行政检查、行政处罚、行政强制、监督管理、基础信息、执法档案、辅助功能、移动执法平台、信用管理、执法监督、执法装备、非现场执法预判等功能的综合行政执法信息系统，实现监督业务全覆盖、监督过程可追溯、执法证据全记录、监督信息全公开。

升级安全监管与应急处置管理系统。通过系统升级，完善运行监测、安全监管、污染防治、应急处置等管理功能，构建安全管控体系。其中，运行监测主要实现对公路水路拥堵状况、水上船舶安全、通航秩序的运行监测、异常预警等功能；安全监管主要实现对危化品运输、港口作业、重大危险源存储等安全隐患的实时动态监管；污染防治主要提升包括水路运输在内的生态环境预报预警和风险防控能力；应急处置能够基于应急机构、应急人员、应急资源、应急事件地理位置分布情况，对发生的应急事件进行预判，根据事故类型、事故性质，自动匹配应急预案，调动救援队伍及应急资源。

4. 智能航运服务

鼓励"互联网＋"高效物流发展，支持基于大数据的第三方物流信息平台创新发展，实现供需信息精准匹配、线上线下高效协同。通过建立一套满足船舶、船员、航运管理的信息系统，实现船岸一体化资源共享，加强对船队的监管力度。

构建既满足国际贸易通行规则，又符合口岸发展实际需要，集口岸通关一次申报、口岸物流全程服务、贸易金融及政务一站式解决等功能于一体的国际贸易"单一窗口"信息平台。纵向上，与省级、国家级国际贸易"单一窗口"互联互通，满足国际贸易生产、贸易、运输、通关、物流、金融及政府监管等方面的服务需求；横向上，在通关服务的基础上，增加港口、船公司及相关企业级"单一窗口"服务应用，丰富"单一窗口"在全程物流链条中的功能，提升口岸通关效率。

5. 智慧港口

建立从生产计划监管到生产效率监管的全面管理体系，建设危险货物全程监控平台，保障整个港口危险品的安全运营，提升危险品监管水平。通过梳理集装箱、件杂货、危化品的业务流程，建立港口作业中业务办理无人化、自动化的新模式和新标准；通过码头作业生产系统、设备管理系统以及相应的智能化技术的应用，实现堆场作业、堆存无人化、智能化。

6. 智能船舶

通过计算机视觉、激光雷达，开展无人船舶会遇态势感知，开展基于人工智能的无人船自主巡航、自主路径规划巡航和自主避碰技术研究，通过无人船巡航视频的实时回传，对视频进行智能分析，实现相关事件的自动检测。同时，围绕"岸基驾控为主、船端值守为辅"的新一代航运系统架构，积极推动船舶绿色智能技术应用，加快航行脑系统、智能绿色动力装置、智能船载机电设备与通信导航设备等新一代航运系统的船岸一体绿色智能船舶装备研发，促进水上运输安全。

## （二）保障措施

为更好实现以上任务，建议采取以下保障措施。

1. 加强政策支持

以"提高水路运输效率效益、实现安全生态协同发展"的需求为牵引，有效利用中央和地方资源，吸引调动相关社会资源，通过规划引领技术创新，形成水路运输智能化产业技术体系、装备谱系和标准架构，推动水路运输智能化发展。充分利用国家政策和现有财政渠道，支持水路运输智能化关键技术研发和创新平台、示范工程建设。推进科技政策与经济政策协调互

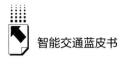
动，促进水路运输智能化核心技术安全可控发展，提高产品市场竞争力。

2. 支持试点示范

聚焦水路运输智能化应用难点，开展智能航运、智能船舶、智能港口、智能航班等试点示范项目与工程，重点解决技术与方案验证、法规标准、体制机制不适应等方面的问题。

3. 促进开放合作

鼓励开展产学研用协同创新，支持建立创新联盟等多种合作形式，促进搭建跨界交叉、协同高效的水路运输智能化创新平台。支持国内外具有水路运输智能化技术优势的机构开展合作研发，鼓励引进国外先进技术和消化吸收再创新。

## 参考文献

闫佳伟、王红瑞、朱中凡、白琪阶：《我国海水淡化若干问题及对策》，《南水北调与水利科技（中英文）》2020 年第 2 期。

蒋仲廉、初秀民、严新平：《智能水运的发展现状与展望——第十届中国智能交通年会〈水路交通智能化论坛〉综述》，《交通信息与安全》2015 年第 6 期。

《国务院关于加快建立健全绿色低碳循环发展经济体系的指导意见》，中国政府网，2021 年 2 月 2 日，http：//www.gov.cn/zhengce/content/2021－02/22/content_ 5588274. htm。

李德毅等：《中国人工智能系列白皮书——智能交通 2017》，中国人工智能学会，2017。

杨怡：《刍议低碳经济下水路运输经济发展具备的优势》，《珠江水运》2018 年第 15 期。

崔丽媛：《水运：向智能时代迈进》，《交通建设与管理》2014 年第 23 期。

秦峰、张凤才、李旻：《船舶综合监控系统的数据通信技术的思考》，《电子测试》2020 年第 17 期。

陈新恩、毕齐林、方欣、施玲玲、闫奕樸：《基于北斗的船舶防污染监控系统》，《舰船科学技术》2020 年第 11 期。

刘智心、初秀民、郑茂、张代勇：《智能船舶船岸协同实验关键技术研究》，《交通信息与安全》2020 年第 2 期。

张勇：《船舶到港时间不确定下的泊位——岸桥分配优化研究》，硕士学位论文，大连理工大学，2020。

　　蒋金伟：《我国航道感知综合应用系统的功能研究》，《电脑与电信》2018年第5期。

　　曾科伟：《浅谈雷达与 AIS 信息融合技术在控制河段通行指挥中的应用》，《中国水运》2018年第10期。

　　严新平：《智能船舶的研究现状与发展趋势》，《交通与港航》2016年第1期。

　　范维、许攸：《日本率先拉开"智能船舶"国际标准化战略序幕》，《船舶标准化与质量》2015年第4期。

　　初建树、曹凯、刘玉涛：《智能船舶发展现状及问题研究》，《中国水运》2021年第2期。

　　韩泽旭：《智能船舶的发展现状及趋势》，《船舶物资与市场》2021年第5期。

　　曹树青、舒晓明、梁向棋等：《智能航道中"大数据"研究》，《中国水运》2014年第10期。

# B.5

# 2020年中国城市轨道交通
# 智能化产业发展报告

黄建玲　高国飞　魏　运*

摘　要：　随着云计算、大数据、物联网、人工智能、5G、区块链等新
　　　　　兴技术的发展，北京、上海、广州等拥有大规模城市轨道交
　　　　　通线网的城市已经开始积极开展智能化建设，中国中车、卡
　　　　　斯柯、交控科技等轨道交通智能化头部企业也逐年提高智能
　　　　　化研发资金投入，开展城轨交通智能化业务的企业如雨后春
　　　　　笋般不断涌现，各地区政府出台相关政策吸引资金、争相成
　　　　　立城轨交通产业孵化中心，吸引产业集聚。为了深入了解城
　　　　　市轨道交通智能化产业的发展现状及未来趋势，促使城市轨
　　　　　道交通智能化产业的健康发展和有序建设，亟须对城市轨道
　　　　　交通智能化产业进行全面梳理及分析，以掌握行业发展态
　　　　　势，对未来市场规模进行合理预测，并给出加强政策引领，
　　　　　加快推进多制式轨道交通和智慧城轨等新技术的研发应用，
　　　　　建设国家级轨道交通技术协同创新平台，完善人才引进、激
　　　　　励政策的对策建议。未来，城市轨道交通智能化建设对加快
　　　　　建设交通强国、推动交通运输行业智慧化转型升级将起到重
　　　　　要推动作用。

---

* 黄建玲，博士，北京市智慧交通发展中心主任，教授级高级工程师，主要研究方向为交通信
息化和智慧交通；高国飞，博士，北京城建设计发展集团股份有限公司，高级工程师，主要
研究方向为轨道交通客流与运输组织；魏运，博士，北京市地铁运营有限公司，教授级高级
工程师，主要研究方向为交通信息工程与控制。

关键词： 城市轨道交通 智能化 头部企业

# 一 中国城市轨道智能化产业发展现状

## （一）城市轨道交通智能化产业定义

城市轨道交通智能化是指云计算、大数据、物联网、人工智能、5G、卫星通信等新兴信息技术，在感知、互联、融合乘客、设备、设施、环境等实体信息方面的应用。该过程贯穿在城市轨道交通规划、生产、建设、运营、维护的完整生命周期中，最终形成智能化轨道交通的技术、方法及应用平台。

城市轨道交通智能化产业是指利用新兴信息技术提高城市轨道交通运营、维护、安全和服务水平的各个系统或专业所组成的业态总称。

## （二）产业发展现状综述

### 1. 线网规模大，多制式协调发展

截至 2020 年底，全国共开通城市轨道交通运营线路 244 条，涉及城市达 45 个，运营线路的总长度达到 7969.7 公里。新增太原、三亚、天水 3 市，其中，三亚、天水为有轨电车。其中，地下线 5422.3 公里，占比 68.0%；地面线 990.5 公里，占比 12.4%；高架线 1556.9 公里，占比 19.5%。从总的运营线网规模来看，全国共有 22 个城市达到 100 公里以上，其中，上海、北京、成都、深圳、广州、重庆、武汉、杭州、南京 9 个城市均达到 300 公里以上水平，[①] 上海、北京两市运营规模全国领先，已形成超大城市轨道交通线网规模。

截至 2020 年底，城市轨道交通共有 8 种制式在运营中。其中，地铁 6280.8 公里，占比 78.81%，是核心组成部分；轻轨 217.6 公里，占比

---

[①] 资料来源：中国城市轨道交通协会：《城市轨道交通 2020 年度统计和分析报告》，2021，第 3~4 页。

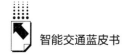

2.73%；跨座式单轨 98.5 公里，占比 1.24%；市域快轨 819.6 公里，占比 10.28%；有轨电车 464.6 公里，占比 5.83%；磁浮交通 57.7 公里，占比 0.72%；电子导向胶轮系统 20.7 公里，占比 0.26%，自导向轨道系统 10.2 公里，占比 0.13%,① 基本形成了以地铁制式为主导，其他多种制式共同发展的格局。2020 年各城市城轨交通运营线路制式结构见图 1。

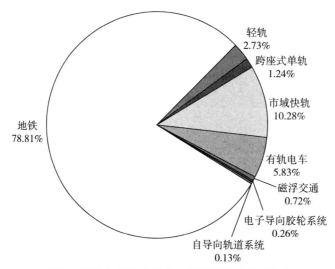

**图 1　2020 年各城市城轨交通运营线路制式结构**

资料来源：中国城市轨道交通协会：《城市轨道交通 2020 年度统计和分析报告》，2021，第 7 页。

**2. 客运总量略有下降，已逐步回升至正常水平**

2020 年，受新冠肺炎疫情影响，我国轨道交通客流规模略有下降，全年共完成客运量 175.9 亿人次，下降约 61.1 亿人次，下降幅度达 25.8%；完成客运进站量总人次 109.5 亿，比 2019 年减少 40 亿，下降幅度 26.8%；平均客运强度仅为 0.45 万人次/公里日，同比降幅 36.9%。② 图 2 为 2020

① 资料来源：中国城市轨道交通协会：《城市轨道交通 2020 年度统计和分析报告》，2021，第 6~7 页。

② 资料来源：中国城市轨道交通协会：《城市轨道交通 2020 年度统计和分析报告》，2021，第 15~16 页。

年、2019年中心城市城轨交通月度客运量统计，从中可以看出，截至2020年9月，客运量已逐步回升至正常水平。

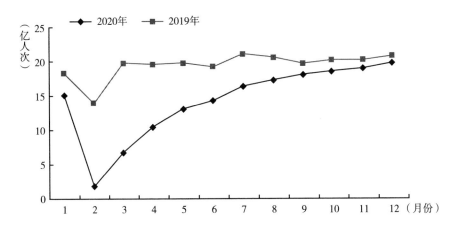

**图2 2020年、2019年中心城市城轨交通月度客运量统计**

资料来源：交通运输部公布的中心城市城轨交通月度客运量统计。

3. 投资规模增长减缓，投融资方式多样化

2020年全年，城市轨道交通共完成建设投资6286亿元，相较于2019年增长幅度为5.5%，在建项目的可研批复投资累计达到45289.3亿元，在建线路总长6797.5公里，在建线路规模与2019年基本持平。[①]

2020年，国家发改委批复并公布全国8个城市的新一轮城轨交通建设规划或规划调整，获批项目中，线路长度共计新增587.95公里，计划投资共计新增4709.86亿元。[②]

4. 制度基础不断夯实、标准体系持续健全

城市轨道交通运营管理制度和运营标准体系不断健全：行业层面，已印发9个规范性文件和4个配套规范；地方层面，全国共计29座城市出台了

[①] 资料来源：中国城市轨道交通协会：《城市轨道交通2020年度统计和分析报告》，2021，第42页。

[②] 侯秀芳、梅建萍、左超等：《2020年城市轨道交通线路统计分析》，《都市快轨交通》2021年第3期，第1~9、64页。

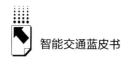

地方性法规，共计 27 座城市出台了政府规章，共计 15 座城市同时出台了城市轨道交通地方性法规和政府规章，所涉地区主要为新一线城市和二线城市；已发布城市轨道交通运营标准 15 项（其中国家标准 3 项、行业标准 12 项）；7 项运营管理类团体标准正式立项，其中 2 项已进入报批阶段。①

### （三）产业发展环境

1. 政策环境分析

（1）国家政策推动城市轨道交通智能化持续发展

鉴于我国城市轨道交通已经从高速度发展进入高质量发展阶段，国家陆续出台多项建设指导意见，以保障轨道交通智能化与城市建设的协调发展。2020 年 12 月 7 日，国务院办公厅转发国家发展改革委等单位《关于推动都市圈市域（郊）铁路加快发展的意见》，提出依托现代信息技术，优化全过程运输组织模式，推进市域（郊）铁路与其他交通方式深度融合、衔接配套，切实提升运营服务水平。2020 年 4 月 10 日，为深入贯彻落实习近平总书记在出席北京大兴国际机场投运仪式时的重要指示精神，《国家发展改革委关于促进枢纽机场联通轨道交通的意见》发布，指出要深入推进轨道交通信息化、智能化发展，构建智慧运行与智慧服务体系。2020 年 8 月，《交通运输部关于推动交通运输领域新型基础设施建设的指导意见》印发，提出贯彻落实党中央、国务院决策部署，围绕加快建设交通强国总体目标，以技术创新为驱动，以数字化、网络化、智能化为主线，以促进交通运输提效能、扩功能、增动能为导向，推动交通基础设施数字转型、智能升级，建设便捷顺畅、经济高效、绿色集约、智能先进、安全可靠的交通运输领域新型基础设施。

（2）区域政策助力城市轨道交通智能化建设

2020 年 3 月，中共中央政治局常务委员会召开会议，提出要加快新型

---

① 周晓勤：《中国城市轨道交通发展战略与"十四五"发展思路》，《城市轨道交通》2020 年第 11 期，第 16～21 页。

基础设施建设（以下简称"新基建"）进度，习近平总书记对新基建作出了明确的指示和要求。2020年6月，《北京市加快新型基础设施建设行动方案（2020—2022年）》发布，明确了北京建设新基建的基本目标、原则、重点任务及保障措施，实施期为3年。该方案聚焦"新型网络基础设施""数据智能基础设施""生态系统基础设施""科创平台基础设施""智慧应用基础设施""可信安全基础设施"6大方向，实施30个重点任务。2020年2月，为加强全国科技创新中心建设，促进北京市北斗技术创新和应用推广，进一步推动北京市北斗产业发展，北京市经济和信息化局印发了《北京市关于促进北斗技术创新和产业发展的实施方案（2020—2022年）》。该实施方案提出北京市应当充分发挥资源优势，通过推动关键技术攻关、引导资源集聚、培育优势企业、搭建应用场景、建设基础设施等，构建良好的北斗产业发展生态，为加快构建高精尖经济结构提供有力支撑。2020年4月2日，国家发改委、交通运输部印发了《长江三角洲地区交通运输更高质量一体化发展规划》，文件提出要以轨道交通为骨干，公路网络为基础，水运、民航为支撑，以苏浙沪部分重点城市等为主要节点，构建对外高效联通、内部有机衔接的多层次综合交通网络。到2035年，长三角地区现代化综合交通运输体系要以智能绿色为导向的交通科技创新水平领先世界，运输规则、标准规范、一体化机制引领国际。

（3）各城市相继发布智慧地铁建设白皮书，推进城市轨道交通智慧化建设

2019年4月，广州地铁集团有限公司创新性地发布了《新时代城市轨道交通创新与发展（广州2019）》，成为广州智慧地铁建设的纲领性指导文件，提出广州智慧地铁的等级划分（80项功能、4级规划）及实施步骤、目标。2019年10月，上海经济和信息化委员会、上海申通地铁集团有限公司和中国电信股份有限公司上海分公司主编的《5G＋智慧地铁白皮书（2019）》正式对外发布。该白皮书系统总结了中国城市轨道交通的发展现状和趋势，详细分析了地铁运营转型的智慧需求以及可能面临的挑战，为地铁智慧化与5G网络技术的强强结合提供了实践指南。

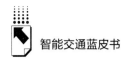
2020 年，北京市地铁运营有限公司发布《首都智慧地铁发展白皮书（2020 版）》，明确了首都地铁智慧化的建设思路，确定了目标，构建了以智慧运行、智慧客服、智慧管理和智慧维护为核心业务的顶层设计与功能规划。到 2035 年，北京地铁将实现全方位智慧化以及乘客全时程个性化协同出行服务体系，并形成与城市其他系统互联互通互动的时空基准体系、分析决策体系和数据共享体系。未来，智慧化建设将成为引领新时代轨道交通深层次变革的原动力。

（4）《中国城市轨道交通智慧城轨发展纲要》助跑新变革

中国城市轨道交通协会于 2020 年 3 月 12 日印发《中国城市轨道交通智慧城轨发展纲要》，从整个城轨交通行业层面，对智慧城轨建设进行了统筹规划，提出通过"两步走"实现智慧城轨建设的战略性目标。该纲要的发布，明确了未来城轨交通强国的"施工"的方向和目标，必须以城轨交通与新兴信息技术深度融合为主线，实现城轨交通由高速度发展向高质量发展的跨越，助推交通强国的崛起。

2. 经济环境分析

2020 年，新冠肺炎疫情给全世界的经济及社会发展带来了史无前例的打击，世界经济衰退严重，产业链及供应链循环受到冲击，国际贸易投资规模紧缩，中国经济面临的不稳定不确定因素显著增多。同时，美国试图以"贸易战"为契机对我国高科技产业的发展进行制裁，虽然从长远角度看无法实现，但在短时间内必然会对我国的科技发展造成一些负面影响。

此外，国内新冠肺炎疫情在短期内得到了较好的控制，疫情影响并未冲击到中国经济长期向好的基本面，中国经济的长期增长中枢仍然处于稳定运行通道，GDP 首次突破百万亿大关，总体上升幅度为 2.3%，是全球唯一实现正增长的主要经济体。

国民经济的稳定发展为城市轨道交通行业提供了较好的外部条件，间接地促进了城市轨道交通的发展。同时，城市轨道交通能大力促进房地产、工商业、旅游等相关产业的发展，刺激就业市场，促进城轨线路沿路土地升值，对城市发展空间起到拓展作用，具有显著的外部经济性，也即项目产生的社会总经济价值远超出其本身的账面价值。随着社会的发展、人口的增加、线网规模的扩大以及服务水平的上升，更多客流将被吸引进城市轨道交通，从长期来看票款收入将会持续增长，其附属的经营性资产，也同样具有巨大的升值潜力，例如广告、商铺等。

从整体来看，2020年的宏观经济有利于城市轨道交通产业的繁荣发展，同时也为其带来全新的发展机遇。突发情况下（如疫情等）的客流控制技术研究已刻不容缓，此外，与之相配套的设施设备研发也成为产业繁荣的新契机，如红外体温监测、乘客出行轨迹的快速追踪、无接触安检技术等都成为疫情常态化下的研究热点，为设计研发、轨道交通投融资、设施设备生产等产业增添新的活力。

3. 技术环境分析

（1）工程建设数字化技术日益完善

推广应用 BIM 技术是城市轨道交通智能化的重要表现。城市轨道交通工程施工建设相较于其他工程而言有着更大的难度，主要是由于其有较大的工作量、较长的施工周期和较多的涉及门类。BIM 技术可以构建一个虚拟的三维模型，根据施工进度的实际情况通过数字化技术建立对应的信息库，信息库中的数据与现实一一对应，并能够将各种状态信息、建筑物构建集合信息、专业属性等内容录入，以提高信息的集成性，为产品管理提供更好的信息支持。

（2）多专业在线监测系统实现智能化

基础设施安全监测方面，轨道检测从最初的人工检测发展到采用人工和轨检车相结合的方式定期对轨道进行检测。地铁隧道变形自动化监测逐步代替人工检测，可利用三维激光、近景摄影测量与图像处理技术进行隧道监测。成都地铁搭建了多专业在线监测系统试点平台，目前已接入信号专业、车辆专业和机电专业数据，实现信号、车辆及机电在线监测系统的典型应用，以及设备健康管理功能，并预留其他专业接口。通过集成多专业在线监测数据，完成系统功能和接口调试，开发信号、车辆及机电专业设备的统一设备状态视图。通过大数据分析技术，实现多专业实时预警和故障智能分

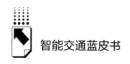
析，进而实现跨专业结合部隐患发现、故障定位及综合分析等功能。信号、车辆和机电专业在线监测系统的试点应用可验证多专业数据监测、数据共享的可行性，为设备结合部的故障诊断及设备健康管理提供依据。

（3）EUHT 技术实现自主研发并应用

随着城市轨道交通通信系统逐步提高智能化程度，全国各地城市不断开展全自动运行线路的建设，无线信息传输的需求与日俱增。此外，例如轨道的实时监控、智能化地铁客服等原先无须依赖无线通信的传统服务也开始尝试使用无线信息传输功能。

2020 年 1 月，"北京地铁首都机场线 EUHT－5G 综合承载研发试验线项目"正式开工建设。此次北京地铁首都机场线采用 1785～1795MHz 地铁专用授权频段频率组建 A 网（红网），工作频宽 10MHz，主要承载列控 CBTC 等安全相关高可靠业务；采用 5725～5850MHz 开放频段组建 B 网（蓝网），工作频宽 80MHz，承载 VMS 车厢视频监控、PIS 旅客信息服务等非安全相关大带宽业务，同时备份承载列控 CBTC 业务。"北京地铁首都机场线 EUHT－5G 综合承载研发试验线项目"是一项拥有完全自主知识产权的无线高速通信技术项目，该项目基于 5G 通信技术，理论上，最高带宽可达 200Mbps，具有高吞吐、低延时的技术优势，是当前先进的前沿通信技术。该项目设计上的最大特点就是一网双频，即系统同时具备 1.8GHz＋5.8GHz 双频工作频率，在现有通信技术领域是独一无二的。[①]

4. 社会环境分析

（1）我国社会主要矛盾转变，出行体验成为关注点

城市轨道交通作为城市公共交通的骨干，仍然承担着提高城市活性的重大历史任务。此外，我国社会主要矛盾转变，人们对于出行品质的需求日益增加，在出行方式多样化的当下，如何提升乘客的出行体验成为重中之重。北京、上海、广州等一线城市已经完成了城市基础线网的规划建设，确立了城市发展骨架，然而不平衡不充分的发展使得线网服务水平整体偏低。中心

---

① 《首都机场线车载显示系统可查航班动态》，《首都建设报》2020 年 6 月 9 日，第 1 版。

城区地铁的潮汐效应明显，市郊（城际）铁路等城市轨道交通运营状况不够理想，因此，在大数据、云端服务、人工智能等技术的帮助下，轨道交通仍需不断优化线网布局，充分发挥其快速集散的特征，提升人们的出行品质。

（2）疫情成为新常态，乘客出行量大幅降低

2020年初，受新冠肺炎疫情影响，城市轨道交通客流下降幅度较大，仅上半年就有11个城市的轨道交通系统中全部线路或部分线路停运，其中武汉地铁停运时间最长，从1月23日武汉"封城"至3月28日恢复运营，共停运65天。从整体来看，2月的城轨交通客运量下跌较为严重，之后各月减幅逐渐变小并有所恢复。

在疫情防控常态化的大环境下，乘客出行量大幅降低，除各地采取的封控措施以及居家办公的社会因素外，城市轨道交通限流也是导致乘客出行量下降的主要原因之一。未来，城市轨道交通作为城市大运量运输工具，将始终走在疫情防控的最前线，除限制进站流量外，城市轨道交通运营部门必须寻求新的管理模式，以适应疫情防控常态化的发展要求。

（3）生活方式发生变革，智能化诉求凸显

随着大数据、芯片技术、计算能力的发展，智能化展现出极为广阔的发展空间，正赋能生活各个领域。日常的生活中，人工智能正在对传统的生活模式进行颠覆和改变。不单单是衣食住行方面，对于生活、办公以及娱乐等多种不同场景，人工智能的介入也让其衍生出了新的发展方向，打破了传统单一场景边界的限制。作为参与社会生活的重要纽带，出行智能化诉求日趋明显，城市轨道交通作为公共交通的重要组成部分，也随之发生变革。例如人们的支付方式从原先的票卡制转变为手机快捷支付，跨城市跨区域互联互通的支付方式成为主流，此外，人们预先获知轨道交通的拥挤程度同样需要以大数据分析为基础。从整体而言，智能化进程已波及生活各个方面，也给城市轨道交通的建设与运营带来全新的挑战。

（4）北京推出地铁预约出行，缓解高峰出行压力

为了提升新冠肺炎疫情防控水平，降低地铁的客流密度，使地铁车厢满

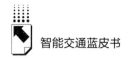

载率控制在一定水平下，保障乘客的出行安全，同时也为了减少乘客进站排队时间，提升乘客出行体验，北京市地铁运营公司在 2020 年 3 月 6 日推出预约出行，在地铁 5 号线天通苑站和昌平线沙河站两座车站的工作日的早高峰时间段，开展试验使用地铁预约进站功能。乘客可提前一天通过手机申请进站时段，在完成预约后，可在规定时间内通过预约专用通道实现快速进站。预约进站通道设有专门的引导和宣传标识，为乘客提供帮助。

未来，预约出行将成为城市轨道交通出行新趋势，城市交通可能会变成预约型交通。当 5G 时代全面到来，让出行过程全方位信息化、智能化时，公众的出行就会变得更加精准、更加可控。

### （四）产业规模

1. 城市轨道交通智能化头部企业发展概况

近年来，中国的城市轨道交通智能化企业发展势头迅猛且特征明显，目前大多智能化业务由信息化智能化相关企业承担。本报告选取其中 8 家头部企业进行分析，其中上市公司 6 家、非上市公司 2 家。8 家头部企业的总部主要分布在京津冀地区、长三角地区和珠三角地区。可以看出，目前中国城市轨道交通智能化产业的主要发展区域在京津冀地区和长三角地区。

在总营收规模方面，企业营收规模总体较为稳定，6 家上市企业 2020 年的平均营收规模为 76 亿元，相较于 2019 年的 68 亿元增加了 11.76%。其中，上海宝信软件股份有限公司（以下简称"宝信软件"）营收额增长迅猛，相较于 2019 年增长了 38.96%，为头部上市企业中增长幅度最大的企业。而北京鼎汉技术集团股份有限公司（以下简称"北京鼎汉"）2020 年营收仅为 12 亿元，相对而言体量较小，且相较于 2019 年下降了 23.77%。2019～2020 年中国城市轨道交通头部上市企业的营收情况如图 3 所示。

在城轨交通智能化相关产业方面，宝信软件相关业务营收的增加幅度最大，2020 年相较于 2019 年而言增加了 47%，而浙江众合科技股份有限公司（以下简称"众合科技"）的发展也较为强劲，2020 年相较于 2019 年增加了 29%。此外，佳都新太科技股份有限公司（以下简称"佳都科技"）表现不

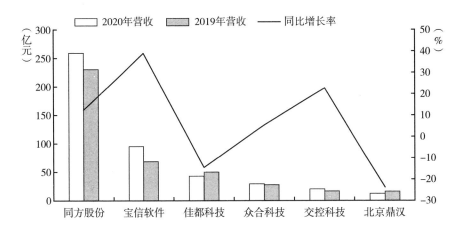

**图3 2019~2020年中国城市轨道交通头部上市企业的营收情况**

资料来源：各头部企业年报。

太理想，城轨交通智能化产业2020年相较于2019年下降了29.78%，北京鼎汉在整体营收下滑的基础上，城轨交通智能化产业的相关业务能力也有所下滑，相较于2019年降低了23.77%，其他头部上市企业基本处于稳定上升状态。2019~2020年中国城市轨道交通头部上市企业城轨智能化产业的营收情况如图4所示。

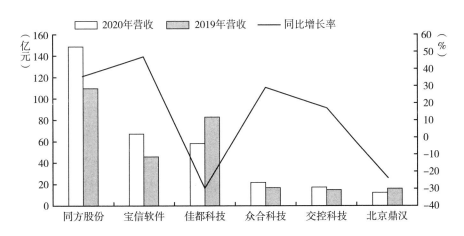

**图4 2019~2020年中国城市轨道交通头部上市企业城轨智能化产业的营收情况**

资料来源：各头部企业年报。

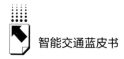
在研发投入方面,各企业持续加大研发投入资金。相较于 2019 年而言,各企业研发投入均有不同程度的提升。其中,交控科技股份有限公司(以下简称"交控科技")的研发投入增长率突破了 50%,达到了 53.09%,创新及智能化研发工作成为企业发展投资的重中之重。此外,北京鼎汉在企业营收不够理想的情况下,用于研发的投资仍在增加,增长率达到了 14.47%。佳都科技在其他公司均加大研发投入力度的同时,研发投入基本保持稳定。2019~2020 年中国城市轨道交通头部上市企业研发投入情况如图 5 所示。

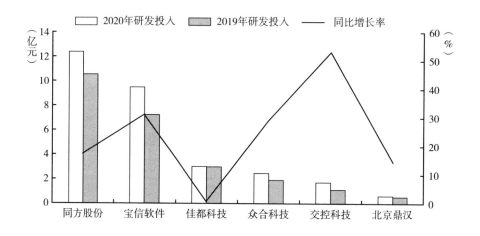

**图5 2019~2020 年中国城市轨道交通头部上市企业研发投入情况**

资料来源:各头部企业年报。

2. 城市轨道交通智能化产业市场供需情况

随着我国城市轨道交通建设投资规模的扩大,在新一轮科技革命的浪潮下,我国城市轨道交通智能化市场也进入了快速发展阶段,智能化建设成果初具规模。2020 年我国城市轨道交通智能化市场规模达到 265 亿元,图6 是 2013~2020 年中国城市轨道交通智能化市场规模,从中可以看出,近两年我国城轨交通智能化市场规模的增速放缓,但仍然处于平稳上升阶段。

**图6　2013～2020年中国城市轨道交通智能化市场规模**

资料来源：前瞻产业研究院资料整理。

## （五）产业竞争力

本报告选取我国城市轨道交通智能化8家头部企业，重点阐述企业简介、智能化产品和核心竞争力。

1. 同方股份有限公司

（1）企业简介

同方股份有限公司（以下简称"同方股份"）是1997年由清华大学出资成立的高科技企业，同年在上海证券交易所挂牌上市。定位于中核集团新时代发展战略的先行推动者、"创新＋市场化"的科技成果转化承接平台，同方股份围绕"智造＋资源"双核驱动，以创新、协同、融合为发展理念，构筑形成数字信息、民用核技术、节能环保、科技金融四大主干产业集群，打造"智慧生活的创造者"的品牌形象，技术、产品和服务已遍及五大洲一百余个国家和地区。

（2）智能化产品

①综合监控系统

综合监控系统采用自主研发的ezISCS综合监控系统软件平台，提升线路自动化和管理水平。同时，同方股份率先将隧道振动监测界面融入综合监

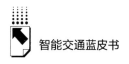

控系统，全面监测隧道质量及健康状况，保障地铁运行安全。ezISCS 综合监控系统软件平台以其完备的平台功能、强大的数据容量、稳定的运行保障和先进的科技支撑，为线路提供高质量工程建设和运维服务，护航线路的智慧运行，彰显同方股份在轨道交通领域头部企业的综合实力。

②城市轨道交通安检信息系统

城市轨道交通安检信息系统在系统架构、硬件与系统组网、数据存储、软件接口等方面都进行了灵活设计，以支持在安检点、车站、线路三个级别进行灵活部署。在整体上分为安检点、车站、监控中心三级结构，在安检点部署集成化安检站软件，在车站综控室部署车站级安检集成平台，在监控中心部署线路级安检集成平台。

（3）核心竞争力

基于"创新、协同、融合"的发展理念，以"智慧、智能、智造"为依托，同方股份抓住时代脉络，加强自有科研平台建设，狠抓科技创新，将"科技创新"与"资源创造"相结合，相互促进。同方股份响应国家号召，坚持自主创新，加大数字信息领域的自主能力，构建了从终端到云端、从智慧行业应用到互联网知识服务的全产业链优势，将云计算、大数据、人工智能等新兴技术与实体经济深度融合。

2. 上海宝信软件股份有限公司

（1）企业简介

上海宝信软件股份有限公司总部位于上海自由贸易试验区，是由宝钢股份控股的上市企业。多年来，宝信软件致力于促进信息化与工业化融合、转变中国传统制造业发展模式、提升行业智能化水平，目前已实现跻身中国工业软件行业前列的目标。公司产品范围广，涉及金融、装备制造、医药、有色、钢铁、化工、交通等国民经济主要支撑行业。宝信软件以"智慧化"为发展战略，在新时代建设中，为"新基建"和"在线新经济"做出了突出贡献，宝信软件积极投身建设工业互联网平台、推动实体经济与智慧化融合创新、促进工业全价值链互联互通并向智能化转型升级。此外，宝信软件以智慧化浪潮为契机，引领城市智能新风尚，积极建设智慧化交通、智慧园区等，为智慧城市建设探索出一条全新的道路。

（2）智能化产品

①宝信轨道交通线网平台软件 iRailMetro

宝信轨道交通线网平台软件 iRailMetro 是宝信软件自主研发的先进可靠、集众多功能于一体、可灵活配置、实施便捷的轨道交通行业线网调度（应急）指挥平台产品。iRailMetro 建立在"一个设计一个系统"的架构之上，以"平战结合，平时为主"为原则，完美实现线网"业务多元、指挥统一"的需求，有效支撑轨道交通企业"集中领导、统一指挥、逐级负责"的调度管理体系。该软件集轨道交通线网指挥调度、应急指挥决策辅助、对内对外信息门户、生产数据分析中心、线网互联互通等功能于一体，是对全线网车站设备正常运行、列车平稳运行、客流变动、环境监控、票务管理、电力供应、防灾报警、乘客服务等地铁运营全程进行实时监控和调度的系统软件。

②全时全景智慧车站一体化管控系统

全时全景智慧车站一体化管控系统致力于构建基于全息感知、系统集成联控、终端移动操控、高度自运转的智慧车站管控系统，现主要依托于成都地铁人民北路站（1 号线、6 号线换乘站）展开。可实现换乘站综合监控系统的全面融合，为换乘站提供统一的平台和人机界面，换乘站多条线路的同类信息可以同时展示、同时操作、同时处理，解决了换乘车站 1 条线路 2 套班组管理下的互联互通接口复杂、应急联动流程多等问题，推动岗位合并。此外，还可以构建车站三维模型，在模型上实时显示售检票、电扶梯、站台门等影响车站运营的重要设备状态信息，系统预设巡视路径，启动后左屏上三维模型按路径自动开始巡视，右屏联动摄像机视频图像查看现场实际情况。

（3）核心竞争力

宝信软件始终秉承着创新驱动发展的信念，在人工智能、大数据应用、5G＋X、虚拟制造等新兴技术领域不断探索，拓展业务范围，形成了研发与应用一体化，产品、技术与服务紧密结合的强有力的竞争优势。

除此以外，综合集成能力也是其占据有利市场的一大优势，宝信软件有着成熟的数据集成、应用集成、系统集成和项目管理的经验和技术，有着对

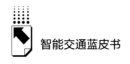

信息化、自动化和智能化新兴领域敏锐的嗅觉，具备专业的团队，能够为需求方提供完善的集成服务。

3. 佳都新太科技股份有限公司

（1）企业简介

佳都科技总部位于广州，成立于1992年，分布于中国30多个区域，拥有国际一流的科学家研发团队，拥有1个国家企业技术中心、2个国家级联合实验室、4个省级工程技术中心，设立了交通大脑研究院和佳都全球智能技术研究院。2020年入选工信部"大数据产业发展试点示范项目名单"。

（2）智能化产品

①智慧车站

应用人脸识别、语音识别、自然语言处理等AI技术，对地铁车站中AFC、PSD、ISCS等设备进行智能化升级，形成无感支付、交互式购票、智慧安检等车站智慧应用；同时，进一步推进门控单元、逻辑控制单元、扇门模块等核心模块、平台和设备的国产化应用。

②华佳Mos地铁智慧大脑

在轨道交通数字化、云化、智能化背景下研发的全新线网级操作平台，基于地铁大数据和深度学习技术，提供客流分析、智能调度、故障预测等地铁运营决策应用，并运用数字孪生技术提供全新的人机协作方式，助力轨道交通场景降本增效。

（3）核心竞争力

佳都科技引进了由国际领军人才、新加坡工程院李德纮院士领衔、多位知名院校博士生组成的核心技术团队，涉及领域包括智能交通、智能大数据、计算机视觉、5G通信、网络安全等前沿核心技术；拥有多个智能化技术研发机构，包括中研院、国家级企业技术中心以及多个省、市级技术中心，参与建设城市轨道交通系统安全与运维保障国家工程实验室等。技术研发团队在视频图像识别、分类、检索等算法和软件架构上形成了自主核心知识产权，在轨道交通核心零部件方面建立了专利资源池和应用案例，形成了技术"护城河"。

4. 卡斯柯信号有限公司

（1）企业简介

卡斯柯信号有限公司是中国铁路通信信号股份有限公司与阿尔斯通共同出资成立的。在轨道交通控制系统领域持续创新，其"引进，消化吸收，再自主创新"的卡斯柯模式，确保了国内外的先进技术能够及时转化为符合市场和客户需求的项目并实施落地，同时促进技术的自主研发和创新，迄今为止，卡斯柯已拥有百余项具有完全自主知识产权且与国际先进水平相当的系统技术和产品，覆盖国家铁路、城市轨道交通、城际铁路、有轨电车等各个领域。

（2）智能化产品

①SmarTidas 以行车指挥为核心的智能运控系统解决方案

SmarTidas 是一套高度集成的智能运控系统，它以行车指挥为核心，集成了 ATS、PSCADA、BAS、FAS、PIS、PA、CCTV 等专业子系统，实现了智能调度；同时各专业的设备状态信息都被汇入一体化维护子系统中，实现了设备智能维护和运维联动。SmarTidas 采用大数据、云计算和智能分析技术，通过行车运营调度的全方位监控，车、电、机系统的统一监督管理，实现了轨道交通运营的一体化调度和一体化维护。

②面向智慧地铁的全自动运行 2.0 系统解决方案

面向智慧地铁的全自动运行 2.0 系统解决方案是在既有全自动无人驾驶系统成功应用于多个项目的基础上推出的，是卡斯柯多年持续自主研发和各地业主实际运营经验的结晶。这一高度自主化和集成化的系统面向智慧地铁的多重需求，以"乘客出行服务"为核心，在功能安全和信息安全的保障下，从智能车场、智能车站、智能调度、无人驾驶列车、智能运维五个方面，大幅提升了调度中心、车站、场段、列车运行和运维管理的智能化程度。全自动运行 2.0 系统实现了城市轨道交通全过程、全范围的智能化，是卡斯柯在自主创新领域的又一力作。

（3）核心竞争力

作为中国铁路行业第一家中外合资企业，卡斯柯信号有限公司从成立之

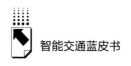
初即秉承"引进，消化吸收，再自主创新"的发展之道，在引进国外技术的同时，一直坚持自主知识产权系统的创新。创新是实现企业可持续发展的驱动，是内在进步之源，是未来立足之本。多年来，卡斯柯坚持"引进、消化吸收、再自主创新"的发展之道，在科技创新方面持续高投入，每年的研发预算高达销售收入的10%，目前公司拥有全自主知识产权超过百项。

5. 浙江众合科技股份有限公司

（1）企业简介

浙江众合科技股份有限公司起源于浙江大学，是一家以信息技术服务为主导的股份制公司，目前已在深圳证券交易所上市，其研发的以自主信号系统为核心内容的轨道交通解决方案已达到中国领先水平。此外，众合科技融合技术、产业、金融实现一体化的综合运营，本着"源自教育、投身科技、产业报国、回报社会"的理念，以创新能力为主导，采用国际先进科学技术，为客户提供更为优质的产品与服务，在广阔的领域中探索出一条新的道路，承担起社会责任，为中国的科技崛起添砖加瓦。

（2）智能化产品

①智能运维平台

完成宁波5号线、郑州12号线等UTO项目智能运维需求的分析，开展各子系统智能诊断分析功能、物料管理软件、各部件云化、智能运维大屏等的开发工作，支持杭州5号线、杭州6号线、杭州7号线、西安6号线等已开通项目的维护需求开发。

②全自动无人驾驶信号系统

完成第一个UTO项目的主体需求开发，宁波5号线开通后将弥补UTO项目业绩的空白，为后续UTO项目的投标提供业绩支持；完成重2改造项目主体需求开发，为后续改造项目提供业绩支持；已开通自研CBTC项目持续保持稳定，新增CBTC项目按序完成开发，有力支持公司信号业务的发展。

（3）核心竞争力

基于对行业的理解和积累，众合科技以工业互联网平台作为桥梁和催化剂，推动行业知识沉淀复用，完善数据应用生态，形成行业领先的智慧化解决方案及产品，已初步具备了产业数字化能力。夯实主营轨道交通信号系统与自动售检票和清分业务的同时，以智慧城轨建设为契机，力争实现从业务数据化、场景智能化向全面智慧化的迈进。众合科技拥有覆盖创新研发全生命周期的研发体系和组织架构，具备根据行业未来发展趋势提前研判和挖掘前沿技术的能力，并且基于"产学研用"的理念，其能够利用公司丰富的战略合作资源将具备产业化潜力的技术成果快速实现应用。

众合科技拥有多个国家级实验室和国家地方联合建立的技术中心，包括城市轨道交通列车通信与机电控制国家地方联合工程实验室（城市轨道交通行业信号系统唯二国家级实验室之一）、国家列车智能化工程技术研究中心、国家地方联合工程实验室、国家技术中心以及4个省级研发中心。众合科技基于宁波地铁5号线实际线路数据搭建了完全仿真无人驾驶实验室，可实现无人驾驶系统60多个场景的演示和测试。

6. 交控科技股份有限公司

（1）企业简介

交控科技创立于2009年，其业务范围囊括城轨交通信号系统的研发、设备研制、系统的集成开发和信号系统承包，是中国首家拥有自主CBTC信号系统核心技术的科技公司，彻底打破了外国对该领域的垄断，主要产品包括CBTC互联互通列车运行控制系统、CBTC系统和全自动运行系统，主要用于新建线路、既有线路升级改造和重载铁路市场。

（2）智能化产品

①城轨云平台

交控科技凭借其成熟的产品、先进的解决方案以及在轨道行业多年的积累，获得了呼和浩特地铁项目的认可。除了承担呼和浩特市地铁1号线信号系统供应商之外，于2018年12月中标呼和浩特市城道交通1号线、2号线城轨云平台项目，成为呼和地铁云平台集成商及数据挖掘系统供应商。圆满完成了系统设计、工程设计及接口方案，上云各专业的功能、性能、互联、

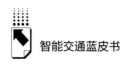

故障、灾备等多种类型测试验证以及工程实施等工作。该城轨云项目于2019年12月30日正式投入使用。

②天枢平台

天枢平台是交控科技结合云平台、物联网、人工智能、大数据应用、机器学习等先进技术，打造出的智慧城轨一体化平台，不仅包含数据平台和应用生态平台的内容，还包含列车一体化、线路CPHM以及中心综合调度管理平台的功能。天枢平台服务于智能列车、智能调度、智能运维、智能培训、智能车站等应用，能够实现设备高度集中、信息整体处理、衡量尺度统一。

（3）核心竞争力

公司依托"产学研用"的核心优势，以列车运行控制等公司主营业务为圆心，以"自主化""智能化""平台化"为发展主线，积极延展布局智慧城轨各领域关键技术与核心产品。在智慧乘客服务领域，公司推出与行车系统深度联动的智慧乘客服务系统——IPSS，为乘客提供更为精准的出行信息服务和定制化的出行即服务（MaaS）。其中第一代车载IPSS产品"魔窗"已于2020年3月上线北京地铁6号线，"魔窗"一经推出便成为热搜词语，引发社会媒体高度关注。

7. 上海电气泰雷兹交通自动化系统有限公司

（1）企业简介

上海电气泰雷兹交通自动化系统有限公司（以下简称"上海电气泰雷兹"）由上海电气和泰雷兹共同投资组建，是专注于城轨信号系统的中方控股高新技术企业。从2004年成功交付中国首条CBTC线路——武汉1号线起，上海电气泰雷兹在引进泰雷兹集团全球领先的SelTracTM CBTC技术的基础上，一直践行自主创新，致力于自身技术的提升。上海电气泰雷兹专为中国大陆城市轨道提供的SelTrac® MS China CBTC信号系统已经为上海、北京、广州、武汉、南京等14座城市30多条线路超过1300公里的城轨线路保驾护航。与此同时，上海电气泰雷兹自主研发了新一代信号系统TSTCBTC® 2.0，以全面的系统冗余实现高可用性和高可靠性，已成功应用于上海地铁 5 号线。①

（2）智能化产品

①SelTracTM CBTC 系统

SelTracTM CBTC 系统具有高安全性、高可靠性和高可用性。移动闭塞技术最大限度地缩短了发生间隔，优化了乘客服务频率。最短间隔可至 90 秒，支持地铁、轻轨、市域快轨等不同类型的城市轨道交通系统的目标速度值。SelTracTM CBTC 可实现真正的无人驾驶：列车控制中心（VCC）控制列车的安全间隔，设置近路及连锁逻辑；车载控制器（VOBC）控制列车速度和安全距离，并实现自动驾驶；车站控制器（STC）控制轨旁设备，计轴进行辅助的列车追踪；感应环线进行车地之间的信息传输。

②全自动无人驾驶系统（FAO）

为了满足无人驾驶的要求，需要从列车、轨旁、数据通信系统，以及运营系统各专业全盘考虑系统无人驾驶的需求，从运营场景、故障场景入手，解决在各场景中原本由司机负责和人工驾驶列车的部分，如何能够在无人的情况下得到等效或更好的实现等问题。如果能够综合并全面考虑运营及故障场景，通过分析得出系统需要改进并加强的系统架构配置、系统功能，才能够真正意义上实现无人驾驶。

上海电气泰雷兹基于多年先进的 CBTC 系统应用经验，自主研发了 TSTCBTC® 2.0 平台，并在此基础上，将全自动无人驾驶系统运用于上海地铁 14 号线。

（3）核心竞争力

上海电气泰雷兹由上海电气和泰雷兹共同投资组建而成。上海电气旗下的上海自动化仪表股份有限公司是目前中国工业自动化行业内唯一具有仪表系统集成技术的公司，为中国主要工业领域包括火电、轨道交通、石化、核电等提供自动化控制技术和服务。而泰雷兹目前为世界 500 强，其科研与工

---

① 戴翌清、徐烨：《上海轨道交通 2 号线车地通信环线与应答器的电气兼容性分析与测试》，《城市轨道交通研究》2020 年第 A2 期，第 52~55 页。

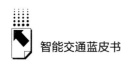

程设计在行业内处领先地位,在国防、民用安全和航空航天三大领域内享有盛名。上海电信泰雷兹结合双方优势,并坚持自主创新,成为国内 CBTC 系统的领军企业。

8. 北京鼎汉技术集团股份有限公司

(1)企业简介

北京鼎汉技术集团股份有限公司是一家从事轨道交通各类电气化高端装备及智能信息化系统解决方案研发、供应和维护的高新技术企业。公司旗下产品划分为地面电气装备、车辆电气装备、信息化与智能检测以及运维服务四类解决方案,覆盖信号智能电源、轻量化中高频辅助电源、智慧环保车辆空调、智能检测、屏蔽门、线缆、UPS、智慧车站等 30 余项产品和系统方案。

(2)智能化产品

轨旁车辆综合智能检测系统。由城轨车辆全景彩色图像智能检测分析系统(360°动态图像检测系统)、受电弓检测子系统、轮对检测子系统、走行部关键部位温度检测子系统组成。该系统融合了彩色线阵高清成像、机器视觉、模式识别、深度学习、红外热成像等先进的技术手段,利用多组采集单元对车辆全部可视部件进行 360°全景扫描,以不停车检测的方式,实现了对列车关键部件实时的智能化、数字化检测。

(3)核心竞争力

北京鼎汉经过多年的不懈努力,逐步形成了理论突破和技术创新相结合的发展理念,以新工艺、新技术、新材料、新产品为核心产品的轨道交通服务体系不断完善。基于在城轨交通领域的经验和成果以及对技术领域的不断探索,北京鼎汉提升了在理解客户需求、解决客户困难方面的实践能力。在为客户提供全方位的技术服务及资源融合的过程中,北京鼎汉的实力不断增强,自主研发的科研水平不断提升,产品逐渐多元化,其核心领域的技术已获得突破性进展,并逐渐壮大发展为其核心竞争力。

未来,北京鼎汉将持续发展,提升创新能力,成为引领中国智能化新潮的主力军。

## （六）全国产业发展区域特点

城市轨道交通在不同城市的发展特点差异性较大，总体来说，与城市规模、经济发展水平、区域地位等密切相关，下面选取京津冀地区、长三角地区、粤港澳大湾区、成渝双城经济圈作为重点对象进行分析。

1. 京津冀地区

京津冀是中国北方地区的核心经济区，包括北京、天津以及河北区域内的11个城市，其陆域面积21.7万平方公里，占全国陆域面积的2.2%。[①]其中，北京作为中国政治中心、文化中心、科技创新中心，其轨道交通线网规模仅次于上海。

北京丰台区城轨交通产业聚集效应不断增强。2020年，中关村丰台园区内，大量轨道交通业内企事业单位陆续入住，丰台的千亿级轨道交通产业集聚能力凸显，打通了"产学研用"的完整产业链条，成为中国抢占国际轨道交通产业制高点的关键所在。丰台园区内，轨道交通产业的发展优势明显，具有发展规模大、涉及领域宽、创新能力强等特点。迄今为止，入驻企业多达150家，以中铁高新、中国通号为代表的知名企业和以交控科技为代表的科技公司，目前已经实现连续五年总收入突破千亿元。

天津武清区加快打造智能轨道交通产业发展高地。天津武清区目前已形成三大发展方向，致力于发展智能轨道交通产业的集群效应。第一，与企事业单位深度融合，与如铁科院、北交控等知名单位交流互通，综合其在各自领域的独特优势，引进关键零部件及系统的检验技术、研发技术、数据分析技术。第二，打造自己的轨道交通产业实验室，例如依托铁科院标准所的重点项目打造检验检测的国家级实验室，与相关轨道交通企业共同建设"天津轨道交通创新联合实验室"。第三，发挥传统行业优势，集合优质的制造业企业，打造智能轨道交通产业公共生产平台，生产制造轨道交通零部件，

---

① 杜彦良、高阳、孙宝臣：《关于京津冀交通一体化建设的几点思考》，《北京交通大学学报》2018年第1期，第1~6页。

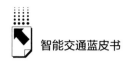

目前已有代工车间 38 家。

河北推进轨道交通装备产业链集群化发展。河北制造强省建设领导小组印发《河北省轨道交通装备产业链集群化发展三年行动计划（2020—2022年)》，提出为实现全省轨道交通装备产业链开展集群化发展，要充分发挥河北现有的资源优势和京津冀发展一体化的地域优势，全面形成轨道交通产业"强链、补链、延链"的新模式，提升其在行业内的综合竞争能力。

2. 长三角地区

长三角地区是中国开放程度最高、经济发展最活跃、创新能力最强的区域之一，在全方位开放格局中占据重要地位，对我国现代化建设大局起着关键作用。从拥有城市轨道交通线网规模的大小来看，长三角地区目前已开通城轨交通的城市达 11 个，已运营线路为 64 条，运营线路长 2247 公里，① 在全国各大城市群中，长三角城市群的线网最为密集。

在推行长三角城市群一体化发展的背景下，按照《长江三角洲地区交通运输更高质量一体化发展规划》的要求，智能化是其发展的必由之路。

南京实现轨道交通产业链的全覆盖。多年来，南京始终保持中外合作，将国外先进技术与国内研发成果相结合，目前已经形成了"区间车站工程""信息集成""综合自动化""售检票系统""车辆系统""消防""工程设计""供电系统"等完整的产品研发及生产体系，从轨道交通项目的全产业链条来看，南京已经形成了过程全覆盖，其完整度在全国脱颖而出。

3. 粤港澳大湾区

粤港澳大湾区包括澳门、香港和广东，是目前中国开放度最高、经济最为发达的区域之一。在城市轨道交通方面，该区域的轨道交通体系构成不够合理，其中市郊铁路和市域铁路的发展不尽如人意。

未来，为提升粤港澳大湾区的轨道交通发展水平，需要进一步完善轨道交通体系，采用先进的智能化技术提高运营效率，大力推进区域内的互联互通。此外，还需要致力于规划建设高等级的城际轨道交通网络，与国铁相融

---

① 中国城市轨道交通协会：《城市轨道交通 2020 年度统计和分析报告》，2021，第 5 页。

合，争取建立起高等级的区域性轨道交通全覆盖型网络，促进地区间平衡，实现跨市轨道交通一张网的最终目标。

广州建设轨道交通装备产业园。广州轨道交通装备产业园位于白云西北部，距离广州北站 3 公里，距离白云机场 11 公里，扩园前由神山工业园和智能电气园两大园区组成，面积为 9150 亩，扩园后更名为轨道交通装备产业园，面积为 14085 亩，扩园后的园区涉及周边 9 个村庄。① 轨道交通装备产业园是白云八大产业园区之一，也是白云千亿级轨道交通产业发展的重点规划区，未来，将发展成为以轨道交通装备制造为核心产业的工业园区。

4. 成渝双城经济圈

成渝双城经济圈位于四川和重庆地区，是中国中西部地区最强劲的经济增长点，重庆近年来经济发展迅速，已成为西部大开发的重要支点。成都是 2020 年轨道交通线网在建规模最大的城市，为 459.1 公里，② 因此成都仍处于大力建设大型轨道交通线网的进程中。而重庆由于其特殊的地理因素，轨道交通发展面临众多建设难点，亟须进行重难点的技术突破。

未来，成渝地区须持续发展智能化轨道交通建设，从以 5G 为代表的新兴信息技术与轨道交通深度融合出发，面向乘客、面向服务、精心规划、分步实施，实现技术与服务的同步提升。

成都成为全国第五大零部件配套基地。经过近三年的努力，成都轨道交通产业已经建成涉及科技技术研发、勘察设计、关键装备制造、工程项目建设的全领域产业链，重点建设功能区内产业层次清晰、服务功能明确、产业政策透明、管理体制完善。目前，共有 279 家重点企事业单位扎根于成都，已经形成了以中车成都、海康威视、新筑股份等企业为龙头的产业集群，是目前国内产业链条较为完备的城市之一，也是全国第五大轨道交通零部件配套基地。

---

① 白云融媒：《白云工业园计划扩园，涉及 40 条村！》，腾讯网，2021 年 12 月 21 日，https://xw.qq.com/cmsid/20201221A0EUU300。

② 中国城市轨道交通协会：《城市轨道交通 2020 年度统计和分析报告》，2021，第 45 页。

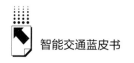
# 二　中国城市轨道智能化产业发展趋势及预测

## （一）产业发展需求

1. 政策需求

（1）深化体制改革，强化统筹协调和分类指导

城市轨道交通的发展，涉及城市规划与建设、交通装备技术开发与制造、科技平台建设和核心技术攻关、投融资管理、知识产权、技术标准、绿色发展等领域，分属多个部门管理。建议国家相关部委融合不同网络、不同制式轨道交通的行政管理边界，完善轨道交通规划建设、运行体制和协调管理机制与政策，研究完善主要城市群、都市圈和大中型城市综合交通规划，以"一网多模"为目标，统筹干线铁路、区域铁路、城际铁路和城市轨道交通的"四网"融合协调。

通过促进轨道交通行业主体发挥积极性和能动性，加强主管部门对城市轨道交通行业发展的指导，完善财政、科技、技术和产业相关发展政策，为城市轨道交通的健康发展提供保障。

（2）加强城市轨道交通标准体系与知识产权体系建设

实施标准先行策略，依托城市轨道交通创新网络平台，建立健全轨道交通建设、运行维护、装备设备技术标准体系，修订完善相关具体技术标准，用标准指导技术发展。此外，须增强技术创新能力的培养，建立起城轨产业和技术发展的自主知识产权体系。逐步建设形成行业统一标准，并通过积极参与国际标准制定，推动中国城市轨道交通标准"走出去"，开启国际化进程。

2. 技术需求

（1）研发智能化、信息化轨道交通大系统集成技术

随着万物互联时代的到来，各种数字化模拟技术、自动化监测及控制技术的出现，令城市轨道交通系统整体智能化、信息化成为可能。为满足城市

轨道交通未来网络化建设、集中化与智能化运营，支撑城市轨道交通行业的快速可持续发展，需要建设自主化、技术领先的中国城市轨道交通云平台，建设线网级数据共享交换平台，推动大数据分析在城市轨道交通的智能优质服务、智能决策支持和智能运维管理三个领域深化应用。

智慧城市轨道交通云平台。满足城市轨道交通网络化运营和快速可持续发展的需要，将新一代信息技术作为行业智能化发展的方向。构建全新的轨道交通系统数据服务平台，主要功能包括大数据驱动运算、灾害事故应急指挥、大容量实时存储、装备运维指导、运输调度管理等，保障轨道交通系统整个生命周期的安全运营和高效生产。

大数据共享平台。城市轨道交通大数据共享平台是城轨云的重要组成部分，也是智慧城轨的数据来源。在平台构建方面，加大数据平台的应用支撑层、数据存储层、数据应用层、数据源层、基础设施层、数据集成层等层面的研究，建立标准规范体系、安全保障体系、数据服务体系、运维管理体系4个体系的自主化研究；在数据管理方面，除应用系统分散存储自有数据外，还要在城轨云平台的安全生产、内部管理和外部服务三个存储域中构建相应的数据共享平台，为其他应用系统提供数据的共享服务。

BIM综合技术平台。该平台是基于最先进的三维数据设计和工程软件所构建的"可视化"BIM数字建筑模型，涉及多专业综合协同设计以及可视化的设计优化与施工管理技术。BIM综合技术平台利用物联网技术，对收集到的信息结合数字音视频分析、VR、智慧运维等技术手段，有针对性地开展智能化施工的研究，例如全时自动化监测与预警、施工质量检验等。为建设单位、设计单位、施工单位及运营单位等各环节人员提供了统一科学的协作平台，能有效地节省能源和成本、减少污染和提高效率。

（2）建设智能运控系统，提升城轨运维水平

以运营需求指引规划设计，充分发挥城市轨道交通的运输效能；以标准先行推进设备自主，实现设备统型兼容和运维效益提升；以技术革新推动管理升级，实现服务水平和管理效能的双提升；以智能技术促进提质增效，实现城市轨道交通建设与运维核心业务的管理提升。

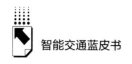

一是推动智能调度和运维，优化创新运营管理方式。利用先进的数据收集处理技术和实时监测手段，实现需求和供给匹配的智能调度；推动基于灵活运营需求的高效列车自适应控制和基于多系统集成的行车控制技术应用。基于信息技术，推广列车运行主动安全防护技术；解决应急救援条件下列车、人员和装备的精准定位问题；推动实现对设施设备运行状态和运行环境的智能感知、故障智能诊断与预测；推进设施设备运维的智慧辅助决策，开展精准维修和深度维修。

加强线网策划和评估，不断提升轨道交通网络运行管理效率；开展城市轨道交通网络制式顶层规划和设备的标准统型工作；研究并鼓励实施优化与客流时空分布特征相匹配的各类运输组织方式及配套管理方案；建立配套管理制度及容错机制，促进技术革新项目的试点示范和推广应用；建立设施设备全寿命运维管理体系和经营开发机制，降本增效。

二是打造城市轨道交通知识管理体系。以城市轨道交通行业技术标准和规范体系为基础，汇集涵盖城市轨道交通规划设计、建设和运营全过程的行业技术标准和各类技术文献资料，建立城市轨道交通行业知识管理库与相应的知识管理系统，形成知识管理相关规范及标准，为城市轨道交通行业总结经验教训、健康发展提供支持。

三是建立健全设备及设施运维数据资产管理体系。结合智能运维平台建设，建立健全资产全寿命周期管理体系、制度及其标准，完善各子系统设备设施运维管理体系、制度及其标准，形成数据资产管理制度及其相关标准。通过行业协会牵头，建立运营单位、集成商、制造商等多主体联合机制，共享运营数据和故障信息，将运营信息反馈到设计和制造阶段，协同优化设施设备质量，切实落实全生命周期管理。

（3）高效应用数据挖掘技术，提高运营管理水平

轨道交通领域所涉及的专业较多，业务覆盖范围广，各个专业通过人工或电脑传输等方式采集产生的数据有海量化特点。

在客流大数据分析方面，通过大数据分析挖掘以及人物画像技术，规划设计人员能准确掌握乘客的出行特征，运营人员能够实时、适时、恰当地安

排车次，提高车辆的使用效率，提高运营管理水平和服务水平。

在视频监控定位系统方面，通过构建云平台和视频数据智能分析技术，建立一场实践知识库，精确预警、定位各类事故时空位置，通过对已有运营数据的挖掘与深度学习，实现异常事件的预警预报。

在地铁售检票系统方面，通过大数据技术构建实名制旅客快速进站模块，配合人脸信息比对算法，有效提高乘客进站安检售票速度。通过客流数据的大数据分析，反映区域、季节、重大事件的客流规律，为乘客提供更为精准的服务。

在智能运维方面，全面实时感知设备设施的运行状态，通过大数据分析和深度学习技术，建立设备设施运维知识库，逐步实现计划修向状态修的转变，提升全网的运维管理和技术水平、降低运维成本。

## （二）产业发展趋势

城市轨道交通行业是全面开展建设社会主义现代化强国的重要支撑，是建设现代化经济体系的先行领域，也是建设交通强国和智慧城市的重要组成部分。未来，城轨行业需把握此重大历史机遇，积极推动发展城轨智能化，发展智能系统。2020年初，中国城市轨道交通协会发布《中国城市轨道交通智慧城轨发展纲要》，为发展城轨智能化指明了方向。城轨智能化贯穿城轨交通运营管理服务全过程，主要体现在四个方面：智慧出行、智慧车站、智慧运维和智慧监管。

### 1. 智慧出行提升乘客出行体验

智慧出行是指从乘客服务的角度出发，致力于实现传统形式与移动互联网、大数据、云计算等新兴技术的有机结合，为乘客提供全方位、便捷、有效的配套服务。智慧出行主要可分为三个部分：乘客咨询系统、智能票务系统、智慧便民系统。

乘客咨询系统是指以为乘客提供出行信息查询为导向，集合多个平台出行服务实时信息，按乘客实际出行需求个性化提供多种出行解决方案。同时重点在交通枢纽等地提供更细致的服务，实时显示关键站台及车内客流动

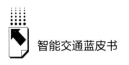
态、列车未来运行计划，为乘客提供出行建议。

智能票务系统旨在提升票务服务的智能化水平。引导推进基于个人信用体系的多平台、多场景的乘车服务，借助扫码支付、刷脸支付等多制式，提高售检票、乘车智能化水平。扩大基于可信乘车凭证的互联互通范围，提高城市间乘车便捷度，丰富智慧城轨移动 App 应用功能，提供多种出行、信息及生活服务。

智慧便民系统主要包括无障碍预约乘车、失物招领管理、信息统一发布平台、突发事件引导、车站内多语种人机对话智能机器人、便民生活服务查询和推送、物品借存、闪送管理平台、以建立地铁博物馆等手段推出地铁文化特色的文创产品等。通过这些功能，增强运营数据的渗透情况，强化乘客信息获取途径，提升乘客出行体验和品质。

2. 智慧车站提高乘客出行效率

车站是地铁服务的主要场所，提高车站智慧化建设程度是城市轨道交通智慧化建设的关键环节。智慧车站建设主要包括以下两方面内容：智慧安检系统和智能闸机系统。

智慧安检系统研究与城轨交通客流相适应的智慧安检新模式，采用视频监视、生物识别、人工智能等技术，进行乘客和物品的核验，提高效率、安全和服务品质，解决在应对大客流下安检能力不足的问题，实现"安全、快速、高效"的最终目标。

智能闸机系统可以依托最新技术，采用人工智能的研究成果，对乘客和行李进行识别，保障人与物的安全，通过合理化各出行环节，突破瓶颈限制，提高客流通行效率。

3. 智慧运维增强城轨运营能力

智能运维系统是指为了实现车载各系统数据采集、预警、远程监视及诊断分析，为车辆智能运维系统提供数据，提高列车日常检修效率，提升上线列车整体可靠性，促进修程修制变革，降低列车运维成本。主要可分为以下六个部分：客流管控系统、智能调度系统、智慧列车系统、应急处置系统、故障诊断系统、风险预警系统。

客流管控系统主要是基于 AFC 感知、视频感知、Wi-Fi 嗅探、App 感知等技术实现乘客精准辨识，包括快速定位乘客站内位置，精准辨识及可视化展示车厢、车站、路网等多场景的乘客分布，乘客轨迹智能追踪以及异常行为自动辨识等功能；在对乘客精准辨识的基础上，实现客流全息感知，包括点线面客流状态实时监测、客流走廊精准分析、全网客流动态研判、客流智能预测预警以及客流多层级人车协同管控等功能。

智能调度系统指通过建立网络化综合调度指挥平台，改变既有"一线一中心"调度模式，实现网络化行车智慧调度和集中化设备运行调度等功能。网络化行车指挥调度是构建客流—车流耦合的路网级协同调度平台。通过精准把握网络客流时间和空间分布规律，精准运用和配置网络资源，精准投放运力，精准监测实时列车满载率（四个精准）的目的；建立实时客流—车流耦合的动态调度及列车控制联动机制，实现客流—车流的耦合优化和线网列车群的协同优化；形成城市轨道交通网络高效韧性运行新模式，全面提升城轨网络运行效率和网络韧性。

智慧列车系统通过采用泛在感知、人工智能、车—车通信、车地无线传输、多车数据融合等技术，在行车方面实现全自动驾驶、智能防撞、灵活编组、虚拟连挂等功能，在乘客服务方面实现车内照明、温度等智能控制和智能车窗信息互动等功能，在健康管理方面实现列车健康状态的在途监测、在线评估、故障预警和维修决策支持等功能。

应急处置系统主要功能包括应急预案数字化、智能化应急装备、智慧联动指挥处置和应急物资智能追踪等功能。其中应急预案数字化实现突发事件分类分级管理、应急预案智能上报与下发、预案智能化优化等；智能化应急装备实现现场信息的采集与上报、人员定位与轨迹追踪、应急通信与会商、应急预案下发接收等；智慧联动指挥处置通过多渠道的协同信息发布实现乘客智能疏散引导，通过智能联动消防、环控和列车等多系统，实现应急人员物资的自动调配与协同处置；应急物资智能追踪主要实现应急物资分布在线查看、追踪和智能调配、应急处置全过程评估等。

故障诊断系统通过视频分析、图像智能识别、智能机器人、多功能传感

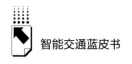

器、物联网、5G、边缘计算等技术对设施设备（包括轨道、隧道、桥梁、供电等）服役数据进行实时感知，包含运行/安全健康感知、身份感知、位置感知、运行环境感知等，重点攻克城轨关键装备感知增强技术，在此基础上，自动辨识评价设备设施健康状态、主动诊断报警设备设施的故障病害，并通过BIM技术等感知设备进行可视化管理以及状态的可视化查看，实时掌握其健康状态。

风险预警系统通过对感知及诊断数据进行深度挖掘，从故障数量、位置、频次等维度分析状态演化机理与规律，将设备状态数据与行车数据、客流数据、环境数据以及不同设备设施状态间数据等进行多源数据关联分析，分析劣化趋势、预测健康状态、评估使用寿命、辨识与预警安全风险，并建立相应的知识库，突破全生命周期服役评估增强技术，在此基础上，对维修策略、维修计划等进行智能编制与优化，掌握设备设施劣化机理与规律，分析故障原因，提升维修决策水平，为预防性维修作业提供决策建议。

4. 智慧监管完善城轨保障体系

智慧监管是通过综合运用数字化、信息化、智能化手段，实现企业管理者对智慧地铁全业务全流程的智能监管。同时，政府作为地铁运营监管责任的承担者，智能管理要按照政府的监管指标要求，智能分析汇总相关指标，并实时报送至政府监管部门，并构建以信用为基础的新型监管机制，达到全局高效响应政府监管策略的目的。主要包括以下三个方面：安全保障系统、主动防控系统和态势研判系统。

安全保障系统通过应用智能感知、在线监测等技术，对"人、机、环、管"四大要素进行提前感知、预判、预测和预警，形成以需求为牵引的超大城轨安全保障与风险闭环管控需求体系；通过分析提炼构建系统运营安全风险要素集，应用知识提取、表示、推理和专家经验等方法，建立典型场景的风险要素知识图谱；研究面向不同层次的"治—控—救"分层递阶循环控制关键技术。

主动防控系统通过数据标准化算法建立系统运营安全风险要素和防控策

略数据集，制定主动防控策略，将异常排除在运营线外，尽可能消除"在线故障"，建立统一集中的超大城市轨道交通网络安全保障与主动防控系统平台，形成基于"知—辨—治—控—救"的闭环安全管理和一体化主动防控体系。

态势研判系统是基于智慧客服、智慧运行、智慧维护的数据，实现对智慧地铁业务、安全等方面的系统态势实时自主研判。通过构建在各大业务平台的传输通道，以数据分析后的指标、图示或特征等反映地铁系统的运行状态，对智慧地铁系统运行状态进行实时评估，及时发现存在问题，并进行报警预警，为后续功能的实现提供坚实的信息数据基础。

### （三）市场供需预测

2020年，我国城市轨道交通全年完成建设投资额达6286亿元，与2019年同期相比，增长5.5%，所有在建项目的线路总长度超过6800km，在建规模与2019年基本相当。[①]

2020年，全国八个主要城市的新一轮建设投资规划或规划调整中新增线路长为588km，新增投资计划4700亿元以上。全国共有九个城市的建设投资超过100亿元，共有67个城市的城轨线网规划获批，在实施的线路总长超过7000km。[②]

2020年，新一轮城轨交通建设规划获国家发改委批复并已公布的有徐州、合肥、济南、宁波4市。获批建设规划分别为徐州市城市轨道交通第二期建设规划（2019—2024年）、合肥市城市轨道交通第三期建设规划（2020—2025年）、济南市城市轨道交通第二期建设规划（2020—2025年）和宁波市城市轨道交通第三期建设规划（2021—2026年）。4市新获批建设规划线路长度共计455.36公里，总投资3364.23亿元。[③] 另有4市城轨交通建设规划调整方案获国家发改委批复并公布，分别为厦门市城市轨道

---

① 中国城市轨道交通协会：《城市轨道交通2020年度统计和分析报告》，2021，第42页。
② 中国城市轨道交通协会：《城市轨道交通2020年度统计和分析报告》，2021，第48页。
③ 中国城市轨道交通协会：《城市轨道交通2020年度统计和分析报告》，2021，第52页。

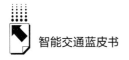

交通第二期建设规划调整方案（2016—2022 年）、深圳市城市轨道交通第四期建设规划调整方案、福州市城市轨道交通第二期建设规划（2015—2021 年）调整方案和南昌市城市轨道交通第二期建设规划调整方案（2020—2025 年）。4 市获批调整方案涉及项目新增线路长度共计 132.59 公里，新增总投资 1345.63 亿元。[①]

### （四）产业规模预测

根据我国城市轨道交通建设规划和发展趋势，未来我国城市轨道交通智能化需求将持续增长，预计未来 5 年我国城市轨道交通智能化的市场规模保持 15% 左右增速，到 2023 年，我国城市轨道交通智能化产业的市场规模将达到 400 亿元左右，城轨交通智能化产业规模预测如图 7 所示。

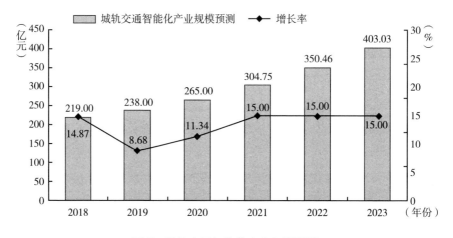

**图 7　城轨交通智能化产业规模预测**

资料来源：黄艳阳：《2021 年中国城市轨道交通智能化行业市场现状与发展趋势分析市场规模持续攀升》，前瞻网，2021 年 6 月 10 日，https：//www. qianzhan. com/analyst/detail/220/210610 – f163b255. html。

---

① 侯秀芳、梅建萍、左超：《2020 年中国内地城轨交通线路概况》，《都市快轨交通》2021 年第 1 期，第 12 ~ 17 页。

# 三 中国城市轨道交通智能化产业发展对策建议

## （一）加强政策引领，发挥对轨道交通高质量发展的指导作用

鉴于我国城市轨道交通已经从高速度发展阶段进入高质量发展阶段，整个行业将面临全新的发展环境，有必要从高质量发展的战略高度对城市轨道交通行业发展给出科学、明确的指导意见，引导和规范轨道交通与城市建设规划、城市轨道交通项目审批与管理、设计与建设标准、运行管理与运营服务，实现良性健康发展，提升城市轨道交通行业支撑国家战略、服务人民群众的能级。

## （二）加快推进多制式轨道交通和智慧城轨等新技术的研发应用

进一步完善各种新型轨道交通技术，形成应用技术体系，适应不同自然和经济环境的建设和运营需求。结合《中国城市轨道交通智慧城轨发展纲要》，制定、完善促进智慧城轨发展的相关政策，推动行业企业、科研机构加快智慧城轨相关技术研发，加快行业标准体系与相关技术标准编制或修订，为新技术的应用提供保障。

## （三）建设国家级轨道交通技术协同创新平台

推动政府主管部门协调，行业龙头企业牵头，行业产、学、研、用、金各类企事业单位协同参与，进一步集聚各方力量，构建国家级轨道交通技术协同创新平台和工程技术中心，将城市轨道交通系统技术创新攻关纳入国家重点研发计划，组织开展技术研发、装备产业发展，探索行业前沿技术，构建良好的技术创新生态，引导和激发企业和研究机构的创新原动力，持续推动城市轨道交通技术的发展和进步。

以城市轨道交通创新网络相关平台为主体，建立聚焦轨道交通技术领域的网络体系，为政、产、学、研、用、金各方搭建合作桥梁，通过技术集成

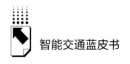

等多种方式推动科技成果转化，搭建创新共享平台，提供行业技术服务，促进国家工程实验室的协同和运营，在行业标准制定、多网融合、智慧城轨方面开展工作，发挥产业引领作用。

### （四）完善人才引进、激励政策

制定出台骨干人才津贴、科技领军人才引进和激励等一系列人才引进、培养、激励政策，健全以增加知识价值为导向的分配和奖励制度，研究落实科技创新骨干人才股权激励、岗位分红和项目收益分红等人才激励措施，打造一支具有国际水平的由战略科技人才、科技领军人才、青年科技人才组成的科技创新团队，特别是战略科技人才——从并跑到领跑所需的稀缺人才。同时，加大社会公开招聘，实行市场化选聘高端人才契约化管理模式，打造一支具有国际视野和战略眼光、懂技术会管理求创新、忠诚且有担当的企业家队伍。

**参考文献**

《国内瞭望》，《城市交通》2021 年第 1 期。

兰富安：《新基建背景下巨项目高效业主管理团队构建的思考》，《公路》2021 年第 1 期。

《发改委：鼓励限购城市适当增加汽车购置限额》，《中国工业报》2020 年 8 月 14 日，第 A3 版。

金惟伟、汪自梅、张生德等：《中小型电机行业"十四五"发展战略思考》，《电机与控制应用》2021 年第 2 期。

《北京版新基建锁定 6 大方向 3 年内建 300 平方公里自动驾驶示范区》，《中国产经新闻》2020 年 6 月 13 日，第 7 版。

郑莉：《推动区域交通更高质量互联互通》，《安徽日报》2020 年 11 月 12 日，第 12 版。

《国内资讯》，《现代城市轨道交通》2020 年第 2 期。

诸玲珍：《"8 - 1 - 1"构建智慧城轨》，《中国电子报》2020 年 4 月 3 日，第 6 版。

熊振兴、陈漾、李长霖等：《地铁多专业在线监测系统研究现状及趋势分析》，《铁道通信信号》2020年第10期。

简略：《试谈5G通信在城市轨道交通的应用》，《百科论坛电子杂志》2020年第15期。

《上海宝信软件股份有限公司》，《中国证券报》2020年12月24日，第A67版。

秦志刚：《卡斯柯与中国高铁的不解之缘》，《国际商报》2019年1月23日，第4版。

张雪：《交控科技拟定增10亿元加码主业》，《上海证券报》2020年11月18日，第6版。

米彦泽：《河北推进轨道交通装备产业链集群化发展》，《河北日报》2020年8月17日，第2版。

《成都已成为全国轨道交通产业链条最齐备城市之一》，《成都日报》2020年3月31日，第1版。

张艳霞：《构建科技创新体系　增强城市轨道交通　企业自主创新能力》，《科技成果管理与研究》2020年第12期。

魏运、白文飞、李宇杰：《智慧地铁需求分析及功能规划研究》，《都市快轨交通》2020年第1期。

谢正光：《推动新时代首都地铁高质量发展的几点思考》，《首都建设报》2020年6月15日，第3版。

# B.6
# 2020年中国城市道路交通
# 管理智能化产业发展报告

王长君　王力　张立立*

摘　要：　受国家政策规范稳步推进影响，以新基建为契机，我国道路
　　　　　交通管理智能化进入快速发展期。虽然我国城市道路交通管
　　　　　理智能化产业发展环境良好，市场供需相对稳定，头部企业
　　　　　发展总体向好并逐步形成区域竞争优势和品牌影响力。但仍
　　　　　然存在市场培育机制不完善、缺少具有国际影响力的龙头企
　　　　　业、"卡脖子"关键技术尚未突破等突出问题，亟须主管部
　　　　　门和主要企业从完善标准体系、推动产业合作协同、合理利
　　　　　用区域优势、积极开展国际交流合作和加大高技能人才队伍
　　　　　培养等方面推动我国城市道路交通管理智能化产业高质量发
　　　　　展。根据相关数据预测，"十四五"期间我国城市道路交通
　　　　　管理智能化产业需求旺盛并将保持高速增长。

关键词：　道路交通管理　产业发展　智能化

---

* 王长君，公安部交通管理科学研究所所长，主要研究方向为道路交通安全、交通工程与控制、智能交通系统；王力，博士，北方工业大学电气与控制工程学院院长，教授，主要研究方向为城市交通系统控制理论与技术、车路协同与系统智能等；张立立，博士，北京石油化工学院，讲师，主要研究方向为智能交通控制、应急管理等。

# 一 中国城市道路交通管理智能化产业发展现状

## （一）城市道路交通管理智能化产业定义

围绕各种高新技术在城市道路交通管理业务领域中的应用，贯穿于采集、感知、决策、控制和评价等交通管理业务的各环节，形成服务于城市道路智能化交通管理的技术、方法、设备及应用系统，并实现规模化、产品化、产业化发展，即为城市道路交通管理智能化产业（见图1）。

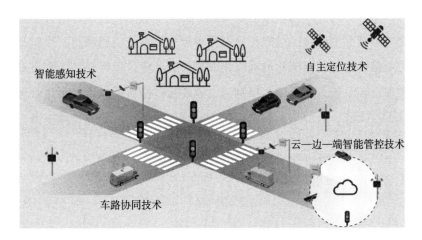

**图1　城市道路交通管理智能化产业相关技术及应用场景**

资料来源：百度。

## （二）产业发展宏观趋势

**1. 提升城市道路交通管理智能化水平成为全球共识与趋势**

当前，以智能化为核心的新一轮科技产业变革正在兴起，智能技术与社会各领域的深度融合成为趋势，并正逐步改变现有产业形态，在城市道路交通管理领域业已成为助推转型升级的核心燃料。

世界主要发达国家的政府及组织高度重视，积极出台相关政策，提升道

路交通管理智能化水平已经成为缓解交通拥堵、降低能源消耗、提升控制质量及满足出行需求的全球共识与趋势。据统计，截至 2020 年，在全球前 10 大经济体近三年发布的 100 份道路交通方面的战略规划或政策文件中，涉及与管理智能化结合的超过半数。美、日、德、欧盟分别发布了《国家人工智能研究与战略规划》《日本 2020 年国土交通白皮书》《国家工业战略 2030》《欧盟人工智能》等相关政策和战略，其中道路交通管理智能化、自动驾驶、智能网联等均为重点应用。

2. 新基建助力我国城市道路交通管理智能化进入快速发展期

2019 年，我国正式发布《交通强国建设纲要》，明确了道路交通智能化建设的目标和方向：大力发展智能交通，促进大数据、人工智能等新技术与道路交通领域深度融合，全方位建设世界领先的智能交通系统。以新基建为契机的道路交通管理智能化浪潮随之而来。近两年，不但各部委密集发布相关政策和指导意见，市场也积极响应，大体量、高价值的道路交通管理智能化项目频频出现，头部企业的研发投入持续加大、产品组成日臻丰富，产业规模和发展前景令人鼓舞。

## （三）产业发展环境

### 1. 政策环境分析

我国城市道路交通管理智能化政策布局仍在不断提速，道路交通管理智能化及相关政策的出台，为促进产业发展提供了良好的政策保障。

（1）道路交通管理智能化政策和规划稳步推进

国家相继出台支持城市道路交通管理智能化的政策规划。2017 年 7 月，国务院印发《新一代人工智能发展规划》，提出加强车联网、物联网等技术集成和配套，开发交通智能感知系统；2019 年 9 月，国务院印发《交通强国建设纲要》，明确我国要大力发展智慧交通；2021 年 3 月，《中华人民共和国国民经济和社会发展第十四个五年规划和 2035 年远景目标纲要》（以下简称"十四五"规划）提出加快交通强国建设、推动以智能交通为代表的数字化应用场景的示范和落地。

围绕城市道路交通管理智能化产业发展，相关部委陆续出台落地政策指引。为贯彻执行《国务院关于积极推进"互联网"行动的指导意见》，2016年7月，国家发展改革委员会提出《推进"互联网＋"便捷交通促进智能交通发展的实施方案》，促进交通与互联网深度融合，推动交通智能化发展；2017年1月，交通运输部在《推进智慧交通发展行动计划（2017—2020年）》中要求推进交通基础设施智能化管理，加快云计算、大数据等现代信息技术的集成创新与应用，有效提升路网建管养智能化水平；2018年2月，《交通运输部关于加快推进新一代国家交通控制网和智慧公路试点的通知》提出大力发展基础设施数字化、路运一体车路协同、北斗高精度定位综合应用、基于大数据的路网综合管理、"互联网"路网综合服务和新一代国家交通控制网6个重点方向；2020年8月，《交通运输部关于交通运输领域新型基础设施建设的指导意见》发布，通过先进信息技术深度赋能交通基础设施，实现精准感知、精准分析、精细管理和精心服务能力全面提升，明确到2035年交通运输领域信息基础设施建设取得显著成效；2020年10月，公安部交通管理局发布了《公安交通管理科技发展规划（2021—2023年）》，提出基本建成道路交通管理大数据智能化应用基础服务体系，5G、人工智能、知识图谱等新技术和新型科技装备在交通管理中得到创新应用，建立起完善的道路交通管理技术标准体系等。

（2）部省协同共同推动城市道路交通管理智能化产业高质量发展

构建国家政策引领、部委指导、地方落实的推进机制，有力推动城市道路交通管理智能化建设落地实施。2020年9月，《交通运输部关于河北雄安新区开展智能出行城市等交通强国建设试点工作的意见》指出，力争在智能出行城市体系构建、通道资源高效利用、现代综合交通枢纽运营管理模式创新等方面取得突破性进展；2020年9月，交通运输部批复《交通强国建设深圳市试点任务要点》，提出加强交通信息基础设施推广应用，推进基于5G、物联网等技术的智慧交通新型基础设施示范建设；2020年10月，工业和信息化部复函湖南省人民政府，支持湖南（长沙）创建国家级车联网先导区；2020年10月，交通运输部批复《交通强国建设广东省试点任务要点》，要求推进智慧交通建设，提升交通管理智慧化水平，提升设施智慧化水平。

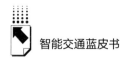

省部合作促进资源整合，地方政府加速城市道路交通管理智能化产业布局。2020年7月，深圳发布《深圳市人民政府关于加快推进新型基础设施建设的实施意见（2020—2025年)》，要求到2025年，构建国际先进的新型基础设施发展高地，率先建成"数字化、网络化、智能化"的融合基础设施赋能体系，打造智能交通创新示范基地；2020年7月，推进海南全面深化改革开放领导小组办公室印发《智慧海南总体方案（2020—2025年)》，重点完成5G和物联网等新型基础设施建设工程，加快推进全岛智慧交通一张网，建设海南省级智慧大脑；2021年3月，江苏省成立智慧交通产业联盟，出台全国首个交通新基建行动方案，发布全国首个面向普通国省道的智慧公路建设技术指南，在全国率先完成新一代国家交通控制网试点工程建设。

2. 经济环境分析

（1）宏观经济形势

2020～2021年新冠肺炎疫情对我国经济发展和世界政经格局造成重大冲击。2020年第一季度国内生产总值大幅下滑，消费、投资增速出现断崖式下跌。随着我国对疫情的有效防控，第二季度实现大部分复工复产，消费、投资、工业企业利润等的降幅均出现不同程度收窄，经济呈修复企稳态势，但仍受国内部分地区疫情反复拖累。中国在应对外部挑战的同时，立足于形成以国内大循环为主，构建国内国际双循环相互促进的新发展格局。同时，2021年是"十四五"开局之年，随着"十四五"规划的发布，加快创新发展智能化道路交通管理成为国家战略。

（2）市场及其竞争

我国道路交通管理行业逐渐走向快速发展阶段，但地区差异明显。由于交通管理信息化需求复杂，覆盖面较广，使得细分市场众多，市场的集中度较低，整个行业中没有处于绝对市场份额领先的企业。城市道路交通智能管控是行业内发展较为成熟的细分行业，市场竞争比较激烈。一些进入市场较早、专注服务于某些领域和区域的供应商积累了一定的技术能力、市场经验和客户资源，获得了较快的发展，地位较为稳固，成为目前市场的中坚力量，在未来的发展中具备明显的优势；进入市场较晚、规模较小的供应商或集成商，在经验和技术积累方面相对处于劣势，竞争力较弱。

3. 技术环境分析

（1）我国城市道路交通管理智能化产业技术布局相对完整

通过近20年的发展，我国现有道路交通管理智能化相关产品和服务基本从传统智能交通领域发展到"云—边—端"协同的应用场景，即云计算、大数据、物联网、边缘计算、自主定位等技术的全面发展，并且围绕新技术、新应用提出了一系列国家级产业示范项目，不断促进产业技术布局的完整和提升。城市道路交通管理智能化产业应以新基建为契机，融合信息技术、感知技术、控制技术等，加速实现道路交通管理由信息化、网络化向智能化的转型升级。

（2）城市道路交通管理智能化产业链条持续稳固

近年来我国城市道路交通管理智能化产业快速发展，目前产业链已经逐渐完善，供需关系相对明确，市场主体较为清晰。但存在与其他领域相同的发展问题，在产业链上游，芯片、操作系统、数据库等核心技术基础仍然存在"卡脖子"的情况；在应用层、算法层中的智能感知、自主定位、车路协同、云—边—端协同管控等领域，我国具有明显优势且发展较为完善，这得益于丰富的应用场景和政策的大力支持。在产业链中游，我国城市道路交通管理智能化产品和服务整体发展较为稳固、技术布局相对完整，尤其是在云计算、大数据等方面具有技术优势。在产业链下游，To G业务是我国城市道路交通管理智能化产业相关产品和服务的主要对象，其受到政策影响较大，尤其是当出现如新冠肺炎疫情等大规模突发应急事件时。

4. 社会环境分析

我国城市道路交通管理智能化产业发展具有明显地域特色，以"十三五"期间确立的京津冀城市群、长三角城市群、珠三角城市群和成渝经济区为产业发展的核心地带。

（1）京津冀城市群

京津冀城市群包括北京、天津两大直辖市，河北省的张家口等11个地级市和定州、辛集2个省直管市以及河南省的安阳市，其中京津保地区率先联动发展。

以建设京津冀世界级城市群为引导，遵循城市发展规律，转变城市发展

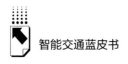

方式，优化城市空间布局，完善城市治理体系，改善城市生态环境，创新城市管理体制，不断提升城市环境质量、人民生活质量和城市竞争力，努力打造富有活力、各具特色的现代化城市，走出一条具有中国特色的城市发展道路。

（2）长三角城市群

根据国务院批准的《长江三角洲城市群发展规划》，长三角城市群包括：上海、江苏省的南京等9个城市、浙江省的杭州等8个城市、安徽省的合肥等8个城市，共计26个城市。

长三角城市群是"一带一路"与长江经济带的重要交会地带，是中国参与国际竞争的重要平台、经济社会发展的重要引擎、长江经济带的引领者，也是中国城镇化基础最好的地区之一。

（3）珠三角城市群

珠三角城市群包括"广佛肇"（广州、佛山、肇庆）、"深莞惠"（深圳、东莞、惠州）、"珠中江"（珠海、中山、江门）三个新型都市区，率先实现一体化。大珠江三角洲地区还包括香港特别行政区、澳门特别行政区，即粤港澳大湾区。

珠三角城市群是有全球影响力的先进制造业基地和现代服务业基地，南方地区对外开放的门户，中国参与经济全球化的主体区域，全国科技创新与技术研发基地，全国经济发展的重要引擎，辐射带动华南、华中和西南发展的龙头。

（4）成渝经济区

成渝经济区包括四川省的成都等15个城市、重庆市的万州等31个区县，区域面积20.6万平方公里。

成渝经济区产业基础较好，交通体系完整，人力资源丰富，是我国重要的人口、城镇、产业集聚区，是引领西部地区加快发展、提升内陆开放水平、增强国家综合实力的重要支撑，在我国经济社会发展中具有重要的战略地位。

## （四）产业规模

1. 城市道路交通管理智能化企业发展总体良好

中国城市道路交通管理智能化企业发展总体良好。选取10家头部企业：

☆北京千方科技股份有限公司（以下简称"千方科技"）

☆北京易华录信息技术股份有限公司（以下简称"易华录"）

☆银江股份有限公司（以下简称"银江股份"）

☆上海电科智能系统股份有限公司（以下简称"电科智能"）

☆杭州海康威视数字技术股份有限公司（以下简称"海康威视"）

☆苏州科达科技股份有限公司（以下简称"苏州科达"）

☆南京莱斯信息技术股份有限公司（以下简称"南京莱斯"）

☆青岛海信网络科技股份有限公司（以下简称"青岛海信"）

☆高新兴科技集团股份有限公司（以下简称"高新兴"）

☆深圳市城市交通规划设计研究中心有限公司（以下简称"深规院"）

其中上市公司6家（千方科技、易华录、银江股份、海康威视、苏州科达、高新兴）、上市培育公司1家（深规院）、非上市公司3家（电科智能、南京莱斯、青岛海信）；京津冀城市群2家（千方科技、易华录）、长三角城市群5家（银江股份、海康威视、电科智能、苏州科达、南京莱斯）、珠三角城市群2家（高新兴、深规院）、其他区域1家（青岛海信）。其中，长三角是我国城市道路交通管理智能化产业头部企业最多、产业活跃度最高的区域。

头部上市企业业绩稳步增长：

在总营收规模方面，企业营收规模总体呈稳定增长态势。6家头部上市企业2019年平均营收规模为128.95亿元，相较2018年的114.12亿元增长了13.00%，其中，易华录借助数据湖产品转型实现高速增长，2019年营收规模突破37亿元，同比增长26.66%，为头部上市企业中增长幅度最大的企业。海康威视继续保持强劲增长势头，2019年营收规模首次突破500亿元，同比增长超过15%。2017～2019年我国城市道路交通管理智能化产业头部上市企业总营收情况如图2所示。

在营业收入构成方面，2019年和2020年6家头部上市企业中与城市道路交通管理智能化相关业务营收的平均规模变化不大，均在29亿元左右。但其中，易华录相关业务营收放缓明显，2020年营收为9.06亿元，同比减

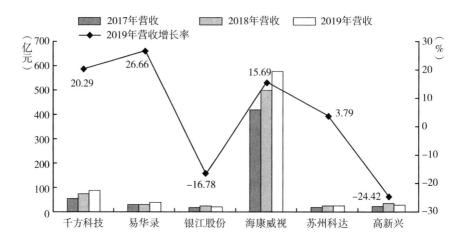

**图2 2017～2019年我国城市道路交通管理智能化产业头部上市企业总营收情况**

资料来源：同花顺和各企业年报。

少43.80%。2019年与2020年我国城市道路交通管理智能化产业头部上市企业相关业务营收情况如图3所示。

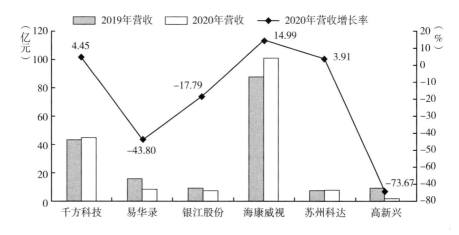

**图3 2019年与2020年我国城市道路交通管理智能化产业头部上市企业相关业务营收情况**

资料来源：同花顺和各企业年报。

在净利润方面，6家头部上市企业平均净利润略有降低，企业盈利能力出现分化。6家头部上市企业2019年平均净利润为21.49亿元，相较2018

年的 22.17 亿元降低了 3.08%。其中，千方科技、易华录、银江股份、海康威视四家企业的净利润增速稳健，主要源于企业在道路交通管理智能化领域的持续深耕和战略化的业务布局；苏州科达、高新兴两家企业的盈利能力下滑严重，尤其是高新兴 2019 年净利润出现大幅负增长，较 2018 年下滑314.26%。2017~2019 年我国城市道路交通管理智能化产业头部上市企业净利润情况如图 4 所示。

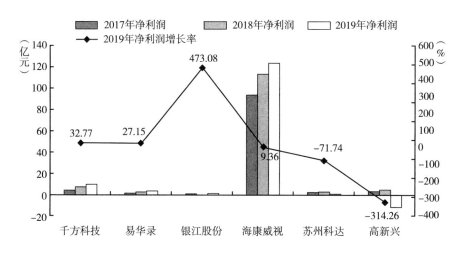

**图 4　2017~2019 年我国城市道路交通管理智能化产业头部上市企业净利润情况**

资料来源：同花顺和各企业年报。

在研发投入方面，企业持续加大研发投入力度。2019 年 6 家头部上市企业平均研发投入 13.19 亿元，相较 2018 年的 10.80 亿元增长了22.13%。其中，虽然苏州科达、高新兴两家企业的净利润下降明显，但用于研发的费用分别较 2018 年增长 19.66% 和 36.54%。2017~2019年我国城市道路交通管理智能化产业头部上市企业研发投入情况如图 5所示。

2. 城市道路交通管理智能化产业市场供需情况

2017~2019 年 31 个省（区、市）城市道路交通管理智能化产业市场规模分别为：149.82 亿元、137.47 亿元和 172.6 亿元。虽然 2018 年同比略有

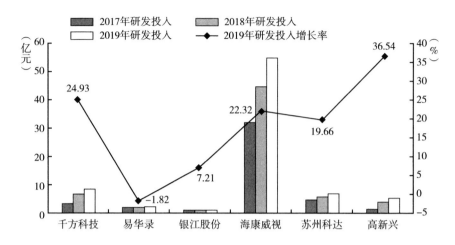

**图5　2017～2019年我国城市道路交通管理智能化产业头部上市企业研发投入情况**

资料来源：同花顺和各企业年报。

下降，但2019年较2018年增长超过25.5%，年均增长仍然超过8.6%。2017～2019年31个省（区、市）城市道路交通管理智能化产业市场规模情况如图6、图7、图8所示。

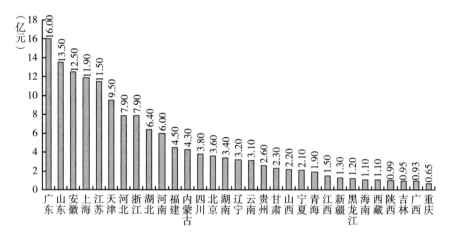

**图6　2017年31个省（区、市）城市道路交通管理智能化产业市场规模**

资料来源：ITS114和政府项目信息。

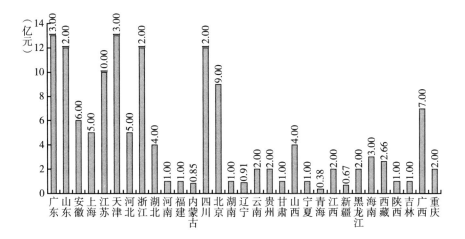

**图 7　2018 年 31 个省（区、市）城市道路交通管理智能化产业市场规模**

资料来源：ITS114 和政府项目信息。

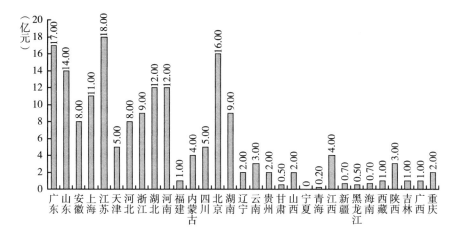

**图 8　2019 年 31 个省（区、市）城市道路交通管理智能化产业市场规模**

资料来源：ITS114 和政府项目信息。

## （五）产业竞争力

### 1. 市场主要品牌及产品情况

我国城市道路交通管理智能化产业 10 家头部企业的主要相关产品如下。

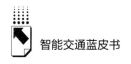

（1）北京千方科技股份有限公司

千方科技创立于 2000 年，现有员工近 8000 人，业务遍及全球 150 多个国家和地区。公司作为国内领先的行业数字化解决方案和大数据服务提供商，依托大数据、人工智能、云边端融合等创新优势，构建开放协同的产业生态，赋能行业数字化治理与转型。

主要相关产品：一是智能终端。提供面向智能交通的系列化核心终端产品，实现从数据采集、状态感知、智能控制到边端计算的全过程覆盖，是智慧交通运行系统的重要前端基础支撑。二是智慧交管解决方案。以"保障道路交通安全、创新交通管理理念、研判缓解交通"为目标，以交通大数据感知预测为核心，主要解决交通管控应用、交通信号优化、缓堵预警应用等场景的交管业务痛点，助力实现道路网络交通流的动态均衡分配，提升动态交通管控能力，降低拥堵风险，减少安全隐患。

（2）北京易华录信息技术股份有限公司

易华录成立于 2001 年，是国务院国资委直接监管的中央企业中国华录集团控股的上市公司。基于国家大数据发展战略和信息安全保障要求，易华录实施"数据湖＋"发展战略。

主要相关产品：重点围绕城市交通大脑展开布局。通过开展数据分析、模型运算，实现对区域路网感知、分析、挖掘、研判、决策、评价、优化、服务，构建交通态势感知、全息画像、数据魔方、预警监管、隐患挖掘、情指勤督宣、信号控制、重点对象安全监管等应用场景，是城市大脑在交通业务领域的深度应用和典型案例。核心产品包括城市缓堵云应用平台、城市缓堵信控优化软件、车路协同云应用平台、交通治理应用平台、城市缓堵硬件产品等。

（3）银江股份有限公司

银江股份是中国第一批创业板上市企业，是城市大脑运营服务商。公司聚焦智慧交通、智慧健康等行业，通过在全国各地设立区域服务公司构建了覆盖全国的完整市场营销网络，通过"系统建设、软件交付、运营服务"

落实三位一体的企业发展战略和经营策略，通过市场平台和产业资本的深度融合构建全产业链的开放生态系统。

主要相关产品：一是银江城市交通体系解决方案。主要通过将信息管理、数据传输、状态感知、控制及计算等技术有效统一集成应用于道路交通管理构建全时、广域、高效的智能交通管理控制系统，实现了交通管理的动态化、全局化、自动化、智能化。二是 Enloop 大数据平台。对大交通领域的数据进行了标准化转换，打通了"物理通道""数据通道""服务通道"，开发了卡口大数据研判系统、交通云脑信号服务平台等。主要核心技术包括交通大数据清洗技术、交通大数据交换技术、人工智能的交通信号优化控制技术。

（4）上海电科智能系统股份有限公司

电科智能是国内智能系统行业领先的行业解决方案提供商和系统集成商。公司前身是上海电器科学研究所下属的自动化分所，自20世纪90年代初开始从事智能交通及智能市政业务，于2008年成功实施现代企业制度改革。经过多年发展积累，公司业务涵盖智慧交管、智慧公路、智慧公交、智慧城市、大数据研发应用等领域，业绩遍布全国近30个省（区、市）。

主要相关产品：一是智能网联。通过车载信息终端实现人、车、路和环境的无线通信和信息交互，可实现安全、舒适、节能和高效的车辆行驶。公司积极参与上海市智能网联汽车试点示范区规划与建设，并承担其中智慧交通系统的建设，重点建设车路协同环境下车辆个性化交通信息诱导系统和车路协同环境下需求响应式交通控制系统。二是交通综合业务平台。整合交通设施信息、停车收费信息、道路交通流量信息、公共交通运营信息、两客一危等方面动静态数据，结合交通模型和仿真数据，为制定各种交通技术方案等提供支撑。

（5）杭州海康威视数字技术股份有限公司

海康威视是以视频为核心的智能物联网解决方案和大数据服务提供商。业务聚焦于综合安防、大数据服务和智慧业务，构建开放合作生态，是为公

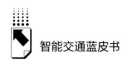

共服务领域用户等提供服务，致力于构筑云—边—端—物信及数智融合的领先企业。

主要相关产品：以 AI Cloud 为核心技术框架，为城市搭建统一的智能感知网，实现城市级状态、特征、事件的感知采集，构建与物理城市并存的数字孪生城市，建立一体化城市大数据平台，以开展城市数据的共享、开发和治理，为各行业、各领域的智慧应用赋能。

（6）苏州科达科技股份有限公司

苏州科达是领先的视讯与安防产品及解决方案提供商，致力于以视频监控以及丰富的视频应用解决方案为政企客户提供可视化需求解决技术。

主要相关产品：智慧城市综合解决方案。在智慧交通、城市应急管理等领域为智慧城市建设提供综合解决方案。通过利用新一代信息技术及创新理念，提升城市信息化水平和城市管理能力，通过更加"智慧"的手段为主管部门、行业企业及个人用户提供全方位服务；使社会治安、交通管理、城市管理等城市组成的关键基础设施组件和服务互联、高效和智能。

（7）南京莱斯信息技术股份有限公司

南京莱斯是中国电子科技集团公司旗下的高科技骨干企业之一。公司定位于国内一流的信息系统集成商，已建立民航空管、智能交通、应急指挥、软件与信息服务四大业务板块。

主要相关产品：一是道路交通管理解决方案。依托"七五"《南京市交通控制系统》和"八五"《城市交通控制系统应用技术》国家重点科技攻关项目，形成包括数据采集、检测、交通控制、状态评估、出行服务的一体化道路交通管理解决方案。二是城市治理解决方案。在现有智慧城市建设基础之上，面向城市管理者和决策者提供城市最高级运营管理信息系统，通过对政府的各个职能部门的业务信息进行整合，聚焦城市运行监测、管理、决策、处置四个环节，围绕市政设施、城市交通、公共安全、生态环境、宏观经济、民声舆情等重点领域，提升城市管理水平和突发事件的处置效率，为管理者提供直观主动的城市运行监测和决策支持手段。

（8）青岛海信网络科技股份有限公司

青岛海信秉承"技术立企"的发展战略，定位产业高端，立足自主创新，专业从事智能交通、公共安全、智慧城市行业整体解决方案、核心技术和产品的研究、开发和服务。

主要相关产品：一是城市云脑。汇聚城市数据，提供 AI 算法，构建城市知识图谱，打造城市云脑，并基于城市云脑，提供数据共享服务与智慧应用，实现"数据增值"。二是城市智能交通管控平台。依托大数据、人工智能技术，以情报研判为基础、指挥调度为核心、勤务运行为支撑、监督考核为手段，实现交通情报科学分析、突发警情快速处置、交通拥堵科学治理、交通违法精准打击等业务，全面提升交警指挥调度作战能力，打造落地效果最好的"情指勤督"一体化平台。

（9）高新兴科技集团股份有限公司

高新兴总部位于广州市黄埔区，主要以物联网、人工智能等为核心技术，从事相关产品及解决方案的研发和应用，聚焦于车联网、公安执法规范化及智慧城市服务与产品集成三大业务板块，服务于全球逾千家客户。

主要相关产品：一是车联网终端。推出多类型车规级车联网模块及车载产品。在原 UBI/Tracker/OBD/车载模组的基础上，自研前装 T－Box 产品全面突破，为国内领先的汽车厂商提供高质量产品。二是软件平台及应用解决方案。推进物联网、视频人工智能技术的自主研发，通过快速升级迭代，实现公司核心竞争力的提升及影响力扩展。

（10）深圳市城市交通规划设计研究中心有限公司

深交所创建于 1996 年，一直以来是深圳市委市政府重要的交通决策支持和科研机构，是深圳市交通综合治理和轨道交通建设重要的技术支撑单位，也是行业前沿的科技创新带头单位。近年来，中心立足深圳、引领行业、服务全国。目前业务范围已覆盖全国 30 多个省市，120 余座城市，影

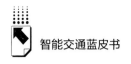
响超过 6 亿人出行。①

主要相关产品：一是新一代城市综合交通规划管理决策支持系统。基于强劲的计算平台、完整的数据平台、卓越的仿真系统、可靠的应用系统助力城市交通规划管理，为政府规划决策、行业运营管理、公众智慧出行提供一流的精细化大数据分析决策支撑系统。二是多层次一体化交通模型技术。是集宏观、中观、微观于一体的交通模型体系，支持历史、实时、未来不同时域下的交通仿真，服务于不同层次的规划、建设方案滚动评估，提供定量化、精细化的决策支持。

2. 企业竞争力分析

针对 10 家头部企业，分别从技术创新、营销网络、核心人才三个角度对企业竞争力进行分析，具体如表 1 所示。千方科技、海康威视等发明专利和软件著作权数量多、技术创新能力较强，千方科技、易华录、上海电科、海康威视等核心人才较为突出，10 家头部企业均具有较大规模的营销网络。

表 1　10 家头部企业竞争力对比

|  | 技术创新 | 营销网络 | 核心人才 |
| --- | --- | --- | --- |
| 千方科技 | 累计获得国家及省级科技类（未包含品牌荣誉类）奖项 18 项，承担了国家省部级重大专项 55 项，累计申请专利 2478 项，其中发明专利 1941 项，拥有软件著作权 986 项 | 建立多家分支机构，贴近客户一线，把握客户需求，为行业客户提供及时快捷的本地化服务；针对渠道市场，公司与遍布全国的多家渠道伙伴保持良好的合作关系；针对海外市场，公司在构建全球化的营销渠道基础上推动本地化分支机构建设，加强价值客户获取，助力公司实现海外业务高速高质量成长 | 深入落实人才为本的发展理念，不断优化人才体系建设，加快高端技术人才引进，强化核心人才培养机制，为精兵强将的核心人才开辟更加宽广的发展空间，不断完善多层次的绩效考核和薪酬分配体系，推动限制性股票激励、创新子公司股权等多样化激励体制建设，保障核心人才稳定性和积极性，为企业未来长期发展提供有力的人才保障 |

---

① 资料来源：公司官方网站。

续表

| | 技术创新 | 营销网络 | 核心人才 |
|---|---|---|---|
| 易华录 | 在智慧城市领域储备了大量的人工智能算法、技术和产品。在智能交通和公共安全领域拥有大量算法,将数据+人工智能提升到应用层面的能力。同时公司协助起草并制定了汽车电子标识的国家标准,目前自主研发的产品和应用已落地国内汽车电子标识首个项目和智能网联汽车行业项目,具有极好的示范作用。公司成果荣获国家科技进步二等奖,获各类荣誉奖项27项,包括2019软件与信息技术服务综合竞争力百强企业、2019年中国软件行业最具影响力企业、2019中国智慧城市百佳核心企业等。公司基于核心数据湖产品、城市大数据及公安交通行业大数据应用产品的研发投入超过2亿元 | 依托自身多年为政府部门提供智慧城市落地服务的经验以及全国300多个城市的服务网络和营销渠道,覆盖了5大行业领域的37个细分行业方向,连接了华为、三大运营商、BATJ、旷视、比特大陆、360等知名企业,为数据湖接入全球顶级算力资源 | 公司拥有国家百千万人才、享受国务院特殊津贴专家、北京市百名领军人才、中关村高聚人才等20多位国内知名专家,拥有包括中科院院士的10多名高水平外聘专家。公司共有博士27人,硕士375人 |
| 银江股份 | 重视自主研发和技术创新,强调产品研发与市场需求的紧密结合,需求来源于客户,产品又服务于客户,研发与市场形成了良好互动和相互促进。在技术研究、产品开发、技术平台建设、产学研合作等方面取得了系列化成果;公司继续为世界互联网大会等国际顶级会议提供了技术、产品、服务和保障,得到了举办方高度评价,产生了良好的社会和行业影响力。报告期内,公司成功申报了2项省级重大课题,公司及其控股子公司合计拥有62项注册商标、83项资质证书、185项授权专利(其中发明专利117项)、72项软件产品、852项著作权、受理专利申请89项 | 通过在全国各地设立区域服务公司构建了覆盖全国的完整市场营销网络,通过"系统建设、软件交付、运营服务"落实三位一体的企业发展战略和经营策略,通过市场平台和产业资本的深度融合构建全产业链的开放生态系统 | 在多元化人才培养机制的基础上不断创新人才培养举措,通过内部公开竞聘,选拔优秀人员,提拔任用青年人才,为业务持续发展提供保障;同时也通过多种形式引进外部人才,为公司发展注入新鲜血液。公司通过"内升外引"式人才培育机制,实现公司人才梯队合理有序,盘活人才队伍建设。此外,公司坚定推行"银江合伙人"计划,构建企业命运共同体,激励全体银江人通过银江大平台实现梦想,成就新价值 |

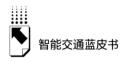

|  | 技术创新 | 营销网络 | 核心人才 |
|---|---|---|---|
| 电科智能 | 秉承科研院所严谨的科研精神:以工程项目为抓手,以实际应用为导向,承担前瞻技术研究。整合资源建立技术支撑板块:整合技术资源,成立设计咨询中心、软件中心、研究院为项目实施、技术研发、战略规划提供公共的平台,保证资源合理、公平分配 | 公司业绩已经遍及全国近30个省市,完成近千项工程项目,其中国家重点工程项目百余项。目前已在全国各地设立区域事业部、子公司、分公司和办事处。在新的历史时期,公司将进一步加大区域市场建设力度,更好地服务于全国广大用户 | 汇聚了来自交通工程、计算机应用与软件工程、通信网络、自动控制等多学科、多专业的高端人才。全国劳动模范2人、新世纪百千万人才工程国家级人选1名、享受国务院政府特殊津贴专家5名、上海市领军人才2名、上海市优秀学科带头人5名、中国智能交通协会突出贡献专家1名、上海市新长征突击手等。硕博士占20%、青年科技人才占70%、大学以上学历占95% |
| 海康威视 | 公司累计拥有专利2809件(其中发明专利513件、实用新型741件、外观专利1555件),拥有软件著作权881项 | 为了更好地满足用户碎片化的需求,减少信息传递的中间环节,公司持续加强营销和服务网络的建设。营销服务网络继续扩大,在全球范围内进行资源配置。在中国大陆,公司拥有32家省级业务中心/一级分公司;在境外,公司建立了44个销售分支机构,形成覆盖全球100多个国家和地区的营销网络,自主品牌产品销往150多个国家和地区 | 建立了管理与专业双序列的职业发展通道,打造任职资格评价体系和人才评鉴体系,实施多级培训机制,为公司中坚力量的发展、后备力量的储备和发展持续投入资源。通过"高管面对面""经理人对话""人文大讲堂""读书会"等各种丰富的活动,营造平等开放、积极向上的组织氛围,帮助员工获得工作的成就感和归属感 |
| 苏州科达 | 定位于"端到端的产品与解决方案提供商",拥有前端、平台、存储等20多个类型近2000款产品。以算法为基础,以应用为驱动,从广度和深度两个层面,推进AI在不同行业的实战化,公司累计授权专利442件(其中发明专利245件、实用新型132件、外观专利65件) | 持续推进"做深行业、做强区域"战略。总部位于苏州,全国各地设了分公司、营销服务机构,在新加坡设立子公司,负责海外业务 | 成立于2001年的科达上海研发中心是业内专业的视讯与安防研究机构之一,拥有雄厚的研发实力。目前,公司的研发人员有2500多人 |

续表

| | 技术创新 | 营销网络 | 核心人才 |
|---|---|---|---|
| 南京莱斯 | 公司拥有各类资质40余项,荣获国家科技进步奖2项、省部级科技进步奖7项,先后承担了多个国家重点科技攻关项目、"863"计划和火炬计划项目,是国家火炬计划重点高新技术企业,被评为江苏省首批创新型试点企业。2013年,公司荣获"江苏省企业技术创新奖"称号 | 公司构建了覆盖全国的完整市场营销网络,通过市场平台深耕道路交通管控智能化产业领域 | 公司员工中大专以上学历的占96%,1/3以上拥有中高级技术职称 |
| 青岛海信 | 2019年助力武汉交警圆满完成武汉军运会交通保障任务,2018年成功服务上合峰会。荣获2018国家技术发明奖二等奖、2018中国标准创新贡献奖三等奖、2019山东省科技进步三等奖、2019年度中国智能交通协会科学技术奖一等奖,获2019"致敬改革开放40年·中国安防卓越企业大奖"、2018中国智能交通三十强、2018城市智能交通市场千万项目中标企业第一名等荣誉称号 | 公司在华东、华中、华南、西南、西北、北方、山东等地建立了7个分子公司,形成覆盖全国的销售与服务网络。产品和解决方案已经应用于全国140多个城市,其中在全部39个直辖市、省会城市和计划单列市中,36个城市都在应用海信的解决方案,占比达92%。公司连续多年一直保持高速增长的态势,被行业权威机构评为中国智能交通行业领军品牌 | 人才是海信网络科技的第一资源。秉承海信集团人才理念,将进一步加大人才国际化的力度,力争打造一支不同肤色、不同语言、不同民族的国际化专家团队,把公司建设成为真正意义上的国际化企业 |
| 高新兴 | 公司被授予"广东省院士专家企业工作站""博士后科研工作站""广东省级企业技术中心""广东省工程技术研究开发中心""广州市企业研究院""广州开发区科技企业孵化器""广东省战略新兴产业(智能能制造领域)培育企业""广州市人工智能登记企业"等多项资质,为集团招俫、孵化、培育、引进高端研发人才奠定良好氛围,有利于企业自主创新意识能力水平不断提升,为支撑集团可持续快速发展发挥重要作用 | 国内市场方面,销售网络覆盖31个省自治区、直辖市,130多个地市级服务网点,14个省级驻外办事机构。公司华南、华东、西南、华北四大营销运营中心运行顺畅,充分利用资源共享平台,发挥集团化运营优势,促进公司销售资源整合和共享,增加公司内部市场协同作战能力 | 研发人才共计1242人,较2017年末增长了24.20%,其中本科及以上学历占比88.57% |

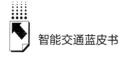

续表

| | 技术创新 | 营销网络 | 核心人才 |
|---|---|---|---|
| 深规院 | 公司在交通大数据分析技术和应用领域、城市交通规划和重大政策咨询领域建立了技术优势,获得了全国优秀规划设计一等奖、土木工程詹天佑奖、华夏建设科学技术一等奖等行业重要奖项。公司目前拥有软件著作权 141 项,境内专利 89 项、境外专利 2 项 | 业务范围已覆盖全国 30 多个省市,120 余座城市,影响超过 6 亿人出行 | 公司在职人员共 1437 人,其中硕士及以上学历人数为 606 人,占总员工比例为 42.17%,本科以上学历员工比例达到 80% 以上,高素质的人才队伍是公司业务的发展基础 |

资料来源:各企业年报。

## (六)全国产业发展区域特点

我国城市道路交通管理智能化产业发展以京津冀、长三角、珠三角和成渝经济区四个城市群为主要区域。2019 年四大城市群道路交通管理智能化项目总额为 91 亿元,占全国产业项目总额的 52.7%。2017~2019 年城市群产业项目总额持续快速增长,年均增长率超过 10%。① 其中,长三角城市群产业活跃度最高,成渝经济区发展潜力最大。

1. 京津冀城市群

京津冀城市群是我国"十三五"期间着力建设的第一个城市群,是我国北部地区经济发达、市场化程度较高、政策支持力度较大的区域,区位优势为城市道路交通管理智能化产业的发展创造了良好的外部和政策环境。早在2008 年,以北京奥运会为契机,道路交通管理就已经被列入区域内城市民生和产业发展的热点领域之一。2017~2019 年,城市群内项目总额保持年均17% 的高速增长。其中天津市率先发力,2017 年、2018 年分别为 9.5 亿元和13 亿元,约占当年城市群内项目总额的 50%。受到政策支持和技术领先示范

---

① ITS114 和政府项目信息。

的激励,北京市后来居上,2019 年项目总额为 16 亿元,占比超过 55%。①

2. 长三角城市群

长三角城市群是我国"十三五"期间着力建设的第二个城市群,是我国东部沿海地区经济最活跃、市场化程度最高、科技创新活力最大的区域,区位优势为城市道路交通管理智能化产业的发展创造了良好的市场环境和科技创新环境。我国第一代自主研发的城市道路交通控制系统诞生于南京,由此拉开了我国道路交通管理自力更生、创新发展、产业增长的序幕。2017 ~ 2019 年连续三年为国内四大城市群产业项目总额之首,虽然 2018 年同比略有下降,但 2019 年较 2018 年增长超过 40%,年均增长仍然超过 13%。② 江苏省为城市群内项目总额和年均增长率最高的省份,其原因与省内产业领域重点企业规模、创新能力和地方政府的政策支持力度等直接相关。

3. 珠三角城市群

珠三角城市群是我国"十三五"期间着力建设的第三个城市群,是我国东南沿海地区经济最活跃、市场化程度最高,政策先行先试的区域,区位优势为城市道路交通管理智能化产业的发展创造了改革创新的环境。深圳作为我国改革开放的前沿阵地,在技术创新、政策改革、先行先试和产业投资等方面一直处于珠三角城市群内和全国的领先地位。广州借由 2010 年亚运会的举办开始大力发展道路交通管理智能化及相关产业。与长三角城市群相似,珠三角城市群项目总体规模同样出现在 2018 年下降、2019 年强势回升的情况,2019 年较2018 年增长超过 30%,年均增长仍然超过 13%,年均增长率为 6% 左右。③

4. 成渝经济区

成渝经济区是正在兴起的第四大城市群,是我国西南地区战略要地。双城经济圈、"一带一路"、长江经济带、西部大开发、西部陆海新通道等一系列国家战略均涉及成渝经济区,国家政策和区位优势将为该地区的产业发展提供政策优势和市场优势。但相比其他三大城市群,该城市群道路交通管

---

① ITS114 和政府项目信息。
② ITS114 和政府项目信息。
③ ITS114 和政府项目信息。

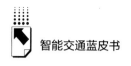
理智能化产业规模总体偏小，年均总量仅为长三角城市群的 26.4%。[①] 其中，四川省总体规模占比较大，重庆市产业发展有待加强。

## （七）产业发展存在问题

### 1. 产业发展的市场培育机制不完善

我国城市道路交通管理智能化产业发展政策机制系统性顶层设计不足。当前，我国各地区城市道路交通管理智能化产业发展不均衡，部分地区对道路交通管理智能化转型升级的认识不足，发展产业的政府引导机制尚不完善，对产业发展至关重要的财税支持、技术创新、人才培养、省部协同、国际合作等缺乏实施细则和配套保障，缺乏对道路交通管理智能化产品研发企业的激励和扶持措施。

### 2. 缺少具有国际影响力的龙头企业

据不完全统计，涉及道路交通管理智能化相关业务的企业中，大型企业占比不到5%，中小型企业占比超过95%。[②] 中小型企业多数没有长远期的发展规划，以服务本地区市场为主，企业规模整体偏小。大中型企业技术形态和产品组同质化严重，尤其是头部企业差别不大。目前，在道路交通管理智能化领域缺乏具有国际影响力的龙头企业，无法发挥引领带头作用，产业聚集效应尚未形成。

### 3. "卡脖子"关键技术仍亟待突破

得益于丰富的应用场景和政策的大力支持，我国在产品和技术的应用层、算法层，以及部分基础技术如云计算、大数据等方面具有优势，但在芯片、操作系统、数据库等系核心基础技术领域仍然存在"卡脖子"情况，尤其是如智能感知中广域雷达核心组件、智能信号控制器芯片等都受到制约。虽然目前尚未出现如智能手机行业中的芯片断供情况，但不稳定的国际环境仍然存在波及产业发展的潜在威胁。

---

① ITS114 和政府项目信息。
② ITS114 和政府项目信息。

# 二 中国城市道路交通管理智能化产业发展趋势及预测

## （一）产业发展需求

"十四五"规划明确提出加快交通强国建设、推动以智能交通为代表的数字化应用场景的示范和落地。道路交通管理智能化作为交通强国建设的重要组成部分，也是智能交通建设应用先行、产业化基础相对较好的领域，其产业发展具有良好的政策支撑和环境条件。随着新基建等一批新政策的出台和实施，产业规模和资金投入将达到崭新的高度。从21世纪开始我国在道路交通管理领域的科研投入、新技术研发等均处在国际领先行列，尤其是在智能感知、自主定位、车路协同、云计算、大数据、云—边—端协同等方面占据技术高地。城市化的加快和人民群众对舒适出行的日益迫切和提升的期望，也将大力促进该产业的快速发展。

## （二）产业发展趋势

"十四五"期间我国城市道路交通管理智能化产业仍将保持快速增长，主要基于两点：一是我国道路交通管理智能化是城市化发展的必然结果，契合我国未来城市化进程加快的特点。目前，我国城市交通发展仍处于基础建设高投入且快速的阶段，该产业正在向数字化、网联化、智能化转型升级，这将为产业发展提供良好的机遇。二是投资体制机制政策稳定。国家、部委、地方省市均密集出台相关政策，充分体现了产业发展政策支持的稳定性和持续性。同时，由于各地情况不同，道路交通管理智能化建设的资金来源也不同，但以各地财政出资为主，资金来源较为稳定。

城市道路交通管理智能化产业发展趋势主要有两方面。

### 1. 智能网联

在政策和市场的联动之下，智能网联已经进入了加速发展的新阶段。新基建的热潮中，智能网联坚持创新融合的发展理念，将重塑道路交通智能化产业的业态和商业模式，推动该产业的转型升级，为城市道路交通管理的理念和模式以及人们的出行方式带来根本性的变革。

2. 人工智能

在政策与资本的加持之下，人工智能技术逐步成熟并加快在智能交通领域落地。数据规模的指数级增长、复杂交通场景的更迭，人工智能技术的适应性将不断增强，形成云—边—端协同与 AI 的全面融合，推进更大规模和更高复杂度的应用，从而为城市道路交通管理智能化带来更大的产业化发展空间。

## （三）市场供需预测

随着国家、省部政策的不断出台和实施，重大工程项目的逐步开展，创新要素的有效融合，道路交通管理智能化的程度将逐步加深，市场需求规模将进一步扩大，预计未来三年产业需求将呈加速增长态势，到 2023 年产业需求预计达到 242.07 亿元，如图 9 所示。

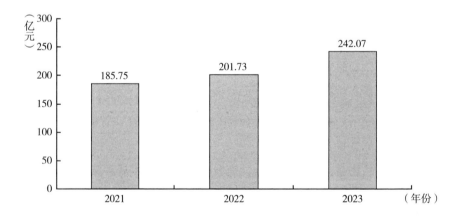

**图9　2021～2023 年我国城市道路交通管理智能化产业需求规模预测**

资料来源：ITS114 和政府项目信息。

随着城市道路交通管理智能化产业龙头企业的出现，技术创新活力被激发，新技术、新产品落地应用，产业供给能力将进一步增强。预计未来三年产业供给规模将呈加速增长态势，到2023年产业供给预计达到239.38亿元，如图10所示。

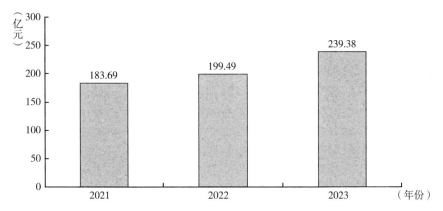

**图10 2021～2023年我国城市道路交通管理智能化产业供给规模预测**

资料来源：ITS114和政府项目信息。

我国城市道路交通管理智能化产业紧紧围绕国家政策和经济建设的战略需求，将突破一大批具有自主知识产权的核心技术和关键技术，将产生一批具有核心竞争力的龙头企业和一批技术创新型中小规模企业，未来3年该产业的供需将达到基本平衡。

## （四）产业规模预测

2017～2019年我国城市道路交通管理智能化产业市场规模为：2017年149.82亿元、2018年137.47亿元、2019年172.6亿元，年均增长超过8.6%。2020年受新冠肺炎疫情影响市场规模出现大幅下降，同比下降20.00%。但从国家、省部密集出台和实施的相关政策可以看出，该产业未来3年内仍将保持较高增长率，尤其是2023年为"十四五"中期关键年度，"十四五"规划对产业发展规模的拉动效应将初步显现。2021～2023年我国城市道路交通管理智能化产业市场规模预测如图11所示。

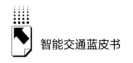

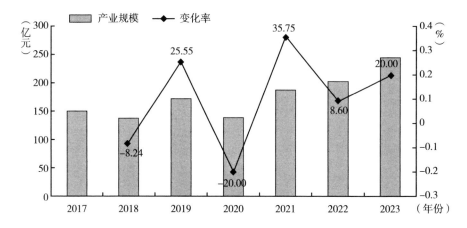

**图 11　2021～2023 年我国城市道路交通管理智能化产业市场规模预测**

资料来源：ITS114 和政府项目信息。

## 三　中国城市道路交通管理智能化产业发展对策建议

城市道路交通管理作为我国智能交通建设应用的先行领域，面临着智能化升级的战略机遇，产业化发展具有良好的政策支撑和环境条件。为了实现我国城市道路交通管理智能化产业的高质量发展，现提出如下对策建议。

### （一）加快建立完善标准体系，保障道路交通管理智能化产业规范化发展

充分调动企业、高校、科研机构参与制修订标准的积极性，鼓励头部企业、技术创新型企业在国家部委和相关标准化组织的指导下，加快研究制定产业急需的相关国家标准、行业标准和团体标准，积极参与相关国际标准工作。相关部委和组织应积极推进产业标准评价的研究和验证，构建和完善我国城市道路交通管理智能化产业标准体系。同时，还应强化标准之间的协调性和一致性，实现技术和产品标准对接，规范市场秩序，避免良莠不齐、质低价廉的恶性竞争，实现我国城市道路交通管理智能化产业的规范发展。

## （二）突破核心技术，驱动城市道路交通管理智能化产业高质量发展

在新基建过程中必须强化道路交通基础设施的智能化水平，加强核心技术攻关、推动产业链上下游整合将成为未来发展的主题。在我国对技术创新支持力度不断提升的政策背景下，产业链各环节应持续加大关键核心技术的研发投入，形成一批具有自主知识产权的技术和产品，实现核心技术图谱、产业能力、产业生态的高质量健康发展。

## （三）推动产业合作协同，促进城市道路交通管理智能化产业规模化发展

依靠国家政策、省部合作开展国家级产业示范园区建设，加强资源整合和政策引导，汇集一批高新技术企业，促进政策、技术、产业和人才等要素之间的良性互动，构建良好的产业合作生态体系；依托企业、高校、科研机构等建立更加广泛的产学研用创新协同主体并开展科研攻关，聚集一批技术和产业人才，打造科技创新的技术高地，促进城市道路交通管理智能化产业规模化发展。

## （四）合理利用区域优势，推进城市道路交通管理智能化产业差异化发展

结合不同区域城市道路交通管理智能化产业实地发展的不同基础条件及差异化特征，引导企业依托本地的产业基础和发展优势，因地制宜加快产业聚集，增强核心竞争力，推进城市道路交通管理智能化产业差异化发展。同时，针对西部地区、中部地区等产业发展相对滞后、技术创新和专业人才短缺的情况，提供政策支撑，积极推动多方合作，建立一批技术创新型企业和人才培养机构，力争形成后发优势。

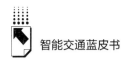

### （五）积极开展国际交流合作，推动城市道路交通管理智能化产业国际化发展

充分运用行业协会、产业联盟等第三方机构的组织和协调作用，搭建更多交流合作载体，从多维度、多渠道、多层次开展技术、标准、产品、人才、资本等方面的国际交流与合作，围绕国家战略布局和政策导向，开展高水平学术交流，促进产学研的国际对接，通过中外优势互补，实现创新链、资金链和产业链的良性互动，积极推动我国城市道路交通管理智能化产业的国际化发展。

### （六）加大高技能人才队伍培养力度，实现城市道路交通管理智能化产业可持续发展

加大道路交通管理智能化领域高技术高技能人才的教育培训力度，培养从技术研发、系统集成、安装调试、操作维护到运行管理的多层次、多类型应用型人才。积极搭建企业、高校、科研机构三方协同的人才培养机制，探索"社会需求—专业培养—实际训练"的教学培养模式，实现人才培养与社会实际需求的精准匹配。围绕产业发展需要，推进领军人才、高层次人才引进计划，同时大力开展青年创新人才的培养，切实保障我国城市道路交通管理智能化产业未来发展需要的高端人才规模和质量，实现城市道路交通管理智能化产业的可持续发展。

**参考文献**

黄曼：《三大城市群三生空间演变特征分析及功能分区》，硕士学位论文，武汉大学，2019。

《业界动态》，《中国交通信息化》2021年第5期。

孙建奋：《海康威视砥砺前行20年》，《经理人》2021年第2期。

# B.7

# 2020年中国智能汽车产业发展报告

吴志新　王羽　宋瑞　李学飞　赵丹　侯凯文*

摘　要：　发展智能汽车不仅可以解决社会面临的交通安全、道路拥堵、能源消耗、环境污染等问题，而且可以推动供给侧结构性改革的深化、创新驱动发展战略的实施及现代化科技强国的建设，满足人民日益增长的生活需要。本报告从产业概况、产业发展环境、产业竞争力等方面系统总结分析中国智能汽车产业发展现状，论述未来产业发展需求、产业发展趋势、市场发展预测等，提出了巩固发展战略、健全标准法规、完善协同机制，加快突破核心技术、完善测试评价技术和推进智能汽车健康发展的社会普及等推进我国智能汽车产业发展的对策建议。

关键词：　智能汽车　汽车产业　市场趋势

---

\* 吴志新，中国汽车技术研究中心副总经理，教授级高级工程师，国家"863"计划电动汽车重大项目总体专家组专家；王羽，高级工程师，中国生产力促进中心协会常务副秘书长、全国汽车行业生产力促进中心主任，主要研究方向为智能车辆与自动驾驶、智能控制与无人系统、智能交通与未来出行、智能网联与信息安全等；宋瑞，中汽研汽车检验中心（广州）有限公司智能网联汽车研究部部长，高级工程师，主要研究方向为智能网联汽车、整车测试评价等；李学飞，吉林大学副教授，博士生导师，主要研究方向为工程车辆无人驾驶技术、工程车辆动态仿真技术；赵丹，中国人民公安大学副教授，硕士生导师，主要研究方向为智能交通管理、交通安全；侯凯文，北京交通大学交通运输学院在读博士研究生，中国生产力促进中心汽车工作委员会秘书长助理，主要研究方向为智能交通与自动驾驶。

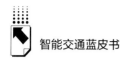

随着全球科技创新快速迭代，汽车产业高速发展，交通拥堵、道路安全、环境污染、能源供给、产业升级等一系列问题日益凸显，同时，高效、安全、绿色、舒适的交通出行需求也日益凸显。智能汽车作为提升交通效率、改善交通安全、加强节能环保、减少能源消耗、优化出行服务的重要解决方案，是城市与交通智能化、网联化、数字化、信息化的重要组成部分，为构建面向未来的人、车、路、网、城一体化综合运输系统发挥关键作用。总之，智能汽车作为战略性新兴产业的重要组成部分，是全球新一轮经济增长和科技创新发展的战略制高点之一，对于推动国家经济增长、社会发展、科技进步、惠及民生、国力提升等都有着重大的意义。

# 一　中国智能汽车产业发展现状

## （一）智能汽车概念和定义

智能汽车是指通过搭载传感系统、决策系统、控制系统、执行系统等装置，并运用人工智能、大数据、互联网等新兴技术，实现高效、安全、绿色、舒适行驶，并最终可替代人来驾驶的新一代汽车。智能汽车通常又称为智能网联汽车、自动驾驶汽车、无人驾驶汽车、智能驾驶汽车等。智能汽车集环境感知、规划决策、执行控制等功能于一体，集中运用了高级计算机、视听觉系统、信息通信、网络网联、人工智能、数字化以及自动控制等多种技术，是高新技术应用的综合体。近年来，智能汽车已经成为全球科技创新的热点和汽车工业转型升级的新动力，很多国家已将其作为重要的国家发展战略推进。

## （二）产业发展现状综述

随着人工智能、大数据、互联网等技术在汽车产品上的广泛应用，汽车正加速由机械化向智能化转变，智能汽车已成为带动人工智能、大数据、云计算、通信等产业迅速发展的战略制高点之一。当前，在世界范围内，全球主要国家和地区纷纷加快产业布局，战略实施、政策法规、技术标准等快速发展并逐渐完善，中国智能汽车产业也在大科技浪潮中得到了高速发展。互联网科技企业、传统汽车企业、科技型创业公司依托其各自具备的科技链、人才链、产业链、资金链、渠道链等优势，紧抓产业升级机会，纷纷开展智能汽车研究和开发，并探索未来出行服务。此外，中国拥有广袤的地域、数百万公里的道路，拥有园区、港口、码头、矿区、农业作业区等多种丰富的场景，为智能汽车技术创新和发展提供了应用支撑。因此，智能汽车的发展正在推动中国从汽车大国迈向汽车强国。

### 1. 智能汽车的战略价值

当前，新一轮科技革命和产业变革蓬勃兴起，汽车产品功能正在发生深刻变化，由单纯的交通运输工具逐渐转变为智能移动空间和应用终端，具备自动驾驶、智能娱乐、智能消费、智能服务等多种功能，加快了智慧出行、共享出行等生活新模式的发展。从国家层面看，发展智能汽车不仅可以解决社会面临的交通安全、道路拥堵、能源消耗、环境污染等问题，而且可以深化供给侧结构性改革，实施创新驱动发展战略，建成现代化科技强国，增进人民福祉。

### 2. 智能汽车产业链分析

智能汽车产业链主要分为上游、中游、下游三个环节，整个产业链呈现立体化、网络式分布特点。

智能汽车产业链上游部分主要是智能汽车的软硬件供应商，涵盖零部件及技术提供商、通信设备制造及运营商和车载平台提供商三类。零部件及技术主要涉及感知层面、决策层面和执行层面三类。感知层面主要通过搭载摄像头、雷达和传感器等精密仪器完成对周边环境的感知。决策层面主要依赖感知层面和云端获取的数据，通过基于芯片运行的人工智能算法进行数据分析，并做出判断。执行层面的核心零部件是连接器，其结构复杂。整车制造商通常都有稳定的供应厂家，主要依赖进口，因此对连接器供应厂家议价能力较低。通信设备制造及运营商方面，中国通信设备及运营行业呈现市场垄断现象，相关企业具有极高的议价能力，华为、中兴、大唐得益于早期对

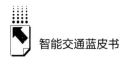

5G技术的试验与商业部署，具有极高的话语权。通信运营行业主要由中国移动、联通、电信三家国有企业垄断。车载平台提供商方面，智能汽车车载平台内容广泛，包括生活娱乐、人机互动、即时通信、维修和金融服务等，行业进入门槛低，竞争企业众多，企业具有较低的议价能力。现阶段，中国车载平台的各细分领域已出现部分龙头企业，例如，语音交互方面，科大讯飞占据市场主导地位；生活娱乐方面，东软集团资源较为丰富；安防方面，浙江大华可为智能汽车提供人机接口方案。

智能汽车产业链中游部分主要是整车制造商，包含智能座舱、解决方案以及生产集成等。传统的整车制造企业深耕汽车制造多年，在车体制造方面积累了丰富的经验和产业链资源，具有明显的技术优势。长期的资本积累允许传统整车制造商进行长周期、重资本的研发投入，推进智能汽车模拟实验的顺利进行。互联网公司利用大数据及人工智能领先技术快速进入智能汽车行业，通过积累行车数据库、与汽车企业深化合作等方式，在行业技术、商业化推动方面形成重要影响力，成为智能汽车产业链重构的关键参与者。伴随大数据、云计算、人工智能等技术与传统汽车深化融合速度的加快，互联网企业及具有互联网背景的科技型初创企业在算法、芯片、高精度地图等感知、决策环节将具备相对领先的技术优势。以百度、阿里巴巴、腾讯为代表的互联网巨头在智能汽车业内已进行整体布局，蔚来汽车、小马智行、智行者科技、驭势科技、Momenta、景驰科技、地平线机器人等一批初创企业也走在自动驾驶技术前列，成为智能汽车行业的重要参与者和推动者。

智能汽车产业链下游部分主要是经销商和各类服务供应商等，涉及出行服务、物流服务、基础设施等领域。出行服务致力于统筹资源、优化出行、提升效率。物流服务推陈出新、降本增效。以载客和载货运输为目的的营运车辆，主要包括出租车、公交车、长途客车、货车及共享出行汽车，以及在机场、码头和工业园区等特定区域内的智能车辆等。此外，智能网联基础设施、智能交通系统、智慧城市系统等为智能汽车的运行提供了基础载体及环境，随着汽车智能化层次的提高，反过来也要求智能网联基础设施、智能交通系统、智慧城市系统同步发展。

3. 智能汽车市场发展分析

随着智能网联技术的进步、产品持续迭代升级以及整车电子电气架构发生颠覆性改变，大批互联网科技公司积极涌入国内市场，以协同合作方式进入智能汽车领域，中国一汽、东风汽车、上汽、长安汽车、广汽、北汽等传统汽车企业开始研发、测试和推出智能汽车车型。

目前，中国企业已经布局智能汽车各个产业链中的大部分生产环节，从而引领中国智能汽车产业实现由大变强。根据 iResearch 统计数据，2016~2020 年中国智能汽车产业规模呈现连续上涨趋势，2020 年产业规模增长到了 2556 亿元，同比增长 54.3%。智能汽车的关键部件是感知系统。当前智能汽车境感知的技术路线主要有两种：一种是摄像头主导、配合毫米波雷达等低成本传感器的视觉主导方案；另一种则以激光雷达为主导，配合摄像头、毫米波雷达等传感端元器件。在车载摄像头和车载毫米波雷达市场方面，据高工智能汽车研究院统计，2015~2020 年中国市场规模呈现逐年增长的态势，规模超过 50 亿元。从智能汽车核心的汽车电子领域竞争格局来看，2019 年全球汽车电子市场份额中，绝大部分都属于外资企业，根据赛迪研究院统计数据，2019 年全球汽车电子市场中，德国博世、德国大陆和日本电装的市场份额占比位列前三，分别占比 16.6%、10.8% 和 9.8%，而前十名企业中中国国内企业数量较少。

根据《2020 年新车智能化程度调查报告》和智研咨询整理的数据，对 2020 年上市 265 个车系共计 1099 个车型的智能水平进行了统计分析，其中有 89 个车系共计 210 个车型符合智能汽车的相关条件，2020 年上市的智能汽车车系占比为 33.58%，车型占比为 19.11%。其中，智能汽车新车车系占比已经超过三成，智能汽车新车车型占比已接近两成。车型占比与车系占比有 14.47 个百分点的差距，说明智能汽车相关配置仍主要布局在中高配车型上，全系标配的数量相对较少。细分来看，自主、合资/独资、进口品牌新车在各自分类中的车系占比分别为 40.00%、23.75%、33.33%；车型占比分别为 18.66%、17.88%、26.57%。

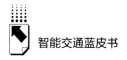

从功能分类来看，目前智能辅助驾驶系统已经得到了大范围普及，在2020年上市的265个新车系中，具备智能驾驶功能的车系占比达到了68.30%，在1099个车型中，具备智能驾驶功能的车型占比也达到了42.95%，相应配置已不仅局限于高配车型。相比智能驾驶，智能座舱的配备率要高得多。在2020年上市的265个新车系中，具备智能座舱功能的车系占比达到了86.42%，在1099个车型中，具备智能座舱功能的车型占比也达到了73.79%，相应配置已经下探到了中低配车型，不少车系实现了全系标配。相比而言，目前限制智能汽车总体占比的主要因素在于OTA远程在线升级。在2020年上市的265个新车系中，具备OTA远程在线升级功能的车系占比仅有42.64%，在1099个车型中，具备OTA远程在线升级功能的车型占比为37.94%。其中，整车OTA配备率更低，具备整车OTA的车系占比仅有6.79%，而车型占比达到了6.92%，是为数不多的车型占比超过车系占比的数据。

从能源分类来看，纯电动智能汽车车系占比为37.04%，而燃油车智能汽车车系占比为30.86%。虽然有一定的差距，但差值并不是特别大，燃油汽车的智能化发展同样迅速。不过在车型占比上，纯电动智能汽车车型占比为30.22%，与37.04%的车系占比差距不大；而燃油车智能汽车车系占比为15.62%，与30.86%的车系占比有近一倍的差距。纯电动智能汽车中低配车型具有智能化配置的车型更多。

从车型分类来看，轿车智能汽车车系占比为35.85%，而SUV智能汽车车系占比为35.07%，车系总体数据上二者基本持平，轿车数据略高于SUV。而车型方面，轿车占比为23.04%，而SUV仅为17.61%，轿车的优势变得稍大了一些。也就是说，轿车智能化配置下探更为明显，中低配车型具有智能化配置的比例更高。从市场整体来看，SUV车型持续火热，而轿车市场处在不断萎缩的阶段。影响较大的一个趋势是，在急剧萎缩的微型/小型车市场上，轿车的可选车型已屈指可数，而衍生出的全新小型SUV却不断增多。

4. 智能汽车产业发展模式

互联网公司凭借着算法、算力的突破让整个智能汽车产业发展提速，传统生产企业和一级供应商着力于渐进式发展面向消费者的智能汽车，新兴科技型创新公司则主导特定场景下应用的车辆如货运物流、环卫、清扫等产品。

（1）跨越式发展模式

实施跨越式发展模式的企业以互联网企业为代表，它们着力于在智能算法、车载操作系统、智能网联基础设施、高精地图、智能控制执行硬件等领域进行研发和布局。这些企业虽然在汽车制造工艺、技术等方面不具有优势，但相比高度依赖汽车硬件系统的渐进式发展，选择跨越式发展的企业用先进的智能化软件系统弥补了硬件制造方面的不足，有可能实现对传统汽车企业的弯道超车。

（2）渐进式发展模式

实施渐进式发展模式的企业以传统汽车企业为代表，包括奔驰、沃尔沃、大众、宝马、通用、丰田、中国一汽、东风汽车、上汽、长安等。传统汽车企业主要通过对智能辅助驾驶系统的不断完善，最终实现智能汽车的生产制造。这些企业在全产业链积极布局，通过自建、收购与智能汽车公司有关的产业链企业形成跨界合作。采用该模式的汽车企业都具备充足的技术积累，它们推出的智能汽车量产产品以智能辅助驾驶为主，具备的都是在 L2 级以下等级的自动驾驶功能。

（3）特定场景发展模式

实施特定场景发展模式的企业的研发生产主要围绕港口、园区、停车场、矿区等特定场景中的无人驾驶展开。由于这些特定场景中环境相对简单可控，并不需要等待国家法律法规的出台就可以实现，此种发展模式更加灵活，产品能够更快落地。采用这一发展模式的机构主要分为三个群体：汽车背景群体、视觉背景群体和互联网背景群体。其中，第一个群体主要是从清华大学、吉林大学、同济大学、北京理工大学等传统汽车强校发展起来的团队，他们通过参加各类专业比赛从而发展起来。第二类群体主要是由具有视觉背景的人才组建的团队。他们主要通过摄像头等实现汽车智能化。第三类群体是由具有互联网背景的人才组建的团队，这些团队的核心成员主要来自百度、Waymo、Uber 等国内外知名智能汽车团队。

### （三）产业发展环境分析

1. 政策环境分析

在推动智能汽车产业发展过程中，我国成立国家制造强国建设领导小组车联网产业发展专委会，组建智能网联汽车推进组（ICV - 2035），搭建跨部门跨行业沟通协调平台，健全工作协调机制，协调各方资源力量，持续出台多项围绕产业的顶层设计、技术路线和细分领域指导展开的政策措施，加速智能网联汽车产业化进程。相关战略、规划、指南和技术路线等勾勒了智能汽车发展的美好愿景，强调技术创新、产业生态、路网设施、法规标准、产品监管和信息安全是智能汽车产业发展的重点方向，指出完善法律法规和标准体系建设是基础，核心技术的突破是关键，道路测试和落地应用是手段，信息网络安全是保障。

2. 法律环境分析

现行法律法规对传统汽车已形成了成熟的规范，但并不适宜照搬使用于智能汽车，2020 年和 2021 年，部分法规进行了修订，取得了一定进展。

目前，中国智能汽车相关法律主要涉及产品流通、上路行驶、事故责任和保险、网络安全、地理测绘等环节。

在智能汽车管理方面，2021 年 4 月 23 日公安部印发的《道路交通安全法（修订建议稿）》明确了具有自动驾驶功能的汽车在进行道路测试和通行时的相关要求，以及违法和事故责任分担规定。在地区的智能汽车法律法规方面，北京市和深圳市进行了创新性、突破性的工作。2021 年 4 月 13 日，《北京市智能网联汽车政策先行区总体实施方案》发布实施，设立了北京市智能网联汽车政策先行区，营造了良好的"自动驾驶营商环境"。2021 年 3 月 23 日，深圳市发布了《深圳经济特区智能网联汽车管理条例（征求意见稿）》，从智能网联汽车的测试登记、事故认定、法律责任、网络安全、基础设施等方面建立制度，并广泛征求社会各方面的意见和建议，希望该管理办法正式实施后能够为管理工作提供法律依据。

3. 标准环境分析

中国的智能汽车标准化工作取得阶段性进展，在标准研究制定、国际协调合作、团体标准发展方面均有所突破，标准体系初步构建完善，中国方案的标准在国际上得到认可。

在国家标准方面，工业和信息化部、国家标准化管理委员会、公安部等部门为加强顶层设计，联合组织制定《国家车联网产业标准体系建设指南》，从汽车、通信、电子、交通和公安五大行业领域，有针对性地建立智能汽车、信息通信、电子产品与服务、智能交通、车辆智能管理五个标准体系。在此基础上全国汽车标准化技术委员会、全国智能运输系统标准化技术委员会等相关行业标委会积极推进相关标准的研制，切实落实标准体系的建设，促进行业的规范、健康和可持续发展。

在团体标准方面，中国汽车工程学会、中国汽车工业协会、中国智能交通协会、中国公路学会、中国通信学会、中国汽车流通协会、中国工程建设标准化协会以及地方各类社会组织纷纷开展了智能汽车的团体标准研究，发布了《智能汽车自动驾驶功能测试技术规范》《自动驾驶车辆道路测试数据采集要求》《自动驾驶商用汽车测试场建设及自动测试规范》《自动驾驶车辆道路测试安全管理规范》《自动驾驶车辆测试道路要求》《自动驾驶车辆模拟仿真测试平台技术要求》《场（厂）内专用自动驾驶纯电动小型巴士技术规范》《短途智能无人车配送服务技术要求》等一系列团体标准，呈现百花齐放的特征。

在国际化方面，工信部和行业有关机构支撑中国专家当选并连任联合国自动驾驶与网联工作组（UN/WP.29/GRVA）副主席，主导完成《智能汽车框架文件》，支持联合国发布自动车道保持系统（ALKS）、信息安全、软件升级等技术法规，工作成果得到世界范围的广泛认可。

4. 创新环境分析

智能汽车创新包括科技创新、产业支撑和业态模式创新三层含义，分别有各项相关政策引导和规划。这些政策从类型上看，主要分为鼓励引导类和重点工程类两类，分别体现了国家对产业的中长期引导方向和支持方向。总

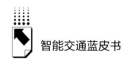
体来说，在商业模式创新上缺乏具体的政策，主要是采取先试先行的管理办法，前期对先进商业模式发展并无束缚，后期看清发展趋势和问题再进行规范治理。

5. 基础支撑环境分析

智能汽车与传统汽车发展所需的运行配套环境有较大差异，需要在原有配套基础上增加支持智能汽车行驶的设施。中国完善智能汽车配套环境政策主要包括综合发展、道路测试、基础设施、出行服务等方面。

在推动综合性发展方面，除了已出台的《汽车产业中长期发展规划》《促进新一代人工智能产业发展三年行动计划（2018—2020 年）》《北京市智能汽车产业创新发展行动方案（2019 年—2022 年)》《河北雄安新区规划纲要》《重庆市推进基于宽带移动互联网的智能汽车与智慧交通应用示范项目实施方案（2016—2019 年)》《广州市汽车产业 2025 战略规划》《上海市智能汽车产业创新工程实施方案》，2020 年，上海市发布了《智能汽车产业专项规划（2020—2025)》和《上海市道路交通自动驾驶开放测试场景管理办法（试行)》，2021 年山西省出台了《山西省智能汽车 2021 年行动计划》。

在道路测试方面，工业和信息化部联合公安部、交通运输部发布《智能网联汽车道路测试管理规范（试行)》，全国 26 个省（市）出台管理细则，开放 3200 多公里测试道路；长沙、上海、北京等地开展自动驾驶出租车、无人集卡载人载物示范应用。北京、河北等地加大工作力度，支持测试示范企业采取多种收费方式，探索可行商业模式，为智能汽车商业化运营奠定基础。

在基础设施方面，国家先后出台了《交通运输部关于推动交通运输领域新型基础设施建设的指导意见》《关于组织开展智慧城市基础设施与智能网联汽车协同发展试点工作的通知》《加快培育新型消费实施方案》《关于开展 ETC 智慧停车城市建设试点工作的通知》《交通运输部关于促进道路交通自动驾驶技术发展和应用的指导意见》《国家新型城镇化规划（2021—2035 年)》《关于加快电动汽车充电基础设施建设的指导意见》《关于促进智能电网发展的指导意见》《关于推进"互联网＋"智慧能源发展的指导意见》等一系列文件。

在出行服务环境方面，国家先后出台了《关于促进分享经济发展的指导性意见》《关于深化改革推进出租汽车行业健康发展的指导意见》《关于促进手机软件召车等出租汽车电召服务有序发展的通知》等一系列文件。

## （四）商业模式发展分析

未来的智能汽车已经不再只是汽车，而是综合了电脑、互联网、物联网和人工智能等高端技术的"智能移动机器人"。因此，产品定位和价值重心的转变，推动了传统车企商业模式变革转型。

（1）跨界合作模式。随着汽车智能化进程的加速，市场上涌现了大批互联网造车企业。以百度、阿里巴巴、腾讯为首的互联网企业纷纷与传统整汽车企业联手打造全新一代的智能汽车产品，以蔚来汽车、小鹏汽车、威马汽车、奇点汽车等为代表的互联网造车企业加大投入，相关智能汽车产品逐步落地，未来的造车格局慢慢明晰，而为了尽快将产品投向市场，大部分互联网造车企业都选择了由传统车企代工生产的模式。深谙汽车之道的传统车企和储备了先进技术的互联网造车企业强强联手无疑是促进产业发展的重要途径。

（2）共享出行模式。近年来，共享经济市场蓬勃发展，共享汽车出行市场已经进入高速发展阶段，传统租车、网约出租车、网约专车/拼车以及分时租赁等共享出行模式得到了快速普及与发展。智能共享汽车将成为共享出行的全新方式，实现类似于滴滴打车的运营模式，而且全过程无人化，驾驶安全、路线合理，这将是解决城市交通拥堵、污染等问题的有效途径。

（3）服务主导模式。在智能汽车全面普及的时代，消费者未必需要拥有汽车，因此，市场商业模式也将发生转变，将以出行相关服务项目进行计费，相关企业也不再仅以推出硬件产品的方式来满足消费者的需求，而是需要完善既有的服务项目，最大化提升服务效率和质量，从而形成可持续的业务发展。

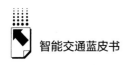
### （五）产业竞争力分析

从国际上来看，美国在软硬件方面的技术优势明显，商业化进展较快，逐渐拉开与德国和日本的差距。美国在技术创新方面具有较强的竞争力，德国在生产上具有较强的竞争力，而中国在产学研转化、基础支撑、商业化等方面具有强劲的先发优势。

1. 从整车企业来看，中国智能汽车产业竞争力强劲

中国自主品牌日益强大，新能源汽车产业体系不断优化完善，国产品牌汽车市场份额不断提高，整车、电机、电池以及电控等关键零部件都具有很强的国际竞争力。中国在互联网和移动通信领域的竞争力不断增强，出现了数个世界级领先企业，为智能汽车的发展积聚力量。长安汽车、上海汽车、中国一汽等传统汽车企业也都加入智能汽车发展的赛道。除了传统汽车企业，不少与智能汽车技术相关的企业也率先领跑智能汽车产业，为智能汽车产业的发展奠定了坚实的基础。

2020年3月，中国一汽以政企合作总投资20亿元的"旗智春城"智能网联示范区项目为契机，推进智慧城市出行"e时代"的开启。乘客仅需要在手机上输入行程信息，就会有L4级的自动驾驶汽车前来提供服务。智能汽车通过V2X技术互联，并计划在9月末实现核心区域常态化的无人共享出租车示范运营。2020年6月，中国一汽设立全资子公司，深耕智能网联领域。2020年7月，广汽科技日活动开启，广汽在活动现场展现了互联生态系统的最新成果ADIGO 3.0，实现了高速公路L3自动驾驶，在国内汽车行业首先实现了量产。广汽在自动驾驶系统、智能物联系统、人工智能三大方面迎来了全新升级。2020年9月，北汽在北京国际科技产业博览会上展示了新能源与智能网联两大技术方向相结合的车型，比如ARCFOX αT。2020年9月，东风在武汉市举行了"一剑双星"发布会，宣布了两款具有划时代意义的全新轻型车，这两款轻型车采用了智能网联和智慧物流双轮驱动模式，以客户为中心的东风轻型车开启了智慧物流新时代。

此外，中国的互联网智能汽车企业表现比较卓越。2020年9月，百度

在北京开放自动驾驶出租车服务 Apollo Go，北京用户可预约体验 Robo taxi。同时百度发布了 Apollo "5G 云代驾"，预发布了百度昆仑 2 芯片。Apollo "5G 云代驾" 基于 5G、智慧交通、V2X 等新基建设施，可为无人驾驶系统补位，百度昆仑 2 芯片性能比百度昆仑 1 提升 3 倍，预计 2021 年上半年量产。2020 年 9 月世界新能源汽车大会上，腾讯研发的自动驾驶云仿真平台技术被评为全球新能源汽车创新技术，是用于自动驾驶研发、测试和评价的关键基础性技术。同月的北京车展期间，腾讯与博世中国达成战略合作。2020 年 7 月，宝马跟阿里巴巴共同创立 "阿里云创新中心—宝马初创车库联合创新基地"，致力于打造互联网＋汽车领域的创新基地。2020 年 9 月云栖大会期间，斑马网络发布新一代汽车智能座舱系统斑马智行 5.0，并与一汽—大众战略签约，共同打造跨产业融合数字化创新样本。

2. 从零部件产业来看，中国智能汽车核心部件产业竞争力较弱

目前零部件龙头企业主要是国外企业，相比于占据了大部分零部件市场的博世、大陆、英伟达、英特尔、高通、电装、法雷奥等国外企业，中国零部件企业在重重包围之下砥砺前行，为中国制造甚至是中国智造艰难地开辟出一条新道路。但目前仍有很多难题摆在这条中国零部件企业崛起的道路上。

发达国家的汽车零部件产业产值和整车比较，一般能够达到 1.7∶1，而中国只有 1∶1 左右。换言之，中国虽然是全球第一汽车生产大国，但零部件配套比例还不高，很多汽车零部件只能从国外进口。在体量上，中国零部件其实已经很庞大，但是集中在外围部件，缺少自主品牌。市场研究机构 Gartner 的数据显示，2019 年，欧洲汽车半导体产值达到 150.88 亿美元，占全球汽车半导体总产值的 36.79%；美国汽车半导体产值为 133.87 亿美元，占全球汽车半导体总产值的 32.64%；日本汽车半导体产值为 106.77 亿美元，占全球汽车半导体总产值的 26.03%；中国内地汽车半导体销售收入仅为 10 亿美元左右，占全球汽车半导体总产值的 2.44%，部分关键零部件进口超过 80%。

缺乏 "核芯" 竞争力。目前国内还缺乏先进的核心芯片制造能力，加

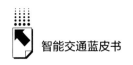
之国内企业不够重视相关人才的培养，大部分优秀毕业生更愿意选择去外资或者合资汽车零部件企业，导致国内零部件企业核心技术的研发一直处于落后状态，难以提升企业相关竞争力，陷入恶性循环。

3. 从技术专利情况看，中国智能汽车有一定的竞争力

根据清华大学发布的《智能网联汽车技术全球专利观察》，近年来全球智能汽车专利申请超过4.5万件，其中近十年专利申请3.2万件，占比超过70%，2009年以后专利申请量暴涨，年增长率接近20%。该报告显示，近10年以来驾驶员预警系统和主动交通避撞类别的专利申请数量最多。中国是该领域专利数量最多的国家，占全球3.2万件专利的37%，其次是日本、美国、德国和韩国，分别占比20%、16%、12%和7%，五国合计占全球近95%的专利。但是，在热点技术方向上，中国与发达国家之间的差距仍然十分明显，另外中国"走出去"的专利很少，在TI核心板专利集合（只收录欧美专利和日韩专利）中，欧德日3国专利占比高达80%，中国仅占1.57%。中国是当前全球最大的汽车市场，跨国车企十分重视在华的专利申请，该报告指出，在智能汽车领域，中国专利局收到的申请数量最多，高达12106件，其次是美国（5253件）、日本（5124件）和德国（4017件）。

在智能汽车的网联领域，丰田、博世、日本电装、通用汽车、戴姆勒和大陆等跨国车企仍然保持专利申请数量上的优势，在专利申请类别的布局上，各大车企则有所侧重，研发重点也随着年份不同而有所变动。从整体上看，丰田的申请数量最多，达到1355件，其次是博世、日本电装、三菱、通用汽车、戴姆勒、大陆、现代、爱信、日产。由此可以看出，排名前10的公司均为整车制造商（OEM）或者一级零部件供应商（Tier1），在专利申请数量前50的公司中，传统车企占比达到70%，这足以证明传统车企在智能汽车技术发展上的领先，传统汽车制造业的技术积累在进军智能汽车领域时具有巨大的优势。值得注意的是，在全球前50名的机构中，中国有4家机构，分别是吉利汽车、奇瑞汽车、长安大学和吉林大学。

在4个细分领域中，谷歌是无人驾驶领域当之无愧的冠军，专利总数排名第一，远高于其他机构，中国有两家机构进入前20，分别是吉利汽车和吉

林大学；在辅助驾驶领域，传统车企则占据绝对优势，丰田也以超过 1000 件的专利数量位列第一，其次是博世和日本电装等企业；在车联网领域，丰田和日本电装分别以 126 件和 115 件位列第一、第二，中国的乐视以 40 件专利数排名第七；在车载通信领域，通用汽车以超过 300 件的专利数稳居第一。

# 二 中国智能汽车产业发展趋势

## （一）产业发展需求

发展智能汽车不仅有利于提升交通效率，推动产业重塑，推动创新变革，还有利于改善环境污染，提高行车的安全性。作为智能交通的重要支撑，智能汽车是解决交通拥堵、提升交通效率的重要技术应用，也将推动汽车产业生态和商业模式的升级与重塑。智能汽车还影响出行方式的变革，带来汽车驾校的低迷、陪练市场的萎缩、出租和代驾行业的影响以及汽车维修行业和保险行业的改变等。世界经济发展正面临着劳动力红利的缺失、老龄化社会的挑战，智能汽车将有力地推动社会创新变革。通过汽车智能化，可以提高车辆的使用效率，有效减少污染物排放，从而改善城市环境污染。此外，智能汽车在提高行车安全、减轻驾驶员负担方面具有一定的价值。智能汽车可以在降低驾驶难度和驾驶疲劳的同时，避免交通事故的发生，或者最大限度地减少事故的危害。当前高配置智能汽车车辆均可在自适应续航、车道保持、自动紧急刹车、后部预碰撞、前部预碰撞、第三代自动泊车系统电容式方向盘手离检测、360 度全景影像、后方交通预警系统、辅助交通拥堵、多次碰撞预防等一系列智能辅助驾驶科技的加持下，实现全速域的智能汽车控制，为车主提供全方位的安全保护。

## （二）产业发展趋势

作为国内第二大产业，汽车行业的智能化升级将会推动相关产业链进一步发展，助力国内经济的结构转型和快速发展。智能汽车要朝着更高级别的

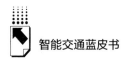
方向发展，必然离不开政策和法规的支持及规范、新进入者挑战、智能汽车产业链侧技术和成本的创新突破、新能源载体的渗透率提升、市场对更高级别智能汽车的接受度等各个方面的协同推进。各部委也相继出台政策，鼓励智能汽车发展，为智能汽车的中长期发展注入了动力。

智能汽车是汽车发展的必然趋势，各主要汽车生产国纷纷出台标准和政策法规为智能汽车的发展保驾护航。新基建的发展是国内发展智能汽车的最大优势之一。此外，上游支撑技术的突破使得汽车智能化升级逐渐成为可能。其他非传统车企的参与及带动效应会促进智能汽车行业发展。目前从事智能网联开发的公司中，不仅有传统车企、汽车零部件巨头、新兴造车企业，也有ICT科技巨头、不断涌现出的大批初创新兴企业，以及出行服务提供商等，一方面带动了整个行业的发展，另一方面又加剧了行业竞争。

1. 自动驾驶出租车成为出行服务行业的竞争热点

自动驾驶出租车融合了自动驾驶生态中的多方链条，包括科技企业、主机厂、出行平台、政府等，随着自动驾驶技术的发展，出行平台为了稳定自己目前的行业地位，必须加大自动驾驶出租车的投入，基于自动驾驶的"出行服务"将成为下一轮出行产业的竞争热点。

自动驾驶出租车能够成为下一阶段的竞争热点一方面是因为自动驾驶硬件成本逐渐下降，尤其是激光雷达，随着国内品牌技术的提升，其整体成本下降到原来的1/4。另一方面是为了推动自动驾驶出租车的产业发展，相关出行平台会加大力度宣传推广自动驾驶出租车的服务。从一开始点到点到现在在区域内上下车，从面向特定的人群到面向更多的公开人群，从一开始的免费测试到现在进行了收费的尝试，自动驾驶出租车与普通的出行服务将来会一步步靠拢。市场和消费者更加贴近，为自动驾驶出租车大规模推广奠定了一定的基础。随着自动驾驶出租车方案提供商、整车企业、出行服务商一起构建"1+1+1"出行的生态圈，商业模式将会逐渐清晰，谁能率先实现自动驾驶出租车真正落地的运营服务，谁就占领了未来出行市场。

2. 车路协同成为中国发展智能汽车的特色技术路线

成本居高不下、法律不完善等因素让自动驾驶单车智能道路遇到阻碍。

单车智能基本上仍处于测试阶段，未能实现商业化。C－V2X 通信技术的快速发展，将自动驾驶的技术引向了车路协同。中国 5G 的发展优势及良好的道路条件驱动车路协同成为中国发展自动驾驶的主技术路线。

从技术层面分析，V2X 通信标准演进共分为三个阶段，即 LTE－V2X（第一阶段）、LTE－eV2X（第二阶段）、5G NR－V2X（第三阶段）。目前第一阶段、第二阶段分别于 2017 年、2018 年完成，第三阶段即 5G NR－V2X 的技术研究工作已在 2020 年内完成。从产业组成分析，主要有以 BAT 为代表的互联网科技企业；以华为为代表的 ICT 企业；以德赛西威、均胜电子为代表的汽车供应商；以希迪智驾为代表的车路协同方案解决商。从产业分工分析，主要有硬件设备制造、道路升级、软件技术、后端运营四个方面。从未来发展目标分析，主要有两个方向：一个是自动驾驶，另一个是智慧交通。

未来，单车智能是基础，车路协同是支撑，二者缺一不可。首先提高单车的智能化水平，逐渐在部分应用场景落地，随着场景的扩大，加入路段智能化信息，最终实现车路协同。

3. 安全成为智能汽车上路的重要关卡

任何新技术从实验室、试验台走到量产车上，都需要经历科技创新的三个阶段，需要必要的小试、中试，需要成百上千次的质量和安全检验。质量检验是汽车质量管理的重要阶段，安全是汽车的底线，是确保社会利益和用户利益的需要。严把质量关和安全关，只有确保质量和安全，才能将产品推向市场。

4. 部分场景快速落地应用，商业化进程加速

各国政策上对智能汽车发展大力支持，企业重点布局，初创团队集中爆发，以及在资本市场力量的推动下，自动驾驶得到了快速发展。但是自动驾驶离真正上路仍有一段距离，需要突破法律、技术和用户三方面因素，才具有产业化基础。完全无人驾驶仍需要较长一段时间，但是在产业发展前期，寻求在特定领域率先开展商业化应用示范将尤为重要。

智能汽车商业化运营需要首先在特定场景区域进行示范运营，一是在特

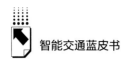

定领域的先行先试，为智能汽车的安全性、可靠性验证提供有针对性的应用场景，相比封闭测试与道路测试，智能汽车商业化应用的目的性更强，使得技术验证、迭代的效率更高。二是智能汽车的大规模普及将会带来政策、法律法规、伦理道德、数据监管、隐私及信息安全、公众认知等多方面社会性影响，率先开展商业化应用示范，对有关社会性问题进行持续跟踪，将有助于探索智能汽车发展的经验，为国家宏观政策引导、顶层设计、制定战略任务提供方向性的参考。

在未来出行的趋势下，智能汽车商业化应用的商业模式将迎来创新发展。具有整车量产能力的企业将联合提供雷达、摄像头、芯片等关键硬件的供应商以及掌握人工智能算法、多传感器融合等技术、具有自动驾驶决策规划能力的整体解决方案提供商和服务运营商共同开发应用于商业化场景的自动驾驶产品。其中，服务运营商将施行轻资产运营，由金融机构提供车队搭建在资金方面的支持。

### （三）市场发展预测

随着智能汽车的发展进步，汽车行业的生态系统也从主机厂、零部件企业、汽车零售企业不断向外扩展，预计到2025年将涵盖车载服务系统开发企业、软件服务企业和出行服务平台等各个领域。

自2018年起，中国智能汽车市场规模呈不断扩大趋势，有望迎来持续20年的快速发展期。根据波士顿咨询集团的预测，到2023年，全球智能汽车年出货量将突破7000万台，其中，具有部分自动驾驶功能的车辆约1800万台，具有完全自动驾驶功能的车辆约1200万台。根据IDC的预测，到2035年，全球智能汽车产业规模有望突破12000亿美元，中国智能汽车产业有望超过2000亿美元。

中国智能汽车市场渗透率将继续提升。根据中国汽车工业协会公布的数据，作为世界最大的汽车消费国之一，2020年我国汽车产销量分别达2522.5万辆和2531.1万辆。根据《节能与新能源汽车技术路线图2.0》，2025年智能辅助驾驶功能和C-V2X功能渗透率将达到50%，2035年智能辅助驾驶功能渗透率达到70％，C－V2X功能渗透率全普及，高级自动驾驶达到20％。

由于目前自动驾驶车载传感器的价格较高，所以其在乘用车上的大量应用难以实现，但有望率先在运营车辆上实现应用落地。未来，随着智能专用车和商用车技术的不断进步，智能汽车技术将首先在货运专用车和互联网专车上实现落地应用。

# 三　中国智能汽车产业发展对策建议

## （一）巩固发展战略、健全标准法规、完善协同机制

在政府的主导下，切实贯彻落实《智能汽车创新发展战略》，明确发展目标，加强和巩固智能汽车产业的顶层设计。针对智能汽车上路行驶有可能引发的一系列问题，亟须健全标准法规，在信息安全、测试评价、通信等方面制定统一的标准，并积极开展道路交通安全法制修订工作，明确关于无人驾驶汽车的交通事故责任认定依据。

同时，不断完善智能汽车领域跨行业协同机制，一是各主管部门协同推动智能汽车发展；二是要打破原来固化的汽车领域范畴，使交通、通信、电子、互联网等多个智能汽车涉及领域协同发展，构建集技术、资本和产业于一体的创新联盟，助力中国汽车产业的转型升级。

## （二）加快突破核心技术、完善测试评价技术

虽然自动驾驶技术已经趋近成熟，但是在智能化方面仍须进行更长远的研究，高精度地图、多传感器融合、人工智能、网络安全等技术应用在自动驾驶方面仍存在许多问题。因此，要想实现完全自动驾驶，亟须突破感知、控制执行、云平台和大数据等关键技术，不让传统互联网领域的安全问题出现在自动驾驶汽车领域，维护我国汽车工业的安全发展；开发拥有自主知识产权的、具有一定领先优势的智能汽车产品，促进我国汽车工业的快速发展。与此同时，随着各汽车厂商相继发布L3级自动驾驶汽车，建立配套智

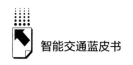

能汽车准入管理相关的测试评价日益重要，亟须尽快建立智能网联汽车测试评价体系架构，完善测试评价技术。

### （三）推进智能汽车健康发展的社会普及

智能汽车是重要的科技创新，是未来发展而不可逆的趋势，但切不可将智能辅助功能以偏概全、模糊试听作为自动驾驶的泛概念，不管行业机构如何界定 0 ~ 5 级的自动驾驶功能，那只能作为一种技术路线，技术路线不等于产品标准，更不能盲目用于产品的标准定义和市场宣传。在产品方面，标准必须是确定性的、定量的，质量必须是经过检验的，安全必须是过关的。产业化和商业应用是一个非常严谨和严肃的过程。任何产品流通到市场都需要质量监督检验，不能打着科技创新的旗号，无底线地突破法律的禁区；通过健康、多元的社会科普，保持人们对智能汽车的消费信任和认可，同时通过实事求是、科学严谨的专业普及，引导人们更安全地使用智能汽车。

目前，中国智能汽车正处于技术快速演进、产业加速布局的商业化前期阶段，智能汽车技术仍将处于持续、快速创新发展的过程中，推进智能汽车与智慧交通、智慧能源、智慧社会的融合发展，形成立体化、全方位的智能汽车发展产业链和生态圈，将加快中国汽车产业转型升级与高质量发展，满足人民群众对美好生活的向往，实现汽车强国梦。

**参考文献**

秦志嫒、张怡凡、贾宁等：《我国智能汽车管理及政策法规体系研究》，《汽车工业研究》2019 年第 2 期。

黎冲森：《2020 年 10 大盘点之汽车产业政策》，《汽车纵横》2021 年第 2 期。

王羽：《汽车智能化指数及评价方法研究》硕士学位论文，吉林大学，2018。

《2020 智能汽车行业发展现状及前景分析》，《信息系统工程》2020 年第 10 期。

# B.8

# 2020年中国智慧停车产业发展报告

王 力　穆 屹　修伟杰　何忠贺*

摘　要：　随着汽车保有量的增加，我国停车需求也进一步上升，"停车难"成为城市发展亟待解决的问题。本报告通过分析影响智慧停车产业发展的政策、经济、技术和社会环境以及产业规模和产业竞争力，总结出产业发展存在政策体系不健全、停车位供给不足、智慧停车应用种类繁多、产业管理协调机制有待完善等问题。通过分析智慧停车产业发展需求和总结智慧停车产业发展趋势，对2021～2025年智慧停车行业成长性、经营能力和盈利能力做出预测，并提出了促进我国智慧停车产业发展的对策建议：一是理顺管理体制，明确主管机构，统一组织协调、统筹推进各项工作；二是编制静态交通专项规划；三是加快城市停车立法工作；四是建立城市统一的智慧停车平台；五是进一步细化政策，吸引社会资本参与，推动停车行业的市场化发展；六是加强正确的舆论宣传引导和监督，营造良好社会氛围。

关键词：　智慧停车　产业分析　供需预测

---

* 王力，北方工业大学电气与控制工程学院院长，教授，主要研究方向为城市交通系统控制理论与技术、车路协同与系统智能等；穆屹，北京静态交通投资运营有限公司常务副总经理，主要研究方向为缓解交通拥堵，城市停车治理；修伟杰，北方工业大学电气与控制工程学院，实验师，主要研究方向为交通管理、交通工程；何忠贺，北方工业大学，副教授，主要研究方向为混杂系统控制、交通系统建模与控制等。

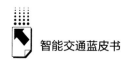

# 一　中国智慧停车产业发展现状

随着社会经济的飞速发展和城市化进程的持续推进，各大城市存在的停车设施供给不足等问题愈来愈严重，"停车难"这一问题亟待解决。在此背景下，"智慧停车"开始慢慢发展成为"风口"产业，并吸引相关高科技企业加速布局。智慧停车概念首次出现是在2014年，但如今发达城市（如北京、上海和深圳等）智慧停车的覆盖率依然不是很高，从2017年开始，ETC、视频车牌识别等新兴技术被广泛应用在停车场收费系统，然而依然有将近50%的停车场收费系统采用传统的刷卡、取票的控制方式。据悉，2021年我国停车收费的静态交通市场空间整体规模将达到万亿元，① 智慧停车产业发展态势迅猛。

## （一）产业发展现状

当前，中国智慧停车建设主要是通过对原有停车场进行升级改造来实现的，如新增车牌识别、地磁、高低视频桩、传感器、无感支付等系统设备，实现单一停车场数据信息收集，构建停车管理平台，开发停车App、公众号、小程序等。此阶段停车数据信息分散，只能实现线上停车场查询、停车无感支付等基本功能。

ETC停车场作为ETC智慧城市的拓展模式之一，2020年，北京、上海、广东、南京、成都、太原等多个省（市）均已开始陆续布局。如北京市至2020年底已有300个停车场（共计停车位约15万个）实现ETC缴费，北京市95家商业综合体、23个枢纽场站、20个景区公园、24家医院和66个居住社区等均已覆盖ETC缴费。已实现ETC支付的停车场中，每月ETC交易

---

① 中金企信国际咨询：《2020智慧停车行业市场发展前景分析》，搜狐网，2020年9月16日，https：//www.sohu.com/a/418776226_ 120624718。

量超 200 万辆次。①

政策层面，除 ETC 车端用户推广政策外，2020 年 12 月 23 日，《交通运输部办公厅关于开展 ETC 智慧停车城市建设试点工作的通知》印发，其中共发布了 6 个试点主题，确定北京、南京、深圳、杭州、合肥等 27 个城市作为 ETC 智慧停车试点城市，选定江苏省作为省级示范区，优先打造 ETC 智慧停车发展样板，提高停车位的使用效率，更好地便利公众出行。2021 年有望是 ETC 停车场发展爆发年，随着高位视频技术与 ETC 支付技术的不断融合，ETC 智慧停车将得到快速发展。

城市级智慧停车管理云平台是核心，其承载着整合城市各区县及多个停车场动静态数据、分析与控制各种资源等功能，实现为车主提供各种除无感支付外的其他智能化停车场服务。

在新基建、智能化技术及利好政策等推动下，各大城市纷纷上马城市级智慧停车管理云平台，加快智慧停车项目布局。据统计，截至 2020 年 6 月底，全国 26 个省份上线运行城市级智慧停车管理云平台 143 个，② 还有多个省市开展的项目正在实施中（见表 1）。

表 1  部分城市智慧停车管理云平台建设情况

| 城市 | 建设主体 | 启动/投入时间 | 主要功能 |
|---|---|---|---|
| 北京 | 北京静态交通投资运营有限公司 | 2019 年 | 停车诱导、停车场管理（长租车、共享车、访客管理等）、无感支付、场内引导、经营决策分析、政府平台数据共享 |
| 深圳 | 深圳市信息基础设施投资发展有限公司/深圳市特区建发智慧停车发展有限公司 | 2019 年 | 停车引导、车位查询、车位预订、车位导航、停车共享 |

---

① 北青网：《300 个公共停车场实现 ETC 缴费  平均收费时间比人工快 11 秒》，快资讯，2020 年 12 月 31，https：//www.360kuai.com/pc/9c6056d2abe71382a？cota=3&kuai_so=1&tj_url=so_vip&sign=360_57c3bbd1&refer_scene=so_1。

② 《全国城市级停车平台发展综述及趋势展望》，中国停车网，2020 年 8 月 27 日，http：//www.chinaparking.org/marketid_2476_0_0。

续表

| 城市 | 建设主体 | 启动/投入时间 | 主要功能 |
|---|---|---|---|
| 上海 | 上海市道路运输管理局 | 2020 年 | 车位查询、车位预约、支付服务 |
| 昆明 | 昆明市智慧停车建设运营有限公司 | 2020 年 | 车场管理、车位共享、车位预订、电子支付、调度指挥 |
| 菏泽 | 菏泽市公安局交通警察支队 | 2020 年 | 信息发布、车位查询、车位预订、停车导航、车场管理、动态监测、分析决策 |

资料来源：中研普华产业研究院。

项目模式方面，城市级智慧停车项目主是由地方停车主管部门牵头，通过与企业合作投资建设或运营。参与的企业除传统停车厂商和安防企业外，还有如停车新创企业、互联网公司、科技企业等（见表2）。

**表 2　主要科技企业智慧停车相关布局**

| 企业 | 相关产品 | 智慧停车相关布局 |
|---|---|---|
| 腾讯 | 微信无感支付、腾讯云智慧停车解决方案 | 2020 年 10 月,腾讯集团 2 亿元战略投资互联网停车平台"PP 停车";<br>2020 年 9 月,在腾讯全球数字生态大会智慧交通分论坛上,腾讯发布了升级后的智慧交通战略——"WeTransport",其运营中包含智慧停车;<br>2020 年 4 月,腾讯云正式启动"腾讯云智慧停车·城市合伙人计划";<br>2019 年,世界物联网博览会现场,腾讯云首次对外公开腾讯云智慧停车解决方案;<br>2018 年,腾讯入股科拓股份,后者于 2006 年开始布局智慧停车市场 |
| 阿里巴巴 | 支付宝智慧停车无感支付、知位停车系统 | 2020 年 6 月 8 日,阿里云正式发布新一代轻量化无人值守停车场服务方案——知位停车系统;<br>2018 年 2 月,蚂蚁金服子公司增资 2 亿元入股捷顺科技;<br>2017 年 8 月,支付宝携手广东驿停科技等多家科技公司进军"智慧停车";<br>2017 年 7 月,支付宝将上海虹桥机场作为试点,设立了智慧停车场,尝试实现"无感支付";<br>2016 年 9 月,支付宝与 ETCP 停车开展深度合作,将北京作为 ETC 智慧停车试点城市,此次智慧停车项目共将 100 个停车场大约 3 万个停车位接入支付宝 App 的城市服务窗内;<br>2015 年 9 月,支付宝与 ETCP 停车联合在北京市举行使用支付宝 App 支付可以实现 1 分钱停车的活动 |

续表

| 企业 | 相关产品 | 智慧停车相关布局 |
|------|----------|------------------|
| 百度 | 百度地图智慧停车解决方案 | 2020年5月,百度地图将百度智能停车解决方案作为AI典型落地场景进行了发布 |
| 华为 | 华为云NB-IoT智慧停车解决方案 | 2020年10月,爱润停车王与华为签署深化合作协议,双方将在云计算、5G、智慧园区、智慧停车、AI等方面进行合作,共同推动智慧停车行业的发展;<br>2020年8月,科拓股份与华为合作,成为华为2020～2021年车位引导系统供应商。科拓已为全国华为园区项目提供约3.5万个车位的智能引导系统,之后还将有1.5万个车位会引入科拓车位引导系统;<br>2017年,华为联合上海联通、千方科技成功打造NB-IoT智慧道路停车样板 |

资料来源:中研普华产业研究院。

另外,在新基建、智慧城市的热潮下,2020年多家智慧停车企业吸引了资本投入。如2020年初,"停开心"完成了千万级A+轮融资;爱泊车2020下半年内完成了四次融资;2021年1月,阳光海天宣布完成来自高盛和Anchor Equity Partners公司1亿美元的B轮融资。

## (二)产业发展环境

### 1. 政策环境分析

2020年1月17日,交通运输部《2020年交通运输更贴近民生实事》提出,将会选定符合智慧停车试点条件的超过10个城市,开展智慧停车试点工作以实现停车"无感支付",主要在大型交通枢纽机场、火车站、大型商业区、居民社区和医院等区域的停车场推广应用ETC,推动城市停车服务提质增效。

2020年7月10日,《国务院办公厅关于全面推进城镇老旧小区改造工作的指导意见》提出,2020年新开工改造城镇老旧小区3.9万个,明确城镇老旧小区改造任务,重点改造2000年底前建成的老旧小区,改造内容分为基础类、完善类、提升类3类,其中停车设施属于完善类,智能化改造属

于提升类。

2020 年 7 月 7 日,《国家发展改革委办公厅关于做好县城城镇化公共停车场和公路客运站补短板强弱项工作的通知》提出,立足满足出行停车需求,推进主要公共建筑配建停车场、综合客运枢纽配建停车场、路侧停车位设施升级改造、政府主导停车信息平台等建设。

2020 年 8 月 3 日,《交通运输部关于推动交通运输领域新型基础设施建设的指导意见》提出,建设智慧服务区,促进集智能停车、能源补给、救援维护于一体的现代综合服务设施建设。

2020 年 9 月,我国各省市响应国家号召相继发布了智慧停车相关规划、政策与标准:北京市《区域停车诱导系统技术规范》、深圳市《智慧停车基础信息编码技术规范》、广州市《公共停车场(库)行业管理数据联网技术规范》、珠海市《珠海经济特区停车场建设与管理条例》、武汉市《停车设施建设管理暂行办法》、郑州市《郑州航空港经济综合实验区公共停车场专项规划方案》等。

2020 年 12 月 23 日,《交通运输部办公厅关于开展 ETC 智慧停车城市建设试点工作的通知》印发,其中共发布了 6 个试点主题,确定北京、南京、深圳、杭州、合肥等 27 个城市作为 ETC 智慧停车试点城市,选定江苏省作为省级示范区,优先打造 ETC 智慧停车发展样板,提高停车位的使用效率,更好地便利公众出行。

2. 经济环境分析

在国家政策和"新基建"战略的推动下,城市级智慧停车项目在 2020 年出现了爆发式增长。得益于国家以及各城市、地区政府的政策和资金支持,未来五年,我国智慧停车市场规模将会保持 20% 以上的增速,到 2025 年,我国智慧停车行业的产值有希望达到 400 亿元。[①] 智慧停车产业持续需求火热,资本关注大幅提升,国企、央企、互联网巨头、上市公司等积极布

---

① 前瞻产业研究院:《2020—2025 年中国停车场建设行业市场前瞻与投资战略规划分析报告》。

局，以股权债权等多种形式积极入局，利好智慧停车领域，产业发展长期向好。2020 年全国居民人均可支配收入 32189 元，比 2019 年增长约 2.1%（扣除商品价格因素的影响），① 不断提高的居民消费水平也是未来智慧停车行业市场规模增长的经济基础。

3. 技术环境分析

2020 年 ETC 与智慧城市融合发展。随着 ETC 的全面普及、ETC 车辆识别技术的提升，围绕 ETC 的各种扩展应用也是如火如荼地开展。ETC 就像车辆的电子身份证一样，可以应用于很多场景，比如 ETC 无人停车场。目前，大数据、云计算、人工智能、移动支付等技术日渐成熟，基于以上技术的智慧停车系统，不但能够有效采集相关数据信息，并且能够慢慢实现采用互联网方式对采集到的数据信息进行二次分析与融合等，科技实力雄厚的智慧停车企业将会为城市中的各类平台带来更加全面、细致的服务。

4. 社会环境分析

2021 年是中国共产党建党 100 周年，是国家"十四五"规划和全面开启现代化建设的第一年，也是多项改革政策措施落地之年，在这个重大历史背景下，智慧停车产业将迎来新发展。智慧停车的试点建设和推广应用，不但是能够令各地政府、企业和居民三方都受益的必然选择，而且是整合社会资源优化配置、推动产业转型升级、促进智慧城市建设和提升城市品质内涵与文明形象的必由之路，智慧停车行业拥有广阔的发展前景。传统智慧停车行业存在诸多问题，这些问题严重影响行业的发展，例如市场准入门槛过低、缺乏统一行业标准、服务监督力度薄弱等，当前，凭借与互联网的深度融合，智慧停车行业减少中间环节降低成本，持续为用户提供优质服务以提高用户满意度。随着购车人群的年轻化，90 后、00 后已经成为出行主力人群，慢慢成为智慧停车行业的消费主力，城市级用户智能化意识提高，市民接受度快速提升。

---

① 国家统计局：《中华人民共和国 2020 年国民经济和社会发展统计公报》，2021 年 2 月 28 日，http：//www. stats. gov. cn/tjsj/zxfb/202102/t20210227_ 1814154. html。

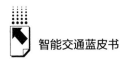

### （三）产业规模

随着汽车工业的发展和城市进程的不断加快，汽车保有量日益增长，与飞速增长的汽车保有量形成鲜明对比，我国各城市停车场的停车位却供给不足。截至2020年底，我国各大城市的停车位缺口已经高达8000万个，供给率大约只有40%。[①]

自2019年以来，国家鼓励加大新基建工作力度，中共中央政治局会议曾释放出多个重磅信号，其中"城市停车场"作为新基建的重要内容首次被提及，智慧停车产业再一次引起资本市场的密切关注。《民生证券研报》显示，我国城市停车位比例多在1∶0.5～1∶0.8，远低于发达国家水平。车多位少，"停车难"的问题日益明显。与之矛盾的是，"没车停"的情况也很突出。一边是"停车难"，一边却是"没车停"，反映的正是停车场时间的减少和空间使用率的提升受阻于停车信息的不通畅。作为缓解"停车难"的有效手段，智慧停车近几年的快速发展，令人看到其蕴藏的无限商机。特别是物联网、5G、人工智能、移动支付的兴起，更是加速了智慧停车的发展。

就目前发展势头来看，智慧停车产业链还在进一步扩大。根据前瞻产业研究院初步预计，得益于国家以及各城市、地区政府的政策和资金支持，未来五年，我国智慧停车市场规模将会保持20%以上的增速，到2025年，我国智慧停车行业的产值有希望达到400亿元。2020年国内重点城市智慧停车覆盖率情况见图1，2016～2020年中国智慧停车市场规模统计见图2。

### （四）产业竞争力

#### 1. 智慧停车产业主要有五类主体参与竞争

第一类是停车设备供应商。停车场一般由所属的地产物业公司管理，但是停车场内的设施物品、管理系统、运营服务等却是由停车场设备供应商提

---

① 刘志强：《停车场建设需要再发力》，《人民日报》2020年7月8日，第18版。

供的。如捷顺科技创造了近 300 项技术专利,是多项国家及行业标准的主要制定者,拥有 800 多名技术研发人员,每年以营收的 12% 投入研发。[①] 捷顺科技 2020 年年报显示,其全年投入研发费用 9718.87 万元,全年共实现新签合同订单 17.37 亿元,同比增长 34.34%,实现营收 13.71 亿元,同比增长 17.78%,在新冠肺炎疫情的考验下仍取得较好的增长。

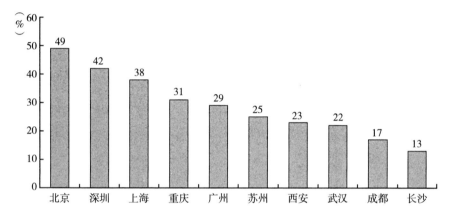

**图 1 2020 年国内重点城市智慧停车覆盖率情况**

资料来源:智研咨询整理。

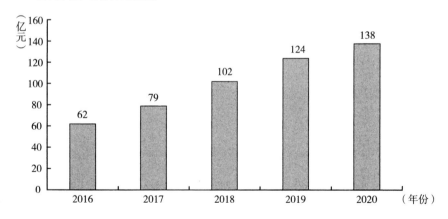

**图 2 2016～2020 年中国智慧停车市场规模统计**

资料来源:智研咨询整理。

---

① 资料来源:捷顺科技官方网站。

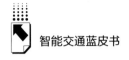
第二类是安防设备供应商。现阶段，海康、大华、宇视等安防设备供应商都已经在智慧停车行业有所发展。因为安防设备供应商在视频识别技术、门禁管理、可视化管理等方面具有独特的优势，所以安防设备供应商也是智慧停车行业的竞争者之一。

第三类是市政交管部门。城市道路的路侧停车位和路外公共停车场都归属于市政交管部门，所以市政交管部门资源优势明显。而且市政交管部门财政实力雄厚，资源整合能力很强。例如，北京静态交通投资运营有限公司通过统一平台收揽了各区路边停车位资源，提高了停车效率。

第四类是互联网企业。互联网企业进入智慧停车行业的模式大多是以智能硬件或大数据为基础，或者通过同物业公司、政府各级部门的良好关系获取相关信息，对接 B 端停车场、物业，连接 C 端车主，如 ETCP 停车、PP 停车、停简单等。

第五类是互联网巨头。例如，蚂蚁金服便先后多次在智慧停车领域布局，2016 年与 ETCP 停车达成合作，2017 年在上海虹桥机场设立试点停车场，2018 入股捷顺科技。智慧停车产业主要企业情况见表 3。

**表 3　智慧停车产业主要企业情况**

| 所处地区 | 公司名称 | 主要业务 | 营收 | 主要项目 |
|---|---|---|---|---|
| 京津冀 | 北京静态交通投资运营有限公司 | 以停车场投资运营为主体、以科技和金融为两翼，通过开展"互联网＋停车"业务，盘活存量；运用金融手段增加车位供应，扩大增量。以"把车位搬到网上来运营"的经营理念，打造静态交通投资运营平台，构建"线上＋线下"静态交通全产业生态链 | 未公布 | 北京静态交通投资运营有限公司在全市 10 个区与地方优质国资、民营资本合作成立区级公司；共运营管理各类停车场近 700 处，车位超过 14 万个，承担了全市近一半道路停车运营管理工作。其中，承担了北京市 17 家大型医院的停车场运营管理服务；投资建设运营了大运村立体停车楼、北京南站立体停车楼、八角南里停车楼及同仁医院亦庄院区地下停车场等，参与了首都机场、大兴机场停车楼的投资运营 |

续表

| 所处地区 | 公司名称 | 主要业务 | 营收 | 主要项目 |
|---|---|---|---|---|
| 京津冀 | 北京精英路通科技有限公司 | 天天泊车是一款专注于停车缴费服务的智能App,用户可以通过App在线缴纳停车费。北京精英路通科技有限公司是一家专注于智能交通、智慧停车和大数据分析应用的高科技企业,是智能交通产品和智慧停车解决方案提供商 | 未公布 | 项目名称:姜堰区综合指挥中心——小间距LED屏幕采购<br>中标金额:1365.7541000万元<br><br>项目名称:长沙湘行智慧交通科技有限公司长沙市路内停车泊位信息化改造高位视频采购项目<br>中标金额:1867.0412万元<br><br>项目名称:广东省公安厅2020——45交通管理局移动鹰眼系统建设项目<br>采购方式:竞争性磋商<br>预算金额:2417700.00元 |
| | 智慧互通科技有限公司 | 智慧互通是一家智慧泊车管理系统研发商,旗下产品包括智慧泊车城市管理系统、路侧泊位管理系统、智慧停车场系统、智慧立体车库系统、智能地锁、车位统计器等,主要应用于公共场所泊车、高速公路通行等领域。<br>爱泊车是一家智慧泊车管理系统研发商,旗下产品包括智慧泊车城市管理系统、路侧泊位管理系统、智慧停车场系统、智慧立体车库系统、智能地锁、车位统计器等,主要应用于公共场所泊车、高速公路通行等领域。隶属于智慧互通科技有限公司 | 未公布 | 项目名称:张家口市智慧停车项目设备采购<br>中标金额:12503336元<br><br>项目名称:广州市增城区中心城区道路停车信息化建设项目<br>预算金额:40663700元 |

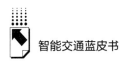

| 所处地区 | 公司名称 | 主要业务 | 营收 | 主要项目 |
|---|---|---|---|---|
| 京津冀 | 北京千方科技股份有限公司 | 千方科技已在智慧交通、智慧城市等领域形成领先优势,服务过近2000个大型智慧交通项目,完成了1400余个智能物联项目的交付,打造了一系列行业典型案例 | 2020年实现营收94.19亿元,同比增长7.99%;净利润10.80亿元,同比增长6.66% | 无 |
| | 北京云停交通科技有限公司 | 云停是中国云智慧停车全产业链运营商,产品包括智慧停车的规划、设计、建设、投资和运营管理 | 未公布 | 无 |
| | 北京数字政通科技股份有限公司 | 数字政通是一家数字化城市管理、创新社会管理、智能交通解决方案、平安城市解决方案等领域的企业,专注于为客户提供并实施包括数字化城市管理、城市三维实景测量、地下管线、网格化社会管理、电子警察、治安卡口、城市监控、智能停车场管理在内的与智慧城市建设相关的海量的解决方案 | 2019年营收1257538949.54元,同比下降2.43% | 无 |

| 所处地区 | 公司名称 | 主要业务 | 营收 | 主要项目 |
|---|---|---|---|---|
| 京津冀 | 北京蓝卡科技股份有限公司 | 蓝卡 AIoT 无人化停车场系统,通过 AI 实现车牌、车标、颜色等特征的精准识别,对有牌车、无牌车的识别率无限接近100%,确保无人值守。蓝卡 AI 高清视频车位引导系统,通过 AI 实现车脸、车牌、车位在各种光线条件下的精准识别。蓝卡停车场一系列产品已覆盖全国并远销海外,累计7000多个案例,2万多路车道,车牌识别停车场产品销量领先。目前蓝卡科技已成为阿里巴巴、远洋地产、中骏集团等大型商业中心和地产公司的指定合作伙伴 | 未公布 | 无 |
| | 北京停简单信息技术有限公司 | 北京停简单信息技术有限公司是一家注册于北京市中关村科技园区的高新技术企业,是中国领先的物联网、云技术、移动互联网停车整体解决方案供应商和服务商。停简单致力于为客户打造优质的停车服务体验,并通过城市级智慧停车平台,为静态交通提供数据分析和决策分析,旨在解决有车族的停车难、停车贵、行车难等痛点问题 | 未公布 | 无 |

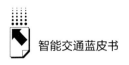

续表

| 所处地区 | 公司名称 | 主要业务 | 营收 | 主要项目 |
|---|---|---|---|---|
| 长三角 | 杭州立方控股股份有限公司 | 杭州立方控股股份有限公司是一家专注于车行、人行通道管理的解决方案供应商和城市级停车运营企业。自成立以来一直专注于人员与车辆出入口控制与停车管理系统的研发和销售 | 2019 年营收 395268226.41 元,净利润 45795594.36 元 | 项目名称:2021 年中国联通江苏宿迁京东智慧城三期项目智能化工程(停车引导系统及一卡通系统主设备) |
| | 杭州优橙科技有限公司 | 优橙科技是一家从事城市级智慧停车云平台和交通大数据研发的公司,通过先进的物联网、云计算和大数据技术,从智慧停车出发,研发了城市级智慧停车云平台、集群车库联网管理平台、城市道路停车运营管理平台和交通大数据平台等产品 | 未公布 | 项目名称:杭州市城市大脑停车系统运营股份有限公司智慧停车技术服务采购项目 项目金额:218.6 万元 |
| | 银江股份有限公司 | 公司重点发展领域为智慧交通、智慧健康等,通过在全国各大小城市设立区域服务公司构建了覆盖全国的完整市场营销网络,通过"系统建设、软件交付、运营服务"落实三位一体的企业发展战略和经营策略,通过市场平台和产业资本的深度融合构建全产业链的开放生态系统 | 2020 上半年,银江股份实现营业收入 10.89 亿元,同比增长 0.08%;实现归属于上市公司股东的净利润 1.15 亿元,同比下降 8.01%。2019 年 1~12 月银江股份营业总收入 2124003033.05 元,同比去年减少 11.99%,归属于上市公司股东的净利润为 143530786.29 元,同比大增 442.77% | 无 |

续表

| 所处地区 | 公司名称 | 主要业务 | 营收 | 主要项目 |
|---|---|---|---|---|
| 长三角 | 浙江创泰科技有限公司 | 以自主研发、国际领先的物联网传感、云平台技术为核心,创泰科技首创的城市级智慧停车系统解决了传统停车行业的痛点和难点,建立了实时、共享、全城域的智慧停车生态圈,构建了全城域停车大数据平台,对盘活城市闲置停车资源、提升停车体验、治理城市拥堵起到了极大的推进作用。公司开发的中国"好停车"手机App,为用户提供周边实时的停车泊位信息,停车诱导以及丰富快捷的停车费用支付手段,帮助用户快速完成停车、付费等流程,实现线上和线下的整合,受到用户一致好评 | 未公布 | 无 |
| | 中兴智能交通股份有限公司 | 公司的主营业务面向城市交通(公安交通、公共交通、智慧停车)和综合交通信息服务领域,为城市公安交通、公共交通、智慧停车、综合交通运输领域提供交通规划、方案设计、系统建设、运营和服务,构建以智能交通核心技术的产品研发、生产、系统建设和维护为一体的动静态交通业务生态服务体系 | 未公布 | 项目名称:张家口市宣化区智慧停车投资运营PPP项目社会资本方采购 |

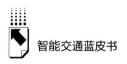

续表

| 所处地区 | 公司名称 | 主要业务 | 营收 | 主要项目 |
|---|---|---|---|---|
| 长三角 | 上海喜泊客信息技术有限公司 | 公司专注于智慧城市静态交通建设,将人、车、设备、场库进行了深度互联。倾力打造城市级智慧停车平台,实现对停车产业的一体化运营管理 | 未公布 | 无 |
| 珠三角 | 深圳市捷顺科技实业股份有限公司 | 公司以智慧车行、人行出入口软硬件产品为依托,致力于智慧停车生态建设和运营,是出入口智能管理和智慧生态环境建设的开创者和引领者,历经近30年的发展,已经成为国内智慧停车领域的领军企业 | 2020年净利润1.6亿元,同比增长12.31% | 无 |
| | 深圳市前海亿车科技有限公司 | 亿车科技是一家致力于利用移动互联网和大数据技术解决城市停车难的高科技创新企业,提供领先的路边临时占道停车管理与路外停车场收费管理运营一体化解决方案及车联网增值服务 | 未公布 | 无 |
| | 广东艾科智泊科技股份有限公司 | — | — | 桐梓县智慧停车场项目规模:城市智慧停车一体化管理平台1套,停车位共计8246个基础上安装车牌识别控制器、高清车牌识别机、智能道闸、智慧岗亭、封闭停车场收费管理平台等。本次招标金额:6569080.00元 |

续表

| 所处地区 | 公司名称 | 主要业务 | 营收 | 主要项目 |
| --- | --- | --- | --- | --- |
| 珠三角 | 迪蒙智慧交通科技有限公司 | 迪蒙人工智能共享停车解决方案以"AI 视频 + 掌停车 App + AI 停车管理云平台"为框架,为处理违章停车,追缴逃费、漏费提供了完整的证据链,解决了传统停车管理效率低、依赖人工、操作烦琐、用户体验感差等问题,真正实现"无感出入、无感支付、无人值守"的城市级智慧停车,该方案主要包括智慧路内停车、智慧停车场、立体停车库、共享停车、新能源充电桩等子系统 | 未公布 | 无 |
| | 广州有位智能科技有限公司 | 国内第一家定位于智慧停车全产业链服务商的高新技术企业,包括城市停车解决方案商,车位运营商和停车数据运营商。公司专注于路内路外一体化的智慧城市停车平台,核心地标综合体和地产集团停车平台定制 | 未公布 | 无 |
| 其他地区 | 松立控股集团股份有限公司 | 松立集团研发的慧停车平台先后落地北京、贵阳、青岛、上海等数十座城市,运营车场千余个,管理泊位 20 多万个,服务车主过千万,能够为智慧交通、智慧城市建设提供全方位、全区域、全体系的平台支撑和数据支持 | 未公布 | 胶州市公共停车资源管理项目 2000 万元 |

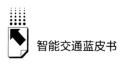

续表

| 所处地区 | 公司名称 | 主要业务 | 营收 | 主要项目 |
|---|---|---|---|---|
| 其他地区 | 青岛松立软件信息技术股份有限公司 | 公司目前主要致力于静态交通的应用平台设计与建立,为交通管理提供整体解决方案,契入性地解决了停车难、管理难、收费难的现实问题,实现了独立客户端、手机端、集成管理端、监控端以及收费系统的整合与多方便捷操控功能 | 未公布 | 无 |
| | 厦门科拓通讯技术股份有限公司 | 是专业的智慧停车价值运营商,为全球客户提供安全、高效、便捷、可靠的智慧停车服务。科拓股份专注智慧停车行业十多年,业务遍布全国33个省(区、市),产品服务远销世界六大洲,辐射60多个国家。公司总部位于厦门,员工规模近2000人,已发展成为集停车咨询、研发设计、生产制造、平台开发、运营管理、投资建设于一体的综合性停车产业集团 | | 江宁停车公司停车管理设备采购79.214万元 |
| | 哈尔滨优先科技有限公司 | 是一家专业从事城市静态交通智能化研发与管理实践的现代科技企业,专注于移动互联技术、射频技术、近场通信技术在静态交通行业的应用。优先停车通过地磁传感器、移动网络、近场通信技术及多种电子支付方式建立起城市级静态交通智能管理平台,该平台包含城市泊位信息管理系统、泊位诱导系统、路侧及封闭式停车场电子收费系统、用户手机App应用等 | 未公布 | 无 |

续表

| 所处地区 | 公司名称 | 主要业务 | 营收 | 主要项目 |
|---|---|---|---|---|
| 其他地区 | 重庆盘古美天物联网科技有限公司 | 美天科技是业内首家智慧交通生态畅通工程解决方案提供商 & 投资运营商,采用物联网、云计算、人工智能、大数据等先进技术,完成产业布局、技术布局、资源布局和资金布局,致力于以大数据平台思维提高城市交通通畅率 | 未公布 | 项目名称:郴州市中心城区公共停车位(场)智能停车系统建设项目设计。建设规模:建设智能停车管理系统,总停车位 16806 个,其中,在市城区现有 36 个停车场建设路外停车位 5944 个;在市城区 70 条道路建设路内停车位 10862 个。投资总额:总投资 9066 万元,其中建安工程费 7970 万元 |

资料来源:各企业官方网站。

2. 上游场地稀缺,中游平台竞争激烈

受益于云计算、移动互联网的发展,中国智慧停车行业不断向高端化、无人智能化发展。智慧停车平台作为停车产业链的关键部分,一般自主建立智能停车系统,然后利用停车应用程序连接 B 端停车场与 C 端车主,从而能够为数以亿计的车主提供智慧停车服务,并可以令道路堵塞、停车难、车辆乱停放等社会难题得到有效缓解。目前应用广泛的典型智慧停车平台主要包括 ETCP 停车、亿车科技、停简单、PP 停车、e 代泊、捷停车、无忧停车等。

中游市场整体在地区分布上不够集中,同时企业的规模也比较小。目前大多数停车企业以北京、上海、深圳、广州等一线城市为核心,向长沙、武汉、南京、青岛、苏州等省会、二线、三线城市进行业务辐射,已经呈现以地区为主的行业巨头规模。随着捷顺科技等上游停车设备制造商和海康、大华、宇视等安防设备制造商以及百度、阿里、腾讯等互联网巨头的相继入局,中游市场的竞争格局将会不断改变。

目前百度、阿里巴巴、腾讯纷纷通过移动支付、地图导航或其他用户入口进入停车行业产业链,互联网巨头通常在跨领域业务拓展时采取资本介入或轻资产运营模式,以提供流量入口以及资金、数据、技术等支持为主,由

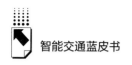

于停车场智能化改造还涉及场地租赁、硬件设施等实体产业，所以从短期来看，互联网巨头们并不会直接介入停车场内部的智能化改造。

### （五）产业发展存在的问题

1. 政策体系不健全

我国智慧停车行业缺乏统一的标准规范和政策制度等，智慧停车场的设备和系统没有明确的操作准则。此外，能够促进智慧停车产业发展的经济政策还需进一步完善。市场的激励和约束机制不健全，创新驱动不足，企业缺乏智慧停车行业发展的内生动力。

2. 停车位供给不足

据公安部交通管理局统计，截至 2021 年 3 月，全国机动车保有量达 3.78 亿辆，其中汽车 2.87 亿辆。目前，全国汽车保有量大于 100 万辆、200 万辆和 300 万辆的城市分别有 72 个、33 个和 16 个。与持续迅速增长的汽车保有量形成鲜明对比，我国停车位的缺口很大。截至 2020 年末，全国停车位缺口已经将近 8000 万个，供给率大约为 40%，停车位供给不足。[1]

3. 智慧停车应用种类繁多

传统的停车设备接口协议规范不统一，并且每个停车场出入口停车管理系统的信息化建设程度不一，导致各平台企业只能通过改造设备或适应设备的方式接入部分停车场数据。另外，由于信息标准不统一，各平台企业之间信息割裂、数据无法共享。目前，虽然各方持续看好"互联网＋停车"，但"互联网＋停车"行业市场竞争激烈，很多平台企业仍处于跑马圈地扩张的阶段，还未找到成熟的收益模式。

4. 产业管理协调机制有待完善

目前智慧停车产业化还没有统一的业务窗口或停车管理部门，缺乏协调管理机制，多头管理不利于资源整合协调发展。另外，停车场建设审批流程还有待优化，目前建设停车场需要多个部门的审批，审批时间较长。

---

① 刘志强：《停车场建设需要再发力》，《人民日报》2020 年 7 月 8 日，第 18 版。

# 二 中国智慧停车产业发展趋势

## （一）产业发展需求

### 1. 整合停车资源，需确立行业标准

国内的智慧停车产业中的从业者众多且参差不齐，停车平台种类繁多且仍然处于各不相谋的状态，由此导致车位资源无法实现共享，这与智慧停车最初盘活存量市场的愿望不一致，从而形成了人为的信息孤岛。因为各种各样的智慧停车 App 互不兼容，所以其停车场的覆盖范围并不一致，操作方式也不尽相同，这给用户带来非常不好的使用体验甚至一部分车主选择放弃使用，同时进一步导致部分停车场不再与其继续合作。因此智慧停车产业需要政府引导确立统一行业标准，整合停车资源，打破信息孤岛。

### 2. 行业发展需突破创新瓶颈

智慧停车发展的一个趋势是，智慧与生态将成为新标准和新亮点。此发展趋势主要涉及以下三方面内容：一是客户的要求。客户对智慧停车的要求日益增高，对停车服务要求越来越差异化和精细化。二是政府的管理目标。以前只需为企业做好铺垫即可，现阶段，各级政府不仅需要提供高质量的基础设施载体，同时还要明确指导智慧停车行业标准规范的统一建立，并且还需要对发展前景和趋势进行预测等，对政府的管理要求也在日益提高。三是资本的期望值。目前很难提高低端技术的产品价值，所以许多企业都在进行腾笼换鸟，通过对传统产业的转型升级来提升品质和提高价值。因此，智慧停车行业必须不断提高自身的创新能力，突破行业瓶颈，实现高质量发展。

## （二）产业发展趋势

### 1. 智慧停车市场需求增大

随着我国社会经济快速发展，城镇化进程不断加快，交通拥堵、道路安全、环境污染等社会问题也日益严峻，目前我国汽车保有量以每年20%左

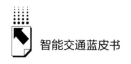

右的速度快速增长，每年新增车位需求远远大于每年实际建设停车位数量，停车位供给严重不足。智慧停车技术在人们日常生活、工作中的应用越来越广泛，对于智慧停车技术的应用需求也将越来越大，智慧停车行业发展前景广阔。

2. 政策将会持续利好产业发展

2021 年初，交通运输部选定北京等 27 个城市作为 ETC 试点城市。作为全国唯一的智慧停车省级示范区，江苏 ETC 智慧停车省级示范区于近日正式启动。围绕"ETC + 互联网"，通过移动支付和车牌识别等手段，将搭建完成一体化、智能化、标准化的 ETC 云停车平台，为全国智慧交通建设贡献"江苏智慧"和"江苏方案"。近年来，越来越多城市开始重视停车问题，各地城市管理部门牵头开放停车市场，用市场来推动智慧停车产业发展，一批停车政策和标准开始实施，各地的停车建设项目实现全面推进。

3. 智慧停车无人化发展

当前，国内绝大多数的停车场基本上还是采用传统的停车场管理方式，线下人工参与度比较高，带来的运营成本也比较高。对于停车场管理方来说，人工成本在经营成本中占据比较高的比例。随着国内劳动力成本的不断上升，停车场的经营压力也不断提升，靠线下人工管理停车场的方式将越来越受到挑战。与此同时，在人工智能与移动互联网的大潮下，许多行业都在朝智能化、少人化甚至无人化方向发展。随着以停车场云托管为代表的全无人值守停车场解决方案的不断成熟和推广，停车场的无人化将是停车场管理行业的重要发展方向。

4. 行业集中趋势将更加显著

目前，智慧停车已经在国内主要城市形成一定的规模化的应用，覆盖车场范围和车主用户规模不断扩大，市场普及率快速提升，行业正在进入一个快速发展期。随着智慧停车行业度过初期的粗放发展期，行业的业务模式逐步清晰，客户也更加成熟，一些规模小、能力弱的企业已经或将会退出市场。而行业头部企业，会以长期以来形成的规模优势、模式优势、经营能力优势，继续强化自身的竞争力，市场份额也会进一步提升。

## 三　中国智慧停车产业发展对策建议

### （一）理顺管理体制，明确主管机构，统一组织协调、统筹推进各项工作

城市停车治理是一项系统工程，应在政府的主导和统筹下，各职能部门依据其工作职能和分工承担相应责任。每个城市应以新一轮机构改革和职能职责调整为契机，借鉴杭州、南京等城市做法，成立由市领导挂帅，各相关单位参加的领导小组办公室（以下简称"停车办"），统一负责停车场（库）建设、监督、管理、考核和综合协调等工作，提高工作效率。

### （二）编制静态交通专项规划

习近平总书记指出，"城市规划在城市发展中起着重要引领作用"，"考察一个城市首先看规划，规划科学是最大效益，规划失误是最大浪费，规划折腾是最大忌讳"。每个城市应科学合理编制静态交通专项规划并使之与国民经济社会发展规划、城市建设规划、综合交通规划等相适应、相匹配，特别是要充分考虑新技术的影响，因地制宜，制定符合城市发展特点的停车专项规划。

### （三）加快城市停车立法工作

2015年至2017年，中央和地方密集出台停车相关政策，宏观产业政策框架基本完善，但法律法规仍不健全。2018年以来，北京、深圳、广州、徐州、沈阳等近10个城市出台了停车管理条例，烟台、漳州等30余个城市出台了停车管理办法、规定或细则，城市停车方面的法制建设逐步得到加强。其他城市都应当适时制定机动车停车场建设管理以及停车运营

管理的法律法规，规范停车设施规划、建设、投资、运营、管理等工作，依法对城市停车进行有效管理，切实做到有法可依，执法必严，违法必究。

### （四）建立城市统一的智慧停车平台

充分利用物联网、互联网、无线通信、人工智能、云计算、大数据等技术，进一步加大停车信息平台建设和整合力度。在普查基础上推动信息平台纳入更多泊位资源，通过市场化手段（利益协商等）加强资源整合，按照一个城市"一张图、一个平台、一个技术标准、一个运营主体、一个 App、一套服务规范"的原则建设城市级智慧停车平台，实时发布停车信息，进行停车诱导，推动共享停车，盘活存量资源，提高车位使用效率，增加停车泊位的有效供给。

### （五）进一步细化政策，吸引社会资本参与，推动停车行业的市场化发展

财政政策：主要是对停车场（库）建设给予奖补；PPP 模式的经营性补贴等。土地政策：主要是土地供应、出让方式、权属登记等。物价政策：主要是实行差别化定价和市场化调整机制等。税收政策：依据国家相关法律法规，给予税收减免等。投资政策：主要是商业配建、广告经营、车位产权、执法管理等。

### （六）加强正确的舆论宣传引导和监督，营造良好社会氛围

针对市民普遍对停车设施建设关心不够、对智慧停车等知识了解不够、部分市民存在不良停车消费行为等问题，每个城市要加大宣传工作力度，普及常识和相关法律法规，消除疑虑，争取理解和支持。同时辅以价格调节、科学合理调控道路停车规模等措施，引导广大市民绿色出行、文明停车，积极参与到城市停车治理中来，为停车设施建设管理和有序发展营造良好的社会氛围。

## 参考文献

张嫱、杨明清、那丹：《停车自助缴费，车主烦恼不少》，《工人日报》2021 年 5 月 22 日，第 3 版。

彭婷婷：《扩总量盘存量优增量　智慧停车市场蓄势待发》，《中国商报》2021 年 3 月 24 日，第 5 版。

《全面推进城镇老旧小区改造工作》，《人民日报》2020 年 7 月 21 日，第 2 版。

王菡娟：《智慧停车产业蕴含百亿商机》，《人民政协报》2021 年 4 月 15 日，第 7 版。

刘凯：《我国智慧停车行业发展策略研究》，《企业科技与发展》2019 年第 6 期。

沃绿洲：《AI 驱动下停车场出入口控制技术的发展现状》，《中国安防》2019 年第 4 期。

# 专 题 篇
## Special Topic

# B.9
# 智慧机场建设探索与实践

吴宏刚　刘宝树　何东林　李恒　李静　王浩　彭璐易*

摘　要：　机场作为交通运输体系中的重要枢纽，目前存在场面精细感知能力不足、互联互通能力不足、数字化运行能力不足、全局智能管控能力不足等问题，这些问题导致机场安全保障压力大，智慧化运行效率不高。针对上述问题，基于数字孪生、人工智能、5G、物联网等前沿技术研究与应用，突破全要素多源智能感知、空天地一体化互联互通、物理世界数字化转型、多元主体智慧协同等方面的关键技术，实现机场数字孪生、无感式旅客出行、无人化行李处理、无人化飞行区

* 吴宏刚，研究员，中国民航局第二研究所总工程师，主要研究方向为机场场面运行智能化和产业化；刘宝树，中国民航局第二研究所副所长，主要研究方向为空中交通管理、机场运行管理；何东林，中国民航局第二研究所科研中心副主任，研究员，主要研究方向为机场综合交通监视与控制；李恒，中国民航局第二研究所，副研究员，主要研究方向为机场交通信息工程及控制；李静，中国民航局第二研究所，副研究员，主要研究方向为航空公司运行控制和航空气象；王浩，中国民航局第二研究所，助理工程师，主要研究方向为机场交通信息工程及控制；彭璐易，中国民航局第二研究所，主要研究方向为机场运行管理。

作业保障，推进传统基础设施向融合"新基建"转型，构建生产要素全面物联，数据共享、协同高效、智能运行的智慧机场，可极大地提升航空枢纽的智能化运行水平，促进我国智能交通运输体系建设。

关键词： 智慧机场　数字孪生　无感出行

# 一　智慧机场基本情况

## （一）智慧机场概念的提出

随着技术的进步发展，我国机场的理念也在逐步蜕变，已走过了"电子机场""数字机场""智能机场"三个阶段，近年来随着"云大物移智"等新一代信息技术的发展，"智慧机场"也伴随"智慧地球"和"智慧城市"等概念的提出应运而生，并已成为受广大国内民航专业人员认同的新发展理念。

2014 年印发的《关于促进智慧城市健康发展的指导意见》中提出了"智慧城市"概念，并要求到 2020 年建成一批"聚集和辐射带动作用大幅增强，综合竞争优势明显提高，在保障和改善民生服务、创新社会管理、维护网络安全等方面取得显著成效"的特色鲜明的智慧城市。而随着经济的发展，民航机场在城市交通网络中的地位越发重要，民航机场已成为城市对外联系的空中门户，机场的智慧程度在一定程度上代表着一个城市的智慧程度，"智慧机场"概念随着"智慧城市"概念的提出和发展也得以产生并逐渐得到认可和推广。

2017 年 9 月 7 日，中国民用航空局党组书记、局长冯正霖在"加快推进民航基础设施建设工作会议"上强调，要加快民航基础设施建设，提出要注重"品质工程"，在建设"平安机场、绿色机场、智慧机场、人文机

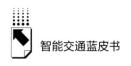
场"上下功夫，大力推进民航强国发展战略，为国家和地方经济及社会发展做出更大贡献。

2017年11月17～18日，在民航局召开的党组理论学习中心组（扩大）研讨会上，董志毅副局长强调要加强顶层设计，深入推进包括智慧空管、智慧机场、智慧航空等在内的智慧民航建设，并要求将智慧机场建设作为2018年新技术产品名录指南和工作路线图制定的重点工作方向。

2020年11月，民航局发布《四型机场建设导则》。该导则强调智慧机场建设应以实现机场全场业务网联化、可视化、协同化、智能化、个性化、精细化为目标，为四型机场建设提供技术支持和平台支持。

### （二）智慧机场的理解

2010年1月，民航局发布《中国民航四型机场建设行动纲要（2020—2035年)》，该文件指出智慧机场是生产要素全面物联，数据共享、协同高效、智能运行的机场，并且针对"四型机场"建设着重强调"要以智慧为引领，通过智慧化手段加快推动平安、绿色、人文目标的实现，由巩固硬实力逐步转向提升软实力"。建设智慧机场，首先需要推动转型升级，加快信息基础设施建设；其次需要实现数字化和推进数据共享与协同；最后需要实现网络化和推进数据融合应用，实现智能化。

智慧机场的核心服务对象包括在空侧、航站楼、陆侧等复杂业务场景中的航空器、旅客、行李等，因此实现"智慧机场"就必须在"空侧""航站楼""路侧"三方面均实现"智慧"建设和发展。

机场空侧主要包括跑道、滑行道、停机坪、货运区等及相邻地区和建筑物，其核心功能是保障飞机安全、高效运行。空侧通过对各类数据（空管数据、气象数据、场面雷达数据、飞机自动泊位与引导数据、跑道异物监测系统数据、机场围界安全监控数据、地面特种车辆调度数据等多源异构数据）进行实时的获取、存储、分析，进而实现对空侧安全的监控和预警，并借助A-CDM、A-SMGCS、FOD探测等先进技术，通过对空侧相关数据的筛选、整合、分析及挖掘，实现对机场空侧运行能力、特种车辆调度的智能化评估，并给出相应的优化建议，从而实现机场空侧的高效智慧运行。

机场航站楼是旅客接受航空服务的第一场所和重要场景，乘客对乘机前服务的高满意度和楼内商业的高创收是航站楼运营的两项核心工作。便捷是旅客满意度的一个非常重要的指标，便捷的自助化服务是提升旅客满意度的重要手段，也是智慧航站楼的重要建设内容，例如自助导引、自助行李托运、自助值机、自助安检等服务。自助服务设备也是机场大数据的重要来源，通过旅客值机、安检、登机、购物等信息采集，可构建完成面向广大旅客服务的大数据库。在大数据库的基础上，机场可借助规则引擎、AI 算法，在业务流程、多流程并行运行协作上求解，实现航站楼运行态势精准感知，最后形成自主事件预警能力，以及面向航站楼管理的智慧决策能力。此外，借助旅客大数据体系，通过深度分析和挖掘，可以为旅客提供航显提醒、楼内引导、广告推送、楼内寻人等个性化、精准化的服务。

机场路侧主要考虑的是乘客进出机场的综合交通系统，由于考虑到飞机起降安全和噪声等因素，一般城市的机场都离市中心较远，这就导致通过航空出行的旅客将花费更多的时间才能到达机场，随着城市交通条件的提升，机场路侧的交通已形成了集公交、出租车、地铁、私家车等多种交通方式于一体的复杂枢纽。陆侧交通的智慧化要求整合和优化路侧交通资源，通过综合交通协同运行技术（GTC-CDM）解决"态势检测与预测""高效协同运行""旅客智能服务"等技术难题，实现地面与航空的无缝衔接，最终实现减少旅客出行时间和降低出行成本的目标。

随着新技术的产生以及新技术在机场领域的推广应用，智慧机场的建设理念也在不断更新。从现阶段来看，智慧机场就是在原有硬件设备基础上，运用先进的信息技术，打破机场、航司、空管等参与单位间的业务瓶颈，通过采集和分析机场关键数据，大幅度提升机场态势感知能力，提升各业务单位在服务、安全、后勤保障等方面的协同作业能力，全方位提高机场运行效率和旅客满意度，最终实现机场的可持续健康发展。

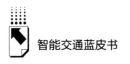

## 二　智慧机场的建设现状

### （一）多方需求引导

民航的运行主要围绕机场、航空公司、空管三大主体。机场在整个运行中处于核心地位，作为航班运行信息的集成地，需要为空管和航空公司提供运行中复杂的信息通报和运行态势预测。航空公司在航班的航前和航后保障方面与机场有着密不可分的关系，空管部门在航班起降过程中也与机场有着紧密的联系。当前各个职能部门只是完成了内部的信息共享与协同管控，但还没有打破机场—航空公司—空管的信息壁垒，无法完成多方协作的智能管控。因此需要搭建常态化、有效化的信息共享平台，实现信息共享和协同管控。通过运行各部门的数字化建设，打破原有烟囱化的系统，整合航空公司、空管、机场等部门的运行数据使之立体化，构建高效、互联互通、安全可靠的航班运行体系，对整个航班运行态势做到实时感知，提高各个职能部门之间的协同能力和辅助管理决策能力。根据以航班流为中心的"运行一张图"，打造机场运控大脑，智能精确预警、多方高效协同，提高资源利用率，提升指挥调度水平，保障航班效率和正常性。

机场作为航班运行的核心，需要加快向智慧机场转型。目前机场存在场面精细感知能力不足、互联互通能力不足、数字化运行能力不足、全局智能管控不足等问题。

在精细感知方面，目前机场是以传统的二维感知为主，未能实现机场场面三维位置信息探测，对航班流、旅客流、行李/货物感知不精细。在航班保障过程中，对场面作业人员的运行状态分析不准确，无法实现保障节点的信息采集和融合。

在互联互通方面，场面各个业务主体间没有实现互联互通，各个运行主体之间的数据交换和信息共享机制不健全，不同业务主体之间无法实现信息共享，存在信息网络传递的孤岛，导致各个部门无法实现信息联动。

在数字化运行能力方面，机场未能实现航班全程智能化和可视化，对静态的建筑物等完成了数字化复刻，对于物体实时数据、位置追溯、轨迹跟踪的数据服务没能实现预先的推理和决策预案，未能彻底完成物理世界向数字世界的转型。

在智能管控方面，机场的各个业务部门与航空公司和空管的协同管控不足，跨职能部门未能形成全域精细感知、态势自动分析、业务共享协同以及资源整合优化，导致航班安全保障压力大、航班运行效率低。

## （二）技术驱动

智慧机场建设需要依靠新一轮科技技术的发展，目前物联网、人工智能、5G、大数据、数字孪生等技术为智慧机场提供了有力的支撑。新一轮科技技术应用到机场的各个领域，助力智慧机场"运行一张图""出行一张脸"建设。

人工智能技术已经成功运用到智慧机场建设中，在航站楼中，机器人可以根据旅客及工作人员所处的业务场景和他们的需求，通过建立的数据库与其进行智能的语音交互。在场面运行中，人工智能通过学习算法实现机场场面全局运行态势智能感知，以及对机场运行态势的评估和预测，完成场面态势精确预测和精细预警。实现机位分配的自动化、智能化，提高运行效率，减少分配冲突。

物联网技术也正在推动智慧机场的建设，通过精确的定位信息，可以了解乘客的准确位置，实行精准的分级服务，实现服务升级。同时借助物联网技术实施智能旅客流量及排队管理，以提高旅客值机、安检、边检、行李提取的效率，不断提升旅客在旅程中的服务体验。

大数据技术可以用于分析突发性航班延误，为航空公司、机场运行单位提供航班延误数据，实现短期的预警服务，为各个运行单位提供决策支持。同时大数据技术可以用于分析旅客的行为和消费习惯，为旅客提供更精细化的服务。

5G技术可以用于机场行李处理、目标物体的精确定位、视频联合的高

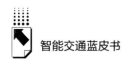

精度监视、人脸识别等方面。利用 5G 技术赋能航空移动机场通信系统（AeroMACS），可以建构机场场面空地一体化网络，打通场面各个目标物体间的信息传递障碍，提高系统传输的容量以及通信稳定性。

数字孪生技术将实现机场场面的物理系统向信息空间数字化模型映射，借助机场各种高性能传感器和高速通信、辅助数据分析和仿真建模，实现机场场面物理世界向数字世界转型。

### （三）互联网企业与民航企业合作

2017 年 6 月华为与深圳宝安国际机场达成战略合作，通过打造全新运行模式，提升机场运行的安全性、顺畅性以及便捷性。在国内率先推出智能机位分配、智能安检通道等项目，全面实现 5G 全覆盖并推出一系列 5G 场景应用，让深圳智慧机场建设成为行业标杆。2020 年 11 月，华为与深圳宝安国际机场再次达成战略合作，华为将利用其在企业数字化转型、数字平台、信息化基础设施等领域的资源优势，深入探索 5G、云、人工智能、大数据和智能计算等新一代 ICT 技术应用，积极为深圳宝安国际机场提供技术先进、理念创新的解决方案，提升深圳宝安国际机场的数字化水平。

2017 年 8 月百度与北京首都国际机场达成战略合作，双方将在人工智能、大数据等前沿领域展开更加深入的合作，共同打造智慧机场标杆与典范。百度利用其在新技术领域的优势为北京首都国际机场提供智能化服务，提升其在安全、运行和经营管理等方面的智慧水平，比如刷脸坐飞机、AI 机器人咨询服务等。此外，百度也在北京首都国际机场航站楼为旅客提供更精细的服务。根据旅客信息，提供个性化服务，助力提升北京首都国际机场运营效率，将北京首都国际机场打造为未来民航机场发展的示范标杆。

2017 年腾讯与北京首都国际机场开展合作，携手共建智慧出行生态体系。北京首都国际机场借助腾讯的互联网 + 技术，为旅客在手续办理、行李托运、安全检查和停车、打车等方面提供更加人性化和更加智慧的出行服务，同时提升北京首都国际机场的运营效率。

2018 年 8 月重庆机场集团与阿里云计算有限公司（以下简称"阿里

云")签订战略合作框架协议，建立长期战略合作，共建智慧机场。双方将在云计算、大数据、人工智能、智能旅客服务、支付业务等方面开展合作，实现优势互补、资源共享。阿里云与重庆机场联合开展了视频技术的研究，通过人脸识别技术，实现了机场内热点区域的密度分析，同时准备将数据应用到各个生产保障环节中。阿里云为重庆机场提供数据智能分析、云储存等方面的技术支持，为重庆机场提供智能化旅客服务，助力重庆机场的智能化建设，提升其智能化运行能力，推动"ET 航空大脑"落地，实现安全运行、高效运行，为旅客提供更加安全、舒适的出行体验，把重庆机场建设成为智慧机场的标杆。

2019 年 9 月驭势科技成为北京大兴国际机场"智慧机场"建设合作伙伴，旗下无人接驳车、无人巡逻车两款车型在通航日也正式落地应用。这款无人接驳车具备 L4 级无人驾驶能力。乘客输入目的地即可实现自主规划行驶路径、自主驾驶、自主避障，可运用于机场摆渡，为旅客和工作人员提供短途接驳服务。另外，无人巡逻车可按照固定路线实现自主巡逻，支持北京大兴国际机场智慧安防建设，进一步提升机场运营效能与安全，同时为整个行业建设"无人驾驶＋智慧机场"起到示范作用。

# 三　智慧机场建设进程中存在的问题

目前和今后一段时期，我国机场仍将处于规划建设的高峰期，在未来新建和改扩建的机场中，各类智慧技术、产品将会得到更加广泛的应用，但以下几个问题仍需要重点关注。

## （一）智慧技术在机场全生命周期的分布还不均衡，智能建造基础还不牢固

当前智慧机场建设的内容主要集于运营管理和旅客服务两个方面，重点破解机场运行安全压力，提升保障能力和服务水平，而在智能建造方面，中国还处于起步探索阶段，基础仍然薄弱。一方面，民航工程的自身特点增加

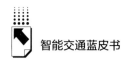

了智慧建造的难度。机场工程是最复杂的工程建设类型，几乎涉及工程建设的所有专业与建筑类型，以机场航站楼为例，作为一种特殊公共交通性建筑，具有类似城市的特点，功能和流程复杂，系统和设备众多，一直是建筑领域最复杂的建筑类别，这增加了BIM技术的应用难度；同时，机场道面要求的工艺也较为复杂，各类灯具、地井布置多样，刻槽、拉毛等工艺要求特殊，机场装配式道面标准化生产难度较大。另一方面，市场规模小且相对封闭给智能建造技术的应用带来了障碍。由于民航建设市场总体体量较小，专业性又比较强，参与工程建设的企业总数也比较少，具有一定规模的设计建设单位不多，所以整体上的科技创新与研发的投入力度不大，特别是在智能建造技术研究应用方面的创新动力还比较低，缺乏工作的主动性。

### （二）智慧科技的自主研发能力和水平还有待提升，产业链稳定性还不强

习近平总书记指出，创新是引领发展的第一动力。目前，我们在机场新技术和智慧系统方面的基础还不牢固，自主创新能力依然不强。比如，当前普遍使用的主流BIM软件均为国外开发，机场规划模拟仿真也采用的是国外软件和国外民机参数，其中的具体指标和算法也未掌握，难以因地制宜开展设计规划。还有突出的一点是，现有的新技术装备普遍存在效仿或引用其他民航发达国家的成型技术设备或者有关建设方案的情况。国外用过的，我们才使用；国外没应用的，我们就在观望。整体上还处于"追随者"的阶段。与此同时，机场装配式道面、健康监测等智慧建造技术目前还处于概念阶段，与其他交通领域的工程建设智慧发展水平还存在一定差距。

### （三）智慧技术的发展保障机制还不健全，智慧发展的工作环境有待完善

长期以来，我们聚焦于通过智慧技术应用来破除或缓解机场运行、安全保障、旅客服务等工作中的突出矛盾和具体问题，取得了一定成绩，但是支持智慧技术研发及推广应用保障机制仍然不健全。按照机场应用新技术实施

方案，到 2025 年，大、中型枢纽机场应用新技术的累计数量不低于 9 项，小型枢纽机场建议不低于 5 项，非枢纽机场建议不低于 2 项，相关标准制定及修订率达到 30%。[①] 相关工作的发展目标已经明确，但是在新技术的目录管理、评估及退出方面还缺少管理办法，应用各项新技术的容错机制尚未有效落地，对新型智慧产品应用的资金支持政策和保障措施还不明确，有关标准还暂时缺失，与构建智慧技术充分发展的政策环境还存在一定差距。

# 四 新技术引领智慧机场建设

## （一）智慧机场实现几大应用

### 1. FOD（外来物）自动探测系统及应用

跑道 FOD 是飞行器起降阶段的主要不安全因素之一。据统计，中国民航由 FOD 造成的不安全事件位列所有类型不安全事件的第二位。目前防范工作依赖一天四次的人工巡检，严重降低了通行效率，极有可能错过最佳处理时机。各机场吞吐量的迅速攀升对机场安全、高效的运行提出了更高要求，推广使用高度自动化的 FOD 探测设备辅助或替代人工 FOD 巡检，是发展趋势也是发展目标。如图 1 所示，FOD 自动探测系统由跑道侧的传感器网和后台的信息系统组成。

传感器安装于跑道侧方，分为塔架式传感器和边灯式传感器，均由雷达探测、光学探测设备组成，不同方式传感器满足不同需求且能够对 FOD 进行全天候实时探测和定位。

信息系统利用视频存储服务器、视频处理服务器、业务控制服务器以及移动终端对获得的雷达和图像数据进行分析处理得到 FOD 信息，自动发出 FOD 报警，提供 FOD 详细信息，并支持用户进行远程视频确认，最终下发

---

① 《民航局关于促进机场新技术应用的指导意见》，中国民用航空局网站，2019 年 11 月 1 日，http://www.caac.gov.cn/XXGK/XXGK/ZFGW/202003/t20200319_ 201548. html。

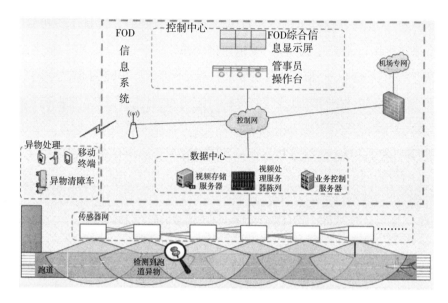

**图 1　FOD 自动探测系统总体架构**

资料来源：中国民航局第二研究所，余图同。

清理人员完成引导 FOD 排除。同时能随时存储、随时回溯。

在检测过程中，信号处理会受非均匀分布的杂波背景以及强干扰目标（如中线灯）的影响，需要研究可解决杂波相对剧烈变化情况下的 CFAR 检测器的优化方法。对比传统 CFAR 处理算法，考虑各方面因素，采用杂波图 CFAR 点技术实现 FOD 目标检测，最终实现多维度自适应杂波图对消与基于多帧滑窗的双门限杂波图 CFAR 算法融合的检测技术。

基于光学图像的跑道 FOD 检测的关键技术问题是在复杂天气、助航设施与工况误差等各种干扰因素下，系统如何有效、可靠、稳定地检测。基于上述技术难题，提出了基于图像增强、像素级目标检测与区域级目标检测的多模块级联检测架构，在确保复杂环境下 FOD 可靠检测的同时实现了低虚警率。

为了突破光学与雷达数据面对单一目标表现的局限性，需要将不同传感器对同一场景获取的信息进行融合，之后得到一个更满足预期目标的结果，最终服务于目标定位、识别。基于模糊算子对和广义加权平均方法，实现了一种新的雷达与光学数据目标融合的 FOD 检测策略：适用于异构 FOD 传感器的基于模糊算子对的区域相关异构传感器融合方法。

于 2019 年 6 月中标的北京大兴国际机场跑道 FOD 检测系统已投入机场日常运行，这是该系统首次投入使用。西一跑道采用了塔架式 FOD 探测器（见图 2），西二跑道采用了灯式光电复合 FOD 探测器（见图 3）。

**图 2　塔架式 FOD 探测器**

在北京大兴国际机场投入使用后，跑道 FOD 检测系统于 2021 年 6 月在成都天府国际机场竣工并投入使用。成都天府国际机场采用了新版边灯式光电复合 FOD 探测器（见图 4）。

在两个机场的日常运行过程中，跑道 FOD 检测系统多次排除了高危 FOD，比如曾于北京大兴国际机场道面检测到直径约 1cm 的飞机气门芯帽（见图 5）。

2. 防跑道侵入系统及应用

跑道侵入事件一旦发生，可能造成十分严重的后果。1977 年 3 月 27 日，在西班牙特内里费岛洛司罗迪欧机场，两架波音 747 客机在跑道相撞，造成 583 人遇难，这是民航历史上伤亡人数最多的空难事件，同时也是一起典型的跑道侵入事件。随着中国民航业的快速发展，跑道运行安全问题愈发凸显，特别是跑道侵入事件时有发生。2016 年 10 月 11 日，上海虹桥机场

**图3 灯式光电复合FOD探测器**

一架正在执行起飞动作的飞机险些与一架横穿该跑道的飞机相撞。

防跑道侵入系统通过场监雷达、多点定位、ADS-B等监视手段获取场面态势数据，结合跑道运行规则对当前跑道安全状态进行判断。当进入或穿越跑道不安全时，系统点亮红色的跑道进入灯（Runway-Entrance Lights，REL）；当飞机不应起飞或降落在跑道上时，系统点亮红色的起飞等待灯（Takeoff-Hold Lights，THL）；当跑道状态安全时，系统自动熄灭所有灯光。防跑道侵入系统结构如图6所示。防跑道侵入系统不需要管制员进行输入操作，就能够向机组人员和车辆驾驶员提供直接、迅速的跑道状态的提示告警。

2017年，由中国民用航空局第二研究所研制的国内首套防跑道侵入系统在上海虹桥机场进行应用验证，建设了一套针对跑道、滑行道区域的多点

图4　新版边灯式光电复合 FOD 探测器

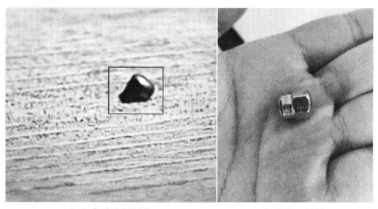

（a）自动取证图片　　　　　（b）人工捡拾

图5　气门芯帽

定位系统，该系统包括一组跑道进入灯和一组起飞等待灯。经过影子模式运行验证、车辆测试，检验了系统灯光控制逻辑合理性和实际运行效果。最后又利用两架飞机进行了真实飞行测试，测试场景包括飞机起降和穿越跑道的过程。飞行测试后，机组表示跑道状态灯能够清晰地为飞行员提供视觉提

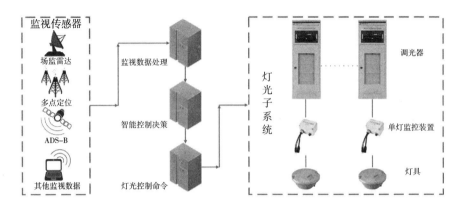

图6 防跑道侵入系统结构

示，对于飞行员判断跑道安全状态有很大帮助，能够有效防止跑道侵入事件的发生，图7为跑道被占用时起飞等待灯点亮。2019年，中国民航局第二研究所在新疆和田机场开始实施国内首个防跑道侵入系统的工程项目建设，和田机场为军民合用机场，由于军民航管辖独立、运行标准不统一，军方人员和地面保障车辆活动频繁且不确定性较大，极易发生跑道侵入事件，通过防跑道侵入系统的部署，直接面向航空器、车辆驾驶员和场面人员发出及时有效的告警提示，对提高军民航协同运行安全发挥了显著作用，目前该项目已通过行业验收。

3. 远程塔台系统及应用

长期以来，我国民航机场场面运行管理主要由空管塔台管制相关席位负责。对于大型繁忙机场，场面布局复杂，塔台视野上通常都存在盲区，而且在应急灾难情况下，塔台如果出现损毁，现在也没有很好的备用方案；对于支线机场，很多都不具备有人值守的条件，面临着塔台设备落后、管制人员短缺、新建塔台成本高等现状。国际民航组织"空中航行系统组块升级计划"提出远程空中交通服务，用于解决大型繁忙机场塔台应急管制与支线机场无人值守塔台管制。

远程塔台系统是通过高清视频图像替代目视观察来提供机场空中交通服务的设施。以高清视频图像处理、数据低延时远程传输为基础，将数据转换

**图7　跑道被占用时起飞等待灯点亮**

为支持管制员决策的图形或增强化的直观图像，同时结合人工智能、三维虚拟、气象融合、语音通信、智能管控等技术，实现远程异地指挥。该系统不受地点限制，在节省人力成本的同时还能提高工作效率，真正实现"云中之塔"向"数字之塔"的跨越。

远程塔台系统包括光学系统、通信系统、ADS-B/多点定位等监视设备、A-SMGCS、电子进程单、飞行计划处理系统、管制综合信息显示系统、灯光控制系统和网络传输等。系统通过利用监视设备采集可见光、热成像等视频光学数据，ADS-B、多点定位等监视数据，融合语音、气象、时钟、飞行等生产数据，经目标跟踪、视景增强、三维虚拟、数据融合等算法处理后，通过专线链路传输至远程管制中心，构建可视化协同管控平台，实现对多个机场的协同管控。系统关键技术主要包括：超高清全景视频实时生成与增强监视、场面动目标特征智能分析和快速重捕获、基于视觉定位的多源异构数据（ADS-B、多点定位及综合航迹）高精度匹配融合、超高清视频实时编解码与传输等技术。远程塔台技术流程构架如图8所示。

系统通过对机场场面全景与局部画面整体运行态势全面感知，实现机场"一幅画"的呈现。如图9所示。

对机场夜间、薄雾等低能见度下视频画面进行增强显示。如图10所示。

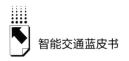
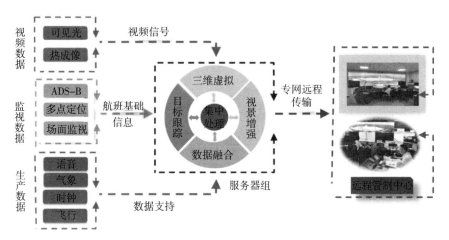

图8 远程塔台技术流程构架

图9 机场全景拼接效果

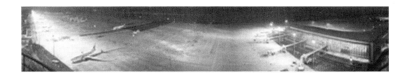

图10 机场夜间增强效果

对距离机场3公里范围内的航空器进行"起飞—滑行—降落"全过程自动跟踪。如图11所示。

实时接入ADS-B、场监雷达、综合航迹及气象数据，通过挂标牌的形式在全景视频上进行航班信息的呈现。如图12所示。

根据用户的回放请求对任意时刻系统所存储的全景历史视频进行整体回放。如图13所示。

全景视频、场面监视及三维虚实结合的集成一体化显示。如图14所示。

图 11　目标跟踪显示

图 12　全景视频挂标牌显示

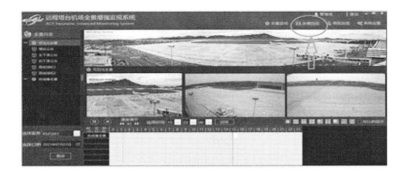

图 13　记录回放效果

　　远程塔台系统已成功应用于大型繁忙机场，如广州白云机场、珠海金湾机场，以及支线机场，如新疆那拉提机场、内蒙古锡林浩特和二连浩特机场、青海德令哈机场、浙江建德千岛湖机场，其效果如图 15 所示。该系统有效解决了大中小型机场塔台建设维护成本过高、人力资源浪费的问题，为

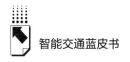

**图14　一体化管控效果**

机场的发展、运输航空与通用航空全面均衡地发展做出了重要贡献。

4.行李全程跟踪系统及应用

长久以来，机场托运行李破损、丢失、迟运，托运过程"黑匣子"等是从业者迫切希望解决的问题。中国民航局将推广行李全程跟踪系统工作列入2021年"我为群众办实事"任务清单，2021年底前在千万级以上机场推行该无线射频识别技术，以提升行李运输服务水平，缩减行李提取时间，避免行李运输过程中出现差错或造成破损。国际航空运输协会（IATA）通过决议期望实现旅客行李的单件追踪，从而有效降低整个行业的行李错运率。但是，行李跟踪对准确性和实时性的要求都非常高，如果采用目前快递行业普遍使用的手持设备来获取信息，将会严重影响效率；而且，每个航空公司和机场需求的数据由于采用的行李全程跟踪系统不同而有很大差异，这就导致跨时空和区域的行李跟踪探索之路荆棘丛生。

中国民航局第二研究所肩负科技创新使命，积极探寻行业应用难点，经过16年的技术积累，并利用其在国内外200余个行李系统项目的经验，自主研发了采用无线射频技术的行李全程跟踪系统，实现了行李数据的自动采集和实时共享，同时能够为机场提供高效的业务保障能力。这套科研成果能实现机场托运行李从值机托运到提取12个节点近20个环节的识别和跟踪，有效降低行李破损、丢失、迟运等情况的发生频率，使工作人员和旅客能实

（a）广州远程机坪塔台管制中心　　　　　　　（b）珠海远程机坪塔台管制中心

（c）新疆那拉提远程管制中心　　　　　（d）内蒙古锡林浩特和二连浩特远程管制中心

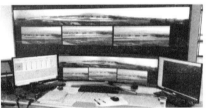

（e）青海德令哈远程管制中心　　　　　　　（f）浙江建德千岛湖远程管制中心

**图15　远程塔台系统应用推广效果**

时获取行李托运状态，同时在行李实施跟踪数据基础上，拓展行李业务保障功能，在行李误分拣报警、延误预警、非常规行李拉下、辅助人工分拣等多个方面提高行李处理效率，降低行李差错率和破损率。

中国民航局第二研究所攻克了标签读取的物理环节约束、密集小间距射频识别等技术难点，自主研发的行李全程跟踪系统可以实现对连续通过行李识别设备的间距为40cm及以上的行李的精准识别，准确率达到了99%以上。此外，为了打破数据壁垒，实现数据共享，研发团队融合大数据、云计算、云存储等技术，基于统一数据标准，搭建了行业各方数据交换和数据服务平台；为方便机场运维和提高旅客行李托运体验，行李全程跟踪系统采集

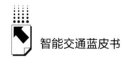
和汇总的行李跟踪数据还可进行简易二次开发，如不同类型报表自定义、对外接口配置部署、定制机场 App 或公众号向旅客推送行李信息等（见图16）。整套系统获得民航科技进步奖，并获得"四川省名优产品"称号。

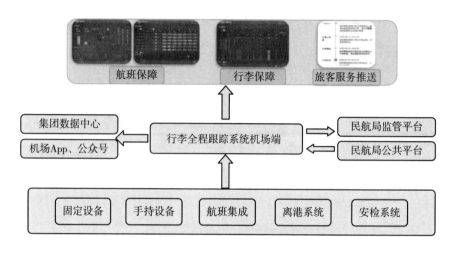

图16　行李全程跟踪系统架构

截至 2021 年，中国民航局第二研究所行李全程跟踪系统已应用于北京首都国际机场、北京大兴国际机场、成都天府国际机场等 13 个机场（集团）17 个项目，帮助机场提升了行李运输服务品质，得到各机场的认可。

5. 机场协同决策系统（A-CDM）

近年来我国民航业飞速发展，机场高密度运行已成为常态，航班正常性持续走低。提升航班准点率成为航空公司、空管、机场等各方的核心目标，这就需要机场内部、机场与各运营方实现紧密的跨部门业务协同运行，为此中国民航局第二研究所自主研发了机场协同决策系统，通过大数据分析技术和智能算法的综合应用，能够有效提升航班运行保障效率，提高机场航班放行正常率和旅客服务质量。

机场协同决策系统的主要功能模块有以下几个部分。航班运行综合监控模块：面向机场运行控制部门，提供统一的航班协同运行视图，保证各单位在同一视图下，及时准确获取相同的信息，更好地完成协同运行。空地协同决策模块：按照 A-CDM 规范实施里程碑达成、可变滑行时间、离港协同等功能，加强各业务单位对离港航班的预测性，减少延误、减少航班时隙的浪费，提高航班放行正常率。运行保障 KPI 评价模块：从保障、效率、环境、容量、安全、机场运行等方面进行 KPI 考核，为机场优化业务流程、提高管理效率提供辅助决策。综合查询统计模块：对业务数据进行深度分析，帮助用户快速获取相关业务统计数据。运行通告管理模块：此模块提供机场信息服务相关的功能，可发布机场气象预警、机场容量预警、流控预警、特殊事件等信息。

系统应用体系架构中，由下至上依次为业务层、数据层、系统总线和外部数据接口层。其中系统总线是整个 A-CDM 系统中最基本的连接中枢，如图 17 所示。

系统采用的关键技术包括：提出基于因果卷积神经网络的保障节点视频识别算法，实现基于视频检测的航班保障节点时间精准采集；研制多源异构数据融合技术，实现航班保障节点多源异构数据融合；构建基于着色时间 petri 网的航班地面保障服务定量描述网络模型，实现对航班地面保障服务复杂关系精准刻画；搭建基于潜在语义索引（LSI）和卷积神经网络结构的 LSI-CNN 模型，实现机场航班保障态势精准预测。通过这些关键技术，可以实现航班地面服务精细管控，从根本上解决机场运行保障能力不足的问题，提升机场智能化运行水平和协同决策能力。

当前 A-CDM 产品已在广州、重庆等 10 多个大中型机场中推广应用，实现了民航机场运行态势的实时感知、智能运行和协同决策，保障了民航机场安全、高效、协同运行，提升了机场运行效率和品质，提高了旅客满意度（见图 18）。

## （二）智慧机场建设的先锋

### 1. 北京大兴国际机场"智慧机场"建设情况

2019 年 6 月中旬召开的民航局新闻发布会上，民航局机场司副司长张锐在答记者问时表示，大兴国际机场作为数字化兴起背景下的交通枢纽，

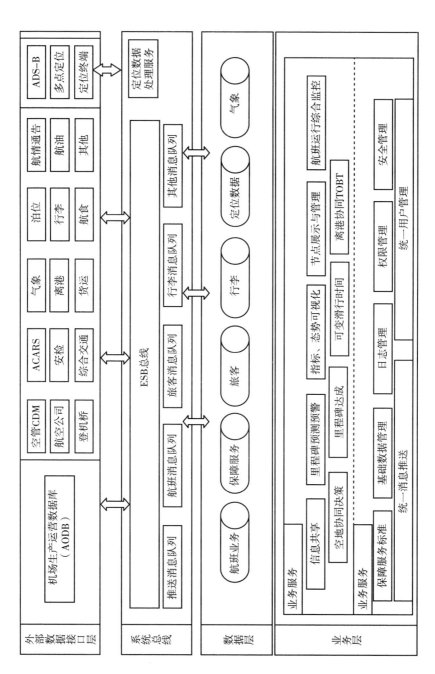

图 17　机场协同决策系统应用体系架构

**图18　广州白云机场效果**

致力于打造全球超大型智慧机场标杆。北京大兴国际机场应用了大数据、智能分析、智能指挥调度等新技术，是智慧机场建设的典型，于2019年9月25日正式投入运营。

　　基于5G技术的应用，北京大兴国际机场实现了5G网络全覆盖，引入的人脸识别技术可实现一张脸畅行值机，而且机场内部投放了大量的自助值机设备和自助行李托运设备，可以在很大程度上提高旅客出行效率，缩短旅客等待时间。在行李托运方面，北京大兴国际机场全面采用了RFID定位射频行李追踪系统，共安装了82套RFID识别设备，① 使旅客能够在手机App上实时查看行李状态和所在位置，并且在出站时就可以提取行李。在机场管理方面，北京大兴国际机场依托人工智能等新技术构建的机场统一运行信息数据平台，能够实现实时数据共享（包括机场与机场之间、部门与部门之间、机场与旅客之间、旅客与行李之间等），并整合大数据分析等技术，实

--------

　　① 资料来源：中国民航局第二研究所。

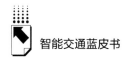

现了信息精准分析和智能运行决策，从而大幅提高管理水平，真正让旅客感受到机场管理的人性化、智能化。在安防保障方面，北京大兴国际机场建设了大规模高度集成的安防平台，通过使用视频监控、图像分析、消防报警、门禁、生物识别以及飞行区围界等多样化的安全保障方式，形成了较为全面的安防保障体系，可以实现安全事件的预测和主动预警，从而提升机场整体安全防范能力。建设了58套国际先进的智能旅客安检系统，① 在身份检查环节，旅客需经过"两道门"的核验，传统的人工证件检查升级为机器人查验。第一道门，机器可对旅客登机牌和身份证件进行核验；第二道门，通过人脸拍照，即"刷脸"实现身份比对。

2. 成都天府国际机场"智慧机场"建设情况

2021年6月27日，成都天府国际机场投入运营，天府"神鸟"正式起航。成都天府国际机场深度融合了物联网、云计算及存储、个人智能终端等多种先进技术，在给旅客提供更多智能化出行体验和人性化服务的同时，构建出"一张人脸走遍机场""一颗芯片行李跟踪""一个大脑智慧运营"的智慧机场雏形。

在跑道运行安全管控方面，成都天府国际机场建成了国际一流的综合防跑道侵入、FOD智能探测、鸟击智能防范技术的"智慧跑道"。成都天府国际机场西一跑道是一条全球等级最高的4F级跑道，也是全国首次采用系统技术的智慧跑道。该跑道下预埋的大量性能探测传感器能够实时采集和分析跑道的状态并预警，为跑道后续的运营和维护提供科学支持和保障；其智能跑道状态灯光系统，就像道路上的红绿灯，为飞行员提供滑行指引，与传统机场的塔台指挥相比，新技术的应用在很大程度上提高了跑道的安全性能。

跑道FOD与飞鸟是民航运行安全的重要"杀手"。为解决这一安全隐患，成都天府国际机场利用新一代雷达和光学复合智能探测系统对跑道FOD进行全天候实时探测和定位，实现外来物自动告警和自动清除引导，提高了FOD安全管理水平和跑道运行效率。此外，成都天府国际机场在鸟

---

① 资料来源：中国民航局第二研究所。

击防范理念上进一步创新，以系统观念处理好"驱"与"治"的关系，将多类型鸟击防范设备与虫情生态治理系统有机结合，实现全要素、全方位、全过程的鸟击防范安全运行保障。

在塔台管制方面，成都天府国际机场构建了多系统联合管制的"智慧大脑"。智能跑道是成都天府国际机场建设"智慧机场"的"智慧肢体"，而毗邻跑道的两个管制塔台，则是指挥整个飞行区域高效运转的"智慧大脑"。成都天府国际机场在其配备的塔台管制自动化系统和全亚洲最大规模的场面监视多点定位系统的综合联动下，对跑道、滑行道、联络道及机坪区域有效覆盖，实现了全天候、全场区"智慧监视"。同时基于空地态势感知、预先指令告警、飞行数据统一管理、运行数据实时交互、场面路由引导等国际先进技术，为机场塔台、机坪管制提供"智慧管制运行"服务。

在旅客服务方面，成都天府国际机场面向精准服务，建设了旅客"智慧出行"体系。成都天府国际机场是全国首次在出港行李处理环节采用射频识别＋激光＋OCR/VCA读码方式采集行李条码信息的机场，真正实现了出港行李的全程追踪。同时，也是全国首次在酒店、地铁等多点部署行李托运设备的机场，做到了尽早解放旅客双手，以实际行动践行"真情服务"。此外，成都天府国际机场是全国首个采用预分拣＋指廊末端分拣模式的机场，有效减少了行李站坪运输时间，提高了机场运行效率。而且，成都天府国际机场也是全国首个在设计过程中采用系统仿真技术，实现机场建设和运营的数字化的机场，有效提高了机场管理效能。

3. 深圳宝安国际机场"智慧机场"建设情况

为了落实智慧机场建设蓝图，深圳宝安国际机场规划了"四横四纵"的总体技术架构。"四横"主要是端层、基础设施层、平台层、应用层。"四纵"是大安全、大运控、大服务及大管理四大业务体系。

深圳宝安国际机场以全链条提升旅客出行体验为着眼点，通过应用5G、云计算、大数据、虚拟现实等技术，全面推广OneID全流程旅客出行服务、无纸化便捷通关服务、基于RFID的行李全流程追踪、智能AR室内定位导航服务和空地协同智慧交通管理等智慧机场关键要素建设。

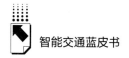

OneID 全流程旅客出行服务：通过采用 OneID 旅客数字化身份的技术手段，使用小程序、App、公众号统一入口，后台打通各相关应用系统，建立完整的旅客画像，统一旅客身份数据，实现旅客行为追踪，运用大数据及 AI 技术，提供场景化、个性化、智能化的线上精准服务。

无纸化便捷通关服务：基于 5G、物联网等技术，深圳宝安国际机场全面实现国内航班全流程自助出行，率先实现"五证合一"通关验证、刷脸自助安检验证，最快 3 秒自助通关，国内刷脸登机设备覆盖率达 100%。截至 2020 年底自助行李托运已上线 52 条，通道覆盖 4 个值机岛；自助安检实现 40 个通道全覆盖，自助验证比例高达 70%，每日使用人次高达 4.5 万左右；登机口上线 68 条自助通道，[①] 实现国内登机自助全覆盖。从最初的"电子登机牌乘机"到"一证通关"再到刷脸实现全流程自助，真正实现"一张脸走遍机场"。

基于 RFID 的行李全流程追踪：深圳宝安国际机场已实现东航、上航从深圳往返浦东、虹桥、西安、武汉四个机场的行李全流程跟踪服务，东航、上航行李错运比例大幅下降。

智能 AR 室内定位导航服务：室内位置服务是智慧机场新一代基础服务体系之一。深圳宝安国际机场全场布设 1 万个蓝牙信标，[②] 覆盖区域包括 T3 航站楼、GTC、室内停车场、酒店部分区域，可以根据旅客航班信息，将到达登机口的全路程推送给旅客，旅客可查看各关键位置的分段路程。深圳宝安国际机场把视觉感知技术引入地图导航之中，实现室内传统定位导航 + AR 视觉全场覆盖，让室内空间复杂地带更容易导航，同时根据旅客画像智能推荐餐饮、购物等场所，急旅客所急，想旅客所想，实现真正意义上的真情服务。

空地协同智慧交通管理：搭建"一平台、一大脑、一张图"的空地协同智慧交通管理系统，即一个统一的数据平台、一套智能决策引擎、一个路

---

① 《四型机场师范项目 | 深圳机场智慧机场建设示范项目》，个人图书馆网站，2020 年 11 月 21 日，http：//www. 360doc. com/content/20/1121/19/26939665_ 947105962. shtml。
② 《四型机场师范项目 | 深圳机场智慧机场建设示范项目》，个人图书馆网站，2020 年 11 月 21 日，http：//www. 360doc. com/content/20/1121/19/26939665_ 947105962. shtml。

侧交通实时运行可视化系统，通过大数据挖掘与分析、旅客画像，实现航延及夜间等多种情况下的客流预测及运力匹配预测，为智能调度及协同指挥提供帮助。

# 五　智慧机场发展的思考与展望

## （一）智慧机场体系构想

机场发展应突破各自为营的视野局限，要从顶层出发，坚持系统思维，研究适应于发展需求导向与未来技术变革的智慧机场体系。智慧机场的运行愿景是利用智能平台把航空公司、航空器、航班、旅客、地勤、安防以及商业等互联在同一平台上，打破其各方独立运营的模式，使其协同作业，通过态势感知、智能交互、数字转型和智慧决策，真正实现"智慧"融合。在智慧机场内涵定义与愿景展望下，智慧机场体系轮廓变得更加清晰，智慧机场体系应包含全要素多源智能感知、空天地一体化互联互通、物理世界数字化转型、多元主体智慧协同四大关键技术，如图19所示。

### 1. 全要素多源智能感知

未来对机场运行态势的感知应向更全面、更精确、更精细、更主动发展。在机场传统监视手段基础上，通过新增激光雷达、毫米波雷达、高清摄像头等新型传感器，实现对航班流、旅客流、行李/货物流三种机场运行核心的融合智能感知。针对航班流，研究航班保障节点信息自动采集技术，实现多达50个以上的保障节点的信息采集与融合，研究以航空器为中心的场面运行态势精确感知技术，实现场面全域航空器三维精确感知，实现对保障航空器运行的车辆、设施设备、气象、作业装备的精确感知。针对旅客流，利用智能摄像头、室内高精度定位、人工智能等技术，研究旅客精确定位、聚集热点分析、异常行为识别等技术。针对行李/货运流，研究行李/货运全流程跟踪技术，实现对行李/货运及其处理系统的各项关键信息的检测、分析、监管、智能推送。

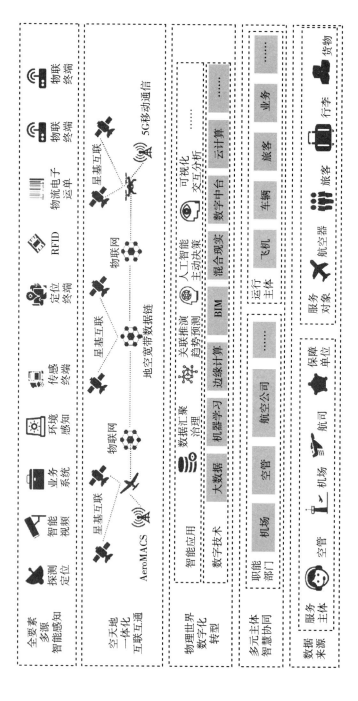

图 19 智慧机场体系构想

2. 空天地一体化互联互通

聚焦不同信息系统互联互通的需求，实现机场一张网，数据全贯通。研究 AeroMACS、5G 移动通信、物联网、星基通信等多种异构网络融合技术，实现各种网络实时的互联互通。研究不同运行主体（航空器、车辆、旅客等）之间的数据交换和信息共享机制，以实现不同运行主体及其业务间的互联互操作。研究多元宽带通信与信息共享技术，研制空天地一体化互联互通网络，通过与航空器、车辆、智能作业装备、助航灯光及传感器等多设施硬件对接，实现一体化互联与共享。

3. 物理世界数字化转型

随着国家和民航不断提出对新基建和四型机场建设的新要求，传统的机场建设迫切需要转型升级，采用数字孪生技术构建数字机场，是落实智能建造、智慧运行和新型基础设施建设的具体举措。数字孪生机场运用新技术对数据资源进行统计分析与挖掘，搭建机场运行品质评估系统，实现机场运行品质的实时感知和可视化交互，精准发现问题瓶颈；采用仿真模拟技术评估运行方案，优化运行策略，为机场在规划决策、旅客服务以及运营管理方面提供强有力的支撑。

4. 多元主体智慧协同

多元主体智慧协同主要呈现三个特点：一是打破传统的不同要素不同系统管控模式，形成航班流、旅客流、行李/货运流、设施设备、智能作业装备等机场运行核心要素的一体化管控。二是为适应场面作业保障无人化、有人机与无人机融合运行的需求，实现机场运行调度高度智能化。三是为维持机场在旅客/货运运输量持续快速增加的情况下安全、高效运行，实现跨职能部门协同的机场预战术/战术级主动监测、防控、优化。形成全域精细感知、安全风险预警、协同智能决策、态势自动分析、全局资源优化等智能融合应用，支撑机场实现互联互通一体化、保障调度一体化、作业服务无人化、有人无人混合运行。

## （二）智慧机场展望

### 1. 机场数字孪生

机场数字孪生系统指通过对物理世界的人、物、事件等所有要素数字化，

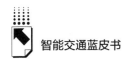

建立一个"虚拟机场",形成物理维度上的实体机场和信息维度上的数字机场同生共存、虚实交融的格局,对机场的运行和发展进行科学监管和分析。主要解决现有物理机场运行"观不全、行不顺、思不足"三层面的问题。

针对"观不全"的问题,现有的机场业务运行管理分散在多个系统上,缺少一个上层系统来实现对全域运行监管,通过数字孪生系统可以全面打通业务系统,实现机场全域运行态势的可视化监管。

针对"行不顺"的问题,现有的机场多部门协同运行存在业务和信息壁垒,缺少一个上层系统来全面汇总数据实现智能决策,通过在数字孪生系统汇聚全生命周期数据能够实现机场全域协同,为机场智能运行提供决策支撑。

针对"思不足"的问题,由于机场运行业务和流程复杂,随机因素扰动大,管理者对未来的业务变革、宏观布局和战略决策难以实现精准科学的分析。而数字孪生基于真实的运行业务环境,在虚拟的平台上进行仿真推演,能够准确地反映未来的运行状态。因此,通过数字孪生系统能够实现机场决策的价值和效益最大化。

2. 无感式旅客出行

随着民航机场运输生产的快速发展,机场行业面临诸多现实问题,特别是对于大型国际枢纽机场来说,挑战更是来自方方面面。例如,严峻的安全形势、排队等待时间过长、服务质量差、自动化水平较低等,这些问题促使机场管理人员不断思考作为服务型行业,如何利用新的技术使原有的服务模式得以改变,如何利用新的技术提高资源的利用率等一系列问题。目前,大部分机场仍采用安检验证柜台对安检对象身份和登机牌(证)进行查验,对于行李、人的安检信息并无关联与管理手段,安检流程模式和主要装备系统长期未有质的改变和提升。

近年来,随着深度学习及人工智能的发展,机场开始利用新兴科技手段改善旅客服务,提出了民航旅客无感出行的新概念。

未来机场旅客出行服务将依托大数据、云计算、人工智能计算机视觉、数据共享、5G网络等先进前沿技术,以旅客为核心,构建一体化的民航旅客智慧出行解决方案,打造更高程度的未来智慧机场,实现旅客无感出行,提高机场运行效率，降低机场安全压力，增强旅客出行体验度。

通过对航站楼内旅客智慧出行的建设，在旅客出行的每个节点都做到智能化、无感化，如无感安检、无感登机等（见图20、图21），实现在"安全、运营、服务"三方面提升旅客出行体验。

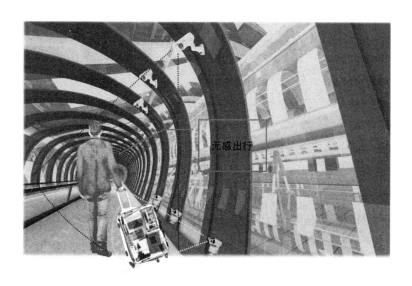

**图20　未来机场无感出行——无感安检**

**图21　未来机场无感出行——无感登机**

### 3. 无人化行李处理

在民航行李处理领域，随着"云物移大智"和新基建等先进技术的迅速融合与赋能，未来行李处理势必会向着全流程无人化方向发展。从旅客到达机场或有行李托运需求开始，基于"门到门"服务链、人工智能识别、可移动式行李自助托运、自主移动机器人（AMR）等技术，无须用户到达值机台甚至无须到达航站楼即可实现行李的自助托运，旅客随到随托运，释放其漫长的排队等待时间，用户可更合理地规划乘机时间，无须再提前2小时到达机场。随后的托运行李安检、开包、运输、分拣、装卸、提取等环节均可由 AMR 集群自主高效完成，全流程再也无须工作人员深度参与，工作人员只需执行监控、观察、应急任务，在显著提高机场行李处理效能与智能化程度的同时可极大提高对旅客真情服务的品质（见图22、图23）。

图 22　智能引路和自助托运

图 23　托运行李智能分拣

基于上述全流程无人化行李处理的预期场景，在未来航空物流新技术发展方向上，中国民航局第二研究所将致力于 AMR 集群等智能关键技术，进一步提升自身以新技术、新设备为特征的新业务模式规划和解决方案能力，以更全覆盖民航旅客行李处理领域全业务链技术，实现全面自主可控，达到国际领先水平。

4. 无人化飞行区作业保障

应用智能化作业装备，在航空器保障、货运传输与装卸、基础设施管养等领域实现无人化。以无人车、机器人、无人机为载体，实现道面、助航灯光、围界等基础设施的自动巡检与维护，实现航空器保障（如引导、加油、配餐、除冰、航前航后检查等）的全自动化流程，实现行李/货运的物流全站处理自动化流程。

完成设施设备无人巡检与核心装备智能化，实现道面智能管养、跑道外来物探测与移除的智能协同、围界与助航灯光无人巡检等技术，研制一系列用于设施设备自动巡检的无人驾驶车辆、无人机、自动抓取外来物机器人等。

完成航空器无人保障与核心装备智能化，实现航空器自动引导、自动泊位、廊桥自动接驳、无人机航前航后过站检查、通过机坪管网建设和机位固定式航空器保障设备研制等，自动为航空器提供电源、空调、加油、配餐、清污水等服务。

完成货物全站自动处理与核心装备智能化，重点研究货物自主运输、机场地面货站自动分拣、行李全自动装卸、智能仓储、基于大数据与虚拟现实的智能运维等技术，实现高速、高效、智能化的机场行李处理、基于物联网、人工智能、区块链的行李/货物全程信息跟踪、基于生物识别的旅客自助行李服务装备。

完成无人化作业智能调度，实现对道面、助航灯光、导航台、传感器等设施设备自动巡检装备的智能调度，实现对航空器引导、加油、配餐、除冰、航前航后检查等自动保障装备的智能调度。实现 AMR 集群与目的地编码小车（DCV）的货物高速运输与分拣，实现行李全自动装卸、机坪自主运输和行李拖车的智能调度。

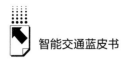

## 参考文献

《交通运输部关于推动交通运输领域新型基础设施建设的指导意见》，《铁路采购与物流》2020年第8期。

潘瑾瑜：《为民航强国建设提供强大科技支撑》，《中国民航报》2021年6月10日，第1版。

张丰蘩：《为全球机场建设贡献中国智慧》，《中国民航报》2020年1月10日，第2版。

张哈斯巴根：《四型机场助力民航高质量发展》，《中国民航报》2021年6月17日，第8版。

郝蒙、李琳：《科技创新让行李托运更放心》，《中国民航报》2018年6月25日，第1版。

谢利国：《从"大兴机场"看智慧机场建设》，《中小企业管理与科技》2021年第5期。

赵任远：《数字孪生技术推动机场向智能建造和新基建创新转型》，《中国工程咨询》2021年第3期。

# B.10
# 自动驾驶与车路协同产业发展现状及建议

张纪升 方靖 李宏海 张凡*

摘 要： 随着自动驾驶技术和智能网联技术的飞速发展，配套的试点
示范工程以及产业化政策也在不断完善。全国高速公路联网
收费工程的稳定运行、5G 标准固化和商用推动，使车路协同
在技术选择、应用场景等方面有了新的探索。本报告通过对
自动驾驶与车路协同相关产业化政策、技术发展现状、应用
试点示范及产业化标准等方面进行现状总结和分析，并结合
交通强国试点建设、交通新基建需求，就下一步自动驾驶和
车路协同发展从实施范围、实施重点、技术发展等方面提出
建议：加强统筹协调，针对试点示范区域鼓励政策法规方面
的探索；加强过程监管与运营评估，审慎包容推动技术健康
发展；在统一标准指导下，着力构建一批示范应用场景；深
入贯彻数据安全要求，构建面向"车—路—云"的网络安全
体系；整合路网管理与服务行业需求，打造产业链。

关键词： 自动驾驶 车路协同 产业发展

* 张纪升，中路高科交通科技集团有限公司自动驾驶交通运输行业研发中心主任，主要研究方
向为车路协同与自动驾驶、路网管理等；方靖，中路高科交通科技集团有限公司自动驾驶交
通运输行业研发中心副主任，主要研究方向为基础设施数字化、交通安全等；李宏海，中路
高科交通科技集团有限公司自动驾驶交通运输行业研发中心副主任，主要研究方向为智慧公
路与车路协同、自动驾驶测试等；张凡，中路高科交通科技集团有限公司自动驾驶交通运输
行业研发中心，高级工程师，主要研究方向为车路协同管控策略、交通仿真等。

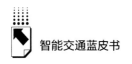

# 一 概述

随着现代信息技术以及人工智能技术的快速发展、智能交通技术的深度
应用，传统的车路协同手段也逐渐向智能化的车路协同技术转变，即通过不
断提升车辆以及道路智能化水平，降低乃至消除对"人"的依赖，同时依
赖个体的决策方式向依赖信息更加丰富的全局决策方式发展，从而实现系统
安全高效运行。

中国对自动驾驶与车路协同的探索已经超过了 20 年，并在基于磁诱导的
冬季除雪车辆视野拓展和基于专用短程通信技术（DSRC）的电子不停车收费
等车路交互场景方面取得了成功应用（见图 1、图 2）。

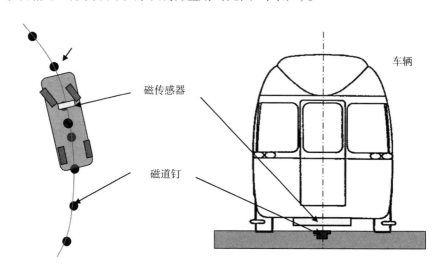

**图 1 智能公路磁诱导技术（在冬季除雪车辆视野拓展方面取得成功应用）**

从公路运营管理角度，车路协同是一个相对广义的概念，包含车路
（含车车）间信息或能量交互，及其所支撑的信息服务、交通管理以及车辆
调度与控制功能。之所以称广义，主要体现在两个方面：一是车路交互是广
义的，车路交互的内容不仅可以是信息，也可以是能量，因此电动汽车在行
驶过程中的无线充电行为也属于车路协同，关于信息交互形式，除了无线通

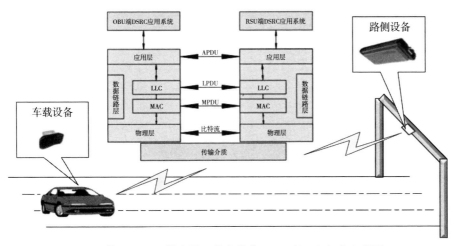

**图2　基于 DSRC 的电子不停车收费 ETC（2019 年底实现了
全国通行、全样本 ETC 化标识）**

信，磁道钉编码也属于信息交互。二是车路交互支撑的应用是广义的，既包括信息服务、交通流管控、收费等宏观全局性的应用，也包括车辆驾驶操控等微观局部性的应用（见图3）。

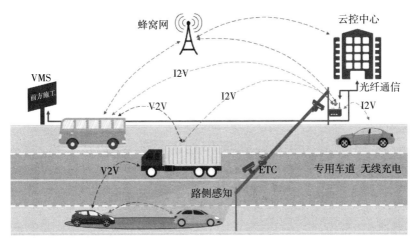

**图3　智能车路协同系统**

但随着无线通信和人工智能技术的发展，特别是5G技术的应用，自动驾驶技术走入公众视野，为了解决部分场景下自动驾驶单车智能的不足，业界

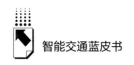

将车路协同技术与自动驾驶进一步结合，对智能车路协同的期待更多聚焦在依托高可靠、低延时的车路直连通信（V2X），面向交通安全和车辆控制功能的应用上。其核心是强调运载工具和基础设施间的实时交互和动态调整，改变传统的车和路之间的交互方式，实现车载功能和路侧功能的合理划分和协同操控、信息资源在车辆和基础设施之间的优化分配与平衡，大幅提高道路交通安全性和可靠性，同时达到优化利用系统资源、降低成本及节能减排的目的。

车路/车车间直接信息交互，即车路直连通信，是构建智能车路协同应用的底层和基础支撑技术，这也是智能车路协同应用区别于其他传统的智能交通应用的最显著特征。这里所指的直连通信是指路侧、车载设备通过无线传输方式，实现车与车、车与路直接通信和信息交换。目前，国家规划 5905～5925MHz 频段作为车路直连通信的工作频段。关于我国 V2X 技术路线，一方面，DSRC 已成功应用于 ETC，高速公路沿线建设了超过 2.6 万套 ETC 门架系统，车载用户已突破 2.3 亿，[①] 产业链成熟，同时已为车路协同拓展应用预留了接口和信道资源；另一方面，基于 4G-LTE 的 LTE-V2X 技术已逐渐成熟，并且正在向 5G-V2X 演进，为 V2X 提供了更多的技术选择。

本报告从自动驾驶与车路协同相关产业化政策、技术发展现状、应用试点示范及产业化标准等方面进行现状总结和分析，并结合交通强国建设试点、交通新基建需求，就下一步自动驾驶和车路协同发展从实施范围、实施重点、技术发展等方面提出建议。

## 二　自动驾驶与车路协同发展现状

### （一）政策法规方面

各国高度重视自动驾驶技术在抢占市场制高点、提升国家竞争力中的战略作用，结合技术和产业发展特点，优化政策环境，推动技术创新发展和

---

① 资料来源：交通运输部路网监测与应急处置中心。

应用。

1. 国外

（1）美国

2020 年 1 月，美国发布了《自动驾驶汽车 4.0——确保美国在自动驾驶汽车技术方面的领导地位》（以下简称"4.0"）。与此前三个版本相比，4.0 不再由美国交通部单独发布，而是由美国国家科学技术委员会和交通部联合发布，并汇总了 38 个联邦部门、独立机构、委员会和总统行政办公室在自动驾驶领域的工作。这表明，美国正在加快联邦层面的统筹协调，为促进自动驾驶发展提供更加开放的政策资源。同时，自 2010 年起，美国持续更新智能交通战略计划，近期发布了《ITS 战略计划 2020—2025》，提出推动自动驾驶车辆测试、部署和集成，全面促进自动驾驶技术安全、可操作且有效地集成到交通系统中。目前，美国已有 35 个州颁布了自动驾驶相关法案、11 州发布了相关行政命令，主要包括自动驾驶车辆功能、驾驶员资质、道路测试管理、隐私保护与网络安全、法律责任以及事故报告制度等。美国有三种自动驾驶许可：有驾驶人测试、无驾驶人测试、商用部署许可（包括有、无驾驶人两种）。商用部署许可允许自动驾驶车辆销售、出租、提供交通出行服务等。加州于 2014 年开放了有驾驶人测试许可，2018 年进一步开放了无驾驶人测试和商用部署许可。2018 年 12 月，加州批准 Zoox 提供自动驾驶服务。2021 年 9 月底，美国加州车辆管理局发布消息，已授予 Waymo、Cruise 和 Nuro 三家运营商无人驾驶汽车运营许可，同期批准了 8 个单位无驾驶员自动驾驶测试资格及 53 个单位有驾驶员自动驾驶测试资格。

（2）欧洲

在《通往自动化出行之路：欧盟未来出行战略》的基础上，2019 年，欧洲道路交通研究咨询委员会（ERTRAC）发布了《网联式自动驾驶路线图》，提出包含传统设施、静态信息交互、动态数字化信息交互、协同感知、协同驾驶等在内的 5 级道路基础设施分级。德国出台了《自动化和网联驾驶战略》，将保持在自动驾驶领域的领先地位视为国家持续发展和繁荣的基础。2017 年，德国颁布《道路交通法第八修正案》，确立了自动驾驶汽

车的合法主体地位，并发布全球首个《自动化和互联化驾驶道德准则》。英国颁布了《自动化和电动化车辆法案》，就自动驾驶相关保险和责任问题进行了专门规定。英国还发布了《无人驾驶汽车测试运行规则》《网联自动汽车网络安全关键原则》，明确自动驾驶测试操作规程和网络安全原则。荷兰于2018年4月通过了《自动驾驶汽车测试法（草案）》，允许自动驾驶车辆在没有人员跟随的情况下进行测试；同时，荷兰注重自动驾驶技术与智慧道路的结合，政府投资9000万欧元对1000个以上交通信号灯进行了升级改造。

（3）日本

日本内阁发布日本复兴计划《世界领先IT国家创造宣言》，将自动驾驶作为战略重点之一。2018年以来，日本出台了《自动驾驶相关制度整备大纲》《自动驾驶汽车安全指南》《自动驾驶汽车道路测试指南》《远程自动驾驶系统道路测试许可处理基准》等一系列政策，推进自动驾驶技术的研发及应用。2019年，日本颁布《道路运输车辆法（修正审议案）》与《道路交通法（修正审议案）》，为自动驾驶商业化部署提供法律支撑。国土交通省还出台了《自动驾驶汽车客运经营指南》，着手建立面向运营的管理制度。

2. 国内

党的十九大作出了加快建设创新型国家的重大部署，并提出建设科技强国、交通强国、智慧社会。2019年9月，中共中央、国务院发布《交通强国建设纲要》，明确指出要加强自动驾驶研发。2020年2月，国家发改委、交通运输部等11个部门出台《智能汽车创新发展战略》，进一步完善自动驾驶顶层设计。工信部制定了《道路机动车辆生产企业及产品准入新技术、新工艺、新材料应用评估程序》，放开智能网联汽车准入。

为促进道路交通自动驾驶技术的发展和应用，推动《智能汽车创新发展战略》深入实施，交通运输部印发了《关于促进道路交通自动驾驶技术发展和应用的指导意见》，意见要求突破道路基础设施智能化、车路协同等关键技术及产品研发和测试验证；出台一批自动驾驶方面的基础性、关键性标准；建成一批国家级自动驾驶测试基地和先导应用示范工程，在部分场景实现规模化应用，推动自动驾驶技术产业化落地。

自2018年工信部、公安部、交通运输部联合发布《智能网联汽车道路测试管理规范（试行）》以来，约20个地方出台了道路测试实施细则，发放测试牌照超过400张。北京、上海、武汉、长沙、广州、沧州等6个城市还开放了载人载物测试。在此基础上，2021年7月27日，三部委又联合发布《智能网联汽车道路测试与示范应用管理规范（试行）》，在国家层面支持载人载物测试以及示范应用管理规范，进一步完善了测试管理体系。

2021年3月，深圳市人大常委会办公厅发布《深圳经济特区智能网联汽车管理条例（征求意见稿）》，共10章60条，包括总则、道路测试和示范应用、准入和登记、使用管理、交通事故及违章处理等，对智能网联汽车创新发展面临的诸多法律问题进行了回应，期望通过立法破解智能网联汽车面临的诸多法律难题。该条例第十一条规定，高度自动驾驶和完全自动驾驶的智能网联汽车开展道路测试或者示范应用，经市相关主管部门安全评估、审核批准，在采取了相应安全措施的前提下，可以不配备驾驶人。北京亦庄开发区等也在推动自动驾驶运营相关法规条例等制度试点。

2020年底在交通运输部运输服务司的指导下，中国智能交通产业联盟牵头发布了《中国营运车辆智能化运用发展报告（2020）》，从载运对象和运输业务、信号用途、运用空间等角度提出了面向营运客车、营运货车的智能化分类分级，并对营运车辆智能化愿景、政策法规、标准规范、测试评价、检测评价、网络安全、道路基础设施要求等方面提出了规划发展建议，是运输管理部门首次就营运车辆的智能化发展给予的总体指导和建议。

## （二）关键部件及整车技术研发方面

汽车、通信、信息科技等领域企业以应用为导向，加强关键算法和核心零部件研制，自动驾驶研发由前期的概念集成转向更加务实的技术攻关。

1. 国外技术研发情况

车载环境感知：摄像头、激光雷达、毫米波雷达等传感器主要由

Mobileye、Velodyne、大陆、博世、德尔福等国际公司垄断。摄像头方面，Mobileye占全球70%以上的市场份额，合作整车厂商包括奥迪、特斯拉、沃尔沃、通用、日产、克莱斯勒等，超过1000万辆车使用其产品。激光雷达方面，对高线数的依赖度逐渐降低，产品呈现低成本、可量产、可落地的趋势。毫米波雷达方面，芯片主要被恩智浦（NXP）、英飞凌（Infineon）等公司垄断，博世、大陆、德尔福等企业的产品市场占有率在70%以上。

车载计算平台：车载计算平台核心芯片基本被英特尔、英伟达、谷歌等国际公司垄断。操作系统及基础软件方面，Vector、KPIT、ETAS、DS等企业拥有完整解决方案。计算平台方面，英特尔与宝马、Waymo、大陆、长安等企业合作，英伟达则为特斯拉、奥迪、沃尔沃等企业提供支撑。

自动驾驶地图：日本车厂、图商等相关企业合资成立了Dynamic Map Planning（DMP）公司，开展高速公路动态地图采集及应用研发。

自动驾驶整车目前处于由L2级自动驾驶系统商业化量产向L3级商业化应用过渡阶段。奥迪于2017年发布全球首款L3级自动驾驶量产车A8，但由于L3级自动驾驶车辆面临上市流程不通畅、事故责任划定难等问题，奥迪宣布放弃2021年在A8量产L3级自动驾驶的计划。奔驰、宝马、丰田等车企仍坚持L3级、L4级共同推进计划，将量产时间设定在2021年；福特、通用等车企放弃L3级，计划于2021年实现L4级的量产。

2. 国内技术研发情况

车载环境感知：国内禾塞、速腾、北科天绘等加速创新，推出了64线、40线、32线、16线不同线束产品。国内汽车企业在激光雷达选择上开始向国产化靠拢。国内行易道、森斯泰克等企业已逐步实现77GHz毫米波雷达量产，但芯片垄断尚在。

车载计算平台：国内企业积极打破垄断，以地平线为代表的企业正在加大研发力度。国内东软瑞驰开发了符合AUTOSAR标准的操作系统和基础软件，但与国外成熟操作系统相比，应用程度较低。地平线、华为均发布了高级别自动驾驶计算平台，华为面向L3级、L4级自动驾驶开发了MDC300计算平台和MDC600计算平台。

自动驾驶地图方面，我国高德、百度、四维图新、武汉光庭、千寻、京东等共 28 家企业已具备导航电子地图甲级测绘资质。高德、百度、四维图新宣称各自都已完成 30 余万公里高速公路（双向里程）数据采集。

上汽、长安、一汽、北汽等多家车企实现了包括 360 度环视系统、盲点监测、前碰预警、车道偏离预警等在内的 L2 级自动驾驶功能量产。广汽、上汽和长安等企业已发布了 L3 级量产车型，但仅支持 L3 中的部分功能，与完整意义上的 L3 级自动驾驶存在一定差距。百度、小马智行、智行者、慧拓智能等科技公司瞄准部分应用场景，直接推进 L4 级自动驾驶落地应用。

### （三）自动驾驶测试技术

测试验证是自动驾驶由技术研发走向示范应用的必经环节。目前，已初步形成虚拟测试、封闭场地测试、开放道路测试逐步递进、相辅相成的测试体系。该方面国内外同步开展有关虚拟测试和封闭场地测试等工作。

虚拟测试：虚拟测试可有效覆盖重点极限场景，并进行快速迭代验证，是解决车辆无法在短时间内进行充分道路测试的有效手段。仿真软件平台、场景库构建是虚拟测试的重要技术。Waymo、百度、腾讯等企业自主开发了仿真系统，其中 Waymo 通过 Carcraft 仿真系统，每天虚拟测试里程超过 1200 万公里；腾讯 TAD Sim 仿真平台支持宝马等国外车企开展面向中国驾驶场景的仿真测试。为支撑虚拟测试，美国基于事故分析构建了自动驾驶场景库。由于交通环境、交通规则不同，场景库国内外互鉴意义不大，须构建符合我国实际交通环境的自动驾驶场景库。清华苏州汽车研究院于 2019 年发布了场景库"镜" 1.0 版，核心场景超过 1000 个，并拥有超过 200 类的丰富危险场景。

封闭场地测试：美、欧、日等较早启动了自动驾驶封闭测试场地建设及测试工作。如美国包括 Mcity 在内的 10 个自动驾驶试验场、英国 Mira 试验场、瑞典 AstaZero 测试场、日本自动车研究所（JARI）试验场等，大多于 2015 年前后开始运营。

我国目前已有 16 家工信、交通、公安等部门授牌认可的自动驾驶测试场地，此外还有多个地方层面的测试场地。值得一提的是，国内仅有少数测

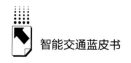

试场地搭建有高速公路等测试环境，测评仪器装备、测试假车和假人等测评工具产业仍被 ABD 等国外企业垄断。国内测试场地根据《智能网联汽车道路测试管理规范（试行）》规定的自动驾驶测试功能项，制定了不同的测评方法，目前尚未有统一的国家层面的自动驾驶封闭场地测试标准。

### （四）车路协同技术发展

我国主推 C-V2X 技术，美国、欧洲、日本则以 DSRC 技术为主。近期，美国、欧洲在车企、通信企业的影响下，在 DSRC 和 C-V2X 技术中摇摆。欧盟委员会在 2019 年发布《C-ITS 系统授权法案》做出了"优先考虑802.11p"的决定，但奥迪、宝马等知名车企已转向支持 C-V2X 技术；美国高通、福特等明确表示倾向于 C-V2X 技术。在此推动下，美国联邦通信委员会（FCC）于 2019 年通过重新分配 5.9GHz 频段的 20MHz 频谱用于 C-V2X 的提案。欧盟于 2021 年初也明确表示技术中立，不排斥 C-V2X 技术。

在芯片模组方面，国际上有高通、英特尔、三星等企业，国内主要有大唐、华为。目前国产芯片模组的市场占有率约为 50%，国内剩余市场大多被高通占据。在终端与设备方面，大唐、华为、东软、星云互联、千方科技、车网互联、万集科技等企业均可提供支持 LTE-V2X 的 OBU 和 RSU 通信终端，华为的芯片、模组和终端设备实现了自主化，上汽、北汽等国内车企积极采用国产设备。

欧洲于 2018 年开展了 C-V2X 直接通信操作性测试示范，参加企业包括高通、爱立信、奥迪、杜卡迪等，但仅为单个设备商、芯片厂商、车企间的测试，尚未实现跨整车、跨终端、跨芯片模组的互通。国内自 2018 年、2019 年连续两年开展了 V2X "三跨""四跨"测试示范，推动了不同通信芯片/模组、设备商、车企、信息安全企业的信息互联互通。

### （五）标准规范

1. 国际标准规范

联合国世界车辆法规协调论坛（UN/WP29）、国际标准化组织（ISO）、国际电信联盟（ITU）、国际电工委员会（IEC）、国际自动机工程师学会（SAE）、第三代合作伙伴计划（3GPP）、欧洲电信标准化协会（ETSI）、欧洲标准化委员会（CEN）等国际组织积极推动完善自动驾驶相关标准。其中，国际标准化组织智能运输系统技术委员会（ISO/TC204）发布了一批有关智能驾驶、通信等方面的标准，国际标准化组织道路车辆技术委员会（ISO/TC22）围绕自动驾驶车辆网络应用、测试数据及要求、功能安全、信息安全、测试场景等开展标准研究。WP29 于 2019 年新设立了自动驾驶车辆工作组，我国当选该工作组副主席国。随后工作组发布了《自动驾驶汽车框架文件》，确立了 L3 级及以上自动驾驶汽车的安全性及关键原则。3GPP 针对 C-V2X 分阶段制定了系列标准。截至 2021 年，支持 LTE–V2X 的 3GPP R14 标准已正式发布，支持 5G–V2X 的 3GPP R16＋标准正在制定过程中。

2. 国内标准规范

随着自动驾驶技术不断迭代，国内行业和国家标准也在积极响应，以促进自动驾驶技术的应用发展。工信部牵头编制了《国家车联网产业标准体系建设指南》，分总体、智能网联汽车、信息通信、电子产品与服务、智能交通、智能车辆管理等部分。

交通运输部发布《公路工程标准体系》（JTG 1001–2017），将车路协同作为公路运营的一个模块，目前正在组织推进自动驾驶与车路协同标准体系研究，并加快重点标准编制工作。全国智能运输系统标准化技术委员会（SAC/TC268）面向自动驾驶与车路协同，成立了数字化基础设施与车路协同、智能驾驶、信息安全三个工作组，加强自动驾驶与车路协同标准梳理及制修订。

目前，交通行业已发布营运货车、营运客车安全技术条件，并形成《公路工程适应自动驾驶附属设施总体技术规范》。同时，作为公路信息化领域的龙头行标，《公路信息化技术规范（总校稿）》规定信息化 A 级路段，在特大桥、特长隧道及隧道群等重要构造物、特殊气象、行车交织区等重要点段区域宜设置路侧智能基站，并配置低时延、高可靠、安全可信的车路协同专用短程通信模块，实现预报警信息发布。

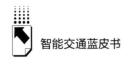

此外，为贯彻数字交通、新基建等政策文件明确提出的深化高速公路电子不停车收费系统门架应用、推进车路协同等设施建设、丰富车路协同应用场景等要求，2021年《公路电子不停车收费车路协同拓展服务技术规范》立项，旨在充分发挥2.6万套覆盖全国高速公路网的ETC门架系统的作用，利用既有ETC网络、门架系统和基础设施实现车路协同应用，在现有ETC底层技术不变的基础上通过适度升级，以较为经济方式实现车路协同基本应用，通过扩展5.8GHz物理层，实现通信距离、传输带宽、通信时延、抗干扰等性能提升，满足车路协同多场景应用，为未来由ETC拓展服务向更高级形态的智慧公路演进打下坚实基础。目前，已经完成了前期基于ETC门架系统的车路交互基本场景下简单信息的交互验证，后续将针对协议升级下，软硬件系统功能、性能开展测试和试点示范。

为加强车联网（智能网联汽车）网络安全标准化工作顶层设计，推动构建系统、科学、规范的车联网（智能网联汽车）网络安全标准体系，支撑和保障车联网产业高质量发展，工信部组织编制了《车联网（智能网联汽车）网络安全标准体系建设指南（征求意见稿）》，提出体系框架、重点标准化领域及方向，包括总体与基础共性、终端与设施安全、网联通信安全、数据安全、应用服务安全、安全保障与支撑六大类标准。同时正在推进将ISO/SAE 21434国际标准转化为推荐性国家标准《道路车辆信息安全工程》。同时《工业和信息化部关于加强车联网网络安全和数据安全工作的通知》明确从国家、标委会以及企业和社会团体的角度出发健全安全标准体系；《工业和信息化部关于加强智能网联汽车生产企业及产品准入管理的意见》也要求加强汽车数据安全、网络安全、软件升级安全、功能安全和预期功能安全管理，保证产品质量和生产一致性，推动智能网联汽车产业高质量发展。

### （六）开放道路测试与示范应用方面

各创新主体结合场景开展自动驾驶试点应用，积极探索商业模式，推动技术研发与应用场景加速融合。

2017 年以来，美国加州车辆管理局持续发布年度自动驾驶汽车脱离数据报告。在 2019 年度的报告中，百度、AutoX、小马智行、滴滴四家中国企业进入前十。Waymo、Uber、Lyft、通用 Cruise 等企业陆续开源了自动驾驶测试数据，国内尚未有企业开放相关数据。Waymo 从 2018 年开始在美国亚利桑那州等地开展自动驾驶出租车载客商业化运营，截至 2019 年底，接送乘客已经超过 10 万人次。

2017 年，美国第一辆无人驾驶公交车在拉斯维加斯市区 1.6 公里长线路内投入运行，可搭载 12 名乘客，最高时速为 43 公里，配有安全员。

德国联邦铁路公司于 2017 年在巴特比恩巴赫投入运营首辆无人驾驶电动公交车。

在车路协同基础设施建设方面，2013 年 6 月，荷兰、德国和奥地利三国启动了合作式 ITS 走廊合作发展项目（Cooperative ITS Corridor Joint Development），其主要目的是提供车路协同的国际合作及应用，并建立统一的标准规范。同时，遵循统一的线路图启动实际的项目并落地。2020 年，美国 Alphabet 旗下公司 Cavnue 拟在底特律和安娜堡之间修建首条专供网联汽车和自动驾驶汽车使用的 40 英里长的道路（"自动驾驶汽车走廊"），沿途将配备支持网联汽车和自动驾驶汽车行驶的基础设施。该试点采用 PPP 模式，主要依靠 Cavnue 公司推进并负责开发支撑自动驾驶的道路基础设施和相关技术，并负责从设计、建造、融资、运营到维护集成应用。干线物流、"最后一公里"配送等，是业界公认的自动驾驶技术重要落地场景。图森率先在美国开展自动驾驶物流运输服务，在 1600 公里的运输线路（10 号公路）上提供邮政货物运输，每天运行 22 小时，已属常态化服务。Waymo 提出利用小型货车为 UPS 运送包裹的计划，AutoX 已在加州提供无人驾驶生鲜递送服务。

## （七）自动驾驶开放测试与示范应用

为促进自动驾驶和车路协同技术落地，国内也积极开展了自动驾驶开放场地测试和示范应用工作。

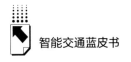

1. 城市道路自动驾驶与车路协同

北京连续两年发布自动驾驶道路测试报告。在 2019 年度报告中，百度
Apollo 以 52 辆测试车以及 75.4 万公里新增测试里程成为投入测试车数量最
多、测试里程最长的企业。

高级别（L4 级及以上）自动驾驶已经在出租车城市客运出行服务中得
到初步应用。国内，广州、长沙、北京等 6 省份已允许自动驾驶载客测试。
除广州、长沙面向公众开放外，其他城市的参与者均为特定人群，如企业员
工、企业客户及志愿者。百度在长沙部署了 45 辆自动驾驶出租车开展试点
服务，并在沧州投放了 30 辆自动驾驶出租车进行规模化测试。文远知行在
广州部署 40 余辆自动驾驶出租车面向公众开展运营服务，运营首月（2019
年 12 月）完成 8000 余份订单。

2018 年 12 月，长沙开展 L3 级自动驾驶公交试运行，示范线全长 7.8
公里，受国内法规限制，我国自动驾驶公交车示范运行面向特定人群，并且
必须配有驾驶员，尚无法开展 L4 级及以上的测试示范及应用。

京东、苏宁、阿里等企业纷纷开展自动驾驶物流货运示范测试。配送方
面，2018 年 4 月，菜鸟首次在杭州投入使用无人配送，但仍然主要用于社
区和校内的配送运输服务。2020 年 2 月，京东首次在武汉提供无人配送服
务，范围限于配送站点到配送医院的固定区域。干线物流方面，2018 年 5
月，苏宁物流在盐城、上海等地进行 L4 级重型卡车"行龙一号"道路测
试。我国自动驾驶物流与配送尚处于小规模测试应用阶段，未实现规模化、
常态化服务。特别是干线物流，受高速公路尚未放开道路测试许可等限制，
测试及试点均比国外滞后。

2017 年 3 月，无锡市政府依托无锡市物联网产业优势，紧抓车联网发
展的窗口机遇期，车联网组织项目组核心单位正式启动车联网（LTE-V2X）
重大项目建设，由公安部交科所牵头，中国移动、华为、无锡公安交警支
队、奥迪、一汽、上汽等单位参与建设。该项目以"人—车—路—云"系
统协同为基础，建成了现阶段全球最大规模的城市级车联网 LTE - V2X 网
络，覆盖无锡市主城区、太湖新城近 220 平方公里，累计完成 280 个交通信

号基础设施的信息化升级，同时升级了智慧交通出行信息服务平台，开放40余项交管数据。

2. 公路车路协同相关试点示范工程

为落实《交通运输信息化"十三五"发展规划》和《推进智慧交通发展行动计划（2017—2020年)》的要求，《交通运输部办公厅关于开展新一代国家交通控制网和智慧公路试点（第一批）工作的通知》启动了智慧公路与新一代国家交通控制网试点工作，明确北京、福建、广东、河北、河南、吉林、江苏、江西、浙江等9个省市承担试点工作，试点主题主要包括基础设施数字化、路运一体化车路协同、北斗高精度定位综合应用、基于大数据的路网综合管理、"互联网＋"路网综合服务、新一代国家交通控制网等6个方向。其中，用于开展车路协同试点的路段长度超过了200公里，基于LTE-V等C-V2X车载终端近300个，主要用于面向车路协同和自动驾驶的路侧车道级信息感知采集设备验证、车路交互技术验证、信号稳定性测试、路侧边缘计算、高精度地图处理与发布、高精度定位信号播发等功能。示范验证方面取得了积极的效果，交通行业对车路协同技术和应用需求有了进一步的认知。

在智慧公路示范工程建设中比较有代表性的分别为杭绍甬智慧高速公路和延崇智慧高速公路。杭绍甬智慧高速公路在"三网合一"智慧基础建设和智慧云控平台建设等的基础上，实现了高精准信息、车路协同式安全预警与控制、支持货车编队行驶、自动驾驶专用车道上的"全天候"通行等创新服务。延崇智慧高速公路主要面向日常管理和服务冬奥会需求，重点开展基础设施数字化、车路协同、智慧服务区等示范应用。

# 三　自动驾驶发展形势与需求

自动驾驶正从研发测试不断走向场景应用，用户需求逐渐释放，已初步具备在部分场景规模化示范运行的条件。同时，建设交通强国、科技强国、制造强国和加快新基建等重大战略，为自动驾驶奠定了良好政策基础。

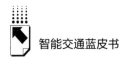

### （一）产业动能日趋强劲

随着国内汽车产销从爆发式增长阶段进入到平稳增长阶段，车企纷纷转向智能化升级以寻求突破口，带动汽车产业消费需求增长。此外，新冠肺炎疫情突发，催生了"无人化""无接触"消费模式，也为自动驾驶服务新业态营造了需求环境。2020年初，党中央作出了加快5G网络、数据中心等新型基础设施建设进度的重大决策部署。自动驾驶融合了智能交通基础设施、新一代通信网络等，是"新基建"的典型应用场景，有望成为"新基建"的新焦点。预计到2025年，中国车路协同主要设备的投资规模将达到900亿元，到2030年，投资规模将达到3000亿元左右。

### （二）用户对自动驾驶需求逐渐释放

限定区域的出租车、园区接驳、港口作业、物流配送等典型场景有明确的业务流程、服务对象，有节约劳动力、提高自动化及智能化水平的实际需求，因此，商业模式相对清晰。

成本包括购车、保险、司机、燃料、维修保养等，依据百人会对行驶里程为60万公里的有人驾驶出租车与自动驾驶出租车的成本进行的分析，目前阶段，有人驾驶出租车燃油、电动、自动驾驶出租车的成本依次为113.2万元、92.2万元、109.2万元，成本相当。未来5~10年人力成本将会进一步升高，而自动驾驶系统改造成本会逐渐降低。预计2025年左右，Robo-taxi取消安全员并规模化部署后，自动驾驶出租车的成本优势将会凸显，带来出行服务的颠覆。此外，自动驾驶出租车可避免人为因素产生的事故风险，而且"自动驾驶+共享出行化"模式的推广，可一定程度缓解环境污染问题。

自动驾驶矿卡、机场物流车、港口自动驾驶车辆虽然短期内投资成本大，但成本回收期短，3年左右基本可实现经济效益，同时实现行李货物无人化运输，更高效、更经济、更安全。根据测算，相较于有人矿卡，载重

100 吨级的自动驾驶矿卡 2 年可收回人力成本，3 年可实现经济效益；港口自动驾驶车辆，按照吞吐量为 200 万标准集装箱的中等码头，需要约 200 辆场内集卡，按照 75% 的集卡开工率测算，每年司机成本约 6000 万元，采用自动驾驶技术后，2~3 年就能够收回成本，同时消除部分有人驾驶的安全隐患。

### （三）各地示范热情高，推动自动驾驶产业化落地需求强

为落实《交通强国建设纲要》，交通运输部启动了交通强国建设试点工作，部分地方先行先试，形成了一批示范性项目，如上海洋山东海大桥智能重卡测试，京礼、京雄、杭绍甬等智慧高速，雄安新区、漳州双鱼岛等自动驾驶示范区，以及长沙、沧州自动驾驶出租车等，得到了各方的高度关注。

从已经批复的试点省份来看，20 余省份和试点城市均将智能交通建设作为发展重点，其中，智慧公路示范工程和推广应用是重点内容，专门设立车路协同示范的省份和重点城市也有 22 个。重点围绕数字化智能化基础设施、自动驾驶专用道、车路协同、公路交通云控平台以及面向管理和服务的创新应用开展建设，提高公路交通安全、效率和服务水平。

多数省份明确提出了公路新基建和公路数字化建设的量化指标，江苏省提出到 2035 年底，推广完成全省区域智慧公路网建设，"覆盖全省 80% 的高速公路和 20% 的普通国省干线"[1]。浙江省提出"到 2025 年，智慧高速公路新建和改造提升里程达 2000 公里，实现平均车速提升 20%，较大等级行车事故率降低 10%"[2]。山东省提出"到 2030 年，智慧高速公路占比达到 50% 以上"[3]。

据不完全统计，"十四五"期间，全国拟建设或在建智慧公路项目为

---

① 资料来源：《江苏省"十四五"智慧交通发展规划》。
② 资料来源：《浙江省综合交通运输发展"十四五"规划》。
③ 资料来源：《山东省贯彻〈交通强国建设纲要〉的实施意见》。

70 余个，涉及近 8000 公里公路，其中以高速公路为主。高速公路场景较为单一，是实现自动驾驶和干线物流自动化运输非常优质的场景。智慧公路建设项目较多的省份有广东、河南、新疆、江苏、四川等，车路协同建设里程较长的省份有广东、重庆、江西、浙江、河南、福建等。"十四五"期间，拟建设车路协同试点示范工程的路段里程超过 2000km（见图 4）。

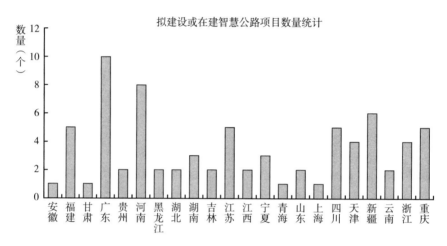

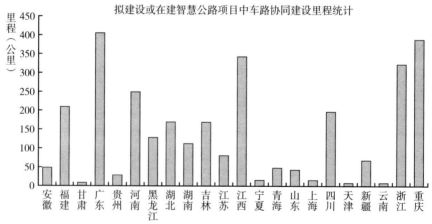

**图 4　各省份智慧公路建设项目数量及其车路协同建设里程统计**

# 四　自动驾驶与车路协同发展面临的问题

我国自动驾驶还面临上位法规支撑不够、关键技术不足和产品自主性不高等问题，促进自动驾驶发展和应用的政策和产业体系有待进一步完善。

## （一）技术和产业自主性亟待加强

围绕自动驾驶，国内已形成集车辆及路侧感知、智能车辆决策控制研发、测试验证、大数据管理应用等上下游技术研发于一体的产业链，除传统车企及科技创新企业外，涌现出一批感知设备商、V2X 设备商、自动驾驶方案解决商、测试验证企业等，自动驾驶产业生态雏形初现。但我国在感知、车载智能计算平台等自动驾驶关键环节的芯片硬件、核心基础软件及操作系统方面尚未完全自主化，处于被动采用状态。目前，全球市场批量生产的车载环境感知系统主要被大陆、博世、电装、奥托立夫、Velodyne 等国际公司垄断，国内产品在性能和市场占有率方面明显处于劣势。智能计算平台方面，芯片被英特尔、英伟达等国外大型公司垄断，自动驾驶操作系统主要被大陆、博世、英特尔等企业垄断，国内如华为等企业在逐渐发力，华为实现了计算平台芯片自主化，发布了面向 L3 级、L4 级的车载智能计算平台，但性能及安全性有待进一步验证，市场占有率也有待提高。

## （二）政策法规引领力度不足

自动驾驶与车路协同技术从研发、测试走向试点和应用，需要一系列法规支撑和规范。与发达国家相比，我国现行制度的支撑和引领力度仍显不足。受《中华人民共和国道路交通安全法实施条例》等约束，高速公路尚未开放测试。同时，对小型无人低速汽车的监管暂不明确。包括无人配送车、无人售卖车等在内的小型无人低速汽车类别归属不清，未明确其属于"机动车""非机动车"，还是"机器人"。影响此类产品的路权、车辆经营权、责任主体等，制约其在公开道路测试，不利于培育无人配送这个新兴产业。阿波龙、

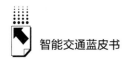

环卫清扫车辆、配送车等非常规传统运输工具在封闭园区载人载物、开展服务未获得工信部门的车辆公告，未获得交通运输部门的运营许可，未获得公安部门的车辆牌照，属"三不管"监管空白区，尚游离在监管之外，无监管更无政策支持。此类运输工具亟须进一步明确分类，明确监管，加强政策引导支持。

### （三）试点应用仍处于探索阶段

自动驾驶与车路协同示范方面，我国自动驾驶与车路协同示范统筹协调工作仍须进一步加强，长期规模化商业应用尚须加强。首先，开放区域的自动驾驶应用受到法规的约束影响。一方面，出租车等出行服务尚须大规模商业化应用验证，截至2019年12月，Waymo自动驾驶出租车已服务乘客超过10万人次，每个月稳定在1500名用户。而广州、长沙、上海等地的自动驾驶出租车示范大多尚停留在方案阶段或者示范展示阶段。除了广州、上海、长沙等6个地方在2019年才陆续允许自动驾驶载人载物外，国内其他地区尚未开展自动驾驶载人载物测试以及应用。另一方面，因高速公路测试受限，自动驾驶在我国干线物流应用缓慢。在测试尚未放开的情况下，干线物流的自动驾驶应用落地更是会相应滞后，干线物流企业的研发、测试及商业落地受阻，主线科技、希迪智驾、图森未来干线物流自动驾驶研发企业转向港口、矿区等封闭场景。其次，封闭区域的自动驾驶应用仍须进一步探索商业化模式。在封闭园区通勤方面，由于车速慢、距离短、线路固定等特点，国内外多封闭园区等已开展无人摆渡服务。目前国内无人摆渡车均免费向公众开放，暂无商业项目。

### （四）车路协同对路网运营管理支撑作用有待进一步挖掘

虽然各地在积极开展智慧公路、基础设施示范项目，但是基建后示范不足，规模化应用部署亟须加强，标准不统一进一步降低了行业投入产出比。如长沙于2019年完成了100公里的城市道路、100公里的高速公路智慧化升级，但后续智慧化示范不足，规模化自动驾驶示范应用并未跟进开展。江苏无锡开展了包括核心城区240个信号路口、5条城市快速道路，道路总长

280 公里、区域覆盖约 170 平方公里的基础设施智慧化改造，升级建设了交通信号控制系统、路侧单元（RSU）等车路协同路侧管控基础设施，但是在车载通信设备（OBU）后装不够、前装尚未开始的情况下，城市级 LTE-V2X 车联网示范应用很难达到常态化、规模化应用的效果，路网运营管理及服务能力有待进一步提升。

## 五 自动驾驶与车路协同发展相关建议

### （一）加强统筹协调，针对试点示范区域鼓励政策法规方面的探索

自动驾驶与车路协同已从单纯技术研发、测试验证阶段，逐步过渡到分场景、分阶段应用示范，建议积极推动自动驾驶与车路协同技术在智能交通中集成应用，强化跨行业、跨区域的协调，条块结合，形成推动我国自动驾驶与车路协同技术发展与应用的合力。高清晰度电子地图是自动驾驶与车路协同的重要基础支撑，建议在合规管控前提下，适当放宽并规范化公路沿线尤其是高速公路沿线高清晰度电子地图的采集、制作和使用。

### （二）加强过程监管与运营评估，审慎包容推动技术健康发展

在鼓励自动驾驶应用示范的同时，提升智能化监管能力，通过对跨区域自动驾驶测试、示范区域运营等的监管，动态掌握产品测试过程中技术、设施保障等问题，定期开展总结评估，为系统评估技术成熟度等提供支撑，推动相关场景下政策法规的快速出台。同时，应以审慎包容的态度将新型自动化运载工具纳入行业管理中，给予一定政策支持的同时，加强其安全监管。建议考虑制定针对自动驾驶营运车辆的安全技术条件，做好营运许可准入管理。研究无驾驶员后的责任、信用、过程监管，以及对运输企业、新业态运输平台的安全管理。提前研究车辆尤其是营运车辆的全生命周期管理，健全自动驾驶产品及关键零部件全生命周期的安全管理体系。在出行服务方面，

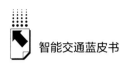

引导地方、技术创新企业、出行服务平台搭建自动驾驶管理、服务一体化数据平台，实现对车辆预约、行驶安全、运输服务的全程动态监管；同时，加强监管机制布局，形成自动驾驶应用示范的动态监管机制。

### （三）在统一标准指导下，着力构建一批示范应用场景

以交通强国试点、新基建交通试点项目等为契机，谋划一批自动驾驶与车路协同先导应用示范工程，推动自动驾驶与车路协同在路段、城市区域内的具体场景落地应用，形成条块结合的规模化示范，同时推动商业模式探索，引导其健康持续、商业化良性运转。借鉴全国高速公路联网收费系统和视频联网建设、运营经验，出台统一建设和运营标准，关键设备开展系统协议符合性测试、验收测试等，确保系统运营过程中的互联互通，降低区域壁垒，降低自动驾驶相关厂商的测试难度，加快测试场景的技术积累。面向出行服务，试点向创新型企业降低出租车经营权门槛，鼓励多种形式的自动驾驶出租车商业运行模式。面向物流运输，鼓励自动驾驶企业与物流公司业务深度合作，将自动驾驶与智慧物流、智慧仓库结合，推动端到端的自动驾驶运输商业落地。

### （四）深入贯彻数据安全要求，构建面向"车—路—云"的网络安全体系

随着车辆智能化的发展，自动驾驶车、车路交互、路侧单元、云端的安全成为未来产业化发展的重要底线保障。国家从2017年开始，就陆续发布了《中华人民共和国网络安全法》《中华人民共和国电子签名法》等网络安全相关政策法规。2021年发布施行的《中华人民共和国数据安全法》《中华人民共和国个人信息保护法》《汽车数据安全管理若干规定（试行）》等对车端、路端、云端的网络安全、数据安全提出了明确的要求。2021年《工业和信息化部关于加强车联网网络安全和数据安全工作的通知》同步发布，进一步细化了相关机构的职责和要求。

各示范省份和示范项目应进一步加强车端、车路交互、路侧单元、运控

中心等的安全体系构建，做好系统内外网络边界防护、数据安全、身份认证、传输安全等防护和加密系统建设，形成真正支持业务管理和公众服务的生产系统。

### （五）整合路网管理与服务行业需求，打造产业链

建议进一步整合路网管理与服务行业需求，强化车路协同的业务支撑能力，增强客户黏性。同时重视 ETC 门架系统、基础设施数字化、交通运行状态精细化表达等行业应用的整合，形成广义车路协同等技术解决方案和技术发展路线图，合理布局产业链和资源，从而形成具备可持续迭代能力、持续创新能力的信息化基础设施资源和产业链条。

**参考文献**

联合国经济及社会理事会《自动驾驶汽车的修订框架文件》。

美国《自动驾驶汽车政策指南》。

美国《自动驾驶系统 2.0——安全愿景》。

美国《自动驾驶汽车 3.0——为未来交通做准备》。

美国《自动驾驶汽车 4.0——确保美国在自动驾驶汽车技术方面的领导地位》。

美国《自动驾驶车辆综合计划》。

欧盟委员会《可持续及智能交通战略》。

欧洲道路交通研究咨询委员会《网联式自动驾驶路线图》。

德国《自动化和网联驾驶战略》。

德国《自动互联驾驶报告》。

法国《2020—2022 年自动驾驶国家发展战略》。

日本《自动驾驶相关制度整备大纲》。

日本《自动驾驶汽车客运经营指南》。

《工业和信息化部关于印发〈车联网（智能网联汽车）产业发展行动计划〉的通知》，中国政府网，2018 年 12 月 25 日，http：//www. gov. cn/zhengce/zhengceku/2018 - 12/31/content_ 5442947. htm。

《交通运输部关于开展交通强国建设试点工作的通知》，中华人民共和国交通运输部网站，2019 年 12 月 2 日，https：//xxgk. mot. gov. cn/jigou/zhghs/201912/t20191202 _

3303936. html。

《关于印发〈智能汽车创新发展战略〉的通知》，中国政府网，2020 年 2 月 10 日，http：//www. gov. cn/zhengce/zhengceku/2020 – 02/24/content_ 5482655. htm。

《交通运输部关于推动交通运输领域新型基础设施建设的指导意见》，中华人民共和国交通运输部网站，2020 年 8 月 6 日，https：//xxgk. mot. gov. cn/2020/jigou/zhghs/202008/t20200806_ 3448021. html。

《交通运输部关于促进道路交通自动驾驶技术发展和应用的指导意见》，中国政府网，2020 年 12 月 20 日，http：//www. gov. cn/zhengce/zhengceku/2020 – 12/30/content_ 5575422. htm。

# B.11
# 中国智慧高速公路标准体系研究

宋向辉　王东柱　李亚檬　孙玲[*]

**摘　要：** 本报告在分析智慧高速公路建设的政策支持情况、建设情况、建设总体架构的基础上，通过总结和梳理智慧高速公路关键技术和建设内容，针对智慧高速公路标准存在的问题和需求，明确了智慧高速公路标准体系的编制要求和编制思路，并通过参考和借鉴交通行业已有标准体系，提出了智慧高速公路标准体系框架及组成内容。最后，本报告给出了智慧高速公路标准建设分阶段实施的建议，一是标准建设应与智慧高速公路建设的阶段保持一致，二是优先发展智慧高速公路建设急需的基础性和关键性标准，结合智慧高速公路建设的实际需求进行标准建设，并注重研究制定标准的可落地、可实施性。

**关键词：** 智慧高速公路　总体架构　标准体系

---

* 宋向辉，交通运输部公路科学研究院智能交通研究中心副主任，研究员，主要研究方向为智慧公路、车路协同；王东柱，交通运输部公路科学研究院智能交通研究中心副总工，教授级高工，主要研究方向为智慧公路、车路协同；李亚檬，交通运输部公路科学研究院智能交通研究中心，副研究员，主要研究方向为智慧公路、车路协同；孙玲，交通运输部公路科学研究院智能交通研究中心自动驾驶与智慧公路研究室副主任，副研究员，主要研究方向为智慧公路、车路协同。

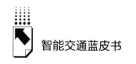

# 一 中国智慧高速公路建设现状

## （一）相关政策支持情况

智慧高速公路作为交通强国与"新基建"的重要内容，是在公路基础设施网络化、数字化成功转型的基础上，高度智能化与高质量发展的新成果，是交通运输领域中最具创新性的发展方向之一。国家及交通运输行业出台了一系列政策和措施，推进和加强与智慧高速公路相关的基础设施数字化、信息化、智能化建设。

1. 国家政策

2019年2月18日，中共中央、国务院印发《粤港澳大湾区发展规划纲要》，明确了粤港澳大湾区的战略定位，它将成为一个世界级的城市群、国际科技创新中心、"一带一路"的重要支撑、内地与港澳深度合作示范区、优质生活圈。通过加快基础设施互联互通，加强基础设施建设，畅通对外联系通道，提升内容联通水平，推动形成布局合理、功能完善、衔接顺畅、运作高效的基础设施网络，为粤港澳大湾区经济社会发展提供有力支撑。

2019年7月30日，中共中央政治局召开会议，会议要求加快推进信息网络等新型基础设施建设。"新基建"主要包括七大领域：5G基建、特高压、城际高速铁路和城际轨道交通、新能源汽车充电桩、大数据中心、人工智能和工业互联网。

2019年9月19日，中共中央、国务院印发了《交通强国建设纲要》，提出到2020年，完成决胜全面建成小康社会交通建设任务和"十三五"现代综合交通运输体系发展规划各项任务，为交通强国建设奠定坚实基础，从2021年到21世纪中叶，分两个阶段推进交通强国建设，到2035年，基本建成交通强国的发展目标。纲要中明确了九大重点任务，其中包括"推动大数据、互联网、人工智能、区块链、超级计算等新技术与交通行业深度融合。推进数据资源赋能交通发展，加速交通基础设施网、运输服务网、能源网与信息网络融合发展，构建泛在先进的交通信息基础设施"。

2019年12月1日，中共中央、国务院印发《长江三角洲区域一体化发展规划纲要》。纲要提出要提升基础设施互联互通水平，通过坚持优化提升、适度超前的原则，统筹推进跨区域基础设施建设，形成互联互通、分工合作、管理协同的基础设施体系，增强一体化发展的支撑保障。纲要明确指出"推进一体化智能化交通管理，深化重要客货运输领域协同监管、信息交换共享、大数据分析等管理合作。积极开展车联网和车路协同技术创新试点，筹划建设长三角智慧交通示范项目，率先推进杭绍甬智慧高速公路建设"。

2020年5月，第十三届全国人民代表大会第三次会议上，国务院总理李克强作政府工作报告，"新基建"正式写入政府工作报告。政府工作报告提到，重点支持既促消费惠民生又调结构增后劲的"两新一重"建设，主要是："加强新型基础设施建设，发展新一代信息网络，拓展5G应用，建设数据中心，增加充电桩、换电站等设施，推广新能源汽车，激发新消费需求、助力产业升级。"面对疫情全球大流行、经济深度衰退、中美贸易摩擦、新旧动能转换等重大挑战，中国选择了"新基建"领衔的扩大消费投资内需的一揽子宏观对冲政策。

2. 行业政策

2018年2月27日，《交通运输部办公厅关于加快推进新一代国家交通控制网和智慧公路试点的通知》发布，决定在北京、河北、吉林、江苏、浙江、福建、江西、河南、广东等9省市试点新一代国家交通控制网和智慧公路。将基础设施数字化、路运一体化车路协同、北斗高精度定位综合应用、基于大数据的路网综合管理、"互联网＋"路网综合服务、新一代国家交通控制网6个方向作为重点。

2018年4月3日，工业和信息化部、公安部、交通运输部印发《智能网联汽车道路测试管理规范》，指导有关地方有序开展智能网联汽车的上路测试工作。

2019年7月25日，交通运输部印发《数字交通发展规划纲要》，指出发展目标"到2025年，交通运输基础设施和运载装备全要素、全周期

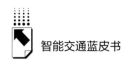
的数字化升级迈出新步伐，数字化采集体系和网络化传输体系基本形成"。在构建数字化的采集体系部分着重提出推动公路领域重点路段，以及隧道、桥梁、互通枢纽等重要节点的交通感知网络覆盖；在构建网络化的传输体系部分着重提出"推进车联网、5G、卫星通信信息网络等部署应用，完善全国高速公路通信信息网络，形成多网融合的交通信息通信网络，提供广覆盖、低时延、高可靠、大带宽的网络通信服务"。

2019年12月，交通运输部印发《推进综合交通运输大数据发展行动纲要（2020—2025年)》，将交通运输大数据的发展细分为夯实大数据发展基础、深入推进大数据共享开放、全面推动大数据创新应用、加强大数据安全保障、完善大数据管理体系五大行动，并提出了每个行动的具体目标、任务和重点，以及21项行动包含的具体任务。

2020年2月10日，国家发改委、科技部、工信部等11个部委联合发布《智能汽车创新发展战略》，指出发展智能汽车不仅有利于加速汽车产业转型升级，更有利于加快建设制造强国、科技强国、智慧社会，增强国家综合实力。中国的汽车产业体系逐渐成熟完善，信息通信实力雄厚，路网规模、5G通信等领域国际领先，基础设施保障有力。

2020年8月，《交通运输部关于推动交通运输领域新型基础设施建设的指导意见》发布，其中，智慧公路部分指出深化高速公路电子不停车收费系统（ETC）门架应用，推进车路协同等设施建设，丰富车路协同应用场景；推动公路感知网络与基础设施同步规划、同步建设，在重点路段实现全天候、多要素的状态感知；应用智能视频分析等技术，建设监测、调度、管控、应急、服务一体的智慧路网云控平台。此外还提出了交通运输领域新型基础设施建设的发展目标以及14项主要任务。

2020年12月，《交通运输部关于促进道路交通自动驾驶技术发展和应用的指导意见》发布。文件部署了加强自动驾驶技术研发、提升道路基础设施智能化水平、推动自动驾驶技术试点和示范应用、健全适应自动驾驶的支撑体系等四个方面的主要任务，并提出了自动驾驶到2025年的发展目标。

## （二）典型智慧高速建设情况

在人工智能、新一代无线通信、高精定位和高精地图、大数据和云计算等新技术日趋成熟的背景下，为推动道路基础设施升级改造，交通运输部和地方交通管理部门共同开展智慧高速公路示范工程建设。典型的试点工程包括三项：一是交通运输部新一代国家交通控制网和智慧公路试点工程；二是交通运输部长三角、京津冀区域自动驾驶先导高速公路示范工程；三是多省市新一轮智慧高速公路试点示范工程。

1. 新一代国家交通控制网和智慧公路试点工程

2018 年交通运输部启动了新一代国家交通控制网和智慧公路试点工程，明确在北京、河北、吉林、江苏、浙江、福建、江西、河南、广东等9 省市开展试点工程。新一代国家交通控制网和智慧公路试点主题包括基础设施数字化、路运一体化车路协同、北斗高精度定位综合应用、基于大数据的路网综合管理、"互联网＋"路网综合服务、新一代国家交通控制网6 个方向。各省市在试点中注重北斗高精度定位、电子地图、人工智能、智能驾驶、车路协同、物联网、大数据等技术在交通运输管理与服务方面的创新应用，结合实际提升交通基础设施建设和运行管理的智能化水平。目前9 省市试点工程均已获得批复，其中吉林、江苏、浙江已申请获得交通运输部资金补助。

在 2018 年启动的9 省市试点工程建设的目标或者定位并没有全面思考支持运载工具电动化、智能化发展，在当时的政策、技术环境下，交通运输行业更多的是结合各省市配套道路的特点以及新技术特点，对单条道路、单项技术的创新应用，没有形成智慧化的综合创新应用，无法展现智慧公路的综合能力。但是试点工程的成果也对某项技术在局部道路的应用可行性进行了验证。

2. 长三角、京津冀区域自动驾驶先导高速公路示范工程

交通运输部启动了两项智慧高速公路示范工程，一个是京津冀区域的京雄智慧高速公路示范工程，一个是长三角区域的杭绍甬智慧高速公路示范工程。两项智慧高速公路示范工程的目标都是为支撑自动驾驶应用落地提供一

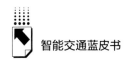

套完整的解决方案。方案中共性的内容是：考虑到未来技术发展的不确定性在传统的土木结构上做好土建预留，本着"现有技术用足"的原则在土建预留基础上构筑传感通信控制网，实现高速公路泛在感知、通信全覆盖、高精地图和高精定位全覆盖等能力，既能使自动驾驶车享受到服务，也能使人工驾驶的车享受到服务，同时管理者能够基于知识进行管理和决策；构建绿色能源网，在服务区试点建设太阳能产能系统供给服务区设施设备用电，建设电动车充电系统支持电动汽车上路运行。

3. 多省市新一轮智慧高速公路试点示范工程

近期，北京、浙江、河北、湖南、山东等省市选择了具有战略性作用的新建道路以及急需解决拥堵、事故频发等问题的运营道路，根据自身特点开展智慧高速公路建设和升级改造工作，提供"准全天候通行""车路协同安全预警""高精准信息服务""自由流收费""智慧隧道""智慧服务区"等个性化的创新服务。隧道、服务区作为高速公路的关键构造物，如何利用信息技术提升隧道和服务区的运行效率、提高用户体验，成为业界研究和应用示范的重点。利用传感通信技术实时掌握隧道内和隧道群车流、车速、密度等交通流状态，实时检测慢行、超速、频繁转换车道等不良交通行为，实时检测撞壁、剐蹭、危险品遗撒、火灾等交通事件，并利用有线或无线通信系统实时传输，利用云端结合的模式实时做出控制决策，并通过可变情报板、限速标志、手机、车载终端等多种方式将信息传递给出行用户。隧道内智慧照明系统、智慧景观系统也是近期研究和示范应用的重点，秦岭隧道从布置方案、控制算法、照明设备等多方面综合考虑部署智慧照明系统，根据隧道内车流量情况、洞内外光照情况的不同自动调光，达到提升隧道出行用户舒适度以及节约电能消耗的目的。智慧服务区方面，国内开始从用户信息服务、服务区运营监管等多角度分析服务区智慧化的应用需求，研究和示范车流、客流、服务区资源、服务区体验等多源信息联动对信息技术应用和商业模式创新的需求。浙江、湖南、山西、河南等地陆续出台服务区星级评价标准（试行），对服务区服务的总体要求、信息服务要求以及品质服务要求等多方面提出了星级评价指标。

### （三）智慧高速建设总体架构

在总结我国智慧高速公路近10年试点工程建设的基础上，围绕近年来智慧公路与自动驾驶领域开展的工作，交通运输部公路科学研究院提出了支撑"三网合一"智能基础设施和云边端协同云控平台建设的"智慧高速公路技术体系"。智慧高速公路技术体系框架含三大部分："三网合一"的智慧高速公路基础设施建设、"云边端协同"的智慧云控平台，以及基于其上的多种交通创新应用服务。

"三网合一"的智慧高速公路基础设施是智慧公路建设、云控平台及其上各种应用服务实现的基础和保障条件，包括支持先进技术应用的客货运输网络土建预留、全覆盖的传感通信网和能源供给网；智慧云平台汇聚、融合、分析处理高速公路各类交通对象，如人、车、路、服务区、收费站等数据，形成面向交通不同层级和不同应用的控制决策，对高速公路本地、通道以及网络不同层级交通运行系统实施精准控制，提高智慧高速以及相关高速路网的道路利用率，保障路网负荷的均衡化，提高智慧高速以及相关高速路网的道路利用率和通行效率；创新服务是在"三网合一"和云控平台的基础上，针对高速公路运行的实际需求，结合新技术的发展，实现多种交通应用服务，包括高精准的信息服务、车路协同式安全预警与控制服务、多方式自由流收费服务和电动汽车充电服务、高速公路精准管控服务和交通应急指挥调度与处置服务等（见图1）。

1. 服务能力

智慧高速公路最终的目标是服务用户，随着智慧高速公路建设的不断发展和完善，将会有更多的利益相关者成为智慧高速公路的用户，满足用户需求，提供满足用户需求的服务是制定智慧高速公路技术体系的出发点和落脚点，智慧高速公路技术体系应具有服务功能和可拓展性，以满足不同用户的需求。因此，用户服务是智慧高速公路技术体系中的一个重要组成部分。智慧高速公路服务的能力总体而言向精细化发展，主要表现为精细化的在途服务，以及精准的节点、路段和路网管控服务。

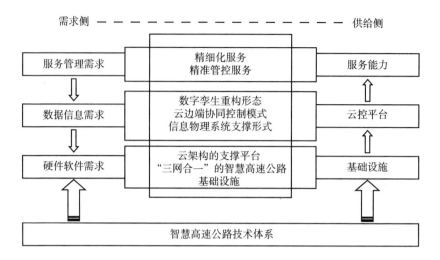

**图1 智慧高速公路技术体系**

2. 云控平台

云控平台是智慧高速公路的大脑，也是支撑实现用户服务，提供高水平服务和管理必不可少的重要保证，因此，在智慧高速公路技术体系中，我们把智慧云控平台作为重要的组成部分。智慧高速云控平台具有三个典型特质：一是数字孪生重构形态，二是云边端协同控制模式，三是信息物理系统支撑形式。

3. 基础设施

要满足用户需求，实现用户服务，必须有相关的技术和系统进行支撑，因此，智慧高速公路的基础能力建设也是非常重要的内容，这些基础能力的技术水平决定了所能提供用户服务的质量。总体架构提出了智慧高速公路基础设施包括以构建客货运输网、传感通信网、能源供给网"三网合一"的智慧高速公路基础设施，以及云架构的支撑平台，作为技术体系的重要内容。

## 二 智慧高速公路标准制定情况

智慧高速公路建设刚刚启动，具有一定的复杂性和创新性，尽管智能交通已有不少标准，但是智慧高速公路建设相关的标准，特别是涉及新技术应用的标准相对缺乏，为了指导和规范智慧高速公路建设，行业和地方部门在总结建设成功经验的基础上，开始进行智慧高速公路建设相关标准和规范的研究和制定工作。

## （一）智慧高速公路标准

目前，围绕自动驾驶、车路协同技术应用、基础设施数字化等标准的研究和制定成为智慧高速公路标准的重点发展方向。

2020 年 4 月，交通运输部公路科学研究院主编的《公路工程适应自动驾驶附属设施总体技术规范（征求意见稿）》发布，公开征求意见，主要是对指导适应自动驾驶的公路工程建设，明确了标志标线、控制与诱导设施、感知设施等路侧端各个细分领域的总体技术规范；公安部交通管理科学研究所就公共安全行业标准《道路交通车路协同信息服务通用技术要求》公开征求意见，标准规定了公安交通管理内场中心系统和场外路侧设备，基于车联网/车路协同技术与外部系统或终端设备进行信息服务使用的总体架构、功能、交互接口与数据对象要求。

国家标准《车路协同系统智能路侧一体化协同控制设备技术要求和测试方法》，行业标准《公路信息化技术规范》，川渝、浙江等智慧高速公路建设相关的地方标准等正在编制过程中。

部分高速公路建设和运营企业也积极参与了标准的研究和制定，四川省铁路产业投资集团有限责任公司于 2021 年 3 月正式发布全国首个企业级《智慧高速公路建设标准体系》，该体系包括总体技术要求、路侧设施布设规范、云控平台数据交换规范、智慧化分级 4 个部分，这些标准指导了成宜、蓉城二绕等智慧高速公路的建设。

## （二）各地出台智慧高速公路建设指导性文件

为了指导和规范智慧高速公路建设，各地陆续编写发布智慧高速公路建设的指导性文件。截至 2021 年 10 月，浙江、江苏、宁夏、山东已出台智慧

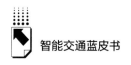

高速公路建设的指导性文件，河北、云南等省也正在加紧智慧高速建设指南的编制工作。

2020年3月，浙江省交通运输厅发布《智慧高速公路建设指南（暂行)》，涉及7大新基建方向中的大数据中心、新能源汽车充电桩、5G基站建设、人工智能、工业互联网等5个方向。

2020年11月，江苏省交通运输厅印发《江苏省智慧高速公路建设技术指南》，进一步推进江苏高速公路高质量发展，为全国智慧高速公路建设提供"江苏经验"。提出构建"全要素感知、全方位服务、全业务管理、车路协同与自动驾驶和支撑及保障"总体架构。

2021年2月，宁夏交通运输厅组织印发了《宁夏公路网智能感知设施建设指南》。首次明确了全区桥隧健康监测、路网监测和超限超载非现场执法3个方面的智能感知设施建设的基本标准和要求。

2021年6月，山东省交通运输厅印发了《山东省智慧高速公路建设指南》，提出了智慧高速总体架构、建设分类、智慧建养体系、智慧运营体系和支撑体系的建设要求，为新建、改扩建智慧高速公路项目和已运营高速公路智慧化提升项目建设提供了重要依据。

# 三 智慧高速公路标准体系

## （一）标准体系编制要求

### 1. 明确标准体系的定位及覆盖范围

对智慧高速公路标准体系的准确定位及其覆盖范围的明确是制订标准体系的重要基础，智慧高速公路的特点和技术组成是标准体系编制的重要依据和出发点。标准体系须覆盖新型基础设施、运营管理、信息服务等板块，既能满足未来发展的趋势和需求，又能充分反映智慧高速公路相关技术和产业特点。

2. 围绕智慧高速公路的建设内容

智慧高速公路标准体系重点围绕我国智慧高速公路新建和改扩建的内容，满足高速公路建设、管理、运营和维护的迫切需求，指导智慧高速公路建设，以高速公路改扩建内容为重点进行标准体系构建。

3. 支持新技术的应用

在标准体系中既要结合实际，又要有创新性，支持新技术的应用，将自动驾驶、车路协同、人工智能等新技术应用纳入标准体系中。

## （二）标准体系编制思路

考虑到我国智慧高速公路建设处于刚刚起步阶段，智慧高速公路建设急需一套统一的标准体系进行指导，在借鉴交通信息化标准体系的基础上，围绕高速公路智慧化建设与服务的标准化需求，提出了智慧高速公路需要研究和制定的标准以及需要修订提升的标准，构建了智慧高速公路标准体系。

1. 参考和借鉴交通行业已有标准体系，并保持一致

交通行业已有的智能运输系统、交通信息化等标准体系相对成熟、完善，并经过多年的工程实践验证，对于智慧高速公路标准体系的构建具有非常重要的参考价值。例如，智能运输系统标准体系中的电子支付、营运管理、交通管控、出行服务等许多内容也是智慧高速公路系统的主要内容，因此，在进行智慧高速公路标准体系构建中应采取与智能运输系统标准体系、交通信息化标准体系等一致的表述和内容，最大限度地和已有的标准体系保持一致，提高智慧高速公路建设标准的适用性和应用范围。

（1）参考借鉴智能运输系统标准体系

智慧高速公路标准体系是智能运输系统标准体系的一个组成部分，它应当在已有智能运输系统标准体系的基础上，突出反映智能运输系统在高速公路上的具体应用。在研究智慧高速公路标准体系的过程中，需要了解和掌握智能运输系统标准体系框架，保持智慧高速公路标准体系与智能运输系统标准体系的一致性和兼容性。

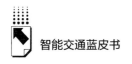

智能运输系统标准体系在2008年经过修订之后（国家质检总局科技计划项目）已经日趋完善，在此基础上，明确智慧高速公路标准体系和智能运输系统标准体系的联系及标准的传承和创新关系，继承智能运输系统标准体系中与智慧高速公路建设相关的标准，如信息服务、运维、感知、交通管控等内容，并对这些内容进行梳理和分析；此外，针对智慧高速公路建设对新技术的需求，对智能运输系统标准体系进行创新，突出自动驾驶、车路协同等新技术特征，突出人工智能、云计算、大数据等智慧特征。

（2）参考借鉴交通信息化标准体系

交通信息化标准体系的比对分析，交通信息化标准体系中的公路建设与管理标准、基础设施标准、信息安全标准、交通应急管理标准、运输及物流、综合事务等内容也是智慧高速公路建设需要的内容，因此可作为智慧高速公路标准体系研究制定的重要参考和借鉴内容。

2. 确定智慧高速公路标准体系表

在充分理解标准化对象及其相互之间的关系的基础上，确定智慧高速公路标准体系表。围绕智慧高速公路建设的客货运输网、传感通信网、绿色能源网三网合一和智慧云控平台等重要内容，参考智能交通传统的信息采集技术、信息交互技术等相关标准内容，确定智慧高速公路标准体系表的主要内容构成。此外，根据智慧高速公路的特点和已有标准的编制情况，明确新标准和已有标准的关系，对于已有标准体系中缺失的标准进行研究和制定，对于已有的标准进行修订和完善。

（1）智慧高速公路需要研究和制定的标准

随着智慧高速公路建设发展及服务需求的演进，智慧高速公路建设的客货运输网、传感通信网、绿色能源网三网合一，以及支撑智慧高速公路服务创新发展的智慧云控平台等标准缺失，尤其是新型基础设施、基础设施部署布设、云控平台、智慧场站及服务区等方面的标准化工作需要补充建立。

通过研究分析，智慧高速公路建设缺失的标准包括：车路协同设施、通信设施、高精度定位基站、传感设施等智慧设施设备布设规范；云控平台相关标准，中心数据接口、协同控制机制、数据安全等标准；满足自动网联驾驶要求的、支持自动驾驶的新型基础设施智能化技术标准和规范；支持自动驾驶以及车路协同应用的高精度地理信息数据标准；智慧服务区相关标准。

（2）智慧高速公路需要修订提升的标准

一些现行的高速公路相关标准，也需要结合智慧化发展需求对其进行修订。智慧高速公路需要修订提升的标准包括：

①信息服务标准。针对不同的服务对象，如政府部门、运营单位、公众、媒体和数据运营商等，从公路信息、交通管理与控制、事件管理与应急、出行信息服务、智慧服务区等方面，按照其对信息采集、通信网络等基础要求以及服务接口标准、数据共享机制等信息发布要求等不同维度，对智慧高速公路信息服务进行全面分析，制定智慧高速公路信息服务标准集。

②感知设施标准。全面的感知是智慧高速公路重要的建设内容之一，在标准体系的制修订中应将感知技术的相关标准作为其重要的工作内容。

③通信设施标准。通信设施是智慧高速公路系统不可缺少的重要组成部分，全覆盖的通信是智慧高速公路重要的建设内容之一，目前存在多种可利用的传输方式，如有线传输、无线移动蜂窝网、无线局域网、短程通信等，各种传输方式根据各自的特点应用于不同的交通场景中，在标准体系的制订中应该将信息传输技术的相关标准作为重要的组成部分。

④运营管理标准。针对当前高速公路的运营管理存在的管理职责交叉、政出多门、标准体系缺乏系统性和科学性等问题，重新梳理各部分的因果、隶属关系，确定智慧高速公路运营管理体系中的基本要素、基本内容及各个标准的关系。在智慧高速公路的建设背景下，按照智慧高速公路的内涵，明确运营管理信息化、自动化、云控化的方向发展，最终制定智慧高速公路运营管理标准集。

## （三）标准体系框架

根据智慧高速公路建设的特点，突出用户服务、面向技术发展，充分考虑新技术在智慧高速公路建设中的发展和应用，对标准化对象和标准化要素

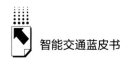

进行系统分析，形成了智慧高速公路标准体系框架。标准体系框架包括基础通用标准、服务标准、基础设施标准、产品标准和相关标准 5 个层级。智慧高速公路标准体系框架如图 2 所示。

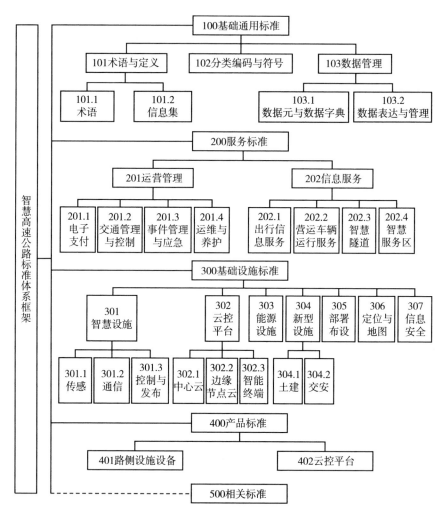

**图 2　智慧高速公路标准体系框架**

第一层主要包括：术语与定义、分类编码与符号、数据管理。这些标准属于基本标准。

第二层主要包括：运营管理、信息服务。这些标准属于服务标准。

第三层主要包括：智慧设施、云控平台、能源设施、新型设施、部署布设、定位与地图、信息安全。这些标准属于智慧高速公路建设急需的标准。

第四层主要包括：路侧设施设备及云控平台。

第五层主要包括：与本体系关系比较密切的公路工程及交通运输类标准。

智慧高速公路标准体系是围绕与智慧高速公路建设相关的标准来编制标准体系，其他标委会归口的、与智慧高速公路建设相关的标准，纳入 500 相关标准（见表1）。

**表1　智慧高速公路标准体系总结构及标准要素集群**

| 100 基础通用标准 | | |
| --- | --- | --- |
| 分类号 | 标准类别 | 标准类别说明内容 |
| 101 | 术语与定义 | 智慧高速公路建设相关术语、定义 |
| 102 | 分类编码与符号 | 编码规则、代码结构和图形符号类标准 |
| 103 | 数据管理 | 数据元与数据字典、数据表达与管理类标准 |
| 200 服务标准 | | |
| 分类号 | 标准类别 | 标准类别说明内容 |
| 201 | 运营管理 | 面向出行者以及面向管理部门提供的电子支付、交通管理与控制、事件管理与应急、运维与养护等 |
| 202 | 信息服务 | 面向交通管理部门及出行者提供的各类服务，包括出行信息服务、营运车辆运行服务、智慧隧道、智慧服务区等 |
| 300 基础设施标准 | | |
| 分类号 | 标准类别 | 标准类别说明内容 |
| 301 | 智慧设施 | 传感、通信、控制与发布等设施标准 |
| 302 | 云控平台 | 中心云、具有边缘计算和节点汇聚能力的边缘节点云、智能终端等标准 |
| 303 | 能源设施 | 充电设施、光伏发电设施、新能源设施等相关标准 |
| 304 | 新型设施 | 支持自动驾驶、车路协同等新技术应用的新型设施、新型标志标线等标准 |
| 305 | 部署布设 | 各种智慧设施、能源设施、定位设施等针对不同应用的部署布设标准 |
| 306 | 定位与地图 | 支持车道级信息服务、设施管理、自动驾驶应用的高精度定位及高精度电子地图相关标准 |
| 307 | 信息安全 | 数据传输、系统互通等相关的信息安全标准 |

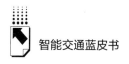

续表

| 400 产品标准 | | |
|---|---|---|
| 分类号 | 标准类别 | 标准类别说明内容 |
| 401 | 路侧设施设备 | 路侧设施类设备的工艺、性能、安装等要求和测试方法 |
| 402 | 云控平台 | 云控平台或后台系统的性能、部署等要求和测试方法 |
| 500 其他标准 | | |
| 分类号 | 标准类别 | 标准类别说明内容 |
| 500 | 相关标准 | 与本体系关系比较密切的公路工程及交通运输类标准 |

# 四　智慧高速公路标准建设分阶段实施建议

标准的编制和实施应结合智慧高速公路建设情况，分步骤、分阶段、有重点地推进智慧高速公路标准化工作，在智慧高速公路建设标准体系的指导下，对标准研究制定的实施阶段和路径进行规划，提出了近中远期标准研究重点和发展方向，重点对其中关键性、基础性标准进行研究和制定，指导智慧高速公路建设以及相关技术研发和产业培育。

## （一）标准建设应与智慧高速公路建设的阶段保持一致

智慧高速公路根据不同的建设阶段和技术发展情况，分阶段、分步骤进行智慧公路建设，并设置不同阶段的建设目标和服务能力。智慧高速公路建设中涉及许多标准规范，在标准的研究和制定中需要和智慧高速公路建设保持同步。智慧高速公路建设分基础能力建设和创新服务建设，与之对应的标准有两类，即基础能力类标准和创新服务类标准。

### 1. 近期重点制定基础能力类标准

基础能力建设是在整体高速公路网范围内统一实施智慧化改造和建设，应用成熟技术提升高速公路智慧化水平，这些建设内容是智慧高速公路建设中的关键性基础内容，因此，相关的标准规范研究和制定需要安排在近期完成。基础能力类标准涉及和基础能力建设相关的全覆盖的感知网络、全覆盖的信息通信网络、建设基础设施数字化监管体系、高精度卫星定位系统、高精度数字地图系统、车路协同路侧设施、智慧云控平台等标准内容。

2. 中远期重点制定创新服务类标准

创新服务建设是依托前沿技术研究，结合各条（或区域）高速公路的交通特点，选择局部路段或区域开展创新试验试点，对可应用成果加以推广实施。这些建设内容是可选的建设内容，在相关标准的研究和制定上，可以在中远期进行。创新型服务类标准涉及和创新服务相关的高精准的信息服务、自由流收费服务、车路协同安全预警服务、自动驾驶及货车编队服务、智慧高效应急救援处置服务、高速公路精准管控服务等标准内容。

## （二）优先发展智慧高速公路建设急需的基础性和关键性标准

1. 结合智慧高速公路建设的实际需求进行标准建设

针对智慧高速公路的建设需求，对智慧高速公路的建设特点和内容进行分析，提出建设急需的基础性和关键性标准，研究和制定标准建议以基础设施、运营管理和信息服务标准为重点，结合交通管控、通信、云控平台、设施部署布设等方面的需求，进行标准的研究和制定。

2. 注重研究制定标准的可落地、可实施性

在标准的选取和制定过程中应针对实际工程应用，尽量避免大而空的或难以落地、难以实施的标准，按照"成熟技术用足"的原则，选取成熟、可实施的技术进行标准的研究制定，确保技术标准的可落地、可实施性。

**参考文献**

王安娜、毛建锋：《高速公路基础设施数字化管理平台》，《中国交通信息化》2021年第 5 期。

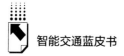

陈欣杰：《5G+ 交通发展正当时》，《人民邮电报》2020 年 6 月 16 日，第 4 版。

《长江三角洲区域一体化发展规划纲要》，《人民日报》2019 年 12 月 2 日，第 1 版。

尚进：《中国信息化进入新征程》，《中国信息界》2019 年第 5 期。

《中共中央　国务院印发〈交通强国建设纲要〉》，《中华人民共和国国务院公报》2019 年第 28 期。

# B.12
# 中国重点城市智能交通建设状况

刘建峰　孙杨世佳　张孜　王磊　王娜　胡娟　石永辉*

摘　要：　城市智能交通作为国家立体交通网建设的重要组成部分，在全球范围内受到广泛关注。面对便捷顺畅、经济高效、绿色集约、智能先进、安全可靠的发展需求，各城市根据交通特征，通过模式创新驱动和技术引领，围绕城市规划和智能交通建设框架，全面完成交通强国建设、数字交通建设、综合立体交通网体系建设等的目标任务。同时，带动与智能载运工具、智慧城市等的深度融合；加快安全、通信、传感等新一代技术成果的应用；发展和提升信息服务、现代物流等，这都将是我国城市智能交通建设进入全新阶段的发展成果。

关键词：　智能交通　数字交通　车路协同

* 刘建峰，北京市智慧交通发展中心，教授级高工，主要研究方向为智能交通技术发展、行业信息化发展战略规划及行业标准化工作；孙杨世佳，上海市城乡建设和交通发展研究院，工程师，主要研究方向为智慧交通研究；张孜，广州市交通运输局科技信息处处长，高级工程师，主要研究方向为交通科技和信息化、车辆技术、节能减排和环保工作；王磊，深圳市交通运输局一级主任科员，主要研究方向为智慧交通规划及政策研究、小汽车增量调控管理政策研究；王娜，杭州市城乡建设发展研究院综合交通研究所副所长，工程师，主要研究方向为智能交通技术研究与应用；胡娟，长沙市智慧交通发展中心主任，主要研究方向为智慧交通；石永辉，曾任武汉市公安局交通管理局科技处处长、武汉市公安局科信处处长，现任国家移民管理局出入境管理信息技术研究所副所长，主要研究方向为智能交通管理与公安信息化工作。

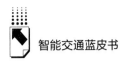
# 一 北京智能交通建设状况

## （一）北京智能交通发展概况

近几年来，北京市智慧交通领域各项工作按照规划既定的总体目标稳步推进，已基本建立起较为完整的指挥调度、信息服务、运营监管、网络安全和交通数据等体系，对推进北京市智慧交通高质量发展，提升交通服务品质，解决公众出行痛点难点问题，促进大数据、人工智能、5G、自动驾驶等新技术在交通行业的创新应用都发挥了积极作用。

1. 信息化管理全面普及

交通运输服务、交通行业管理、交通管理和执法等领域都建设了信息化管理系统，基本实现了业务流程管理信息化覆盖。信息化与业务融合稳步推进，有效支撑了交通业务工作，推动交通行业科学治理能力提升，实现行政审批、综合执法、交通信用、停车管理、驾培监管、汽车租赁管理、维修管理、公路养护、治超、节能减排等核心业务流程的在线化、协同化。

2. 大数据应用多领域铺开

信息化系统统一接入交通政务云，打造形成北京市交通政务云基础支撑体系；建立了交通行业大数据平台及常态化的数据报送机制，实现了交通行业重要数据的汇聚，并完成在北京市区块目录链的全部上链工作；编制完成交通运输行业大数据目录清单，研究制定了交通行业运输数据管理和共享应用制度，发布《北京市政务信息资源共享交换平台管理办法（试行）》和《北京市交通出行数据开放管理办法（试行）》，强化了交通行业内各部门间的数据共享；在公交线网优化和一体化出行等管理决策领域，开展了大数据驱动的数字化赋能，交通大数据应用创新能力处于国内领先水平。

3. 智能化探索逐步展开

建设营运车辆感知体系，全市两客一危一重，以及地面公交、出租车辆配备近 20 万套卫星定位车载设备，建立北京市危险货物道路运输电子运单管理系统，提升危险化学品流通领域的安全管理水平；建设运输行业"互联网＋新业态监管"行业监管体系、网络预约出租汽车监管服务系统，实现了网上在线办理和并联审批，探索了基于大数据的网约车监管服务体系，共享自行车监管与服务平台，实现了运营企业、政府管理部门间的数据共享；在国内率先启动了自动驾驶道路测试工作，自动驾驶车辆、测试道路里程，累积测试里程均位居国内第一；开展了以基础设施数字化、车路协同等为主要内容的智慧高速示范工程建设。

4. 互联网服务持续拓展

开发完成北京交通 App 作为统一的综合交通出行信息服务 App，整合接入了全面的交通出行信息和政务服务信息，为社会公众提供一站式综合交通政务服务。按照"出行即服务"的理念，采取政企合作模式，建设北京交通绿色出行一体化服务平台，提供步行、公交、地铁、骑行一体化的绿色出行规划，实时公交、地铁客流拥挤度等动态信息服务，并通过碳减排激励等措施，引导市民绿色出行。

5. 网络安全体系初步构建

按照市委网络安全和信息化的工作总体部署，北京市交通委员会成立领导小组和办公室，并印发了相关文件，明确了各部门各单位党委（党组）网络安全主体责任。组织开展重点时段网络保障，执行领导带班、一线值班值守、信息系统运行白名单、"零事件"信息报送等工作；在全行业共计 56 家单位中实现了及时发布网络安全预警的工作；开展政务信息系统等级保护备案工作，已完成在公安机关备案系统 55 个；建立相关网络安全事件应急工作机制，编制了网络安全应急预案及重要信息系统专项应急预案，开展行业网络安全培训和宣传教育。

## （二）北京智能交通发展规划

北京市"十四五"智能交通发展规划将以标准统一的智能交通基础设施体系为基础，以网络安全和政策标准体系为保障，全面整合政府、社会、

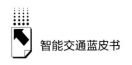

企业等各方数据，建设数据共享、业务协同的智能交通数据云脑体系，围绕"优供""控需""强治"的总体思路，构建服务企业运营、服务社会出行和交通治理的场景应用体系，为广大出行者提供更高效、更安全、更便捷的服务。

北京市智慧交通逻辑架构由智慧交通基础设施体系、智慧交通数据云脑体系和智慧交通场景应用体系三部分构成（见图1）。其中，智慧交通基础设施体系包括交通基础层、感知管控层（包括人员、车辆、道路感知和服务设备）、边缘计算层（包括路口级边缘计算和区域级边缘计算）和网络传输层（包括通信网、物联网、车联网）；智慧交通数据云脑体系包括三个层级，分别为企业运营云脑（公交云脑、轨道云脑等企业级运营云脑）、出行服务云脑（一体化出行服务平台）和交通治理云脑（交通云脑和交管云脑），交通治理云脑与市级城市大脑、区级城市大脑和其他行业部门级大脑互为支撑、协同联动；智慧交通场景应用体系包括服务企业运营（优供）、服务社会出行（控需）和服务交通治理（强治）三个方面的应用场景。

## （三）北京智能交通建设成果分析

### 1. 支撑北京市网约出租汽车规范管理工作

根据北京市小客车数量调控最新政策，开展北京市小客车指标调控管理信息系统升级改造项目（四期）建设工作，完成了个人指标、家庭指标、单位指标、多车转移登记、夫妻变更、离婚析产、失信被执行人限制等配置模块的应用开发，基础服务、个性化服务和扩展云服务租用及系统整体迁云，摇号现场2台终端设备的采购，3套国产软件购置及部署。

### 2. 支撑北京市巡游出租汽车行业深化改革工作

完成出租汽车智能终端远程音视频调取功能开发及测试工作。与奇华、聚利、金银建和八通等四家调度中心完成平台接口开发测试工作，实现2020年以后更新的新标准出租汽车车内、车前的实时视频、历史视频、录音和报警照片的远程调取。

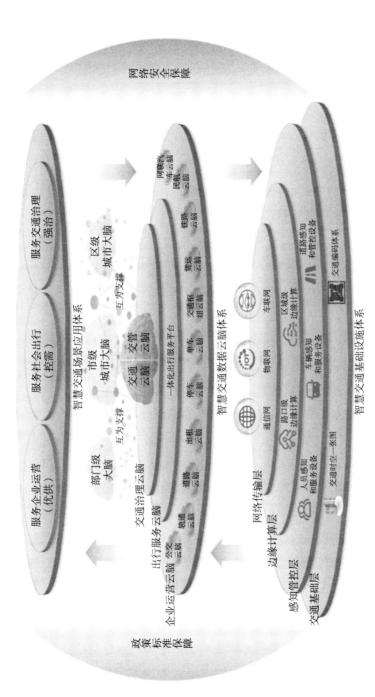

**图 1　北京市智慧交通逻辑架构**

资料来源：北京市智慧交通发展中心。

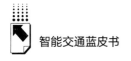

开展新冠肺炎疫情防控时期出租汽车运营补贴测算及相关功能开发工作。组织技术人员开发完成个体出租人车关系上传、驾驶员合同补录及更新、企业和区处端疫情防控时期补贴情况统计查询等功能模块。针对全市出租汽车公司的意见和疑问，多次协调数据中心补传车辆运营记录，每周定期更新符合要求的车辆明细、统计信息及补贴金额等数据，为出租汽车个体、企业的补贴资金申报、行业主管部门的审批管理提供了有效技术支持。已完成全市 217 个出租企业 57128 辆车的补贴数据测试工作，补贴金额共计 6545万元。2020 年共与新申请的 8 家网约车平台公司开展数据联通性现场测试及座谈会约 20 余次。① 持续推进网约车数据、电动车数据、新终端数据、巡游车数据传输质量情况监测，严格把控数据质量，及时协调修正数据问题。

3. 完成北京市小客车指标调控管理信息系统提升网络信息安全防护能力项目建设

完成防火墙、防 DDOS 攻击设备、入侵防御设备、入侵检测设备、安全审计设备和漏扫设备等共计 116 件硬件设备的到货验收、参数配置、联调测试和系统集成工作，并且完成了项目验收和固定资产入账工作。

4. 开展北京市小客车指标调控管理信息系统升级改造项目（四期）申报及建设工作

开展了北京市小客车指标调控管理信息系统升级改造项目（四期）的申报工作，编制完成项目申报书及资金预算明细，完成立项专家评审，并向市经信局提交立项申请。

完成小客车系统一次性增发家庭新能源指标模块的开发工作，组织第三方测评单位完成性能测试和安全测试，2020 年 8 月 1 日新模块上线，已陆续配发 15000 余个家庭新能源指标。②

5. 不断提升交通行业大数据中心数据服务能力

一是推进综合交通监测预警与指挥调度平台建设工作，具体围绕方案设

---

① 资料来源：北京市交通信息中心 2020 年工作总结。
② 资料来源：北京市交通信息中心 2020 年工作总结。

计、关键技术研发、原型系统建设开展相关工作，打造集综合监测、自动预警、指挥调度三大功能于一体的交通领导驾驶舱；二是继续推进公交线网优化大数据资源池建设工作，完成行业数据资源与社会化数据资源的融合关联、清洗加工、服务对接，为公共交通相关业务开展提供更完善的数据支撑；三是聚焦交通行业细分领域需求，与相关部门具体围绕道路治堵、交通执法、节能减排、路侧停车等领域，开展基于大数据的辅助决策、优化管理、出行服务等方面的深化应用，加大数据与业务结合的深度与广度，提升数据对业务服务的支撑能力。

6. 完成新冠肺炎疫情防控时期北京市轨道交通防控保障工作

针对新冠肺炎疫情防控，开展了早晚高峰满载率报表、进出站量报表报送工作，每天定时上报当日早晚高峰客流数据报表，共发送报表 400 余张,[①] 有力地协助了疫情防控时期轨道交通主管部门的行业监管工作。

开展了北京市轨道交通实时客流监测系统功能升级开发及运行保障工作，与运营企业零距离对接，共享运营调整措施和客流信息，保障系统 24 小时平稳运行，确保实时客流信息及时准确，支撑疫情防控时期北京市轨道交通路网列车满载率实时监控、综合调度和双超（超常超强）列车运行图使用，为轨道交通运营企业生产一线的调度指挥工作提供了有力支撑。

开展网站、微信公众号、手机客户端车厢拥挤度查询功能的持续优化升级工作，为地铁乘客提供及时、准确、完善的出行信息服务。

7. 助力北京市轨道交通运营企业提升运营服务水平

全国首创多场景轨道交通路网客流监控平台，实现突发事件客流预测、动态限流等关键技术的运用，开发突发事件客流预测、运力动态调整、统计分析等功能模块，实现突发事件下轨道交通路网客流分布情况的准确把握，解决路网运力和客流分布剧变造成的运营秩序紊乱、客流集聚滞留等问题，为北京市轨道交通运营企业的客流、行车调度人员和相关运营服务管理决策人员提供辅助决策支持，提高应对突发事件情况下大客流疏散的能力，降低

---

① 资料来源：北京市交通信息中心 2020 年工作总结。

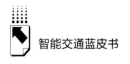

运营安全风险。

结合北京市城市发展及既有轨道交通线网运行情况，对房山线北延（郭公庄—丰益桥南）以及 16 号线南段（西苑路—甘家口）新线沿线土地利用进行调研调查，对新线开通后 2021 年全网进出站量、换乘量及断面客流进行预测并分析时空分布特征，了解新线开通对既有线网客流产生的影响。

8. 北京市轨道交通实时客流监测系统优化升级及运行维护

通过持续优化轨道交通客流多智能体仿真模型、城市轨道交通客流清分系统及预报模型，根据疫情防控时期客流的非常态变化实时调整阈值、OD 比例、基准日期等运行参数，及时更新线网基础数据、列车时刻表，进一步提高北京市轨道交通实时客流监测系统的稳定性和可用性。

截至目前，已向北京市委及市政府、北京城市副中心"领导驾驶舱"、北京市公安局公共交通安全保卫总队、北京市交通运行监测调度中心、北京地铁运营有限公司调度中心、北京京港地铁有限公司、大兴新机场线全系统网络安全管理中心等单位提供不间断的北京市轨道交通实时客流监测服务，共计输出 8 万余张轨道交通路网实时拥挤度图及 300 余张历史客流统计报表，发布"城市轨道交通客流分析日报"300 余次，[①] 顺利完成"两会""服贸会"等重大活动期间的轨道交通运营保障任务，并且通过交通委行云平台向北京地铁及百度、高德等出行服务提供商提供稳定的轨道交通实时客流数据服务。

9. 开展市科委基于行为轨迹的安全风险辨识项目

完成市科委"基于行为轨迹的人员密集场所安全风险动态辨识与预警关键技术研究与示范"课题中子课题"典型人员密集场所（区域）风险预警技术研究"的部分任务。完成了包含南锣鼓巷景区周边主要道路面积约 100 万平方米的多边形范围作为研究区域的手机信令数据及多元交通行业数据（公交地铁刷卡数据、共享自行车订单数据、出租车网约车订单数据）的提取及分析工作，该区域包含 33 条公交线路（含上下行）74 个站点，2

---

① 资料来源：北京市交通信息中心 2020 年工作总结。

条地铁线路（6 号线、8 号线）2 座车站。完成了手机信令数据及多源交通行业数据质量核查及清洗工作，根据清洗之后的数据分别对多源交通方式的时空特征进行了探索。① 完成热点景区多元数据融合与客流监测模型、热点景区客流预测预警模型的设计与建立工作，并将研究模型计算结果与高精度景区客流数据进行对比测试，对模型进行参数调优并提升了监测与预测计算精度。完成了热点景区客流预警指标研究工作。完成了市安全生产科学技术研究院预警平台的可视化展示模块初步设计。

### （四）北京智能交通市场动向预测

随着大数据、人工智能、5G、自动驾驶等新技术在交通行业的创新应用，AI 技术在智能交通领域的深度运用、车联网体系建设驱动交通管理创新发展、传统的公路建设绿色养护技术发展、公路基础设施的数字化与智能化产品等方面将会出现新的市场动向和产品需求。① 具体如下。

1. AI 技术在智能交通领域的深度运用

传统的智能交通系统各子系统之间相互独立，而云计算、大数据等新技术除了赋能现有系统运行之外，还助推了各系统之间的横向交互，激发出更多的智能化应用，各系统间的数据融合共享成为智能交通系统的发展趋势。智能交通管理将在原有基础上加强大数据、人工智能等新技术的创新应用，针对交通行业的具体情景，对模型的数据、业务、算法进行集成，通过构建新的计算框架打通科学计算和传统业务应用之间的鸿沟。

2. 车联网体系建设驱动交通管理创新发展

车联网体系建设是智能交通、智能终端、交替管控和服务平台对下一代无线通信技术深度应用融合发展的结果。随着智慧城市建设进程加快，交通信息化行业迅速发展，同时可为车联网开辟空间，而车联网的应用也分布在交通堵塞、安全、信息服务、商业运营服务等方面，逐渐发展为交通路况感知终端和交通控制节点。

---

① 资料来源：北京市交通信息中心 2020 年工作总结。

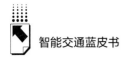

3. 传统的公路建设绿色养护技术发展

"绿色"包含低碳环保、循环利用、全寿命周期效益等要素，绿色道路发展的基础在材料技术，因此，重点开展低碳环保材料、废旧循环材料、长寿命材料的关键技术研究与产品研发应用是一个发展动向。

4. 公路基础设施的数字化与智能化产品

考虑能够快速落实传统领域与前沿科技主动融合发展和北京现存规模庞大的既有基础设施维护管养需求现状，以打通前沿科技融入传统领域的技术瓶颈为主要目标，重点从基础设施管养技术领域切入，吸纳融合物联网、大数据、人工智能等信息化、智慧化前沿技术手段，实现全过程、全要素信息掌控和应对处置，推动交通基础设施管养技术链的数字化赋能，加快基础设施数字化、智慧养护发展路径与模式、基础设施智慧养护等关键技术的研发和推广。

# 二　上海智能交通系统发展状况

## （一）上海智能交通发展概况

上海智能交通建设走过了30多年的发展历程。30多年来，无论在智能交通科研，还是在智能交通重大工程建设等方面，都取得了丰硕的成果，这使上海智能交通系统建设实现整体规划、系统建设、全面维护和不断创新，为缓解上海交通拥堵、确保上海综合交通健康有序发展提供了有力技术支撑。

通过上海市道路交通信息采集工程、上海市交通综合信息平台建设工程、上海市公共停车信息平台等一大批智能交通重大工程建设，建立了上海市以道路交通等多形式的交通信息采集、整合处理、应用服务为主的智能交通系统。以上海市交通综合信息平台为核心，系统整合来自各行业、管理部门的信息，通过对这些交通信息数据的处理和挖掘分析，形成上海高速公路、快速路和地面道路"三张路网"实时路况及公共停车场（库）动态泊位、交通状态指数、公交到站时刻、轨道交通客流状况等交通信息应用和服务能力，有力保障了多届进博会等大型会展活动交通畅通，在日常交通管理中也发挥着重要的支撑、保障作用，使上海交通管理和服务效率大幅度改善，交通行业监管能力显著提升，为提升上海交通决策管理水平做出重要贡献。

1. 建成面向道路交通信息采集、发布、管控系统

应用线圈、出租车 GPS 信息、手机信令、悉尼自适应交通控制系统（SCATS）、牌照识别、微波等多种技术手段，实现交通实时运行状态的发布。通过图形和文字可变信息标志设施，发布以红、黄、绿颜色标示的道路交通实时运行状态图形以及车辆行程时间等文字信息，提供实时的道路路况信息和相关交通信息。

2. 建成面向公共交通信息采集、监控及发布系统

建成地面公交客流实时采集系统，在约 1.5 万辆公交车上安装了 POS 机，实时采集刷卡客流信息，实现公交客流的实时采集。建成轨道交通运行监控和信息发布系统，实现了轨道交通线路运行状态和拥挤度的实时采集和监控，以及轨道交通各个站点进、出站客流量的实时采集，为统计分析客运总量和客流 OD 等提供了依据。同时，建成"危险品运输车辆监控系统"，有效提高了危险品运输车辆的运行安全性。

3. 建成对外交通信息采集汇聚、枢纽交通信息服务等系统

建成大型对外综合交通枢纽的地理位置、动态班次、客运量信息的采集与信息化管理系统，形成对外交通信息发布与服务的能力。建成全市主要长途汽车站客运联网售票系统。建成市域主要出入道口的流量采集、视频监控、稽查布控等信息化管理系统，实现了主要道口对外交通流、客流的动态分析。建成上海市港口安全日常监管与应急指挥系统，实现应急指挥中心对上海港 30 个重点码头等的视频监控与业务联动处置。

4. 建成上海市交通综合信息平台

建成上海市交通综合信息平台，该平台是全面、实时整合、处理全市道路交通，公共交通，对外交通领域车流、客流、交通设施等多源异构基础信息数据资源，实现跨行业交通信息资源整合、共享和交换的信息集成系统（见图 2）。

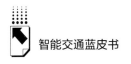
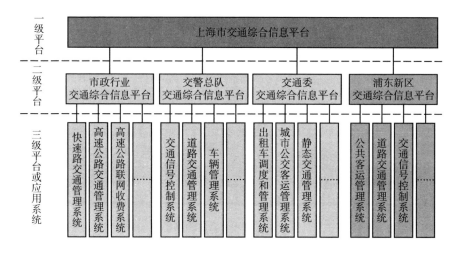

**图2　上海市交通综合信息平台总体架构**

资料来源：上海市城乡建设和交通发展研究院。

通过对上海市交通综合信息平台汇聚的数据进行处理和挖掘，完成了道路交通指数、公共交通客流、地面公交运行及运能效率、城市热点区域客流检测等分析。建立了上海市交通指数模型，反映快速路、地面道路整体路网以及区域道路交通拥堵程度，实现道路交通运行状态的量化评估。

建成交通信息服务应用平台，可通过网站、电视、手机App、车载导航等多种方式，向出行者提供三张路网实时交通状态、热点区域交通状态、事故事件、公交线路与换乘信息等服务。面向政府交通管理部门，主要提供实时的交通信息和视频以及量化的应用分析结果，支撑管控与组织决策。面向社会公众，提供实时道路交通状态、动态停车泊位等交通信息服务。

5. 建成区级交通综合信息平台系统

根据上海市各区对智能交通建设的迫切需求，依托上海市交通综合信息平台数据资源，打通与徐汇、静安、黄浦、长宁等多个行政区之间的网络，实现了跨地域数据资源共享。

从2018年开始，先后完成徐汇、静安、黄浦、长宁等行政区的区级交通综合信息平台建设，将市级交通综合信息平台中有关行政区划的道路交通、公共交通、客流等综合信息接入区级交通综合信息平台，实现市区两级交通信息的交互与共享，并支撑区域交通管理决策和出行服务。

区级交通综合信息平台主要实现数据接入共享、道路综合分析、公交运行综合分析、研判预警、综合管理应用等功能，接入行政区内的道路交通状态、公共交通线路分布及客流情况、视频、卡口数据、SCATS 数据等，分析拥堵区域、道路、交叉口时空分布特性和演变规律，展示进出行政区的公交车辆位置、速度、到站信息、运能、客流集散特征等，并基于交通拥堵指数辅助开展拥堵预测预警、施工影响预测等。同时，部分区级交通综合信息平台还具备综合展示、管理预案提供和年报月报编制等功能。

6. 建成静态交通信息采集、监管、服务系统

初步建成上海市公共停车信息平台，根据平台数据统计，完成 3200 家公共停车场（库）、84 万个泊位以及 1184 个道路停车、5 万个泊位的基础信息数据接入，实现全市公共泊位的统一监管，并开发公共停车场场库基础数据采集 App 与制定公共停车场（库）电子收费数据质量评价指标体系，加强对停车场（库）基础数据的监管与校核，从而保证停车数据公众发布的准确性。平台实现了上海全市范围内的收费设备统一支付，支持自主缴费、在线取票、欠费追缴等功能，并基于大数据开展停放特征、需求预测、停车指数、利用率等指标分析，为停车费用调整和需求分析提供数据支撑。同时，平台通过手机 App、随申办、微信、支付宝和交通出行网站，向社会公众提供驾车导航、停车换乘、错峰共享、停车缴费、停车预约、停车充电、电子票据等服务功能，为出行者提供更便捷、更智能、更贴心的停车服务。

建成上海市互联网租赁自行车服务平台，完成总量控制、运营监管、置换投放、评价分析、综合分析和数据管理等功能模块开发，主要实现对共享单车运营企业的车辆管理、动态监管、服务考核、管理部门间业务协同和数据技术支持等内容。平台完成了企业基本信息、车辆运营数据和服务用户数据的接入与企业相关申请资料数据的传输，同时分析展示共享单车保有量、实时分布情况和车辆状态，从而准确掌握共享单车数据和严控投放区域。针对企业服务质量和信誉，开展车辆完好率、周转率、车辆投放分布率、热点

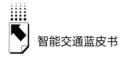
区域投放密度等多项指标评价体系，有助于管理部门科学评价企业运营情况、车辆运营调度等方面的服务水平。平台还动态跟踪企业查扣车辆、淘汰车辆、置换车辆的回收、安置、新车投放等环节，加强对企业车辆管理和运输投放的监管力度，缓解共享单车投放"泛滥"问题（见图3）。

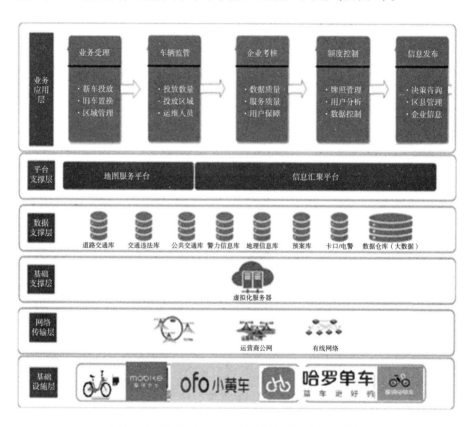

**图3 上海市互联网租赁自行车服务平台分层构架**

资料来源：上海市城乡建设和交通发展研究院。

### （二）上海智能交通发展规划

上海智能交通发展正面临积极贯彻《交通强国建设纲要》、深入推进"两新一重"建设、着力提升交通治理现代化水平、践行"人民城市为人民"发展理念、落实长三角区域高质量一体化、支撑上海城市数字化转型等多方面的要求。上海紧紧围绕提升"五个中心"能级、强化"四大功能"和建设卓越全球城市等任务，以技术创新为驱动，以数字化、网络化、智能化为主线，以建设新型交通终端设施、打造智慧交通应用系统、创新数字交通治理模式、推广数字化交通服务场景等为主要内容，加快打通数据瓶颈与激活应用场景，推动交通行业提效能、扩功能与增动能，不断提升上海智能交通数字化水平与综合交通服务能级。

1. 建设新型交通终端设施

加快智能交通、绿色交通、智能物流等方面的终端设施研发与建设，助力完善综合交通体系、打造绿色交通体系与优化现代流通体系，同时推动协同交通应用终端建设，从而完善信息设施体系。推进沪苏湖铁路等多条轨道交通建设，强化全自动驾驶等轨道交通新技术的应用，并加快车路协同、信号优先等技术与公交优先战略的有机融合，并在交通基础设施全生命周期中加大 BIM 技术应用，实现基础设施三维数字化呈现与信息可溯源。融合新技术研发与应用，推进完善"四全一融合"的自动驾驶测试场景布局，探索北斗卫星定位、车路协同、视频分析等技术与交通规划、建设、运营、管理等环节的全链路融合。

2. 打造智慧交通应用系统

融合物联网、边缘计算、5G 等创新技术，打造智慧道路、智慧机场、智慧航运、智慧港口、智慧出行等系统，不断提升道路交通服务水平、航空枢纽服务能级、国际航运中心服务能力，助力国际一流集装箱枢纽港建设，提高人民交通出行获得感与幸福感。布局智慧道路体系，推进 S32、G15 嘉浏段、G60 等智慧高速示范工程，并形成成套技术。推进浦东综合交通枢纽建设、浦东机场四期扩建工程，完善虹桥综合交通枢纽及区域路网，提高枢纽综合管理、运营保障与应急管理的水平。

3. 创建数字交通治理模式

紧扣"一屏观天下、一网管全城"目标，强化数据汇聚融合，支持交通行业监管、交通执法、应急指挥业务协同联动，构建"大屏观、中屏管、小屏干"的交通管理闭环，大幅度提升行业协同管理水平。推进交通行业

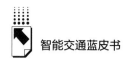
"数据底座"建设，提升行业数据资源互通共享水平，促进综合交通大数据跨部门融合应用。

4. 推广数字化交通服务场景

以"数字服务、一体衔接"为目标，引导各类交通数据开放与共享，探索交通服务新模式、新场景，实现"人畅其行，货畅其流"，营造良好交通生活服务生态。融合地图服务、公交到站、智慧停车、共享单车等既有出行服务系统，推进出行即服务系统建设，实现实时、全景、全链交通出行信息服务共享与互通。基于上海市公共停车信息平台进一步拓展智慧停车数字化服务，全面推广"统一支付"应用，推进线上错峰签约、重点场所停车预约试点等服务。推进"互联网＋"模式下的运输，合理布局快递物流智脑中心等平台，加快智能化商贸服务型国家物流枢纽在青浦区落地。

## （三）上海智能交通建设成果分析

分析上海智能交通建设已取得的成果，呈现"政府主导、思想保障、部门协同、科研赋能"的特点。这些特点既是对上海智能交通建设既有成果的经验总结，也将在上海新一轮智能交通发展实践中，不断发扬光大，推进上海智能交通建设取得更新、更大成绩。

1. 政府主导上海智能交通发展的起步与推进

上海智能交通发展选择从道路交通信息化切入，并形成智能交通的整体性效应，首先要解决的是在全市层面部署道路交通信息采集和发布的基础设施，这需要政府下定决心筹措并投入基础设施的建设资金。正是政府的决心和主导才有了"上海市中心区道路交通信息采集系统"等一批智能交通重大工程，使上海智能交通发展迈出坚实的第一步。

2. 正确的指导思想保障上海智能交通建设持续发展

智能交通建设是一项长期而庞大的系统工程，必然会视条件、分阶段实施，为保持各阶段建设的连续性，上海在建设初期就明确了"掌握现状、找出规律、科学诱导、有效指挥"的总体指导思想，并在后续的建设中始终坚持和贯彻这一总体指导思想，使上海智能交通分阶段的建设成果保持了很好的连续性和整体性。

3. 多部门协同是上海智能交通整体推进的基础

城市交通是涉及多个行业领域、多种业务的复杂系统，在统筹建设上海智能交通系统的过程中，各方通过产学研联合科研攻关、工程例会、交通信息化联席会议和各类专题研究会议等形式充分交流、密切协作，克服了实施过程中遇到的困难，使智能交通建设工作得以顺利开展。

4. 结合科研是上海智能交通建设成功实施的技术途径

智能交通建设涉及传感、控制、通信、计算机等多学科、多专业的技术，在实际施工过程中还涉及土建的结构计算等，在智能交通重大工程实施前，上海市科研、院校、企业等单位已经取得了一批针对交通信息采集、发布、信号控制等的研究成果，有的还进行过局部小范围的示范应用，因此在智能交通建设工程实施过程中，这些研究成果都不同程度地得到了应用并取得了预期效果，即使遇到新的问题，也能通过已经形成的技术团队加以解决。

## （四）上海智能交通市场动向预测

上海智能交通市场竞争激烈，市场化程度较高。随着上海智慧城市、数字化转型、新基建的持续推进，未来上海智能交通市场仍将持续火热，并与互联网、通信、人工智能等行业发展紧密联系，主要呈现以下几大趋势。

1. 以综合性服务商为主导，智能交通产业参与主体更多元化

在传统智能交通系统（ITS）时代，智能交通集成商在具体交通信息化项目的落地、运维、服务等方面都扮演着重要角色。随着云计算、人工智能、大数据等数字化技术的发展，传统集成商的行业地位以及服务模式将发生变化，将由具备核心技术、产品、数据资源的综合性服务商占据主导地位。与以往的系统集成商和运营商相比，在城市级的智能交通整体解决方案、核心硬件产品生产、自主产权的核心软件平台产品等方面综合性服务商更具优势与能力，如海康、华为、百度等科技企业。从整个产业链来说，系统集成商的未来角色更偏向于"智能交通运营商"，而大型产品厂商、互联网企业等也在不断参与到智能交通行业，成为"智能交通技术集成商"，甚

至是"智慧城市技术集成商"。

2. 多网融合，智能交通与智慧城市协同发展使产业边界不断扩大

随着上海智慧城市顶层设计与总体规划的不断完善，智能交通的行业发展也得到了进一步的推动，在交通拥堵治理、交通安全控制、交通信息服务等多个方面均得到了突破，与智慧城市发展结合得将更加紧密。实现城市无线通信网、高精度时空定位网、边缘计算终端等多网络融合，推动数据中心、智慧道路、5G、充换电设施等新基建、新城建的建设，构建起"筑、路、车、人、法"五位一体的全新智慧城市形态，促进上海的高质量发展。

3. 数据资源共享交换加强，促进交通大数据跨领域融合应用和产业发展

随着上海市大数据中心的成立，上海构建起了全市范围内的数据资源共享体系，打破了数据割裂问题。在此基础上，上海将以数据为核心要素，紧扣"一网通办""一网统管"目标，逐步形成涵盖政府、能源、交通、环境等多领域的城市大数据生态系统，并探索建立数据采集、数据存储、数据交易、数据应用的数据产业体系，强化数据融合与应用场景的拓宽，更好地发挥出数据的价值，支撑数字孪生系统的构建与出行即服务系统的建设，提升行业的协同联动管理水平。

# 三 广州智能交通系统发展状况

## （一）广州智能交通发展概况

广州是实际管理人口超过2000万的超大型、国家中心城市。经过多年发展，广州国际知名度日益攀升，已跻身为世界一线城市。广州智慧交通在城市排堵保畅、秩序保障和交通服务等方面提供了强有力的支撑，为超大城市的高效运转发挥了重要的保障作用。近年来，广州智慧交通建设坚持以人民为中心，坚持"创新、协调、绿色、开放、共享"的发展理念，搭建了"一个中心、三大平台"的智慧交通总体框架。"一个中心"指的是智慧交通赋能中心，包含交通骨干光纤通信网络、交通数据共享与交换子平台、交

通云计算子平台三个部分，承担数据传输、存储与交换、处理分析三个主体功能，已成为智慧交通数据治理总引擎，为智慧交通综合业务平台、智慧交通创新服务平台提供数据综合分析能力。"三大平台"具体包括：依托各类监测终端与采集系统的智慧交通感知平台，可实现人、车、路、环境等各类信息采集，为智慧交通赋能中心提供基础数据；智慧交通综合业务平台，主要包括行业监管、辅助决策、电子政务与企业应用，覆盖监管—决策—运营—服务职能全链条；智慧交通创新服务平台，该平台在交通大数据分析应用的基础上，强化多源数据集成应用，综合分析交通应用需求，创新交通服务管理和信息化保障模式（见图4）。

## （二）广州智能交通发展规划

广州深入贯彻"交通强国""数字中国"等国家战略，编制了《广州市智慧交通总体规划》，规划设计了96个项目推进广州智慧交通发展，坚持以创新为第一动力，促进新一代信息技术与交通深度融合，稳步推进科技创新驱动城市智慧交通、行业管理和出行服务水平建设，打造"以人民为中心"的智慧交通生态圈，充分发挥智慧交通对上下游产业的带动作用，为城市发展注入新动能。

1. 广州智慧交通规划策略

广州以"创新引领、双轮驱动、三级协同"（一引领、二驱动、三协同）为抓手，打造新一代智慧交通体系，开创新时代建设和治理的新范式。

一引领，即创新引领。以新技术发展为引领，以培育发展新业态和新模式为目标，推动信息技术等与广州市交通运输各层面、各领域的深度融合与渗透，增强行业创新能力，强化创新要素的集聚效应。

二驱动，即数据驱动、业务驱动。以"数据链"为主线，通过对海量多源异构数据的融合创新，深挖数据价值，构建智慧交通发展能力侧。以业务需求为导向，通过数据促进交通运输管理服务的降本提质增效，形成数据与业务双轮驱动的智慧交通推进模式，为行业治理和便民服务注入新动能、释放新活力。

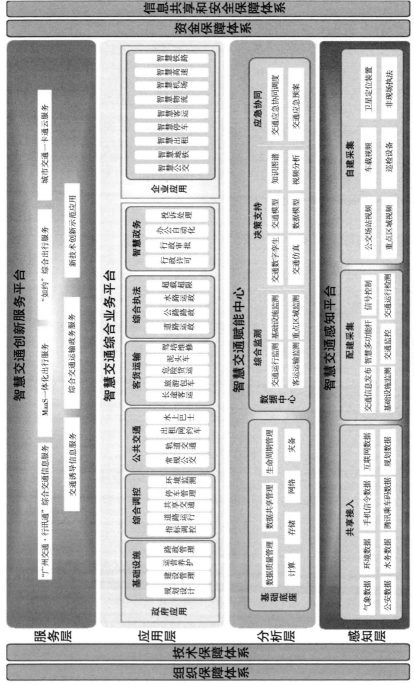

图 4　广州智慧交通总体框架

资料来源：广州市交通运输局。

三协同,即省市协同、市级协同、市区协同。省市协同主要是面向省交通运输厅,促进省市交通数据的共享和业务系统的功能复用,如电子证照、重点车辆、运政执法等系统。市级协同主要是交通局、政数局、交警支队、规自局、住建局、城管局、科技局、工信局等部门在技术创新、数据共享交换和行业治理等方面协同,形成合力促进智慧交通发展。市区协同主要是面向辖区交通局,加强对辖区统筹指导与数据汇聚,构建交通信息联动体系。持续推进交通体系内各部门的数据共享和业务协同联动,构建更加智能化、精细化的交通服务体系。

2. 广州智慧交通生态体系

广州智慧交通生态体系是由政策、技术、应用等要素构成的相互作用、相互影响、自主式发展、自组织优化的统一整体。政策可有效保障与促进技术创新和应用落地,技术为行业应用赋能创新,应用的发展则促使技术不断更新迭代,同时也将极大影响政策的调整优化。在建设发展过程中,这些要素的迭代更新需要政府、企业、公众、科研机构、高校等各方力量共同努力。

广州智慧交通生态体系的建设与发展涉及政策、技术、行业应用等方面。政策可有效引导智慧交通发展方向、重点与模式等,为智慧交通建设提供支撑。相关技术的应用能有效提高基础设施的使用效率和服务水平,在破解城市交通问题时显得尤为重要。政府、企业应用与公众服务则衍生出各种智慧需求,是智慧交通发展的内在动力。

多角色体现在城市智慧交通发展需要依托政府、科研院所、企业、公众等共同参与建设。政府制定相关政策法规,完善公平公正的市场环境,积极鼓励多方资本进入智慧交通领域。科研院所开展核心技术研发、孵化,为用户提供技术咨询服务。企业提供专业的智慧交通产品服务、产品解决方案、系统设计、交通运输服务以及交通基础设施建养服务等。公众是智慧交通的首要体验者,担当着出资者、建设者、监督者的角色,用户思维是智慧交通建设运营中的主旋律。

3. 广州智慧交通发展方向

"十四五"期间,广州坚持"一个中心、三大平台"的智慧交通总体框

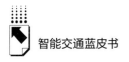
架，该框架在"十三五"交通信息化规划基础上进行了完善提升。

（1）夯实智慧交通发展基础，打造赋能支撑体系

围绕"大中台、小应用、富生态"的建设理念，夯实筑牢信息化基础底座，推进智慧交通数据中台建设，升级数据模型服务能力，融合数据共享、分析挖掘、持续进化等通用功能，围绕综合交通运输行业业务需要，建立综合监测、决策支持、应急协调三大行业场景化服务，打造集高性能计算、数据共享交换、跨域融合分析于一体的智慧交通赋能中心，赋能行业创新发展，助力湾区交通生态圈开放共融、快速科技创新。

（2）拓展数据汇聚共享路径，打造全息感知体系

通过"共享、自建、配建"方式推动交通数据感知建设，推动跨区域、跨板块、跨业务的信息互联，逐步实现海量数据资源汇聚，以大数据驱动交通管理与服务能力提升。推进自建数据采集体系建设，加强公交场站、货运场站、桥隧坡、枢纽、停车场、交通建设工地以及其他交通基础设施运行信息采集；深化跨部门数据接入与共享，加强与网络运营商、地图服务商、互联网交通服务商的数据对接，深化相关数据对交通运行的解析能力；面向全市新改扩建的市政道路（公路），探索配建采集数据体系，逐步实现对道路运行、设施运作、慢行流量、交通事故、交通违法、视频监控等数据的全方位采集。

（3）聚焦业务协同联动，提升多元交通治理能力

以交通运输业务为核心，构建基础设施、公共交通、客货运输、综合执法、调控管理、政务服务等六大业务板块应用。推进交通工程"规—建—管—养"业务一体化，建立长生命周期闭环的基础设施管理应用，推进道路塌陷风险评估与处置应用；挖掘释放公共交通资源潜力，提升客货运输安全与效率；加强执法取证技术创新研发，拓展"交通慧眼"综合执法应用场景；优化"智慧交通"智能集疏应用，提升城市道路运行分析能力，进而推动行业企业业务智慧化转型升级，全面提升交通运输智慧化水平和现代化治理能力。

（4）推进新业态、新技术应用，满足公众品质化出行需求

遵循"需求导向，适度超前"的发展理念，研究新模式、新技术赋能

交通服务提质增效。升级完善"广州交通·行讯通"交通出行服务平台，整合停车业务链条推进城市级路内停车智能管理服务；发展"出行即服务"智慧交通新业态，推进建设"线上资源合理分配，线下高效优质运行"的交通服务；融合5G、ETC等技术，推动智能终端在道路交通基础设施的布局和应用，建设支撑自动驾驶城市道路设施示范项目；推动先行试点区进行车路协同V2X路测改造示范建设，开展智能网联汽车规模化、综合性应用试点，推进常规公交、出租车自动驾驶试点工作，打造新时代背景下体验人性化、出行共享化、发展智能化的广州市智慧交通出行服务新模式。

## （三）广州智能交通建设成果分析

广州市围绕"一个中心、三大平台"的智慧交通总体框架，先后汇聚了海量交通大数据、建成了90多个交通行业管理、企业应用和公众服务系统，与广东省交通运输厅建立共享共建机制，并充分整合市级公安、气象、城管局等数据资源，实现对广州市公交、出租、客运、货运、危险品运输、停车场、驾培维修、公路桥梁等交通行业领域，以及网约车、共享单车等新业态信息化、科学化管理和服务的全覆盖，整体呈现体系完备、有机融合、覆盖面广的良好局面。初步建成了新时期智慧交通五大体系，即交通大数据融合分析及决策支撑体系、交通业务管理智能化应用体系、交通行业业务联动协同创新应用体系、交通信息设施及网络安全体系、互联网＋服务及电子政务服务体系。创新能力实质增强，信息化成效明显，走在全国交通信息化建设应用前列。

1. 交通大数据融合分析及决策支撑体系

以智慧交通赋能中心为核心，依托智慧交通感知平台，推进数据综合集成与融合应用，开展数据关联分析挖掘和智能化应用，涵盖交通运行综合监测与融合管理、综合客运枢纽疏运组织分析、视频智能化分析应用、交通运行主题分析、城市道路运行监测等领域，辅助交通运行管理决策，打造智慧交通治理体系总引擎。部分典型建设应用成果如下。

一是推动跨部门、跨行业数据共享，汇聚多源交通大数据。建成交通行

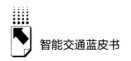
业数据共享及分析模型平台，制定数据标准体系和数据管理规范，形成大数据共享资源中心，构建分析模型库、分析算法库，为各类业务系统提供数据综合集成分析能力，成为交通数据共享应用、挖掘分析、分类管理、安全规范的基础平台。汇集 30 多个重要交通行业数据资源，涵盖基础数据 800 余类、标准数据 400 余类，数据总量达 2000 多亿条，每日新增数据达300GB。① 通过与公安、城管、气象、环保、规划以及通信运营商、互联网企业等开展数据共享与社会资源合作，对接信息数据超过 100 类，广泛应用于重点区域客流监测分析、疏运保障、交通治理、高快速路保畅通等工作。建成统一的交通视频监控平台，实现对机场、火车站、客运站、主次干道、重要桥梁、治超站、地铁站、内环路、高速公路等重要交通管理区域的全面覆盖，有力支撑交通信息服务、电子执法、服务质量监督、辅助治安等工作。

二是深入开展数据分析挖掘，支撑全局交通态势分析研判。打造城市综合交通大脑——综合客运枢纽疏运组织分析系统（智慧交通系统），打造城市综合客运智能化服务管理体系，实现对内交通、对外交通全覆盖。整合铁路、民航、高速公路、地铁、公交、出租车、视频卡口、气象环保、手机信令等 20 多类综合数据资源，构建集动态分析监测、多源数据融合、综合交通研判、智能辅助决策于一体的全流程运行监测组织服务模式，以全国、全省视角宏观分析城市级客流迁徙规律，掌握广州对内对外交通客流总量和公交、出租、地铁、铁路、航空、公路等各种交通方式分布，对高速公路、综合枢纽、城市交通等重点区域实时监测分析，实现运行调度和保障的精细化，应用覆盖广州火车站、南站、东站、白云机场等 4 个大型综合客运枢纽，20 多条高速公路以及长途客运站、地铁站、商圈、景点等 100 多个重点区域，有效支撑节假日交通组织保障、客流疏运、高速公路保畅通等工作，连续 5 年每年支撑广州地区 5000 多万人次的客流疏运、春运态势分析

---

① 资料来源：广州市交通运输局。

及决策指挥，被媒体誉为交通"最强大脑"。① 先后获得中国智能交通协会科学技术奖、全国"雪亮工程优秀案例"、"互联网＋交通运输"创新创业大赛一等奖等，并得到交通部及省、市领导的好评，被广东电视台等主流媒体广泛正面报道。升级交通运行综合监测与融合管理平台，创新多维度集成化数据融合管理和方式，实现机场、港口、铁路、公交、出租、地铁、水巴、客货运输、维修驾培、交通路网和站场、实时路况及人群客流等全行业信息集成管理、数据分析，支撑全面掌控交通态势、科学指挥调度，成为展示广州交通信息化建设应用全面情况的重点平台。建设交通移动运行监测分析平台，运用移动互联网等信息技术构建集人群监测，客流分析，道路路况，高速公路和公交、出租车、客运行业监管分析于一体的移动监测、分析服务平台，被媒体誉为"指尖上的交通指挥部"，支撑实时掌握交通运行情况，快速开展交通指挥决策。

三是细化道路业务场景分析，支撑道路运行研判支持。持续推进城市道路运行分析，对全市 13000 多条 5000 多公里市政道路状态、交通指数进行实时分析、动态预测，定期发布交通运行指数。搭建交通仿真平台，对全市 20 多个重大占道施工项目的交通疏解方案进行仿真评估，提出优化措施 100 多项，有效优化道路资源分配，降低道路施工等对周边交通的影响。②

四是持续建设视频监控系统，推进视频与交通大数据融合应用。建设全国首个交通运输视频智能化应用平台——交通慧眼，推动视频应用由视频监看、车牌识别等基础应用向复杂环境下交通综合治理应用深入发展。一方面，在重大客运枢纽将视频与交通大数据结合，多模式精细化监测人群动向；另一方面，将视频与仿真结合，实景比对分析枢纽应急疏散预案效果。将视频与互联网数据结合，促进高速公路保畅通；特别地，将视频数据与卫星定位数据结合，识别客运、危运、出租车等车牌、车型、车脸等关键特征、运营行为、时空规律，形成运营车辆"精准画像"，辅助交通行业高效管理和精准

---

① 资料来源：广州市交通运输局。
② 资料来源：广州市交通运输局。

执法。广州交通执法部门应用交通慧眼平台开展电子执法稽查,电子执法率由46.75%提升至56.9%。立案查处公路客运违章近4000宗,班车违章2000余宗,同比增长34.3%;查处危运违章300余宗,同比增长108.6%;电子执法查处巡游出租车违章4000多宗,占全年巡游出租车违章立案量的90.75%;另外针对广州南站地区整治,查处道路运输违章2000余宗,同比增长46.5%,其中,非法营运303宗,同比增长461.1%。①

**2. 交通业务管理智能化应用体系**

依托智慧交通赋能中心、智慧交通综合业务平台,综合应用新一代信息技术,推进公共交通、客货运输、基础设施、综合执法、综合调控、政务服务等领域智能化管理系统应用,初步构建大数据驱动的精准高效管理服务模式,提升管理和服务效能。部分典型建设应用成果如下。

一是践行公交优先理念,打造智慧公共交通新窗口。开展公交客流大数据分析,通过对全市公交线路、站点刷卡客流、发班的综合分析,在300余台车上应用视频技术进行客流采集的工作,实现对站点、线路、区域公交客流的实时掌握。建设广州公共交通智能管理服务平台,涵盖线网、运力、客流、服务监督、运行监测等9个专题板块,全面采集公交行业数据,为行业管理决策提供支撑。试点打造广州"观光2路"环保节能绿色线、智能管理示范线、高品质出行观光线,获评中国"新能源公交高品质线路"。利用5G低时延优势,实时高速采集公交视频、客流、运力调度、安全驾驶等信息,创新打造了全国首条5G快速公交智能调度示范线,得到中央电视台、央广网、新华社、《人民日报》、《广州日报》等媒体广泛报道。目前公交智能排班自动调度应用覆盖广州市90%公交线路、1万多辆车,有效促进企业运营管理提质增效。建成水巴监管平台和监控调度系统,实现水上巴士50多艘船舶智能调度、30个码头的113个点位视频实时监控和票务客流分析。建成出租行业监管平台、出租车执法稽查系统、网约车行业监管平台等多个智能化应用系统,接入出租车2.2万辆、网约车28万辆,安装1.5万台车

① 资料来源:广州市交通运输局。

载新型终端、6300 多台智能顶灯，实现嫌疑假套牌车辆识别分析，以及网约车的动态实时监管。① 地铁运营管理方面，建成业务调度、票务统计等多个地铁运营管理智能化应用系统。

二是坚守安全底线，推进客货运输营运车辆动态监管，形成城市交通运输主动安全防控体系，建立常态规避—短临预警—应急响应的安全防控技术模式，构建信息感知—风险识别—安全防控的技术体系，建成营运车辆安全监管、客运旅客分析监管和考核、货运站场安全管理、散体物料运输管理、通航桥梁监测预警等公路客货运输及交通基础设施安全管理信息系统，采集人、车、路桥、站场、企业等基础信息，接入超 16 万辆市籍营运车辆和 18 万辆在穗外籍车辆动态数据，实现了针对驾驶员、车辆、行车环境、运输运营风险识别与主动防控应用，应用覆盖公交、出租、水巴、长途客货运等领域，有效促进广州城市交通主动安全防控水平的提升，并获得了中国智能交通协会科技奖。

三是强化长生命周期管理，推进基础设施数字化管理。建设市政多维云平台，对广州市市政设施进行数据信息采集和维护，全面统筹市政设施运行、维护工作，实现数字化管理。目前主要数据涵盖广州市 2000 多座桥梁、隧道，实现了设施、巡查、养护、风险隐患管理等路桥隧多维数据统计功能。开展道路基础设施建设审批和路政管理智能应用，基于 GIS 地图占道施工进行线上审批、巡查、跟进、复查闭环全流程监管记录，实现工程质量监督受理、交底、质量鉴定、资料归档等监督全过程数字化。②

四是坚持开放理念，以信息化促进规范发展新业态。建成互联网租赁自行车监管平台，对接互联网租赁自行车供应商平台，构建了市、区、街三级管理部门共同参与的企业季度服务考核机制和配额动态调整机制，实现"投放、管理、回收"全链条的闭环信息化管理，根据考核结果对企业运营配额实施动态调整，促进新业态规范化运行管理服务。目前，广州共享单车

---

① 资料来源：广州市交通运输局。
② 资料来源：广州市交通运输局。

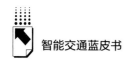
总量近 50 万辆（中心六区配额为 40 万辆），日均出行量约为 200 万人次。①

3. 交通行业业务联动协同创新应用体系

基于智慧广州、数字政府总体框架，依托智慧交通综合业务平台，以满足交通出行需求为导向，建立健全集约化协同机制，构建共建共治共享新生态，推进智慧交通政产学研用协同创新，推进交通"多规合一"、数字化协同运营管理等。部分典型建设应用成果如下。

一是省市平台对接联动，推进交通"多规合一"。建成"多规合一"交通规划信息平台，对综合交通专项用地数据进行整理，实现各类交通规划成果数字化、图文一体化管理。集交通设施用地数据空间展示、查询、统计分析于一体，形成交通规划"一张图"，与省规划信息平台、市"多规合一"信息联动平台无缝对接，参与约 120 个涉及城市规划、控制性详细规划调整、城市更新策划等交通规划的工作，从规划层面落实交通功能用地。

二是业务数字化协同，推进闭环式管理。建成市政交通工程管理业务系统，建立市政交通项目"参建单位—项目建设管理单位—项目中心"三级协同工作流程，以项目建设过程管理为主线，优化整合业务协同、工程施工综合管理、市政交通工程流程管理等系统，实现资金、档案及业务流程管理串联衔接，实现建设、资金、归档统筹管理。建成路政开挖报批与联审管理系统，利用联审决策平台推进城市道路前期工作，实现全市占道挖掘计划申报、占道挖掘审批业务办理，从而统筹全市路面开挖的时空分布，合理安排开挖时段和区域，尽量避免集中开挖、重复开挖路面的问题，同时通过信息系统实现市区联动和信息共享，加强路政巡查、问题反馈和监督落实整改，实现闭环管理，降低开挖路面对交通和市民出行的影响。

三是深化技术应用创新，提升企业运营管理质效。建设公共交通智慧云脑，覆盖运营监控、安全管理等 12 大板块 80 多项功能；推进智慧支付应用创新，完成公交二维码、羊城通电子车票、"吸卡"服务、全国一卡通应用；建立新能源车辆监测平台，接入车载视频、安全驾驶辅助、CAN 总线

---

数据，监测安全驾驶行为及车辆状态；建设城轨网络运输管理辅助决策平台、智能电力调度系统、可视化调度指挥系统、地铁线路专业生产信息系统等10余个平台、系统，示范建设 AI 智慧车站，在广州塔和天河智慧城两个站开展人脸识别扣费、无感过闸的智慧安检，基于车站二维码的室内精准导航服务，机器人智能客服等智能应用示范；开展智慧公路大脑建设，建成高速公路智慧营运管理平台、路桥养护信息化系统等20余个业务类系统，推进科技治堵、大车流收费站智慧通行、车路协同、智慧物流等系统建设。[①]

4. 交通信息设施及网络安全体系

依托智慧交通赋能中心，整合应用光纤网络资源和基础设施资源，完善信息安全保障和信息设施管理，构筑广州交通信息化基础设施云服务硬件环境、传输网络和信息安全堡垒，为智慧交通综合业务管理与服务提供基础支撑环境。

一是构建交通信息化基础设施云服务硬件环境。以政务云平台为核心，集高性能计算、海量信息挖掘和处理服务能力于一体，对交通全行业应用系统统筹分配虚拟化存储、计算、网络资源，基本形成交通行业数据存储、计算、应用的云服务硬件环境体系。现已部署1000多台服务器、70000 台终端设施，构建全市中心区 11 个网络主存储节点，形成局环状核心存储网。后期，新增交通信息化系统将全部部署在政务云平台，逐步完成现有系统云端迁移，实现云端部署率100%，为交通行业海量大数据存储、处理和计算提供信息基础设施服务。

二是建设交通信息设施监管系统。以信息化手段实现近 30 个重要业务系统、70000 台终端设施、服务器、网络设备故障全自动监测告警、智能运维和全程处置。

三是搭建高效的数据传输光纤骨干网络。通过整合传输网络资源，在海珠、天河南与广园中机房组建"两个中心、一个节点"三点成环的高可靠万兆光纤网络，并连接政务云平台，形成辐射广州各区、总里程 3830 公里

---

① 资料来源：广州市交通运输局。

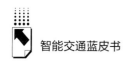

的交通信息骨干网络，支撑交通数据安全高效传输。[①]

四是建设交通信息网络安全管控平台。通过"安全预警""攻击者追踪溯源"等技防手段，对网络攻击进行有效追查及拦截，对归集的海量安全数据进行关联分析和智能学习，形成威胁感知和安全告警能力。目前，累计接收日志数据87.1亿条，发现并拦截可疑网络行为150余万次，检测并修复系统漏洞超1700个，实现对全局信息网络及设施安全总体态势的全面防护及分析预警，为交通信息化系统健康运行保驾护航。[②]

5. 互联网 + 服务及电子政务服务体系

应用移动互联网、大数据等技术，充分发挥市场各方创新主体作用，响应新的出行模式，推出交通综合信息服务应用"广州交通·行讯通"，全国交通一卡通与二维码，定制公交，出租电子发票，政务服务一窗、一网平台等便民应用，提供可选择、便捷化、定制化的服务，提升服务效率和服务质量。部分典型建设应用成果如下。

一是率先推出公交二维码服务和全国交通一卡通落地广州。全国率先实现羊城通腾讯二维码、支付宝二维码在特大城市公交全面应用，日交易量超过95万次，实现全国交通一卡通在广州公交领域的全面应用，为市民提供一卡通、二维码、银联等多种便捷支付方式。升级改造全市公交、地铁、BRT、客轮等刷卡终端，提升公共交通出行品质。[③]

二是创新推出全国首款交通综合信息服务应用"广州交通·行讯通"。打造交通出行一站式、集约化服务平台（包括 App 和微信公众号），提供公共交通导乘、车辆导航、站内导航等21项综合交通信息服务。目前累计用户超过900万，获得"全国十佳交通信息服务手机软件"称号、"智慧城市创新应用案例奖"。

三是建成交通运输政务服务一窗、一网平台，政务数据交换平台，统一政务服务应用。实现交通运输行政审批业务统一入口、统一处置和统一监管

---

① 资料来源：广州市交通运输局。
② 资料来源：广州市交通运输局。
③ 资料来源：广州市交通运输局。

的全流程管理，以及 13 万个电子证照、1.6 万条商事主体、15 万条信用信息共享；强化交通信息化闭环监管系统应用，系统处理投诉建议业务办理超过 7 万余宗，按时办结率达 99.98%，做到事事有跟踪，件件有落实。①

## 四　深圳智能交通系统发展状况

### （一）深圳智能交通发展概况

深圳交通在全市构建智慧城市的整体框架下，以服务城市治理为核心，积极推进智慧交通建设，确定了一个交通信息交换平台和六大业务系统的智能交通总体框架（以下简称"1+6"），初步构建了智能交通体系，日均数据量超 1 亿条视频数据和监测数据。面向路侧停车、网约车管理，实现国内首创行政审批"秒批"的全天候、全自动、零现场、零费用办理模式，办理时限仅为法定时限的八分之一，获得省、市领导批示肯定和行业企业好评。在"两客一危"、泥头车、公交车等危险车辆安装主动安全防控系统，打造道路运输第三方安全监测平台，实现疲劳驾驶、拒载等违规行为主动监测，促使违章率下降九成以上。率先开展智能网联汽车立法，主动开展自动驾驶道路设施标准体系和配建指引研究，开放 144 公里测试道路，② 实现智能驾驶公交全球首发。同时是国内首个采用北斗高精度定位实现互联网单车管理的城市。大力推进科技执法，实现违章处理"网上办、指尖办、预约办"。未来机场、智慧港口、智慧高速、智慧公交等行业智慧化迈出坚实步伐。

### （二）深圳智能交通发展规划

当前，中共中央、国务院支持深圳建设中国特色社会主义先行示范区，为深圳交通在更高起点、更高层次、更高目标上创新发展指明了方向，注入

---

① 资料来源：广州市交通运输局。
② 资料来源：深圳市交通运输局。

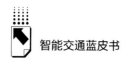
了新动能、新活力。交通部批复深圳作为首批交通强国试点城市，要求深圳建设全球交通科技创新高地，明确了深圳未来一段时间智慧交通的具体任务。

下一阶段，深圳交通将以习近平新时代中国特色社会主义思想为指导，抢抓深圳先行示范区、交通强国、粤港澳大湾区和深圳综合改革试点等重大战略机遇，主动对标全球最高最好最优最强，以"先行示范"的标准，打造国际一流智慧交通，面向行业管理、交通运行和技术创新，加快推进"两化一圈"建设。

预计 2025 年，形成数据驱动的城市交通治理体系，基础设施更加智能融合，交通管理更加高效协同，服务体验更加高效便捷，政企合作生态更加多元开放，城市交通智慧化治理水平居于全球前列。

预计 2035 年，全面形成主动、高效、精准的城市交通治理格局，打造面向未来交通的数字基建、数字治理、数字运营新模式，创建触手可及、随想而至的交通数字服务新体验，形成全球城市交通治理典范。

一是推动综合交通智慧化，进一步提高交通行业和基础设施管理智慧化水平，推动交通业务全流程再造与创新提升。二是推动智慧交通综合化，通过系统构架创新，以"大平台，小程序；大生态，小应用"理念，创造可迭代、可成长的业务应用体系，解耦传统系统共性技术需求，实现交通行业整体技术能力、算法模型、业务经验积累和共享，孵化深圳市智慧交通赋能中心。三是建设智慧交通生态圈，充分发挥深圳拥有多家互联网科技行业龙头企业等创新优势，政企协同推进新业态、新模式示范，探索和落地智慧枢纽、智慧高速、智慧地铁等一批融合基础设施示范建设，疏通连接通道、对接交通需求、完善行业产业链、推动智能交通发展、实现智慧交通模式整体输出。

## （三）深圳智能交通建设成果分析

### 1.率先建成行政审批"秒批"系统

通过"四个替代、三个转变"转变服务理念，从事前准入向事中监管和事后评价全面深入推进，99%的业务实现无人工自动核发，每年减少燃油消耗 1000 万升，减少碳排放 2.5 万吨，[①] 实现政务服务全天候、全自动、零现场、零费用办理（见图 5）。

**图 5　行政审批"秒批"系统**

资料来源：深圳市交通运输局。

2. 行业车辆100%安装主动安全防控系统

利用"互联网＋监管"推动"两客一危"车辆监管系统、ADAS 人脸识别＋主动预警新理念落地，基于人脸特征识别分析技术、车道偏离检测数据等方式，实现对营运车辆司机的疲劳驾驶、违规驾驶、拒载等违规行为自动识别、提醒和处置。

3. 北斗＋互联网单车管理模式落地见效

率先利用北斗高精准定位技术对互联网单车采取"定点停放、入栏结算"的管理模式，引导互联网自行车经营企业积极参与，投放（置换）新型北斗高精定位车辆，进一步规范行业发展，提升市民用车体验，较好解决了互联网单车乱停放问题。

4. 深圳机场建成"未来机场"一期工程

重点打造"高效协同的机场运控"、"主动精准的安全保障"和"一张脸走遍机场"，面向旅客个性化便捷出行服务、航司空地无缝保障服务、物

---

① 资料来源：深圳市交通运输局。

流可视化集成服务、商家数字商城增值服务、员工全连接服务的"未来机场"理念获中国民航局认可并在全国推广（见图6）。

**图6 "未来机场"控制中心**

资料来源：深圳市交通运输局、深圳机场（集团）有限公司。

5. 妈湾港建成自动驾驶规模化应用港口

通过远程龙门吊、区块链、无人驾驶拖车、5G无人机巡航、港口作业实时仿真、北斗高精度定位等先进技术助力港口生产力提升，推动实现港口运营管理智能化（见图7）。

6. 深圳地铁智慧化取得实效

2019年发布《智慧地铁发展纲要》，以乘客为中心，打造从进站到出站全场景一体化智慧服务体系，24种突发场景智能分析及辅助处置、自动调温调光、多样化支付体系、全量信息服务、5G网络全覆盖等功能给乘客带来全新体验。

## （四）深圳智能交通市场动向预测

深圳智能交通产业起步早、发展快、市场活跃，历经30余年的发展，

全球首创5G无人驾驶混合作业

自动控制平台与自动化设备无缝衔接

智能安全巡检机器人

智慧港口作业实时仿真

**图7　自动驾驶港口应用示范**

资料来源：深圳市交通运输局、招商局港口集团股份有限公司。

成为全国智能交通产业链最完善、最重要的产品集散地和研发基地之一，产业发展机制也已初步建立。为改善交通状况，深圳大幅增加城市交通基础设施建设的投入，大力推进了智能交通系统的建设，智能交通市场发展处于稳步增长的状态。目前，深圳智能交通企业1100余家，智能交通科研院校20余家，智能交通行业协会2家（见图8），集聚华为、腾讯、平安等一批科技创新企业，在大数据、5G技术应用、智能网联汽车测试等方面走在全国前列。

近年来，深圳积极推进高端创新要素集聚，逐步加大企业扶持与引进力度，在5G通信、大数据、云计算等新一轮技术创新推动下，以智能网联汽车创新生态体系为代表，围绕产业链的重要环节，形成了初具规模的智能网联产业示范园区，以新能源汽车制造、第三代半导体（集成电路）、激光雷达、智能制造等行业为核心的智能网联汽车产业集群逐步建立，汇聚了一批以比亚迪、中芯国际、昂纳、新宙邦等为代表的优质企业。

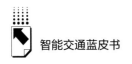

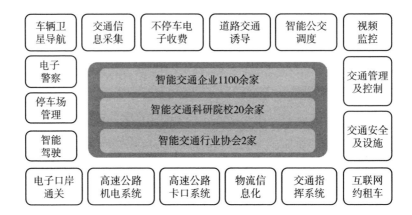

**图8　深圳市智慧交通市场预测**

资料来源：深圳市城市交通规划设计研究中心。

目前，深圳拥有与智能交通业务相关的上市企业40余家,[①] 是国内智能交通上市企业最多的城市，涉及交通监控、车载GPS导航、智能公交、智慧停车、车联网、智能出行服务、智能轨道等多个细分领域，覆盖产品供应商、系统集成商、运营服务商等产业链多个环节，业务形态极为丰富。企业注册资本主要集中在200万~3000万元规模较小的企业，占比达50%左右,[②] 企业以产品供应商和解决方案提供商为主。

在科研方面，深圳智能交通企业根据行业和市场的发展需要，积极开展行业技术创新，包括牵头参与了城市交通大数据智能计算平台、城市地面基础设施智能监测与运行保障关键技术研发与示范等国家重点研发计划，成功申报了国家工程实验室、交通部行业研发中心等科研载体，并依托重点项目荣获"中国公路学会科学技术一等奖""华夏建设科学技术一等奖""中国智能交通协会科学技术一等奖""全国优秀城乡规划设计一等奖"等各级奖项。

未来，深圳将加快推进一批交通前沿性技术国家重点研发平台和载体建

---

① 资料来源：深圳市城市交通规划设计研究中心。
② 资料来源：深圳市城市交通规划设计研究中心。

设，推动智能交通领域的国家级、省级创新载体落户，打造一批国际领先的交通运输平台型企业，推动智能交通科技产业化发展。同时，通过政策整合智能交通产业链，优化产业发展环境，推动移动互联网、大数据、人工智能、云平台等技术环境下的产业形态新变革，以政企合作的形式联合重点打造一流智慧交通综合运营服务提供商和系统集成商。拓展国内外市场，推动本地企业的技术和产品"走出去"，以龙头企业带动中小企业的方式，多方参与国内外项目建设，提升行业整体竞争力。

# 五　杭州智能交通系统发展状况

## （一）杭州智能交通发展概况

杭州作为国内发展数字经济和建设智慧城市的领军城市之一，在道路规划、建设、管理方面，十分重视智能交通基础设施建设、产业发展。一方面，通过随路布设电子卡口、微波检测器、地感线圈等设备，采集实时交通数据。另一方面，通过杭州市交通拥堵指数系统、"城市大脑"等的建设，开启了利用大数据改善城市交通的探索模式，如今已迈出了从治堵向治城跨越的步伐，取得了许多阶段性的成果。

1. 杭州"城市大脑"

杭州"城市大脑"是全国交通领域的治理样板。杭州"城市大脑"从交通治堵领域起步，经过多年的积累和演进，已建成涵盖公共交通、城市管理、卫生健康、基层治理等11大系统48个应用场景。2019年61个单位的数字驾驶舱正式上线，成为全国智慧城市建设的典型样板。[①] 杭州"城市大脑"目前已具备覆盖全域的城市感知能力。全市智能配时信号灯已覆盖路

---

① 刘海波：《从"1.0"到"3.0"杭州"城市大脑"越来越聪明》，文汇网，2019年12月31日，http://www.whb.cn/zhuzhan/jjl/20191231/311611.html。

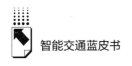
口 1300 个，接入视频 4500 路，① 对人、车、物和交通异常情况进行实时识别，实现秒级报警、信号灯智能配时、智能诱导（高德地图）等能力。

2. 杭州市交通拥堵指数系统

杭州市交通拥堵指数系统是在杭州市建委 2010 年建成的智能交通信息平台的基础上，通过算法研究、模型构建、软件开发和硬件部署，专门研究出的适合杭州实际的交通拥堵评价方法与应用系统。该系统于 2011 年下半年启动，至 2012 年底完成。2013 年 3 月，项目成果顺利通过住建部验收测试，投入试运营。

近年来，杭州市交通拥堵指数系统融合运用了物联网、云计算、大数据等最新科技成果，日数据量达上亿条，面向相关职能部门和市民提供多模式、个性化的城市动态交通信息服务，已作为杭州治堵创新项目在浙江省 11 个地市全面推广应用。

3. 城市公交运行监测系统

城市公交运行监测系统依托城市公共交通行业监管与信息服务平台及海量交通基础数据，通过对车辆 GPS、线路轨迹、站点信息等实际运行数据进行整合，实现城市公交运行状态指标的统计分析及日常管理，实现公交管理的可视化、可量化。同时，依托杭州公交 App、高德地图、百度地图等平台，实现线路查询、站点查询、车辆到站信息查询、换乘方案查询等功能，为市民公交出行提供服务。

4. 智能网联汽车道路测试工作稳步推进

根据国家三部委的道路测试管理规范，2018 年杭州出台《杭州市智能网联车辆道路测试管理实施细则（试行）》，加快推进杭州市自动驾驶技术发展，规范智能网联车辆道路测试管理工作。同时，制定《智能网联汽车开放测试道路分类规范》，为选取开放测试道路提供了相应的标准依据，开放了未来科技城部分道路用于自动驾驶测试。

---

① 新华社：《云栖大会发布杭州城市大脑 2.0 已覆盖杭州 420 平方公里城区》，百家号，2018 年 9 月 19 日，https：//baijiahao.baidu.com/s？id=1612031865867607077&wfr=spider&for=pc。

2018 年以来，杭州已为阿里巴巴、华为、飞步科技、零跑科技、英伟达、博信智联、曹操出行等 7 家企业的自动驾驶车辆进行了测试，并发放了测试牌照，目前累计测试里程达 50 万公里。

### （二）杭州智能交通发展规划

1. 《杭州市建设交通强国示范城市行动计划（2020—2025 年）》

2020 年 5 月，杭州市人民政府办公厅发布《杭州市建设交通强国示范城市行动计划（2020—2025 年）》。在智能交通方面，明确加快产业交通建设，打造交通智造强市，具体包括：

（1）开展综合交通产业运行监测与发展评估，编制实施《杭州市综合交通产业发展规划》。

（2）加强营商环境建设，构建财政资金与社会资本多元参与、风险可控的开放式投融资格局。

（3）成立未来交通实验室，加快智能驾驶、轨道交通、航空航天等重点领域发展，形成交通产业体系。

（4）打造迎亚运绿色公交智能驾驶示范区，开展智能网联汽车、水上智能驾驶应用。

（5）到 2025 年，形成人工智能、5G 应用、智能网联车等多个百亿级产业集群，推进 3 条以上智能网联汽车示范运营线路。

2. 《杭州市新型城市基础设施建设试点工作方案》

2021 年 10 月，杭州入选全国首批"新城建"试点城市。根据住建部关于开展新型城市基础设施建设试点工作的要求，杭州市着力运用大数据、云计算等前沿科技推动城市管理手段、管理模式、管理理念创新，切实抓好城市治理体系和治理能力现代化提升。

2021 年 3 月，杭州市人民政府办公厅发布《杭州市新型城市基础设施建设试点工作方案》。在智能交通方面，提出要开展智能网联车项目建设。以支撑智能网联汽车应用和改善杭州智慧出行为切入点，紧紧围绕"车、路、云、网、图"五大关键要素，打造杭州 5G + 车联网产业链的整体优势。

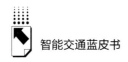

（1）加快建设智能路网基础设施。部署智能路网试点改造工程，实现交通道路设施智能互联，满足未来车路协同需要。开展城市公交、景区游览、特种作业、物流运输等典型场景应用以及信号灯优化、车速引导、拥堵提醒等效率类应用。

（2）完善智慧出行服务体系建设。通过综合信息服务产业，提高出行效率，加强信息监控，提升市民获得感。完善智慧出行服务体系，培育面向未来的智能交通出行新业态。

（3）培育高精度地图产业。面向未来交通出行需求，打造高精度地图产业生态体系，实现高精度地图的多领域应用，保持杭州市地图产业在智能网联汽车时代的领先地位。

### （三）杭州智能交通市场动向预测

#### 1. 数字化

2021年是"十四五"开局之年，各级政府全面部署数字化改革工作，为支撑全领域数字化改革，杭州将高标准打造"数智杭州"总门户和一体化智能化公共数据平台，做强做优城市大脑，加快建设产业大脑，构建数字化改革理论体系和制度体系。

#### 2. 智慧化

近年来，得益于5G技术、大数据、人工智能等的飞速发展，"自动驾驶"正逐步从理论走入现实。根据《杭州市新型城市基础设施建设试点工作方案》，杭州将大力推动智能网联车项目，努力打造聪明的车、智慧的路、灵活的网、强大的云，加快推进智能路网基础设施建设、高精度地图产业培育、车联网一体化平台搭建等工作。

## 六　长沙智能交通系统发展状况

### （一）长沙智能交通发展概况

近年来，长沙贯彻落实"大交通"发展理念，围绕"基础升级、资源整合、行业转型、服务提升"的中心任务，大力推进交通信息化基础建设，搭建了以长沙市交通综合运行协调与应急指挥中心（TOCC）为核心的行业信息化监管和服务框架，基本实现了基础设施智能化、数据资源集约化、行业管理精细化、公众服务人性化，具体表现在以下方面。

1. 信息基础支撑不断完善

依托电子政务外网及高速光纤网，长沙完成了全市高速互联的交通专网建设，交通信息专网覆盖率达到100%，实现了覆盖全市交通系统主管部门和业务单位的高速、安全、可靠和互联互通的"一网通"。全市7000余辆公交车已实现了视频监控100%全覆盖，近8000辆出租汽车已全部安装了GPS卫星定位设备。长沙12个站场接入视频700余路，实时接入公交车视频30000余路、天网视频20000余路、公路治超视频200余路。依托长沙"自动驾驶与车路协同创新示范城市"试点工程，建设完成100公里智慧高速及100平方公里城市开放道路车路协同项目，部署了4000余个智能驾驶5G基站[1]；开展智慧荷文公路试点建设，全面提升了荷文公路沿线交通基础设施智能化水平，有力推动试点智能交通基础设施建设。

2. 数据整合应用初具成效

建成长沙市综合交通运输大数据中心，接入了包含"三级协同"系统、"两客一危"系统、70多个高速出入口等在内的数据，实现了交通运输行业信息资源的汇聚整合，与10余家交通行业相关市直单位实现了信息资源交换共享，长沙市交通运输局与移动、联通、高德、百度、美团、腾讯等运营商和互联网企业签订了战略合作协议。目前长沙TOCC日均数据交换量超过2亿条，存储量达200TB。通过将大数据与综合交通运输深度融合，基本构建了长沙交通大数据体系，建立了数据监测机制，共发布了500余期监测报告，近10余期决策报告，[2] 为长沙城市交通规划与优化提供了数据支撑，交通运输行业数字化水平显著提升。

---

① 资料来源：长沙市交通综合运行协调与应急指挥中心。
② 资料来源：长沙市交通综合运行协调与应急指挥中心。

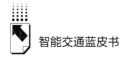
3. 行业管理体系逐步形成

目前，长沙已形成"协调指挥、行业监管、企业运营"三级行业智能监管架构。长沙市交通综合运行协调与应急指挥中心作为"大脑"，实现了全市交通综合运行的统筹协调和联动；行业监管平台作为"躯干"，显著提升了行业治理能力；企业运营平台作为"四肢"，形成了企业信息化转型升级的新格局。依托长沙 TOCC，全面开展协调联动、运行监测、决策布控与出行服务等工作，对内实现了公路、水路、民航、铁路及邮政等行业信息资源的汇聚整合，对外实现了与公安、媒体、互联网企业以及长沙市政务云等的信息资源交换与共享，总体实现了行业监管一网通达、监测应急一体联动、决策辅助一屏可视、公共信息一站服务的"四个一"格局。

4. 出行服务能力稳步提升

通过大数据分析，对长沙公交线网进行优化，开通多条无缝接驳乘车线路，公交轨道接驳率达到 80% 以上。将长沙公交相关数据实时提供给高德地图和我的长沙 App，用户日访问量超 150 万人次。[①] 市民通过 App 可查看公交车实时位置，为公交出行带来更好的体验。在全国首创"定制公交"，针对上下班通勤，开通 2 条智慧定制公交线路，有效提高公交车辆运送速度，保障了上班族通勤的准点率。

## （二）长沙智能交通发展规划

智能交通建设是一个循序渐进的过程，长沙将牢牢把握"十四五"创新发展机遇和交通强国建设试点契机，构建以综合交通运输大数据为核心，交通要素网联化、数据资源全量化、行业监管全面化、运输服务一体化的现代综合交通运输体系，有力支撑长沙市交通运输行业高质量发展，助力新型智慧城市以及省交通强国试点建设。

1. 基础设施广泛覆盖

推动重大工程示范引领，数字资源赋能交通运输基础设施，实现信息化

---

① 资料来源：长沙市交通综合运行协调与应急指挥中心。

基础设施广泛覆盖，增强基础设施、交通运行、行业动态等传输及感知能力，推动交通基础设施和运载装备全要素、全周期数字化转型，促进交通基础设施网与信息网络融合发展，形成先进的数字化采集体系和网络化传输体系。

**2. 数据运用愈加成熟**

建成综合交通运输大数据中心，内、外部单位及相关企业等数据来源更加广泛，各业务领域分散数据资源进一步汇聚。深入开展数据资源交换共享机制研究，确保大数据在综合交通运输各业务领域应用更加深入。

**3. 应用效能显著提升**

显著提升数据开放成效，推动新一代新技术与交通业深度融合，赋能行业治理与服务，行业数字化水平显著提升。交通市场信用、自动驾驶、智能航运等新技术、新场景、新模式上取得新的突破。

**4. 出行服务提质增效**

全面融合大数据、互联网等技术，加强电子客票数据共享交换服务，推动电子客票联程应用，整合铁路、公路、民航、水路、轨道和城市公共交通等各类交通服务资源，建立区域智慧联程信息服务模式，打造智慧联程服务体系，为公众提供"门到门"的一站式定制化出行服务，提升公众出行服务体验。

**5. 协同治理高效联动**

实现交通运输信息资源的有效汇聚、共享利用和开放应用，加强交通运输行业各部门协调联动，深化与其他行业的融合发展，显著提升重点业务领域应急指挥调度、态势分析评价以及科学决策能力，加强跨部门信息双、多向整合应用，汇聚各类业务平台，推动"大交通"格局的形成，创造安全、和谐、有序、畅通的交通环境。

## （三）长沙智能交通建设成果分析

**1. 公路建养领域**

以公路应急指挥中心平台为应用支撑平台，建成了市路网信息化管理平

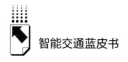

台，通过公路基础数据管理、公路路网运行监测、交通流量监测管理等系统功能，实现了信息资源的融合共享，提高了行业管理水平、执行能力和应急处置能力。

2. 水运领域

完成了市水上应急指挥及救援中心信息化系统建设，通过智慧水运综合监管系统，年均智能管控船舶 1.6 万艘次，辅助应急处置 10 余次，过往船舶 AIS 终端开机率由 80% 提升到 95% 以上，实现了监管服务全方位覆盖、全要素感知、全过程监控。

3. 综合执法领域

建成市交通运输综合行政执法信息化系统，实现了全市范围内的交通运输行政处罚一站式服务，推广了移动执法，为道路运政、公路路政、地方海事行政、水路运政的行政处罚以及行政处罚对应的行政检查和行政强制提供了全流程的信息化支撑，全面落实了网络化办案，实现了网格化管理、扁平化调度、可视化指挥等功能，总体提高了综合交通行政执法效率。同时，探索了非现场执法，累计完成线上执法案件 7000 余件，打造了"线上为主、线下为辅"的执法新模式，为下一步大数据分析应用、精准执法、非现场执法创造了条件。

4. 治超领域

建成市治超信息平台，在全市干线公路重要路段和大型桥隧布设了不停车超限超载检测设备，实现了对全市重点货物运输通道超限超载车辆的实时检测及数据传输，实现了非现场执法数据、检测车辆和信息平台的数据共享与线上处置。系统部署以来，共检测车辆 27 千万余台次，结案 1500 余件，处理治超相关业务数据共计 80G。

5. 公共交通领域

通过黎托系统、电动公交服务费管理系统、巡游出租 GPS 营运系统、网约车监管系统，实现了对长沙 7000 余台公交车辆、8000 余辆巡游出租车汽车、23000 余台网约车许可车辆、5 条地铁和磁悬浮的实时客流状态进行全面感知、动态监测和优化服务，提升了对交通运输管理精细化程度及监测预警的可视化水平。

6. 网约车监管领域

建成市网络预约出租车汽车行业监管平台，实现了行政审批、数据（部级平台）实时接入、基础数据审核、车辆实时监控、评审查询、服务热线等功能，目前平台已接入全市近 10 万辆网约车数据，增强了政府管理部门对网约车的监管力度，推动了行业良性发展。

7. 货运物流领域

开展了城市绿色货运配送运行监测服务平台建设，实现了货运配送运行监测、综合服务、综合管理和统计分析等功能，有效提升了城市绿色货运配送服务保障能力和运营效率。

8. 驾培领域

通过驾培信息化二期项目，完成了道路运输从业资格培训考试管理系统、移动执法信息系统、驾驶员培训管理系统建设，同时搭建起全市驾培业务网上受理和信息服务的全方面业务管理系统。目前，智慧驾培二期系统已为 150 余家驾培机构、近万名教练员、逾 23 万名学员提供服务。

## （四）长沙智能交通市场动向预测

根据《交通强国建设纲要》中规划目标，到 21 世纪中叶，中国将全面建成交通强国。交通运输信息的数字化、网络化、智能化水平位居世界前列，同时新一代技术的快速发展，将能为智能交通建设提供强大技术支撑。预测未来五年，长沙智能交通市场将保持高速增长趋势，并呈现四大趋势。

1. 大数据的作用更加凸显

数据是智能交通的基础和命脉，智能交通的大部分应用都是基于海量数据的实时获取和分析而得以实现的。随着智能交通的持续完善，大数据将更好地为交通行政管理部门对交通行业进行行业监管、智能决策、科学管理、综合服务和资源共享提供支撑，提升交通运行效率。利用大数据最大限度挖掘道路运输的能力，改善道路的通行量，为市民提供交通信息服务，促进城市交通和社会经济的可持续发展。

2. 与新兴技术结合更加深入

新兴技术的发展应用，为城市交通精细化管理提供了技术支撑，推动了智能交通业务的快速发展，为交通治理现代化和交通强国建设奠定了良好的基础。长沙将大力推动区块链、大数据、人工智能、物联网、超级计算等新兴技术在交通运输行业的应用，积极探索建筑信息模型、交通仿真、第五代移动通信、卫星通信信息网络等先进技术在交通运输各领域落地应用。

3. 智慧出行服务体验更加便捷

出行即服务作为一个近年来热门的交通管理和服务新理念，是人们对未来交通服务模式的新概念，也是未来长沙交通行业的发展方向之一。长沙将以城区和智慧公交为重点，大力发展共享交通，打造基于移动智能终端技术的一站式服务系统。大力发展依托"互联网＋"的便捷交通，鼓励和规范发展新生代出行方式来带动城市出行服务新生态。

4. 智能网联产业发展更加迅猛

今年初，随着国家智能网联汽车质量监督检验中心（湖南）的正式获批，长沙继拥有国家智能网联汽车（长沙）测试区和国家级车联网先导区两大平台后，成为全国首个集齐智能网联汽车领域三块国家级牌照的城市。长沙将围绕"三智一芯"战略布局精准发力，不断完善顶层设计和标准政策，丰富的测试场景，支持企业开展研发创新、探索商业落地路径，加速打造中国"智能驾驶第一城"。

# 七　武汉智能交通系统发展状况

## （一）武汉智能交通发展概况

近年来，武汉市各级政府部门和相关单位积极开展智能交通系统方面的研究和建设，在交通信号控制、交通监控、交通诱导等方面开展了大量工作，建立了一系列应用系统，大大提升了道路交通管控能力，同时也为智慧城市建设奠定了基础。下面分别加以阐述。

1. 交通信号控制系统

目前，全市共有信号灯路口 4329 个，其中区域控制信号路口占比超过 70%；中心城区区域控制信号路口占比超过 90%，[①] 已基本实现了区域协调控制。在信号机品牌方面，江北主要采用海信，江南主要采用西门子，此外华通、大华等厂商也占据了一定的市场份额。武汉市交管局搭建了统一的城市信号灯智能管控平台，很好地解决了不同品牌设备的兼容问题，并特别针对西门子信号控制系统的全英文操作界面进行了汉化处理，成功实现一个信号控制平台控制多品牌信号机，对全市信号灯实行线上统一管理。

2. 交通视频监控系统

全市共建有 7607 处交通视频监控点，武汉市中心城区道路实现监控全覆盖。其中依托高楼、铁塔等建有 420 处制高点视频监控点，[②] 用于实现重要道路节点和警保卫线路周边的大范围精准监控。

3. 电子警察系统

建有电子警察设备 1.3 万台，[③] 实现武汉市中心城区信号灯路口全覆盖，远城区重点路口覆盖。

4. 交通卡口系统

建有交通卡口设备 5388 台。[④] 该系统主要用于过车拍和缉查布控，其中位于快速路及高速公路部分重点路段的点位已启用区间测速，对机动车超速违法行为进行自动抓拍取证。

5. 交通诱导屏

全市共建有交通诱导屏 446 块。其中限号屏 10 块，主要用于长江大桥、江汉桥等市内重要桥梁的单双号限行提醒。

6. 事件检测系统

全市共建有事件监测点位 419 处，采用视频智能分析技术，具备对拥

---

① 资料来源：武汉市公安局交通管理局。
② 资料来源：武汉市公安局交通管理局。
③ 资料来源：武汉市公安局交通管理局。
④ 资料来源：武汉市公安局交通管理局。

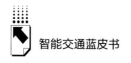
堵、事故、团雾等事件的自动发现、实时预警能力。此外，绕城高速建有气象监测预警点位 8 处、纠违语音喊话系统 17 处，能够及时发现恶劣天气并向驾驶员喊话提醒。

### （二）武汉智能交通发展规划

围绕《交通强国建设纲要》，武汉市紧扣科技发展脉搏，对标党中央部署要求，积极助推道路交通管理智慧化提升，打造共建共治共享的交通治理新格局，服务交通强国建设大局。

1. 加强交通基础设施建设，构建立体化数据采集体系

继续加强前端智能感知设备建设，进一步提升道路管控能力和信息采集能力，实现"固边强点"。一方面，根据交通管理、缉查布控以及疫情常态化防控的需要，加强全市进出城通道卡口、监控、汽车电子标识等数据采集设备建设，实现全覆盖，消除进出城管控盲区，设立"护城河"，固守城市边沿。另一方面，针对新洲、黄陂、蔡甸、江夏等智能交通系统建设缺口较大的城区，重点加强区域交通信号控制建设，按照道路等级逐步建设智慧交通基础设施，强化薄弱环节，织密"设备网"，提升整体水平。

2. 推进城市交通组织精细优化，构建全息感知动静态信息网络

全面采集道路交通标志、标线、信号灯、隔离设施、监控设备等交通管理设备、设施等静态信息，积极利用视频、微波等多种方式以及物联网新技术采集交通流等动态信息，为交通运行状况分析、交通诱导等服务以及优化均衡区域交通组织提供必要的数据依据；继续优化中心城区信号控制策略，信号灯联网率进一步提升至 95% 以上，加大信号灯配时优化和"绿波带"建设力度，全面提升道路通行能力和出行体验；建设一批"精致片区"和"精致路口"，依托互联网交通大数据和交管部门的交通流量数据，精准发现交通堵点、精准分析交通拥堵源头，科学进行交通组织优化，实现堵点发现、堵点诊断、堵点优化、效果评估的一站式管理，改善路口交通秩序，提高路口通行效率。

### 3. 探索高新技术应用，引领智能交通产业高质量发展

开展 5G、智能网联汽车、边缘计算、VR、AR 等相关技术研究，探索创新基于以上技术的交通场景应用。建设并不断完善武汉经济技术开发区"国家智能网联汽车（武汉）测试示范区"，依托示范区开展数据共享、车内信号灯、公交优先、车路协同、碰撞预警等场景的具体应用，拓展"电子标识"管理服务应用场景，构建车联网、物联网智慧感知体系，搭建城市道路、建筑、公共设施融合感知体系，加快推进智慧道路应用。逐步推广应用违法使用远光灯、违法鸣笛等新型违法抓拍系统以及无人机、人脸识别、移动卡口等新技术新设备，加强非机动车和行人违法监测，构建更加安全和谐的城市交通出行环境。

## 参考文献

刘文杰：《新基建赋能交通新发展》，《中国交通信息化》2020 年第 9 期。

赵锦祥：《智慧交通在智慧城市的深入应用与发展趋势》，《中国安防》2018 年第 5 期。

张其学、陈小钢、王宏伟主编《中国广州城市建设与管理发展报告（2018）》，社会科学文献出版社，2018。

保丽霞、顾承华：《上海智能交通系统近期建设要点》，《交通与运输》2016 年第 2 期。

陈健：《大数据挖掘在公共决策中的应用研究》，硕士学位论文，西北师范大学，2018。

朱昊：《上海智慧交通发展对策》，《上海信息化》2016 年第 1 期。

张滔、凌萍：《智慧交通大数据平台设计开发及应用》，载第九届中国智能交通年会学术委员会编《第九届中国智能交通年会大会论文集》，电子工业出版社，2014。

郑文超、贲伟、汪德生：《智慧交通现状与发展》，《指挥信息系统与技术》2018 年第 4 期。

《杭州市人民政府办公厅关于印发杭州市建设交通强国示范城市行动计划（2020—2025 年）的通知》，《杭州市人民政府公报》2020 年第 5 期。

姜亦炜：《"城市大脑"助推城市治理现代化》，《中国社会科学报》2021 年 5 月 19 日，第 8 版。

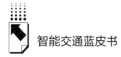
李治：《长沙全面推进"智能驾驶第一城"建设》，《湖南日报》2020年9月17日，第9版。

蔡越、潘怡宏：《智能网联汽车开放测试道路建设研究》，《城市道桥与防洪》2021年第1期。

刘长波、李明：《长江生态航道的建设实践与探索》，《水运工程》2021年第2期。

陈健、廖鸿亮：《我国智慧社区可持续发展建设现状及问题分析》，中国环境科学学会科学技术年会论文，2019。

# 借 鉴 篇

Reference Report

# B.13

# 国外智能交通发展分析

刘浩　张可　赵晓华　李海舰　边扬　于海洋*

**摘　要:** 欧洲在20世纪80年代中期就已经开始对道路设施进行研究以及完善,并用于提高服务水平。观察和研究欧洲智能交通领域的发展现状,并在此基础上实现中欧合作,能够为中国智能交通行业的发展提供参考和机遇。本报告以丹麦、德国、法国、荷兰、英国、瑞典等有代表性的欧洲国家为对象,以公路运输为主结合地铁、铁路、水运、民航等领域,总结当前欧洲在绿色智能交通、网联及自动驾驶、智能化物流运

* 刘浩,博士,北京市智慧交通发展中心副主任,研究员,主要研究方向为交通信息化;张可,博士,北京市运输管理技术支持中心,研究员,主要研究方向为智能交通、交通数据分析;赵晓华,博士,北京工业大学城市建设学部交通工程系主任,教授,博士生导师,主要研究方向为驾驶行为与交通安全、交通信息及控制技术;李海舰,博士,北京工业大学交通信息与控制研究所副所长,副教授,主要研究方向为智能交通系统、车联网技术及应用;边扬,博士,北京工业大学副教授,主要研究方向为交通辅助信息系统优化设计、步行与自行车交通系统规划设计;于海洋,博士,北京航空航天大学副教授,博士生导师,主要研究方向为智能车路协同控制、交通大数据等。

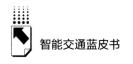

输、城市高效运行、道路安全保障、数字化基础设施、共享交通等领域的发展特色。通过分析中欧智能交通发展共同关注的重点领域及合作发展计划建议，为制定下阶段中欧政府间智能交通领域合作计划提供参考依据。

关键词： 欧盟　绿色交通　智能网联　国际合作

# 一　欧洲智能交通发展现状和特点

## （一）欧洲智能交通发展现状

智能交通系统（Intelligent Transportation System，ITS）在欧洲的发展是与欧盟的交通运输一体化建设进程相辅相成的。因为欧洲各个国家的政府投资方向和领域比较分散，而且每个国家对智能交通的需求也略有差异，所以，ITS 在欧洲的发展建设进程是不统一的。但是整体而言，欧洲的 ITS 发展正从每个国家独自建设系统慢慢转向依托欧盟制定统一标准和战略规划，新的发展阶段欧洲更加注重提升公众出行服务水平，以及交通的绿色和可持续发展。现阶段欧洲智能交通的发展是以欧洲智能交通协会（ERTICO）发展规划为指南，基于地平线 2020 等计划制定了相应的项目规划。

## （二）欧洲智能交通发展特点

纵观欧洲智能交通系统发展历程，结合现阶段欧洲智能交通发展现状，本报告将部分欧洲智能交通发展特点总结如下。

1. 大力发展智能网联车辆和自动驾驶

高度自动化的车辆已经在欧洲的道路上运行并且发展迅速，每一代新车型的计算能力和传感器数据的数量都会增加一个量级，因此构建一个能够生成和处理这些数据的基础设施是一个极富挑战但具有战略意义的任务。随着道路基础设施的发展，ERTICO 正在为协作式智能交通系统（Cooperative Intelligent Transportation System，C-ITS）、蜂窝连接和自动化车辆的融合铺平道路。这一领域的工作着眼于多个创新平台的活动，包括欧洲卡车车队（ETPC）、ADASIS、SENSORIS、TISA、TN-ITS 和 TM 2.0。

在智能网联汽车与自动驾驶领域，英国十分关注智能网联汽车技术的发展。当前，正是智能网联汽车从示范测试阶段过渡到落地商业应用的关键时期，英国非常重视新型智能网联汽车的测试、评价和管理。英国政府为智能网联汽车的研发提供经费，出台了相关政策法案支持测试，致力于推动自动驾驶技术与地面交通系统多种运输模式的融合，并更好地提高智能网联汽车的安全性能；同时，英国也从智能设施、功能稳定和信息安全等角度，对智能网联汽车的安全性展开研究，以提升交通系统对弱势群体的安全保障。

进入 21 世纪后，随着计算机通信技术的快速发展，智能交通领域也迎来了蓬勃发展时期。2015 年 2 月，欧盟提出欧洲交通网络（TEN-T）计划，法国在此背景下开始着眼于测试和评估 C-ITS，使车辆彼此之间以及与道路基础设施能够进行通信。与此同时，其所提出的 WILLWARN 系统侧重于为驾驶员提供关键信息，以车对车通信为中心，在相邻车辆之间交换关键信息，法国将以往的车联网理念进行实践，并取得成效。

2. 大力发展绿色交通

目前，交通运输所产生的温室气体占全球温室气体排放量的近四分之一，交通可持续发展成为各国政府、国际组织的重要政策目标。实施智能运输解决方案可以帮助出行者进行决策，从而减少碳排放实现绿色交通。因此，ERTICO 开展了绿色交通领域的工作。创新的技术——车联网和自动化可以推动交通运输的脱碳，改善空气质量并解决交通拥堵问题。

挪威《2018—2029 年国家交通计划》提出，未来 12 年将努力实现构建安全的交通系统，提高价值创造，为低碳社会做出贡献的总目标。发展环境友好与可持续交通是挪威未来交通发展的趋势。荷兰的智能交通发展则以绿色交通为主，并将自行车出行作为重中之重。

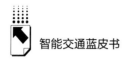

### 3. 注重提高物流运输效率

物流运输面临的一个挑战是运输网络和基础设施的数字化进程。实现数字化和智能化能够更好地将公路、铁路、航空和水运整合到整个欧洲的无缝物流供应链中。目前由于用户需求、数据模型、标准、系统规范和业务模型的差异以及不同的数字平台、应用程序，物流系统呈现高度碎片化。为解决物流系统的碎片化和连通性缺乏等问题，ERTICO 正在研究基于实时信息交换的物流系统的解决策略。

Server Room 是一个有关安装 Server Room 的项目，其主要目标是支持公司数据安全、应用程序管理。它是 TRAINOSE 在 2016 年实施的国家级项目。此外，该项目已开放使用，属于 IT 基础架构。项目资金来自私人资金，金额为 20 万欧元。该项目的预期结果是加强 TRAINOSE 基础设施。

### 4. 促进城市交通的高效运行

在城市地区，车辆技术、交通和运输系统以及互联网应用正在形成一个快速增长的生态系统，为旅行者和交通用户提供新的"联网出行"服务。城市政府正在研究能够显著减少交通拥堵的方案，增加公共交通工具和低碳交通工具的使用。与此同时，政府也在开发互联网移动通信技术，研究提高道路运输服务和机动性的方案。

从改善道路基础设施到提升车辆自身的安全性，再到车联网，其对象均局限于某特定车辆的安全驾驶这一单一层面，未能考虑多模式的交通服务。2016 年下半年，法国在欧洲智能交通云服务平台（European Cloud Marketplace for Intelligent Mobility，ECIM）试点下，着力探索多模式的交通集成应用。在公共交通方面，法国智能交通系统能够通过优先专用车道设置、车辆定位等运营信息，降低运营成本，提高运输效率。同时，法国还在停车服务、付费系统、自行车共享等方面进行多模式下的智能交通实践，进一步拓宽了智能交通发展的广度。

德国的城市交通管理系统采用公私合作机制。交通控制中心利用线圈、视频、浮动车等技术，构建了一个覆盖道路、公交车、出租车等多种交通方式的立体检测系统，希望将所有交通要素统一到一个城市交通管理系统中。柏林

VKRZ 交通控制中心通过该手段，实现了多部门数据共享和协调联动。当交通量测站测试超过预设值（流量过大或交通停止）时，自动生成交通报告。

在挪威新的规划文件中，交通主管部门提出除了要加强维护已经存在的基础设施，还要利用正在涌现的新技术来改善传统的交通系统。可以考虑的方法是交通智能化，既要提高交通能力，更要创造安全、舒适、高效的交通环境。

5. 加强并完善道路基础设施

2006 年 3 月，位于英国第二大国际化城市伯明翰城郊的国家交通控制中心正式投入使用。国家交通控制中心的建设工投资 1.6 亿英镑，它主要是使用 700 台 CCTV 摄像机、4000 个交通检测器和 1000 台自动数字识别摄像机等先进的交通检测设施收集路况信息，同时借助各地区政府和 1000 多名交通执法人员，完成各类交通数据的采集、整理和分析，以及实时交通信息的发布。

1986 年，法国在"保障车辆安全的欧洲道路基础设施计划"（Dedicated Road Infrastructure for Vehicle Sofety in Europe，DRIVE）的指导下开始致力于增加道路里程数，修建并完善道路基础设施，以提高交通服务质量，保障车辆通行的安全性以及运输效率。到 1988 年，法国在完善道路设施方面给予大量的资金支持，通过将信息化等理念融入设施建设中，从而逐渐搭建起智能交通系统体系基础框架。直到 21 世纪初，法国的智能交通发展均侧重于道路设施本身的配套，一定程度上为智能交通奠定了底层发展条件。

6. 促进标准化及跨部门合作

英国等欧洲国家都针对智能交通发布了新的法规，提出未来的运输应可以与道路设施和交通参与者互动，以实现 2050 年道路交通"零伤亡"的目标。

7. 共享交通及公共交通

共享汽车作为私家车的替代方案，能够满足那些选择不买车或选择卖车的人的出行需求，同时也能减少城市汽车的保有量。共享汽车的应用符合绿色交通的发展理念，由于共享汽车也属于绿色交通工具，参与汽车共享计划的成员比普通司机开车的公里数要少得多，而且他们可以根据个人需求选择

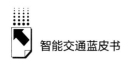

合适的汽车类型。

2010 年以来，莫斯科已经购买了 8000 多辆新的地面运输车辆和 1600 辆新的地铁列车车厢。莫斯科已经在世界上最好的交通系统中实施了几种现代服务，包括电子票务系统、城市自行车系统、公交专用道和受监管的出租车行业。此外，莫斯科一直致力于使用数据来改善乘客体验并为公共交通投资提供信息。除了帮助减少私家车的使用和交通状况外，莫斯科还使用 ITS 收集了有关公共汽车乘客上下车频率和速度以及道路和枢纽负荷的广泛数据集。接着，莫斯科通过建造莫斯科中央环线来改善市区之间的连通性，并减轻地铁和火车站的负担。该环线环绕市中心并连接所有的地铁线。最后，莫斯科最近推出了智能闭路电视（CCTV）系统，以确保乘客安全。

8. 高效的数据处理系统

莫斯科正在不断改善数据处理能力，使用与移动运营商和互联网服务企业相同的高级分析和数据处理方法。但是与这些群体不同，莫斯科交通管理部门会处理大量不同的数据，这些数据来自地铁和公共汽车旅行、违规的照片和视频记录、车辆跟踪、移动应用程序跟踪以及 Wi-Fi 使用。通过对数据的分析，实现对乘客反馈意见的实时处理，并提供有关城市事件的最新信息。

客运信息系统项目是为希腊各主要车站和机场—基亚托线各主要车站的旅客建立一个信息系统。它是由 TRAINOSE 公司实施的国家项目，项目时间为 2015～2016 年。项目已全面开放使用，属于多式联运铁路网。项目融资来自私人资源，总额为 8 万欧元。

# 二 重点国家智能交通发展现状

## （一）丹麦

### 1. 丹麦智能交通发展的特点

丹麦拥有低碳环保、健全高效的交通运输系统，它在公共运输、不同运输方式的集成以及电动汽车等领域进行了改进提升。此外，制定合理的智能交通解决方案也在丹麦智能交通系统的可持续发展过程中起到了至关重要的作用。

丹麦政府明确表示，想要积极推动绿色交通技术的发展，仅仅专注于单一方向是不够的，必须研究多种解决方案，并重点关注电动汽车、氢动力汽车、混合动力公交车和沼气公交车等新型清洁能源车型的应用。丹麦政府将优先促进绿色交通系统的建设，并采取一系列举措来使丹麦摆脱对化石燃料的依赖，更多地使用公共交通出行和推广节能环保技术的应用，进一步缓解道路交通拥堵。

2. 重点发展领域和未来发展趋势

尊重自然是丹麦成为促进可持续发展的先锋国家的原因之一，丹麦建成了世界一流的绿色能源体系，它可以为人们提供大量绿色能源和更加清洁的生活环境。在未来的发展中，丹麦将会重点研究智能自行车系统、智慧港口、智能停车系统等领域，并与其他国家合作来推进全球的可持续发展。

丹麦拥有杰出的智能自行车系统。哥本哈根通过"绿波计划"利用新技术十分有效地解决了城市面临的各种交通拥堵问题。同时，哥本哈根还通过升级道路基础设施的方法来保持道路交通顺畅，利用智能交通技术大幅减少城市居民的通勤时间，并且通过设计更切实际的自行车道，让出行者更加乐意选择自行车作为出行工具，促进城市的节能减排。

丹麦智能交通系统可持续发展战略的另一个领域是智能港口。在过去的半个世纪中，航运业引入了船舶集装箱化、大型化和电子数据交换等技术，尽管对于港口作业系统有所改进，但是过分依赖于手动和基于纸张的系统在港口运营的各个方面仍在继续使用。为了保持竞争优势，运营商采用了数字思维方式，并实施智能端口技术，提高了作业效率和综合竞争力。除此之外，丹麦的停车设施也陆续推出自动停车系统以解决停车拥堵、资源利用率低等问题。

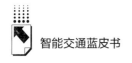
虽然丹麦在可持续发展方面已经做出了巨大贡献，但是在减排方面，丹麦只是做了很多相对容易的事，例如发展智能自行车系统，发展风能、生物质能和太阳能等新能源，以及发展区域供暖等。要想实现深度减排的目标，丹麦必须综合考虑那些更棘手的问题，例如建设新型的交通服务网络和发展可持续性能源等。

## （二）德国

### 1. 德国智能交通发展的特点

城市交通管理系统是德国智能交通发展的关键领域。以柏林为例，德国的城市交通管理系统采用公私合作机制。交通控制中心利用线圈、视频、浮动车等技术，构建了一个覆盖道路、公交车、出租车等多种交通方式的立体检测系统，将所有交通要素（私人和公共交通）统一到一个城市交通管理系统中。通过该手段，德国实现了多部门数据共享和协调联动，收集、分析、上报收集的数据，给相关单位派出人员提供技术支持和信息服务。当交通量测站测试超过预设值（流量过大或交通停止）时，自动生成交通报告。

此外，值得一提的是德国通信信息管理系统。通信信息管理系统为德国智能化高速公路奠定了良好的基础。德国高速公路通信信息管理系统分为专用通信网络、应急电话系统、信息采集系统、信息显示和发布系统、专用通信网络和紧急电话系统。可直接接入所有的通信和信息设施。高速公路的信息收集、信息处理、交通分析与信息发布、交通信息设施由各州政府交通主管部门负责建设、管理和维护，并对外发布公共信息，实现信息共享。公共交通部门和交通管理部门分别负责公路监控和管理。道路交通部门负责交通疏导、疏散、信息发布等交通管理工作，警务部门负责道路安全、监督检查等工作，二者信息共享，信息互通。德国高速公路对车辆收取的过路费包含在燃油费和道路维护费中，因此德国高速公路没有收费设施。

许多先进的技术手段，如智能交通诱导系统、GPS 全球定位系统、GIS

地理信息系统、交通网络控制系统等被应用在德国的公路和城市交通信息管理中，这些通信信息技术手段为交通管理提供了有效、可靠的技术保障，同时也提高了服务水平。

2. 重点发展领域和未来发展趋势

（1）德国智能交通重点发展领域

交通是德国新战略聚焦的五大领域之一，旨在实现新型运输方式快速、舒适、安全、高效、低噪声且节约资源。信息、通信和导航系统的发展有利于交通基础设施的进一步智能化，智能化物流方案的研究和移动电子服务的推广使用又推进了运输节能。

联邦政府计划资助了安全、联网和环保出行领域的技术发展，包括自动驾驶研究行动计划"BMBF、BMWi 和 BMVI 的总体研究框架"、"2017~2020 年清洁空气立即计划"、"Mobility2Grid 研究园区"、研究议程"可持续的城市交通"、"国家未来城市平台（National Platforms，NPZ）"、技术资助计划"新车辆和系统技术"、"氢和燃料电池技术国家创新计划第二阶段（NIP2）"等。

（2）德国智能交通未来发展趋势

智能车辆和联网出行是德国智能交通发展的主要趋势。未来几年，德国将通过利用智能道路，不断提高道路安全性，以及提高道路的通行效率。联邦政府正在推动自主驾驶的创新，帮助自主驾驶产业向国际化发展。在巴伐利亚州联邦交通研究所，为了测试和开发数字自主驾驶与智能网络链路的交互作用，一项数字交通试验在分离和复杂的实际条件下展开。在数字交通试验中，车辆间通信系统的研究也逐步开展，同时，可以智能监控基础设施的系统也已经开始了测试。

现代信息技术在内河航运业也得到广泛应用，它能够帮助船主获取航道拥堵信息，并且能够在船舶发生故障时及时通知航道管理机构。航道服务系统（River Information System，RIS）可以通过信息获取，进行航道的优化管控，减少不必要的船舶驶出，并减少船主的等候时间。该系统可向海上航行船舶的通信与导航系统提供交通状况、事故信息等。船舶自动识别系统

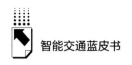

（Automatic Identification System，AIS）同时也在处于研究和建立之中，航运大数据系统是其中一个重要的子系统。基于此，依托现代信息技术，德国不断完善水运服务系统，从而逐步提高现有水运基础设施的利用率。同时还可以提高船舶行驶的安全性和运输量。

信息技术还将应用在铁路方面，从而提高既有线路利用率。德国重要的运输系统就是铁路网，扩大其容量是其目前的关键目标。为此，铁路系统将增加新技术，例如取代传统的铁路信号设施。此外，通过在列车安装传感器可以将其数据进行传输，将数据上传到云，从而实现列车联网。

## （三）法国

### 1. 法国智能交通发展的特点

纵观法国智能交通的发展历程，通过总结不同阶段的发展重点，可以将法国的智能交通特点归纳为以下四个方面。

1986 年，法国在"保障车辆安全的欧洲道路基础设施计划"的指导下开始致力于增加道路里程数，修建并完善道路基础设施，以提高交通服务质量，保障车辆通行的安全性以及运输效率。到 1988 年，法国在完善道路设施方面给予大量的资金支持，通过将信息化等理念融入设施建设中，从而逐渐搭建起智能交通系统体系基础框架。21 世纪初，法国的智能交通发展均侧重于道路设施本身的配套，一定程度上为智能交通奠定了底层发展条件。

进入 21 世纪后，随着计算机通信技术的快速发展，智能交通领域也迎来了蓬勃发展时期。法国在此背景下开始着眼于测试和评估协作式智能交通系统，使车辆彼此之间以及与道路基础设施能够进行通信。

从改善道路基础设施到提升车辆自身的安全性，再到车联网以及建立端边联系，法国在欧洲智能交通云服务平台试点下，着力探索多模式的交通集成应用。在公共交通方面，法国智能交通系统能够通过优先专用车道设置、车辆定位与跟踪等系统提供运营过程中的信息，从而降低运营成本，提高运输效率。同时，法国还在停车服务、付费系统、自行车共享等方面进行多模式下的智能交通实践，进一步拓宽了智能交通发展的广度。

在共同面对全球气候问题的挑战下，法国提出发展绿色智能交通。[①] 2019 年 7 月，中法工业合作机制联委会第七次会议暨中法产业圆桌会在重庆举行，两国代表达成共识，通过智能交通发展带来的契机建立低碳交通体系，利用智能交通成效来控制交通流、车辆速度和交通堵塞，利用其先进的手段管理车辆行为，契合"集约、智能、绿色、低碳"发展要求，打造智能绿色交通。

从以上法国智能交通发展的四个特点可以看出，法国智能交通体系逐渐趋于完善，从基础到深化，从单一模式到多模式协同发展，显现出独特的法国智能交通发展体系。

2. 重点发展领域和未来发展趋势

2018 年 5 月 23 日，法国经济部发布了《法国无人汽车发展战略》，明确表示从 2019 年开始，法国全国内的大小道路全部开放用于全自动无人驾驶汽车的测试，同时强调法国要加快自动驾驶领域的技术研发。

2018 年 5 月 19 日，法国总统马克龙宣布"法国人工智能战略"，旨在顺应人工智能发展的黄金时代，使法国发展成为人工智能强国。[②] 同时《法国与欧洲人工智能战略研究报告》也于当天对外发布，该报告经 7 个月的调研编制而成。报告指出，健康、交通、环境和国防与安全这四个领域是法国发展人工智能优先考虑的领域。

法国智能交通系统重点发展领域致力于可以向全国公众提供出行信息服务，满足公众的各种出行需求，为公众提供最佳的出行方案。车辆驾驶员能够借助车载无线通信设备获取道路条件、交通运行状况、服务设施位置和导航信息等交通信息，从而自主选择出行方式、时间和路线，提高道路通行能力，并且提升公众出行满意度。

---

① 杨思羽：《法国推智能交通应对气候变化》，财新网，2015 年 6 月 8 日，http：//international. caixin. com/2015 - 06 - 08/100816965. html。

② 科技部：《法国总统马克龙宣布法国人工智能战略》，新华网，2018 年 5 月 9 日，http：// www. xinhuanet. com/tech/2018 - 05/09/c_ 1122804656. htm。

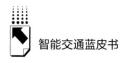

### （四）荷兰

1. 荷兰智能交通发展的特点

荷兰是著名的自行车王国，目前全国拥有2100万辆自行车，大约平均每人拥有一辆。这主要与荷兰的城市居民出行距离较短，各地区政府为提高城市居民的生活质量和推动城市的经济发展，出台一系列限制汽车使用的政策密切相关。①

与此同时，荷兰也拥有十分发达的公共交通系统，公交车辆行驶的道路状况非常好，路侧设置的交通标志也清晰明了，公交车辆和电车的路线将各大城市和村落都连接起来。荷兰的大中城市都设有公交车专用道，除政府规定的路段以外，其他车辆禁止在公交车专用道上行驶，实现了公交车辆的快速行驶。荷兰主要有以下4种类型的公交服务：大型城市运行的城市公交；主要城市和周边城镇运行的地区公交；主要城市与周边目的地运行的快速公交；在不同城镇间运行的"夹层"公交。

2. 重点发展领域和未来发展趋势

21世纪初，欧洲很多国家基于已有的道路基础设施和数据通信条件，开始致力于推动车路协同的发展并且进入实质性应用阶段。在此阶段，荷兰开始构想并建设车路协同综合试验园。

荷兰拥有比较完善的智能交通系统基础设施，同时智能交通技术的研发也遥遥领先于其他欧洲国家。2009年起，随着一系列智能交通相关项目的实施，荷兰政府也开始大力支持车路协同相关技术研发和成果转化。车路协同综合试验园作为一种企业主导、政府支持的新的跨部门组织模式应运而生。车路协同综合试验园旨在从阿姆斯特丹市开始，为欧洲乃至全世界城市提供通畅、清洁、安全、舒适的道路交通环境和服务。

---

① 段婷、运迎霞：《慢行交通发展的国内外经验》，《交通工程》2017年第2期，第27~33页。

## （五）英国

### 1. 英国智能交通发展的特点

英国是整个欧洲汽车最多的国家，87%的公路旅程由小汽车完成，只有12%由公共汽车完成。因此，确保公路交通畅通无阻，是一个复杂和全面的系统工程。英国对智能交通系统的研究一向领先于世界各国，例如，早期的交通信号灯线控系统、先进的 SCOOT 系统、交通信息高速公路与视频信息高速公路这两大交通信息网络平台系统，以及伦敦的拥堵收费系统，这些都是智能交通系统的重要组成部分。[①]

### 2. 重点发展领域和未来发展趋势

（1）英国智能交通重点发展领域

早在 20 世纪 70 年代末期，英国就一直处于智能交通系统开发和实施的最前沿。根据欧盟 2010 年 40 号指令，自 2011 年至 2019 年英国实施了多项 ITS 方案，从全国范围的智能交通系统到小规模的本地城市交通控制（UTC）计划，实施了大量公共和私有项目。以下为 ITS 优先发展领域。

道路、交通和旅行数据的最佳利用。这些数据的收集、处理和使用，使旅行者和货物安全有效地在英国境内移动。该项工作已有十多年的历史。公共和私营部门提供的几乎所有服务和路线都已纳入公共交通用户信息系统，包括驾驶员的信息、路线和停车引导系统、交通消息通道（TMC）等。公路当局和车队管理者使用数据来有效地运营其网络。[②]

交通和货运管理智能化服务。国家/大型区域控制中心和信息提供商提供 ITS 服务，例如英国的国家交通控制中心（National Traffic Control Center，NTCC）、苏格兰的国家驾驶人信息和控制系统（National Driver Information and Control System，NADICS）和威尔士的交通威尔士（Traffic Wales）。

ITS 道路安全和安保应用。自 20 世纪 70 年代以来，道路安全一直是英国

---

[①] UK Department for Transport, Intelligent Transport Systems in the UK: Progress Report, 2018.

[②] D. Golightly, R. Houghton, N. Hughes and S. Sharples, "Human Factors in Exclusive and Shared Use in the UK Transport System," *Government office for Science*, 2019.

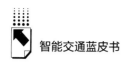

交通政策的重点之一，英国在使用 ITS（例如摄像机执法系统）减少人员伤亡方面一直处于国际领先地位。21 世纪初，英国创新开发的点对点执行系统开始实施，实践证明非常有效。摄像头和 ANPR 系统在英国得到广泛使用，确保了运输的安全性。当时英国在欧盟内部处于该领域技术发展的最前沿。

将车辆与交通基础设施联系起来。迄今为止，车辆和基础设施信息共享（CVHS）并不是英国交通政策中的优先事项，但也有一些交通信息频道（RDS - TMC），卫星导航系统在私人和商业驾驶中都具有很高的占用率。

（2）英国智能交通未来发展趋势

英政府科学办公室 2019 年 1 月 31 日发布了《未来移动：交通系统》战略报告。① 该报告展望了英国到 2040 年整个交通系统，以下为战略对英国未来交通发展进程的构想。

趋势图：2020 年在所有火车上实现免费 Wi-Fi，火车运营公司制定最低互联标准。2023 年，首批无人监控自动驾驶汽车开始在英国道路上行驶。2025 年，电动汽车变得越来越普遍，销售量与内燃机汽车（ICEV）达到大致相同的市场份额。2026 年，在线零售商投资 5000 辆自动电动重型货车（HGV）车队。2027 年，由于数据可用性和运输管理分散之类的障碍，传统市场提供商淘汰。2029 年，由于工作方式的变化，通勤里程开始减少。到2031 年，15% 的乘客里程是乘坐自动驾驶汽车产生的。2033 年，30 年进展回顾发现，英国交通服务获取及其影响的不平等日益加剧。2036 年，共享交通方式已在年轻的城市居民中确立。2038 年，每年有几个月可以通过北极航线进行开放水域运输，以改变英国港口的竞争力。2039 年，私人汽车的使用量达到了历史新高。

技术推进路线图：2020 年开发更多智能高速公路。2021 年，首批全自动驾驶汽车驶入英国道路，政府宣布对其广泛部署的障碍进行审查。2022年政府推出新的车辆运行框架，激励了自动驾驶车辆发展。2023 年，尽管

---

① UK Government Office for Science, A Time of Unprecedented Change in the Transport System, 2019.

在家中工作和在线购物有所增加，但人均出行次数仍在增加。2027 年，医疗保健专业人员、学者和慈善机构将发起一项全国性的大型运动，游说政府应对居民缺乏室外活动。2029 年，欧洲火车控制系统数字信号在英国铁路网络中全面运用。2031 年，伦敦作为一个快速发展的技术中心，人口超过大伦敦当局 2017 年做出的 1000 万的预测。2033 年，英政府对可自由共享某些类型数据的公司实行税收减免政策。2034 年，城市游行抗议因自动化和财富不平等加剧而导致的工作机会减少。2035 年。无人驾驶飞机在农村地区运送包裹的比例不断增长。2038 年，英国道路上几乎没有内燃机汽车，远远超过了政府 2050 年的目标。2039 年，有 80% 的乘客里程是乘坐自动驾驶汽车行驶的。

英政府认为，提供合适的环境和支持以使新技术蓬勃发展至关重要。政府直接负责战略道路网（Strategic Road Network，SRN），并将技术和信息用于 SRN 的未来运营、管理和改进中。2015 年至 2021 年间，英国公路局投入 1.5 亿英镑进行创新，支持道路战略中确定的关键优先事项。这些项目包括互联和自动驾驶车辆技术的试验，包括将伦敦 A2／M2 开发为互联车辆走廊的国家试点，其旨在为客户提供更好的信息，改善英国公路网络和基础设施管理。

## （六）瑞典

### 1. 瑞典智能交通发展的特点

瑞典正处于社会发展阶段，数字化为其提供了新的发展条件和机会。在瑞典，我们看到未来的解决方案涉及自主车辆、自动驾驶、新的运输服务以及不同行为者之间的合作形式。加强运输系统数字化的一个先决条件是，系统的各个部分（基础设施、车辆和用户）相互连接，能够不断地接收和发送信息。数字化需要投入研究，其中汽车制造商需要与立法机构、国家和国际机构以及其他利益攸关方进行互动。[①]

---

① 叶蕊芯：《瑞典的智能运输系统 ITS》，《安徽科技》2002 年第 12 期，第 38～39 页。

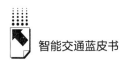

2. 重点发展领域和未来发展趋势

运输政策的目标是确保为全国公民和企业提供社会经济有效的长期可持续运输供应。国家 ITS 战略将通过利用数字化的可能性为实现目标做出贡献。目标是:"通过创新的运输解决方案引领道路。"该目标不仅涵盖技术和系统;它在同等程度上涵盖了法规、计划体系、商业模式和融资形式。

为了实现这一目标,瑞典已经确定了以下优先领域的发展方向:①运输系统的数字化将主要基于现有的 IT 和电信基础设施。②服务和系统必须是国家级的、经过验证的,要尽可能地标准化,并且可以与欧盟内的解决方案进行互操作。③必须在对个人完整性和安全性有很高要求的情况下开发服务和系统。④服务和系统必须易于使用且可访问。⑤必须以简单的方式开放和访问数据以进行开发和创新。

# 三、欧洲智能交通重点发展领域

## (一)绿色智能交通

1. 发展目标

在绿色智能交通领域,ERTICO 为未来的绿色智能交通制定了如下发展目标:

(1) 开发一种通用的方法来评估 ITS 减少排放

ERTICO 致力于研究评估不同智能交通应用对二氧化碳的影响的方法,以协助政策和投资决策,力求在测量、评估和评估技术上达成共识,使来自不同部署的结果更容易被基准化。

(2) 致力于减少排放的智能出行解决方案的开发

ERTICO 致力于支持有助于减少排放(尤其是 $CO_2$)的智能出行解决方案的研究,通过研究和论文分析从智能移动应用程序的试用和部署中获得收益、成功条件和经验教训。

（3）实现电动汽车的互操作性

ERTICO 的创新平台 eMI3 致力于创建电动汽车充电和服务的标准，并努力将 eMI3 确立为 EV 充电的事实标准。ERTICO 通过 eMI3，致力于定义明确的泛欧互操作性规则，并促进公共机构购买 EV 充电站时要考虑 eMI3 标准。

（4）创建具有无缝和互操作性质的电动汽车服务的 ICT 网络

为电动汽车用户开发和测试针对无缝服务的解决方案对于电动汽车的普及至关重要。ERTICO 正在努力开发电动交通的"超级网络"，包括泛欧漫游框架。ERTICO 认识到将电动汽车集成到出行即服务（MaaS）中的重要性，正朝着这一目标努力并促进城市中智能电动汽车解决方案的普及。

2. 发展愿景

（1）2022 年展示 ITS 不同应用的环境效益的通用方法；

（2）2025 年实现智能电动汽车在城市的广泛应用；

（3）2030 年超低排放流动性在城市和非城市地区普及。

## （二）网联及自动驾驶

1. 发展目标

ERTICO 是欧洲智能交通系统会议的组织者，同时也是欧洲智能交通系统世界大会的组织者之一，其在智能交通领域的发展规划对欧洲各国具有指导作用。ERTICO 在网联和自动驾驶领域的发展目标主要有以下两点：

（1）促进可互操作、可靠的自动化连接

这是通过支持 C-ITS 标准化和互操作性测试来完成的，以确保设备符合标准并且可互操作。ERTICO 正在研究物联网连接性在网联和自动驾驶中的适用性，并在应用程序级别上更加强调服务的互操作性。

（2）通过大规模驾驶员评估自动驾驶汽车功能的影响

ERTICO 提倡关于试验方法、数据共享和架构实施的通用准则，并鼓励创建本地 CAD 测试平台。ERTICO 参与并支持"by doing"，以进行乘用车、卡车车队和公共交通的大规模试点活动，并对关键的 CAD 功能（如连通性）进

行真实的路测，为运输中大数据的发展做出贡献，以实现自动化服务。

ERTICO 致力于促进"交通运输的数字化"和"交通运输的大数据"，作为 CAD 技术部署的推动者和推动者，ERTICO 支持数据共享的概念，同时认识到商业利益的价值和重要性。

2. 发展愿景

ERTICO 在 2030 年关于网联和自动驾驶的路线图有重要的展望。通过这一重点领域下的创新平台和项目，ERTICO 正致力于支持这些里程碑式的展望的达成，以及实现人员和货物互联自动化流动的愿景。

（1）2022 年 CAD 使用大数据可信平台实现开放数据访问；

（2）2025 年实现下一代 V2X 支持 SAE L4 自动驾驶；

（3）2030 年完成无人驾驶出行的商业部署。

## （三）智能化物流运输

1. 发展目标

在物流运输领域，ERTICO 制定的发展目标如下：

（1）研究物流运输智能解决方案

城市物流的可持续性是快速发展的城市的重要问题。许多城市已经制定了提高人们的工作效率和安全性的策略，但对货物运输的关注却很少。AI、5G、物联网、区块链等技术的兴起有望创建一个高容量、高速度的数据环境。ERTICO 正在努力将这些方面集成到其研究和部署项目中，使供应链更加自主、安全和同步。ERTICO 认识到 C-ITS 可以通过生成实时交通信息，更好地跟踪跨运输网络的货物而在改善物流运营中发挥作用。ERTICO 的 TM 2.0 创新平台所做的工作可以提供高度拥挤的枢纽区域（港口、机场和铁路）的信息，从而提高物流效率。ERTICO 是合作与国际合作的极力支持者，因此 ERTICO 在全球范围内聚集港口和行业，探讨运输与物流业的创新趋势。

（2）为集成货运系统开发必要的数据交换途径

ERTICO 正在开发用于供应链和物流的欧洲数字创新中心。这个创新中心正在克服供应链中数据交换的分散性，并确保整个供应链的可伸缩性、互操作性和可见性。

（3）开发统一的方法来计算运输供应链的轨迹

到 2030 年，由于客户对购买的产品的供应链越来越感兴趣，物流运营者将需要记录运输过程中的 $CO_2$ 排放。ERTICO 支持全球物流排放委员会（GLEC）的工作，以定义运输供应链中碳足迹的通用度量。

2. 发展愿景

ERTICO 在运输和物流方面的目标是提高互操作性和货物流优化的连通性，促进供应链管理，同时更好地利用现有资源。ERTICO 的目标是到 2030 年，实现无缝物流和货运，到 2025 年，实现货运和物流业务的全面数字化和自动化。

（1）2022 年建立枢纽和交通管理无缝移动管理系统；

（2）2025 年 T&L 的全数字化和自动化、T&L 中可信数据交换的互操作性实现；

（3）2030 年实现无缝和可互操作的 T&L。

## （四）城市交通高效化

1. 发展目标

城市交通领域是 ERTICO 的重点发展领域之一，该领域当前的目标为：

（1）为一体化服务平台——MaaS 创建统一化市场

ERTICO 正在制定有关 MaaS 部署和互操作性的指南和框架。ERTICO 认识到测试城市网络以进行 MaaS 部署的重要性，并正在与城市合作进行这项工作。

（2）开发用于统一工具的"plug and play city"和 API

运用于交通系统、移动数据和相关服务的互联和集成的统一工具和 API，使得"plug and play city"成为可能。ERTICO 支持在复杂的城市环境中大规模部署 C-ITS 捆绑服务，并致力于为"plug and play city"开发 ITS 部署框架。

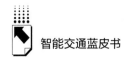

2. 发展愿景

在未来，ERTICO 所规划的城市交通领域的发展路线如下：

（1）2022 年综合多种交通管理系统，连接流量管理网络；

（2）2025 年 C-ITS 广泛应用于城市，实现集成出行解决方案的广泛可用性；

（3）2030 年实现为所有人提供完全灵活和个性化的出行能力。

## （五）道路安全保障措施

欧盟各国汽车保有量和高速公路网络的密度都比较高，各个城市均由高速公路相连，但是欧盟各国每年道路交通事故发生率很低，这主要是由于欧盟非常重视道路交通安全，得益于欧盟对交通安全的宣传，公众普遍都具有较强的交通安全意识。另一个有效保障道路交通安全的重要举措是完善的交通安全工程设施。除此之外，卓有成效的车辆管理也对保障道路交通安全起到了至关重要的作用。最后，道路交通安全最重要的保障是对各交通违法行为的严格执法。

即使这样，2019 年全欧盟共有约 22800 人死于道路事故，死亡率是 0.051‰（2020 年欧委会公布的 2019 年欧盟道路安全国别数据）。与 2018 年相比，2019 年欧盟道路安全状况整体有所改善，死亡人数同比降低 2%，比 10 年前少 7000 人，降低 23%。虽然道路事故死亡总人数有所下降，但安全性的进步速度低于预期。欧盟的目标是到 2030 年道路事故死亡人数和重伤人数都减半、到 2050 年降至 0。目前虽然很大程度上已经减少了道路事故，但近几年死亡人数下降并不明显。另外，各国间的情况差异较大。只有通过协同立法施策、充分投资、统一车辆和基础设施标准、数字化手段以及共享最佳实践，才能实现零死亡目标。

为到 2050 年实现"零死亡愿景"，欧盟制定了《道路安全战略行动计划》和《欧盟道路安全政策框架 2021—2030》。在战略框架内，欧盟已经开始实施"安全系统"计划，其中，对车辆安全、基础设施安全、防护措施、低速驾驶和事故后护理提出了更高要求。另外，欧盟还将努力确保有力的跨境交通执法、普及电子驾照，并帮助道路安全表现落后的成员国找到提升安全性的新办法。

## （六）数字化基础设施

近年来，欧盟数字经济发展迅猛，各方面取得显著成效。欧盟数字化战略的主要目标是打通成员国之间的数字壁垒，实现地区内的整体数字化转型。自 2015 年以来，欧盟连续发布《数字化单一市场战略》、《塑造欧洲的数字未来》和《欧洲数据战略》等文件。欧盟除了资助"大数据"和"开放数据"领域的研究和创新活动外，还启动了"连接欧洲设施"（Connecting Europe Facility，CEF）计划，采取权益和债务证券及补助相结合的形式促进数字基础设施的建设。

"连接欧洲设施"计划是欧盟为交通运输、能源和数字项目设立的泛欧洲基建投资资金池。第一版的基金规划，即 CEF 1.0，在 2014 年至 2020 年间完成。CEF 1.0 约提供 288 亿欧元，其中交通运输 237 亿欧元、能源 46 亿欧元、数字项目 5 亿欧元。

2021 年，CEF 2.0 公布，将继续为交通运输、能源和数字领域的关键项目提供资金。该计划将在 2021 年至 2027 年间进行，总预算高达 337.1 亿欧元，比第一阶段要高近 50 亿欧元。其中交通运输获得 258.1 亿欧元资金。在交通运输领域，CEF 2.0 将重点促进多式联运网络建设，以发展现代化铁路、公路、内陆水路和海上基础设施，并实现安全可靠的机动性。将优先发展 TEN-T，重点地区将是目前仍缺少连接的跨境项目。此次 CEF 2.0 强调交通运输、能源和数字三者的协同发展，旨在促进基础设施互联、自动出行以及替代燃料等领域的跨部门合作。

## （七）智慧轨道运输系统

建立具有资源效率、气候和环境友好、安全可靠的一体化欧洲智能铁路运输系统，能够满足欧洲日益增长的民众出行需求、新的人口和社会挑战所形成的不断变化的需求、高能效的低碳社会发展要求和气候适应型经济发展

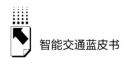

要求，提高整个运输和出行系统的可持续性。

1. 环境友好的资源节约型运输

通过提高运输系统对自然资源和燃料的利用的质量和效率，以及减少温室气体的排放和对化石燃料的依赖，最大限度地减少运输系统对气候和环境（包括噪声和空气污染）的影响。

2. 一体化的高安全强韧性型运输

通过加强联运和智能规划与管理解决方案的部署，促进一体化的轨道运输，减少交通拥堵，改善通达性，满足用户需求；减少事故的发生，降低安全威胁的影响，建立安全、韧性的轨道运输系统。

3. 欧洲运输业的全球领导地位

增强欧洲运输业和相关服务（包括物流流程、维护、修理、翻新和回收）的竞争力和绩效，确保欧洲领先地位。开发下一代创新轨道运输系统装备，并为未来的轨道运输奠定基础。在确保运营安全性的同时，建立高标准互操作性控制系统，形成高效生产流程、创新服务和认证程序，缩短开发时间，降低全生命周期成本。

## （八）标准化及跨部门合作

ERTICO 在智能移动性方面采取了多重方法。ERTICO 的四个工作领域为：网联和自动驾驶、城市智能交通、绿色交通、智能化物流运输。这些领域帮助 ERTICO 集中精力开展活动和项目，以在每个活动和项目中实现特定的目标。ERTICO 指出应从整体上看待智能出行，因此 ERTICO 建议将在一个领域中取得的成果应用于其他领域，并适时开展一些"跨领域"活动，从而进一步推动 ERTICO 在整个智能交通领域的使命。标准化、互操作性、智能交通知识中心和交通运输数字化培训是"跨部门"类别活动的示例。

由于设备和数据平台可能会提供不同格式的数据或使用不兼容的通信接口，所以互操作性的研究是必不可少的。互操作性能够解决不兼容问题，同时为设备和系统提供使用兼容的格式和接口交换一致数据的能力。标准化是互操作性的关键推动力。智能移动解决方案包括跨不同部门的多种技术。

ERTICO 致力于促进通用或统一标准的采用，以将各种设备和平台无缝地组合到一项服务中。

# 四 中欧智能交通重点合作领域

截至 2019 年，欧盟曾连续 16 年成为中国最大的贸易伙伴，并是中国重要的外资和技术引进来源。中国也连续多年为欧盟第二大贸易伙伴，并将欧洲作为重要的海外投资地。2003 年，中国和欧盟开始共同建立全面战略伙伴关系，目前，双方已经共同建立了大约 70 个磋商和对话机制，内容涵盖政治、经济、人文、科技、交通、能源、环境等各领域。交通作为支撑国民经济平稳运行的关键要素之一，始终发挥着重要作用。中欧双方通过在重点交通领域开展合作，能够有效地集中优势资源攻坚关键技术、提高创新能力促进创新发展、培养造就高层次人才，同时带动双方经济和社会的发展。在当前日益严峻的国际环境下，如何充分挖掘中欧合作的潜力，加强中欧在智能交通领域间的合作共赢，将更具意义和价值。

基于中欧双方在智能交通方面的合作需求，本报告提出了中国与欧洲在智能交通方面的重点合作领域与合作内容。

## （一）生态智能交通与可持续发展

### 1. 合作内容

中欧双方可在生态建设、城市结构功能与交通的辩证关系中加强合作交流，探寻优化的路径。通过城市集群化发展、多元化交通，减轻环境压力。计算交通的外部成本，确立以公交为主的交通方式，有效提高交通效率，降低交通成本，促进生态城市建设。

在技术路线方面，明确新能源汽车"电"化趋势的发展方向。综合国家电网和能源结构转型的现状，提高电网的效率和稳定性，扩大一次能源的选择范围，减少对传统能源的需求。

在变速器技术方面，重点关注发动机和零部件，从而提高经济性能、安全

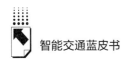
性和电磁兼容性、电子系统可靠性；重点关注冷却系统以及车用技术的发展。

在基础设施建设方面，加强基础设施领域的人才培养和能力建设。

在充电站和电网配套设施方面，采取合作行动，尽快制定国际标准，使电动汽车在世界范围内推广，而不受国界的阻碍。

此外，欧洲国家如智能化自行车系统、低排放区收费等丰富的可持续交通发展经验也值得中国借鉴学习。

2. 预期效果

（1）促进交通可持续发展。可持续交通政策措施的施行能够吸引更多的居民选择低碳环保方式出行，从而减少道路交通量，缓解交通拥堵问题。此外，可持续交通措施能够通过减少汽车使用量及减少拥堵来减少机动车尾气排放，促进城市可持续发展。

（2）增强国民健康水平。骑行等绿色出行方式是锻炼身体和缓解压力的好方法，它可以增加娱乐性并改善城市的社交能力，使人们的生活更加幸福和放松，对精神和身体健康产生积极影响。同时，智能自行车系统能够消除骑车带来的安全风险，吸引更多的居民使用。

（3）促进多式联运。共享单车等措施可以解决通勤者在公共交通旅程中的最后一公里问题，使通勤者实现出行模式转换的无缝衔接，降低等待时间。同时，共享单车管理与调配方便，并能充分满足用户的出行需求。

（4）改善居民区居住环境。可持续交通发展措施能够使更多人在居民区附近选择自行车等作为交通工具。相较于传统汽车的污染和噪声，自行车能够降低居民区的空气污染、噪声污染等，还能够提供更安全的出行环境。同时，自行车出行也有助于建设更加友好的社区公共区域，扩大公共活动范围，增加更多更加丰富的社区活动机会。

## （二）交通基础设施数字化与智能化

1. 合作内容

中欧双方应合作构建覆盖全域的高精度交通地理信息平台，完善交通工程等要素信息，增设车路协同、视频监控、位移监测、气象监测等感知设施。借助先进的通信技术、北斗定位地基增强基站等，实现道路基础设施、基础设施检测工具及道路铺装等设施的智能化。

此外，中欧双方可考虑在智能公交、出行预测、驾驶员评价、辅助决策等多个数据分析领域进行合作。

在智能公交领域，通过一系列 GPS 定位技术、通信技术、GIS 地理信息系统技术，以及视频检测技术，如结合车辆监控，实现智能公交调度策略。在群体出行行为预测领域，预测可能的出行要素，例如时间、路径、方式等，从而提供有效的车辆调度决策帮助。

2. 预期效果

（1）实现交通基础设施规划、设计、建造、养护、运行管理等全要素、全周期数字化。

（2）通过交通数据挖掘与分析的合作，在建立交通大数据挖掘技术的基础上，改变传统交通管理行政区域的局限性，建立全面、立体的智能交通系统。

## （三）智能车路协同与自动驾驶

1. 合作内容

中欧双方可以着重在传感器、自动控制、5G、人工智能、北斗导航、高精度地图、可视化计算等相关领域开展多方面的合作，从而提高车辆感知周围环境的准确性，还可以在通过感知获得车辆位置和障碍物信息的前提下，调整车辆的运行状态，从而进一步提升道路安全性。

未来中国车联网关键技术或将朝着融合北斗卫星和路侧设施的高精度高可靠定位、以视觉识别和激光雷达为核心的感知技术、基于云技术的智能网联交通分布式云平台、融合网联化智能技术的自动驾驶技术，以及车路一体化自动驾驶的交通系统优化技术等方向发展。中欧车联网技术未来的发展方向是打造智能交通，对传统交通进行颠覆性创新，建立统一技术标准；重点是互联网服务与产品捆绑销售，包括语音控制互联、无人驾驶技术、车联网保险、车联网电子商务等，跨界构建车联网生态系统，最终回归汽车本身及

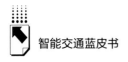

安全驾驶。综观中欧智能交通管理系统发展现状，将新一代信息技术应用于人、车、路和环境的系统互联中，建设更加智能化、安全化、高效化、经济化以及绿色的人车路协同一体化交通管理系统是未来发展的新热点。

2. 预期效果

通过智能车路协同与自动驾驶领域的合作，提高道路交通的安全性；减少温室气体的排放，实现绿色可持续发展；同时，自动驾驶汽车还能够提高道路容量，大幅降低交通拥堵情况。从而使中欧交通发展更加智能化、安全化、绿色化，具体效果包括：

（1）以生态为中心的驾驶，实现绿色交通；

（2）安全驾驶、协同驾驶；

（3）智能交通，做到车辆本身就可以提供相关信息；

（4）实现可定制的互联网服务。

## （四）智能出行服务

1. 合作内容

（1）加大在中国推广应用 MaaS 的力度。中欧两国政府、交通主管部门及企业通力协作，加大 MaaS 在中国的实用度。交通主管部门协调用户需求与数据支撑的关系，制定数据分享的标准和要求，制定相关的法律法规保障用户的个人隐私安全，以及保障用户采用多模式交通出行时的安全等。

（2）合作建设基于智能导航系统的新一代智能交通系统，围绕连续导航、位置服务、紧急救援等领域展开智能导航系统在交通领域的规模化应用，实施基础设施一体化、应用示范一体化和运营服务一体化，促进智能交通科技的进一步发展。

2. 预期效果

（1）MaaS 促进城市发展。MaaS 是共享交通与公共交通的结合，加上为用户量身定制的出行服务，可以极大地改善用户采用公共交通出行时的不便，有望替代私家车，从而帮助政府达到减少私家车、减少环境污染等方面的目标。

（2）提升居民出行品质及安全。共享单车能够解决居民出行最后一公里问题，大数据、导航、高精度地图等技术赋能出行服务，在提升居民出行品质的同时增加出行安全性，满足用户对于交通方式、出行时间、出行预算等方面的偏好，提供个性化的出行服务。

## （五）高效运营与智能化管控

### 1. 合作内容

（1）加快移动互联、大数据、云计算等新一代信息技术在城市交通领域的融合创新和研发应用。加快建立数据驱动的城市交通治理新范式，与欧洲等国合作探讨解决交通安全、交通拥堵、交通污染等"城市病"重大问题。

（2）加强中欧城市交通大脑建设合作研究，加快企业之间的技术交流，增强政府政策保障，以促进智能交通行业的进一步发展，推动城市交通大脑实体化。

（3）通过企业合作以及政策协调，利用中欧双方经验加强物流运输的发展，加强先进货运技术研发与应用，推动无人驾驶技术在货运车辆的研究和应用，推进中欧双方物流运输行业的高效化。

### 2. 预期效果

（1）提升智能交通管控/服务水平。通过实施城市交通系统"全息感知＋协同联动＋动态优化＋精准调控"，提升城市综合客货运运输安全、服务能力、效率和水平。

（2）促进物流发展。中欧双方通过合作推动智慧物流运输配送技术研发，攻克高载荷轻量化载具设计、低成本管轨设计、智能运营与维护、高频次智能驾驶、智能分拣与投递等技术，促进物流业高质量发展。

## （六）智慧城市轨道系统

### 1. 合作内容

（1）完善多层级城市轨道网络规划布局。从设计、运营等多维度共同促进推动干线铁路、城际铁路、市域（郊）铁路、城市轨道交通"四网融合"。

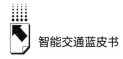

（2）基于建筑信息模型（BIM）技术，推动开展绿色环保的轨道交通工程建造。深化BIM技术在轨道交通中的应用，基于BIM建立智能化仿真分析系统。

（3）创建智慧乘客服务体系。提升票务服务的智能化水平，提供智慧出行咨询，聚合多平台出行服务内容，按乘客出行需求订制化提供多种出行解决方案。

（4）建立全息感知的智能运维系统。推动车辆、能源、通信、信号等智能运维系统在全行业的推广应用，提升日常检修效率和车辆整体可靠性。

（5）构建面向乘客管理、设备联动、运行组织的智慧车站管控体系，实时提供车站全场景动态信息服务、显示列车到发时刻、乘客引导、车厢拥挤度、前方换乘站客流等动态信息。

2. 预期效果

（1）实现四个层次轨道交通网络管理界面、信息数据、乘客服务的相互连通与协同融合。

（2）实现对车辆、弓网、轨道、桥隧及环境多元耦合的综合仿真分析和评价，实现基础设施的运维数字化和智能化。

（3）提高乘客出行服务的便捷化、舒适化、智能化水平，实现高效出行。

（4）提高城市轨道交通运营效率和安全管控水平，打造集日常监测、预测预警和应急处置于一体的城市轨道交通运维安全综合保障体系，实现设备全生命周期管理。

（5）实现车站的全息感知、自动运行、全景监控、自主服务及其与周边商业、公共服务设施的一体化信息共享及联动。

## （七）智能交通标准化及政策化

1. 合作内容

（1）加强中欧双方在智能交通标准建立过程中的沟通，通过中欧双方的共同交流，实现中欧双方标准的互通性。中欧两方政府、交通主管部门及企业通力协作，规范数据及信号传输方式及格式，制定相应的车辆等级评定规范和驾驶人资质评定准则。

（2）围绕智能交通科技发展制定相应的政策法规，加强中欧双方企业、政府及各科研院所之间的合作及沟通，再借鉴双方智能交通的发展经验，制定符合自身国情的智能交通政策，为未来智能交通科技的推广及应用提供支撑。

2. 预期效果

（1）制定能够实现中欧双方相互通用的智能车辆等级评定标准以及数据交互模式，实现智能交通环境下驾驶人资质评定准则的更新，确保大数据条件下数据分析的高效，以及不同智能交通领域科技的系统化发展。

（2）促进政策制定。中欧双方通过交流政策规划推动智能交通领域科技研究，实现智能交通领域科技的应用与推广。通过中欧双方的交流，实现智能交通领域发展的经验交换，推动制定更符合智能交通发展需求的政策及发展规划。

# 五 中欧智能交通合作建议

伴随着科技革命和产业变革，全球治理体系深刻变革，以科技创新推动智能交通领域可持续发展已成为全球共识。中欧应从合作共赢的角度谋划和推动创新，从思路、目标和任务部署上全方位、多角度地开启智能交通领域合作的新局面，有计划、有步骤地开展中欧智能交通领域科技创新合作工作。本报告主要从以下几方面提出中欧智能交通合作的建议，以进一步实现中欧智能交通合作发展目标，推动两地智能交通科技领域深度合作交流。

## （一）加强关键技术创新融合，助推双方智能网联汽车发展

加强北斗卫星导航、大数据、人工智能、5G、物联网和区块链等新技术与传统的交通运输行业以及交通基础设施的深度融合，聚焦现代信息技术、新能源、智能制造、新材料等科技前沿，加强前瞻性、颠覆性技术研究

以促进交通产业变革。运用北斗卫星导航、5G、AI等新技术，构建智能交通领域的协同化智能服务能力，形成新一代综合交通运输与智能交通技术体系。集中运用现代通信、现代传感、信息融合、5G、人工智能等新技术，打造集环境感知、规划决策、多等级辅助驾驶等功能于一体的智能网联汽车，持续推进智能网联标准规范体系建设。

### （二）强化可持续发展理念，推广提升绿色交通出行服务

以节约资源、提高能效、控制排放、保护环境为目标，推动绿色交通基础设施建设，充分利用废旧材料循环再生新技术、节能环保新材料，推进交通运输整体运行效率提升、能源资源节约和污染排放降低，全面提升交通运输可持续发展水平。

推动关键领域绿色交通技术研发，开展中欧绿色能源车辆联合开发合作，实现集约化、绿色化交通发展，减少交通碳排放，提升交通运输与清洁新能源融合技术水平。突破基于多源数据的评估与监测、绿色建造与运维、节能环保材料与新装备应用、污染防控等技术。

### （三）优化交通发展布局，促进物流与货运智能化发展

围绕推动物流及货运高质量发展，推进智慧物流、货运技术研发，攻克物流与货运系统设计、智慧协同与智能感知设备、互联与多式联运智能调度、智能载运单元、多模式联运智能集成、高效模块化等技术及装备。推动地下智慧物流运输配送技术研发，攻克高载荷轻量化载具设计、低成本管轨设计、智能运营与维护、高频次智能驾驶、智能分拣与投递等技术。

### （四）深化对欧战略合作，提升双方交通设施数字化水平

依据《中欧合作2020战略规划》，采用多种方式投资交通基础设施合作项目，促进中欧交通基础设施数字化建设项目高质量开展。抢抓新一轮科技革命和产业变革机遇，加强基础性、原创性技术研发，推动人工智能、大

数据等新一代信息技术与交通运输融合发展。提升综合交通体系运行效率，推动综合交通自主可控、安全高效发展。

## （五）合作开展社会经济研究，推动前瞻性决策活动

支持必要的政策制定与调整，促进创新活动，应对社会需求给交通带来的挑战。中欧各国相关部门可以制定可持续发展智能交通合作实施计划和发展政策，通过科技成果推广计划、科技示范工程、专项行动计划和科技成果推广目录、科技成果公开等方式，进行可持续发展智能交通的先进技术合作交流；采取发表联合工作方案，签署谅解协议书、谅解备忘录，举行年度磋商会议等方式，推进可持续发展智能交通政策合作。

# 附　　录

## Appendix

# B.14

# 中国智能交通市场规模统计

董海龙　张玲玉 *

摘　要：　2020年，受新冠肺炎疫情影响，全国客、货运量均大幅下降，但交通运输智能化的建设进程并没有放缓。本报告整理分析了2017~2020年城市智能交通和公路信息化两大智能交通应用领域千万级和亿级项目市场规模。城市智能交通千万级项目市场规模呈现逐年增长的态势，其细分领域中，交通管控市场规模增长缓慢，运输服务与智慧停车的市场规模增长迅速。公路信息化千万级项目市场规模相比2019年有明显下降，但与2019年之前各年相比，仍有明显增长。从区域分布来看，2020年城市智能交通千万级和亿级项目，华东地区占比最多；而公路信息化千万级和亿级项目，西北地区占比最多。整体来看，2020年我国城市智能交通与公路信息化市场

---

* 董海龙，《智慧交通》杂志执行主编，从事智慧交通行业媒体工作13年；张玲玉，北方工业大学在读博士研究生，主要研究方向为人机共驾控制权切换决策方法。

整体投资情况呈现非常积极的增长态势。

关键词： 智能交通　公路信息化　市场规模

# 一　总体情况

随着我国交通智能化应用的不断推进，智能交通行业整体处于成长期，需求增长明确且空间广阔。据不完全统计，截至 2020 年 12 月底，我国智能交通（包括城市智能交通和公路信息化）千万级项目（已中标，下同）的市场规模约为 616.21 亿元。其中，城市智能交通（包括交通管控、运输服务、智慧停车）千万级项目市场规模约为 296.12 亿元，项目数约为 1400 个，项目平均市场规模约为 2115.14 万元；公路信息化（含省界收费站取消、路网监测、计重收费、治超非现场检测等）千万级项目市场规模约为 320.09 亿元，项目数约为 493 个，项目平均市场规模约为 6492.70 万元。2020 年全国智能交通千万级项目市场规模及与前三年对比情况，如表 1 所示。

表 1　2017～2020 年全国智能交通千万级项目市场规模

| | 年份 | 2017 | 2018 | 2019 | 2020 |
|---|---|---|---|---|---|
| 城市智能交通 | 千万级项目市场规模（亿元） | 190.08 | 208.56 | 235.14 | 296.12 |
| | 千万级项目数（个） | 1087 | 1167 | 1352 | 1400 |
| | 千万级项目平均市场规模（万元） | 1748.67 | 1787.15 | 1739.20 | 2115.14 |
| 公路信息化 | 千万级项目市场规模（亿元） | 161.93 | 192.12 | 662.45 | 320.09 |
| | 千万级项目数（个） | 301 | 422 | 708 | 493 |
| | 千万级项目平均市场规模（万元） | 5379.73 | 4552.61 | 9356.64 | 6492.70 |

资料来源：智慧交通网（ITS114）。

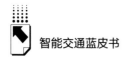

随着 2019 年全国 250 组省界收费站撤站工作全部完成，2020 年公路信息化市场规模相比 2019 年下降明显，但相比 2019 年之前各年，仍有较大幅度增长。2020 年全国城市智能交通与公路信息化千万级项目市场规模分别占总规模的 48.06% 和 51.94%，如图 1 所示。

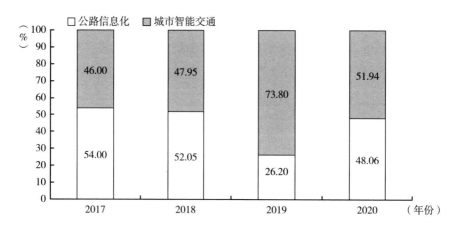

图 1　2017～2020 年全国城市智能交通与公路信息化千万级项目市场规模对比

资料来源：ITS114。

## 二　城市智能交通市场规模

### （一）城市智能交通千万级项目市场规模

1. 总体情况

2017～2020 年，我国城市智能交通千万级项目市场规模总体呈逐年增长态势，项目平均市场规模也呈上升趋势，如表 2、图 2 所示。从市场规模来看，2020 年我国城市智能交通千万级项目市场规模相比 2019 年增长 25.93%。通常情况下，千万级项目市场规模走势就代表了整体市场投资的态势。因此，2020 年我国城市智能交通市场整体投资情况呈现非常积极的增长利好态势。同时也表明，我国交通智能化进程不断加速，行业规模迅速扩张，行业内企业的项目承担能力和智能交通业务水平都在持续提升。

**表 2　2017～2020 年全国城市智能交通千万级项目市场规模**

| 年份 | 2017 | 2018 | 2019 | 2020 |
| --- | --- | --- | --- | --- |
| 千万级项目市场规模(亿元) | 190.08 | 208.56 | 235.14 | 296.12 |
| 千万级项目数(个) | 1087 | 1167 | 1352 | 1400 |
| 千万级项目平均市场规模(万元) | 1748.67 | 1787.15 | 1739.20 | 2115.14 |

资料来源：ITS114。

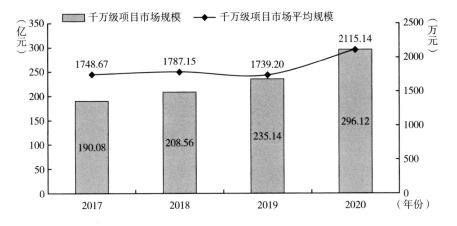

**图 2　2017～2020 年全国城市智能交通千万级项目市场规模**

资料来源：ITS114。

2020 年，从区域分布①上来看，城市智能交通千万级项目，华东地区占比最多，为35%；其次是华北地区与华中地区，城市智能交通千万级项目占比分别为15%和14%；西南地区、华南地区、西北地区和东北地区的城市智能

---

① 华东地区包括山东、江苏、安徽、浙江、福建、上海；华南地区包括广东、广西、海南；华中地区包括湖北、湖南、河南、江西；华北地区包括北京、天津、河北、山西、内蒙古；西北地区包括宁夏、新疆、青海、陕西、甘肃；西南地区包括四川、云南、贵州、西藏、重庆；东北地区包括黑龙江、吉林、辽宁。

交通千万级项目占比分别为13%、12%、8%和3%。如表3、图3所示。占比较高的地区交通运输需求量大，智能交通的建设进程较快，同时拥有相对优越的经济与技术环境，因此其城市智能交通的市场规模也相对较大。

表3　2020年全国城市智能交通千万级项目市场规模区域占比

|  | 华东地区 | 华北地区 | 华中地区 | 西南地区 | 华南地区 | 西北地区 | 东北地区 |
|---|---|---|---|---|---|---|---|
| 千万级项目市场规模(亿元) | 103 | 44 | 42 | 39 | 36 | 23 | 9 |
| 占比(%) | 35 | 15 | 14 | 13 | 12 | 8 | 3 |

资料来源：ITS114。

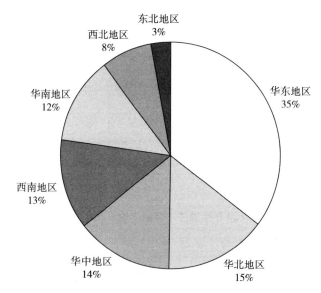

图3　2020年全国城市智能交通千万级项目市场规模区域占比

资料来源：ITS114。

2017~2020年，我国交通管控千万级项目市场规模运行平稳，呈窄幅波动走势，而运输服务与智慧停车千万级项目市场规模呈现逐年增长的趋势，如表4、图4所示。但交通管控千万级项目市场规模始终在城市智能交通领域占据主体地位。

表4　2017～2020年全国交通管控、运输服务和智慧停车千万级项目市场规模

单位：亿元

| 年份 | 2017 | 2018 | 2019 | 2020 |
|---|---|---|---|---|
| 交通管控千万级项目市场规模 | 161.12 | 165.14 | 162.08 | 164.16 |
| 运输服务千万级项目市场规模 | 22.70 | 34.68 | 43.56 | 74.13 |
| 智慧停车千万级项目市场规模 | 6.26 | 8.74 | 29.51 | 57.83 |

资料来源：ITS114。

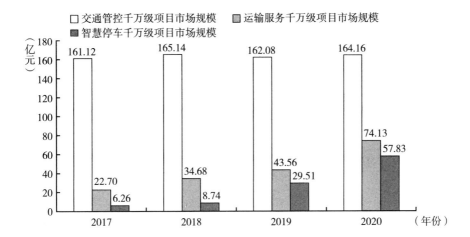

图4　2017～2020年全国交通管控、运输服务和智慧停车千万级项目市场规模

资料来源：ITS114。

## 2. 交通管控千万级项目

2020年，我国交通管控千万级项目市场规模约为164.16亿元，约占城市智能交通总规模的55.44%，项目数约为838个，千万级项目平均市场规模约为1958.95万元，交通管控千万级项目市场规模增长缓慢，相比2019年增长1.28%。2017～2020年全国交通管控千万级项目市场规模如表5、图5所示。

我国交通管控领域正在走向增量减速、存量升级改造的阶段，近几年都未出现全新的、规模比较大的系统性需求。交通管控市场所需要的主要内场和外场设备，主体并没有发生改变，如果国家没有新政策出台，近几年内，

交通管控市场仍然会以视频、雷达和地磁检测器，服务器、云服务和大屏幕等设备与系统的安装、升级为主，因此，交通管控市场规模依然不会有大幅度增长，甚至会出现下降。

**表5　2017～2020年全国交通管控千万级项目市场规模**

| 年份 | 2017 | 2018 | 2019 | 2020 |
|---|---|---|---|---|
| 千万级项目市场规模（亿元） | 161.12 | 165.14 | 162.08 | 164.16 |
| 千万级项目数（个） | 886 | 872 | 921 | 838 |
| 千万级项目平均市场规模（万元） | 1818.51 | 1893.81 | 1759.83 | 1958.95 |

资料来源：ITS114。

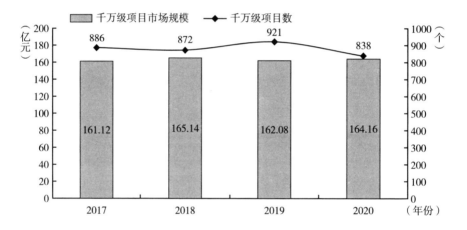

**图5　2017～2020年全国交通管控千万级项目市场规模**

资料来源：ITS114。

3. 运输服务千万级项目

2020年，运输服务（含智能网联）千万级项目市场规模约为74.13亿元，约占城市智能交通总规模的25.03%，项目数约为462个，千万级项目平均市场规模约为1604.55万元。近几年运输服务千万级项目市场规模呈逐年持续快速增长态势。2020年项目数相比2019年增加96个，项目市场规模相比2019年增长70.18%。2017～2020年全国运输服务千万级项目市场规模如表6、图6所示。

2020年虽然经历了新冠肺炎疫情和市场供应链危机等考验，但是，《智能汽车创新发展战略》与《2020年智能网联汽车标准化工作要点》，以及有关5G汽车、自动驾驶出租车、新基建、车路协同、车联网先导区等的一系列新政策、新标准与新合作共同推动智能网联市场规模的快速增长。智能网联的发展又助力于智能交通的建设和发展，更好地提升了城市交通运行效率和管理水平。

表6    2017～2020年全国运输服务千万级项目市场规模

| 年份 | 2017 | 2018 | 2019 | 2020 |
| --- | --- | --- | --- | --- |
| 千万级项目市场规模(亿元) | 22.70 | 34.68 | 43.56 | 74.13 |
| 千万级项目数(个) | 189 | 272 | 366 | 462 |
| 千万级项目平均市场规模(万元) | 1201.06 | 1275.00 | 1190.16 | 1604.55 |

资料来源：ITS114。

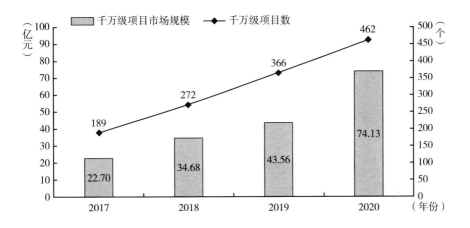

图6    2017～2020年全国运输服务千万级项目市场规模

资料来源：ITS114。

4. 智慧停车千万级项目

2020年，智慧停车千万级项目市场规模约为57.83亿元，约占城市智

能交通总规模的 19.53%，项目数约为 100 个，项目平均市场规模约为
5783.00 万元。近几年智慧停车千万级项目市场规模呈逐年持续快速增长态
势。2020 年项目数相比 2019 年增加 35 个，项目市场规模相比 2019 年增长
95.97%。2017～2020 年全国智慧停车千万级项目市场规模如表 7、图
7 所示。

2020 年，在多地陆续出台城市停车相关法规、条例的推动下，我国智
慧停车市场增长迅速。智慧停车利用信息和通信技术实现城市停车资源的监
测、管理、服务，提高了城市停车资源利用率和管理效率，提升了城市停车
的服务质量。

表 7 2017～2020 年全国智慧停车千万级项目市场规模

| 年份 | 2017 | 2018 | 2019 | 2020 |
| --- | --- | --- | --- | --- |
| 千万级项目市场规模(亿元) | 6.26 | 8.74 | 29.51 | 57.83 |
| 千万级项目数(个) | 12 | 23 | 65 | 100 |
| 千万级项目平均市场规模(万元) | 5216.67 | 3800.00 | 4540.00 | 5783.00 |

资料来源：ITS114。

图 7 2017～2020 年全国智慧停车千万级项目市场规模

资料来源：ITS114。

## （二）城市智能交通亿级项目市场规模

### 1. 总体情况

2017～2020 年，我国城市智能交通亿级项目市场规模总体呈逐年增长态势，项目数也呈逐年上升趋势，如表 8、图 8 所示。2020 年，我国城市智能交通亿级项目市场规模约为 101.30 亿元，同比增长 70.17%，约为城市智能交通千万级项目市场规模的 34.21%；项目数为 46 个，相比 2019 年增加 14 个。

表 8　2017～2020 年全国城市智能交通亿级项目市场规模

| 年份 | 2017 | 2018 | 2019 | 2020 |
| --- | --- | --- | --- | --- |
| 亿级项目市场规模（亿元） | 36.71 | 40.70 | 59.53 | 101.30 |
| 亿级项目数（个） | 18 | 23 | 32 | 46 |

资料来源：ITS114。

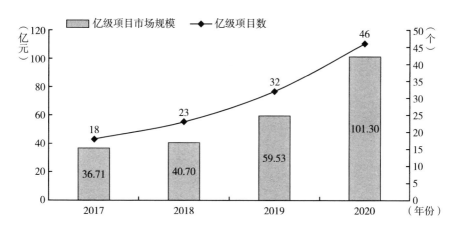

图 8　2017～2020 年全国城市智能交通亿级项目市场规模

资料来源：ITS114。

2020 年，从区域分布上来看，城市智能交通亿级项目，华东地区占比最多，为 27%；其次是华中地区、华南地区和华北地区，城市智能交通亿级项目占比分别为16%、15%和15%；西北地区、西南地区和东北地区的城市智能交通亿级项目占比分别为13%、12%和2%。如表9、图9所示。

城市智能交通亿级项目与千万级项目的区域分布基本一致，华东、华中、华南和华北四个区域，城市智能交通千万级项目与亿级项目的占比总计分别为76%和73%。

表9　2020年全国城市智能交通亿级项目区域占比

|  | 华东地区 | 华中地区 | 华南地区 | 华北地区 | 西北地区 | 西南地区 | 东北地区 |
| --- | --- | --- | --- | --- | --- | --- | --- |
| 亿级项目市场规模（亿元） | 28 | 16 | 15 | 15 | 13 | 12 | 2 |
| 占比(%) | 27 | 16 | 15 | 15 | 13 | 12 | 2 |

资料来源：ITS114。

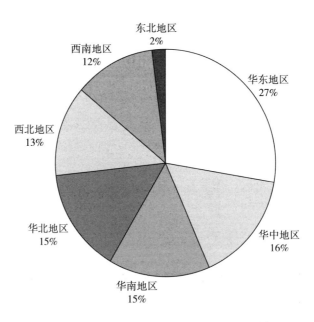

图9　2020年全国城市智能交通亿级项目区域占比

资料来源：ITS114。

2017～2020 年，我国交通管控、运输服务与智慧停车亿级项目市场规模对比如表10、图10所示。

表 10　2017～2020 年全国交通管控、运输服务和智慧停车亿级项目市场规模

单位：亿元

| 年份 | 2017 | 2018 | 2019 | 2020 |
|---|---|---|---|---|
| 交通管控亿级项目市场规模 | 31.00 | 33.40 | 28.02 | 39.04 |
| 运输服务亿级项目市场规模 | 2.56 | 3.45 | 6.74 | 27.54 |
| 智慧停车亿级项目市场规模 | 3.15 | 3.85 | 24.77 | 34.72 |

资料来源：ITS114。

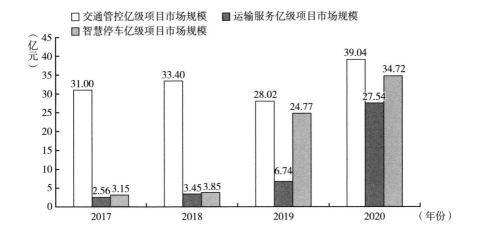

图 10　2017～2020 年全国交通管控、运输服务和智慧停车亿级项目市场规模

资料来源：ITS114。

2. 交通管控亿级项目

2020 年，交通管控亿级项目市场规模约为 39.04 亿元，同比增长 39.33%；项目数为 21 个，相比 2019 年增加 4 个。在 21 个项目中，传统的智能交通管控项目共计 19 个，仍然是主导位置，易华录、海信、浙大中控等传统智能交通头部企业都有所斩获。大型活动的举办仍是出现大项目重要影响因素，如成都的世界大学生运动会、西安的全国第十四届运动会、昆明

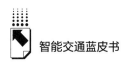

的联合国《生物多样性公约》第十五次缔约方大会（COP15）等，都有亿级项目出现。2017~2020年全国交通管控亿级项目市场规模如表11、图11所示。

表11　2017~2020年全国交通管控亿级项目市场规模

| 年份 | 2017 | 2018 | 2019 | 2020 |
| --- | --- | --- | --- | --- |
| 亿级项目市场规模(亿元) | 31.00 | 33.40 | 28.02 | 39.04 |
| 亿级项目数(个) | 14 | 18 | 17 | 21 |

资料来源：ITS114。

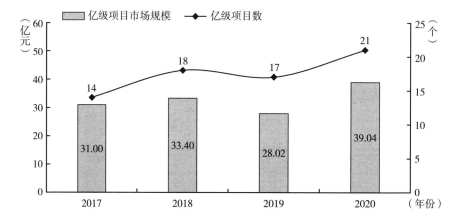

图11　2017~2020年全国交通管控亿级项目市场规模

资料来源：ITS114。

3. 运输服务亿级项目

2020年，运输服务（含智能网联）亿级项目市场规模约为27.54亿元，同比增长308.61%；项目数为11个，相比2019年增加6个。在11个项目中，传统的运输智能化相关的亿级项目较少，主要亿级项目都落在了智能网联和智能驾驶领域，其亿级项目市场规模约为23.45亿元。其中百度2020年亿级项目市场规模超过10亿元，腾讯、华为等也有参与，阿里巴巴目前主要聚焦于市场规模更大、同时与智能网联密切相关的智慧高速市场。2017～2020 年全国运输服务亿级项目市场规模如表 12、图 12 所示。

表 12　2017～2020 年全国运输服务亿级项目市场规模

| 年份 | 2017 | 2018 | 2019 | 2020 |
| --- | --- | --- | --- | --- |
| 亿级项目市场规模(亿元) | 2.56 | 3.45 | 6.74 | 27.54 |
| 亿级项目数(个) | 2 | 2 | 5 | 11 |

资料来源：ITS114。

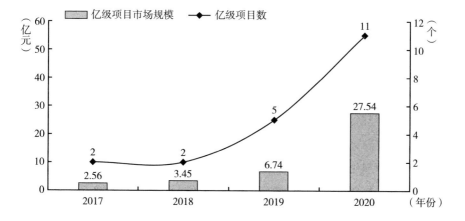

图 12　2017～2020 年全国运输服务亿级项目市场规模

资料来源：ITS114。

4. 智慧停车亿级项目

2020 年，智慧停车亿级项目市场规模约为 34.72 亿元，同比增长 40.17%；项目数为 14 个，相比 2019 年增加 4 个。整体而言，一体化的城市智慧停车项目、停车特许经营权转让、拍卖以及 PPP 项目越来越多，项目的资金规模也越来越大，同时，经营期限也纷纷调高到 10 年以上，但实际上智能化设备和平台只是其中一小部分，然而停车项目前期规划和后期运营都离不开智能化设备和平台的支撑。2017～2020 年全国智慧停车亿级项目市场规模如表 13、图 13 所示。

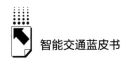

表13 2017～2020年全国智慧停车亿级项目市场规模

| 年份 | 2017 | 2018 | 2019 | 2020 |
|---|---|---|---|---|
| 亿级项目市场规模（亿元） | 3.15 | 3.85 | 24.77 | 34.72 |
| 亿级项目数（个） | 2 | 3 | 10 | 14 |

资料来源：ITS114。

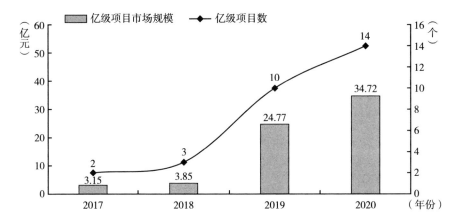

图13 2017～2020年全国智慧停车亿级项目市场规模

资料来源：ITS114。

## （三）城市智能交通市场发展趋势

整体来看，2020年我国城市智能交通市场规模增长加快。但是拉动增长的力量主要是智能网联与智慧停车市场，作为传统的城市智能交通投资对象，交通管控市场规模增长缓慢，占城市智能交通市场规模的份额同比下降超过13个百分点。传统城市智能交通企业不但面临市场规模增长缓慢甚至负增长的环境压力，同时也面临着如百度、阿里巴巴、腾讯和华为等科技龙头企业直接或间接的竞争。

随着我国城市智能交通市场规模的日益扩大，以及项目复杂度的不断提升，城市智能交通行业的竞争格局将慢慢发生改变。市场规模不断扩大，意味着项目承建商需要垫付的资金增加，同时，不断提升的项目复杂度，对项目承建商的项目管理、实施能力以及技术水平等都提出了更高要求。具备很强的资金实力、丰富的大项目经验的行业领先厂商，在承接项目方面将具有越来越明显的优势。因此，未来城市智能交通市场份额将向龙头企业集中。

# 三　公路信息化市场规模

## （一）智能交通与公路建设

近年来，在社会经济快速发展与国家政策的共同作用下，我国城市化进程不断加快，随之带来对交通运输的巨大需求。无论是道路交通基础设施建设速度，还是交通需求增长速度，我国都是当今世界上增长最快的国家之一。公路依然是政府投资基础设施建设的主要领域。根据交通运输部统计，2017～2020 年，我国公路建设投资额逐年增长；2020 年，全国公路建设完成投资 24312 亿元，比 2019 年增长 11.04%。2016～2020 年全国公路建设投资额如表 14、图 14 所示。

**表 14　2016～2020 年全国公路建设投资额统计及增长情况**

| 年份 | 2016 | 2017 | 2018 | 2019 | 2020 |
|------|------|------|------|------|------|
| 公路建设投资额（亿元） | 17976 | 21253 | 21335 | 21895 | 24312 |
| 增长率（%） | — | 18.23 | 0.39 | 2.62 | 11.04 |

资料来源：ITS114。

智能交通与公路建设发展密切相关。近几年我国公路建设投资额中，信息化建设投资占比除 2019 年外，均不到 3%，如表 15、图 15 所示。与国外的占比 10% 至 15% 相比，明显偏低。

## （二）公路信息化千万级项目市场规模

据不完全统计，2020 年我国公路信息化（含省界收费站取消、路网监

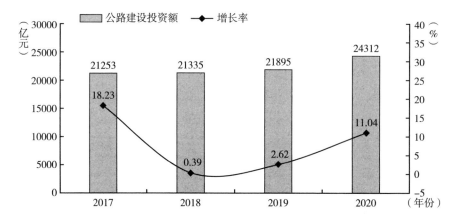

**图14 2017～2020年全国公路建设投资额统计及增长情况**

资料来源：ITS114。

测、计重收费、治超非现场检测等）千万级项目市场规模约为320.09亿元，
项目数493个，千万级项目平均市场规模约为6492.70万元。与2019年相
比，2020年公路信息化千万级项目市场规模减少约342.36亿元，同比降幅
约为51.68%；项目数减少215个；项目平均市场规模减少约2863.94万元，
同比降幅约为30.61%。2017～2020年全国公路信息化千万级项目市场规模
如表16、图16所示。

**表15 2017～2020年全国公路信息化建设投资额占比**

| 年份 | 2017 | 2018 | 2019 | 2020 |
| --- | --- | --- | --- | --- |
| 公路建设投资额（亿元） | 21253 | 21335 | 21895 | 24312 |
| 公路信息化建设投资额（亿元） | 161.93 | 192.12 | 662.45 | 320.09 |
| 占比（%） | 0.76 | 0.90 | 3.03 | 1.32 |

资料来源：ITS114。

2019年全国250组省界收费站撤站工作已经全部完成，所以2020年公
路信息化市场规模相比2019年下降明显，但相比2019年之前各年，仍有较
大幅度增长。2020年27个交通强国试点省份建设方案全部出台，智慧高速
是其中重点建设领域，因此公路信息化市场受益很大。

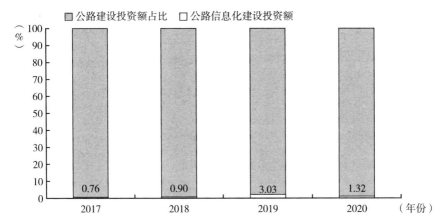

**图15 2017～2020年全国公路信息化建设投资额占比**

资料来源：ITS114。

**表16 2017～2020年全国公路信息化千万级项目市场规模**

| 年份 | 2017 | 2018 | 2019 | 2020 |
|---|---|---|---|---|
| 千万级项目市场规模(亿元) | 161.93 | 192.12 | 662.45 | 320.09 |
| 千万级项目数(个) | 301 | 422 | 708 | 493 |
| 千万级项目平均市场规模(万元) | 5379.73 | 4552.61 | 9356.64 | 6492.70 |

资料来源：ITS114。

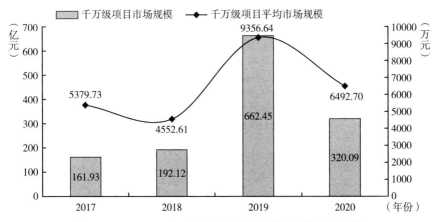

**图16 2017～2020年全国公路信息化千万级项目市场规模**

资料来源：ITS114。

2020 年，从区域分布来看，公路信息化千万级项目，西北地区占比最多，为 23%；其次是西南地区和华东地区，公路信息化千万级项目占比分别为 22% 和 21%；华南地区、华中地区、华北地区和东北地区的公路信息化千万级项目占比分别为 12%、10%、6% 和 6%。如表 17、图 17 所示。

由于地理条件复杂、人员覆盖率低等因素限制，西北地区和西南地区相对其他区域高速公路建设规模较低，近年来在国家政策扶持下，西北地区和西南地区的智慧高速建设进程不断加速，因此，其公路信息化的市场规模也相对较大。

表 17　2020 年全国公路信息化千万级项目区域占比

|  | 西北地区 | 西南地区 | 华东地区 | 华南地区 | 华中地区 | 华北地区 | 东北地区 |
|---|---|---|---|---|---|---|---|
| 千万级项目市场规模(亿元) | 74 | 69 | 67 | 37 | 33 | 20 | 20 |
| 占比(%) | 23 | 22 | 21 | 12 | 10 | 6 | 6 |

资料来源：ITS114。

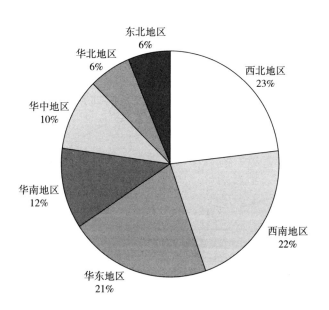

图 17　2020 年全国公路信息化千万级项目区域占比

资料来源：ITS114。

## （三）公路信息化亿级项目市场规模

2020 年我国公路信息化（含省界收费站取消、路网监测、计重收费、治超非现场检测等）亿级项目市场规模约为 210.37 亿元，约为公路信息化千万级项目市场规模的 65.72%，项目数 70 个。与 2019 年相比，2020 年公路信息化亿级项目市场规模减少约 273.15 亿元，同比减少 56.49%；项目数减少 60 个。同公路信息化千万级项目市场规模走势相似，2020 年公路信息化亿级项目市场规模相比 2019 年下降明显，但相比 2019 年之前各年，仍有较大幅度增长。2017~2020 年全国公路信息化亿级项目市场规模如表 18、图 18 所示。

表 18　2017~2020 年全国公路信息化亿级项目市场规模

| 年份 | 2017 | 2018 | 2019 | 2020 |
|---|---|---|---|---|
| 亿级项目市场规模（亿元） | 116.72 | 85.66 | 483.52 | 210.37 |
| 亿级项目数（个） | 40 | 42 | 130 | 70 |

资料来源：ITS114。

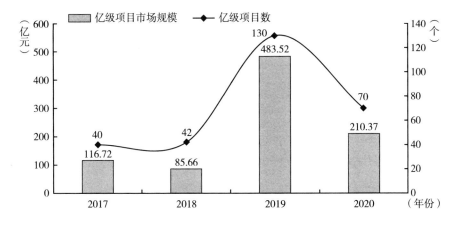

图 18　2017~2020 年全国公路信息化亿级项目市场规模

资料来源：ITS114。

2020年，从区域分布上来看，公路信息化亿级项目，西北地区与西南地区占比最多，均为27%；其次是华东地区，公路信息化亿级项目占比为19%；华南地区、东北地区、华中地区和华北地区，公路信息化亿级项目的占比分别为10%、8%、6%和3%。如表19、图19所示。

公路信息化亿级项目与千万级项目的区域分布基本一致，与城市智能交通千万级项目与亿级项目的区域分布不同，主要分布于西北地区、西南地区、华东地区，公路信息化千万级项目与亿级项目在这三个区域的占比总计分别为66%和73%。

表19　2020年全国公路信息化亿级项目区域占比

| | 西北地区 | 西南地区 | 华东地区 | 华南地区 | 东北地区 | 华中地区 | 华北地区 |
|---|---|---|---|---|---|---|---|
| 亿级项目市场规模（亿元） | 57 | 56 | 39 | 22 | 17 | 13 | 6 |
| 占比（%） | 27 | 27 | 19 | 10 | 8 | 6 | 3 |

资料来源：ITS114。

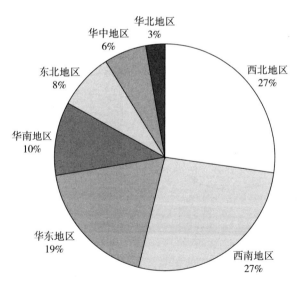

图19　2020年全国公路信息化亿级项目区域占比

资料来源：ITS114。

### （四）公路信息化市场发展趋势

整体来看，随着取消省界收费站这类大项目的收尾，2020年公路信息化市场千万级项目和亿级项目市场规模都出现常态化回落，但相比2019年之前各年，仍有较大幅度增长。视频云联网、智慧高速以及车路协同等细分领域逐渐成为拉动行业发展的新增长点。随着人工智能、5G、区块链等新兴技术的逐步成熟，在国家出台的各项政策的推动下，公路信息化、智能化已经成为当下公路交通运输的主要发展方向。通过基础设施的建设，公路网络建设规模将持续增长；同时，公路高质量发展也对公路信息化、智能化建设提出了更高的要求、带来了更大的发展空间。随着公路总里程的不断增加，信息化、智能化水平的不断提升，以及维护、升级改造的不断实施，未来我国公路信息化行业市场规模将不断增大。

# Abstract

After more than 20 years of development, intelligent transportation in China has achieved remarkable results. With the development of the new generation of information technology, with the favorable support of policy, demand and other factors, the construction and operation of China's intelligent transportation infrastructure and application system are becoming more and more mature. The continuous changes of intelligent transportation development concept, technical connotation, application scenarios and service objects drive the steady increase of the scale of China's intelligent transportation industry, Intelligent transportation has become a powerful support for the innovative development of comprehensive transportation system and the construction of transportation power, and promotes the high-quality development of national economy.

Intelligent transportation is the focus of attention in today's society. Combined with the actual needs of the development of the intelligent transportation industry, China Intelligent Transportation Association organized industry experts to study and put forward industrial development suggestions and look forward to the industrial development blueprint by combing the industrial framework, investigating and analyzing the current situation and extracting the characteristics of phased development, *Blue book of Intelligent Transportation: annual report on the development of intelligent transportation industry in China* (2021) is published and distributed to the industry.

This book is an annual research report that comprehensively and systematically describes the current situation and development of China's intelligent transportation industry, mainly including five parts: general report, sub report, special topic, reference and appendix. The general report analyzes the development trend and challenges of China's intelligent transportation industry and puts forward the future development strategy of the industry by extracting the characteristics of the development status of intelligent transportation industries in the main fields of intelligent transportation, such as intelligent vehicles, intelligent highways, new infrastructure construction, intelligent travel and urban traffic management. The sub reports and special topics cover many fields such as highway, railway, waterway, urban rail, urban road transportation, intelligent vehicle, intelligent parking and intelligent airport. Through detailed data and current situation investigation, they show the development overview of relevant fields, conduct in-depth analysis on the hot issues and challenges of industry development, and put forward countermeasures and suggestions. The reference part mainly compares the development characteristics and trends of intelligent transportation between China and Europe, and puts forward relevant suggestions on the future cooperation fields and directions of intelligent transportation between China and Europe. The appendix analyzes the development characteristics of regional intelligent transportation in China with the help of the statistical data of the scale of China's intelligent transportation market in 2020.

According to *Annual report on the development of intelligent transportation industry in China (2021)*, China's intelligent transportation industry has entered a steady and orderly development stage. The cross-border integration of new technologies has effectively improved the level of traffic management and transportation services. The overall planning of infrastructure such as rail, highway, water transportation and Airport has accelerated the construction of comprehensive three-dimensional transportation network and improved the synergy and efficiency of the operation of various transportation modes, safety and efficiency, thus promoting the continuous improvement of the intelligent transportation industry chain. However, while facing broad market prospects, industrial development has also continuously exposed bottlenecks and weaknesses, weak independent and controllable ability of core key technologies, controlled key technologies, lack of high-end talents, lagging, imperfect and inconsistent existing standard systems for intelligent transportation technology, products and applications, etc., which restrict the development of new products, new models and new business forms. Therefore,

in order to promote the sustainable development of the intelligent transportation industry, we should strengthen top-level design, improve the construction of laws, regulations and standards system, improve multi-level talent reserve, strengthen integrated innovation and coordinated development, promote the intelligent construction of various transportation modes through resource optimization and overall implementation, and improve the sharing and utilization efficiency of transportation big data resources, Improve the intelligent traffic safety and emergency guarantee system, so as to finally build a safe, green, convenient, efficient, economic and sustainable ecological transportation system.

In a rigorous and popular way, this book not only enables readers to understand the development status and trend of China's intelligent transportation industry from the perspective of the audience, but also analyzes the problems faced by the industrial development from a professional perspective and puts forward countermeasures and suggestions, which will provide reference for relevant management departments of the transportation industry, scientific research institutes, universities, enterprises and the public can grasp the development trend of the whole intelligent transportation industry and provide reference.

**Keywords**: Intelligent Transportation; Industry Development; Construction of Transportation Power

# Contents

## I  General Report

**Abstract:** In 2020, under the background of many favorable policies and new technology development, China's intelligent transportation industry continued to maintain a good momentum of development despite the major test of COVID − 19. The intelligent vehicle developed rapidly, new road infrastructure and intelligent highway construction were vigorously promoted, and traffic management efficiency and integrated travel service quality continued to improve. On the whole, the development opportunities and challenges of the intelligent transportation industry coexist. The urgent demand for innovation driven and improving people's livelihood has created broad market prospects for the development of the intelligent transportation industry. However, at the same time, the basic research is insufficient, the construction of standard system lags behind, and the independent and controllable ability of core key technologies is weak Many problems restricting the development of the industry, such as imperfect market application and promotion mechanism, are still prominent. In order to support the construction of a transportation power, meet the major development needs of China's transportation "four networks integration", and promote the industrial upgrading and innovative development of the transportation industry, China's

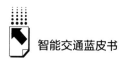

intelligent transportation development urgently needs to strengthen top - level design and scientific and technological innovation, strengthen product R & D for application scenarios, and accelerate the improvement of intelligent transportation technology standardization. Focus on promoting the innovative development of intelligent transportation infrastructure, traffic safety and emergency support system based on intelligent technology, people-oriented intelligent travel service, efficient vehicle road coordination and automatic driving, increase investment in independent innovation R&D, and strive to improve the overall development capacity of the intelligent transportation industry.

**Keywords**: Intelligent Transportation; Intelligent Travel; Vehicle Road Coordination

# II   Sub Reports

**B . 2**   Development Report of China's Expressway Intelligent

Industry in 2020    *Li Bin, Meng Chunlei, Cai Lei, Hao Liang,*

*Liu Yuchen, Lv Chenyang and Li Tiezhu* / 022

**Abstract**: After more than 30 years of construction, China has formed a national trunk road network with expressway skeleton network. The expressway network has become a strategic resource and facility to support the country's economic development, serve the people's life and guarantee national security. The development of expressway intelligent industry started relatively late in China, and has gone through three stages of development. At present, it has entered the sustained growth stage which is highly concerned by the industry. Starting from the definition of expressway intelligent industry and combining with many data statistics, this paper objectively analyzes the industrial development environment, industrial scale, industrial competitiveness, and regional development characteristics of expressway, and summarizes some problems existing in the industrial chain, market environment and compound talents. And put forward the future industrial development in the industrial structure, research and development investment, talent technology competition mechanism, specific implementation path of the relevant needs. This paper clarifies the content of industrial policy, technological innovation, standard establishment, etc. to support the general trend of stable development of the industry. On this basis, the market supply, demand and scale were predicted. Finally, in view of the problems and development needs, this paper puts forward countermeasures and suggestions for the future development of the industry, such as improving industrialization layout, digging out the needs of the market, accelerating the creation of intelligent nighway industry development source, improving talent reserve, building a good market environment, strengthening policy guidance and capital investment, which has certain reference value.

**Keywords**: Expressway; Intellectualization; Industrialization

# **B**.3   2020 China Intelligent Railway Industry Development Report

*Jia Limin, Guo Yue, Shi Tianyun, Li Ping and Shao Sai / 045*

**Abstract**: China Railway Group has formed three key technological and equipment innovations in intelligent construction, intelligent equipment, and intelligent operation. The goal is to achieve safer and more reliable railway construction and operation, more economical and efficient, more warm and comfortable, more convenient and faster, more energy − saving and environmentally friendly. This report analyzes the national and China National Railway Group's strategic planning in the direction of intelligent railways, investigates the needs of intelligent business construction in the fields of railway engineering construction, transportation operation, and safety assurance, and conducts in − depth research on the current status and trends of China's railway transportation intelligent industry. Predicted the economic scale and technological research trends of the above − mentioned fields in the next three years, and proposed suggestions such as strengthening policy support, strengthening risk

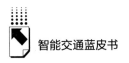
prevention and control, increasing investment in scientific and technological innovation, strengthening talent team building, deepening external exchanges and cooperation, and cultivating intelligent railways.

**Keywords**: Intelligent Railway; Intelligent Building; Intelligent Equipment; Intelligent Operation

## B.4　2020 China Waterway Transportation Intelligent Industry Development Report

*Zhao Yumin, Lan Jiafen, Chu Xiumin,*

*Jiang Zhonglian and He Wei / 077*

**Abstract**: Intelligence is one of the hot spots in the development of waterway transportation industry in recent years. This paper puts forward the definition of intelligent waterway transportation industry, summarizes the current situation of the development of intelligent ships, intelligent waterways , intelligent ports and maritime industries, and analyzes the economic and political environment of industrial development. At the same time, it points out the shortage of waterway trans-portation intelligent industrial development in informatization, standardization and core technologies. It is predicted that the market scale of China's intelligent ship industry will reach about 30 billion yuan in 2022, and the prospect of waterway transportation intelligent industry is very promising. Finally, it outlooks the key technologies that need to be broken through in the overall planning of intelligent waterway transportation industry, intelligent maritime and ports, intelligent ships and other fields, and puts forward three safeguard measures to strengthen policy support, support pilot demonstration and promote open cooperation.

**Keywords**: Intelligent Shipping; Intelligent Ships; Intelligent Ports; Intelligent Maritime Management

**B . 5** Development Report of Urban Rail Transit Intelligent

Industry in China in 2020

*Huang Jianling , Gao Guofei and Wei Yun /* 098

**Abstract**: Under the tide of a new round of scientific and technological revolution and industrial reform, the intelligent construction of urban rail transit in China has entered a rapid development stage, and the industrial development has begun to take shape, changing the traditional construction, service and operation mode. At present, the development of urban rail transit in China has gradually changed from the stage of "large - scale construction" to the stage of "high - quality development". Under this opportunity, with the development of emerging technologies such as cloud computing, big data, Internet of things, artificial intelligence, 5g and blockchain, cities with large - scale urban rail transit networks such as Beijing, Shanghai and Guangzhou have begun to actively carry out intelligent construction. CRRC, Casco Traffic control technology and other Rail Transit Intelligent leading enterprises have also increased their investment in intelligent R & D funds year by year. Enterprises focusing on Urban Rail Transit Intelligent business have sprung up. Regional governments have issued relevant policies to attract funds and scramble to establish urban rail transit industry incubation centers to attract industrial agglomeration. In order to deeply understand the development status and future trend of Urban Rail Transit Intelligent Industry and promote the healthy development and orderly construction of Urban Rail Transit Intelligent industry, it is urgent to comprehensively sort out and analyze the Urban Rail Transit Intelligent industry, so as to grasp the development trend of the industry, reasonably predict the future market scale, and give countermeasures and suggestions to strengthen policy guidance, accelerate the R & D and application of new technologies such as multi - standard rail transit and smart city rail, build a national rail transit technology collaborative innovation platform, and improve talent incentive policies. In the future, the intelligent construction of urban rail transit will play an important role in accelerating the construction of a transportation power and promoting the intelligent transformation and upgrading of the

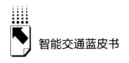

transportation industry.

**Keywords**: Urban Rail Transit; Intellectualization; Leading Enterprises

**B**. 6　2020 China Urban Road Traffic Management Intelligent
　　　Development Report

*Wang Changjun, Wang Li and Zhang Lili / 136*

**Abstract**: China's intelligent road traffic management has entered a rapid development period, taking the opportunity of "new infrastructure" as well as the influence of the steady progress of national policies and norms. The industrial development environment is good, the market supply and demand is relatively stable, the development of the head enterprise is generally good and gradually form regional competitive advantage and brand influence. However, there are still some outstanding problems, such as imperfect market cultivation mechanism, lack of leading enterprises with international influence, and no breakthrough in key technologies. There is an urgent need for competent departments and major enterprises to improve the standard system, promote the coordination of industrial contracts, make rational use of regional advantages, actively carry out international exchanges and cooperation, and increase the training of highly skilled personnel to promote the high'quality development of the industry. The intelligent industry of urban road traffic management in China has a strong demand and will maintain a trend of rapid growth during the 14th five – year Plan period according to the relevant data.

**Keywords**: Road Traffic Management; Development of the Industry; Intellectualization

**Abstract**：The development of intelligent vehicles can not only solve the problems faced by society, such as traffic safety, road congestion, energy consumption and environmental pollution, but also promote the deepening of supply side structural reform, the implementation of innovation driven development strategy and the construction of a modern scientific and technological power, so as to meet the growing living needs of the people. This report systematically summarizes and analyzes the development status of China's intelligent automobile industry from the aspects of industrial overview, industrial development environment and industrial competitiveness, discusses the future development trend of industrial development demand, industrial development trend, market development forecast, and puts forward the consolidation of development strategy, improvement of standards and regulations, improvement of coordination mechanism Six countermeasures and suggestions to promote the development of China's intelligent vehicle industry are to accelerate the social popularization of breaking through the core technology, improving the test and evaluation technology and promoting the healthy development of intelligent vehicles.

　　**Keywords**：Intelligent Automotive；Automobile Industry；Market Trend

　　**Abstract**：With the increase of car ownership, China's parking demand has further increased. "Parking difficulty" has become an urgent problem to be solved in urban development. By analyzing the environment of policy, economy,

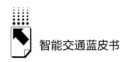
technology and society, industrial scale and industrial competitiveness affecting the development of intelligent parking industry, this report summarizes the problems existing in industrial development, such as imperfect policy system, insufficient parking space supply, a wide variety of smart parking applications and industrial management coordination mechanism needs to be improved. By analyzing the development needs of intelligent parking industry and summarizing the development trend of intelligent parking industry, this paper forecasts the growth, capacity and profitability ability of intelligent parking industry from 2021 to 2025, and puts forward countermeasures and suggestions to promote the development of intelligent parking industry in China. Firstly, straighten out the management system, clarify the competent authorities, and uniformly organize, coordinate and promote all work. Secondly, prepare special static traffic plan. Thirdly, speed up urban parking legislation. Fourthly, establish a unified intelligent parking platform in the city. Fifthly, further refine policies, attract social capital to participate, and promote the market - oriented development of the parking industry. Finally, strengthen the correct publicity, guidance and supervision of public opinion, and create a good social atmosphere.

**Keywords:** Intelligent Parking; Industry Analysis; Supply and Demand Forecast

# Ⅲ  Special Topic

**B.9**  Exploration and Practice of Smart Airport Construction

*Wu Honggang, Liu Baoshu, He Donglin, Li Heng,*

*Li Jing, Wang Hao and Peng Luyi* / 210

**Abstract:** As an important hub in the transportation system, the airport currently is facing deficiencies in many areas, such as surface awareness, interconnection, digital operation and global intelligent control, resulting in a large amount of stress on ensuring airport security and a lack of efficiency in intelligent operation. To solve the above problems, research and application of cutting — edge technologies such as digital twin, artificial intelligence, 5G and the Internet of Things will enable the key technologies in the aspects of all factor multi — source intelligent perception, integrated interconnection of air and space, digital transformation of the physical world and multi — subject intelligent cooperation, so as to realize airport digital twin, insensitive passenger travel, unmanned baggage handling and operation support in the flight zone, as well as the transformation of traditional infrastructure into integrated "new infrastructure", and building a smart airport with comprehensive IOT of production factors, data sharing, collaborative, efficient and intelligent operation, which will greatly improve the intelligent operation level of aviation hubs and promote the construction of intelligent transportation system in China.

**Keywords:** Smart Airport; Digital Twin; Insensitive Travel

**B**.10    Development Status and Suggestions of Automatic

Driving and Vehicle Road Coordination Industry

*Zhang Jisheng, Fang Jing, Li Honghai and Zhang Fan* / 245

**Abstract:** With the rapid development of autonomous driving technology and intelligent networking technology, the supporting pilot demonstration projects and industrialization policies are also being improved. With the stable operation of the national expressway network toll project, the 5G standards and the promotion of commercialization, vehicle — Infrastructure collaboration has also been explored in terms of technology selection, application scenarios and other aspects. This paper summarizes and analyzes the current situation in terms of industrialization policies, technology development status, application pilot demonstrations and industrialization standards related to autonomous driving and vehicle — road collaboration, and makes suggestions on the next development of autonomous driving and vehicle — road collaboration in terms of implementation scope,

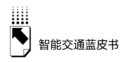
implementation focus and technology development in conjunction with the pilot construction of a strong transportation country and the demand for new transportation infrastructure: strengthen overall planning and coordination and encourage exploration of policies and regulations in pilot demonstration areas; strengthen process supervision and operation evaluation, be prudent and inclusive, and promote the healthy development of technology; under the guidance of unified standards, strive to build a number of demonstration application scenarios; thoroughly implement the data security requirements and build a "car road cloud" oriented network security system; integrate the needs of road network management and service industry to build an industrial chain.

**Keywords:** Antonomous Driving; Vehicle-Road Collaboration; Industrial Development

**B**.11 Research on Smart Expressway Standard System in China

*Song Xianghui, Wang Dongzhu, Li Yameng and Sun Ling / 269*

**Abstract:** Based on the analysis of the policy support, construction situation and overall construction architecture of smart expressway construction, this paper summarizes and combs the key technologies and construction contents of smart expressway. In view of the existing problems, research status and needs of smart expressway standards, combined with the key technologies of smart expressway construction, the framework and components of smart Expressway standard system is put forward. And focuses on the basic and key standards based on the construction stage and actual needs of expressway, the suggestions on the phased implementation of smart expressway standard construction are advised.

**Keywords:** Smart Expressway; Overall Architecture; Standard System

**B**. 12　Intelligent Transportation Construction in key Cities in China

*Liu Jianfeng, Sun Yangshijia, Zhang Zi, Wang Lei,*

*Wang Na, Hu Juan and Shi Yonghui / 287*

**Abstract**: As an important part of the construction of national three - dimensional transportation network, urban intelligent transportation has attracted extensive attention all over the world. In the face of the development needs of convenience, smoothness, economy, efficiency, green intensification, advanced intelligence, safety and reliability, all cities, according to the traffic characteristics, through mode innovation drive and technology guidance, and around the urban planning and intelligent transportation construction framework, have fully completed the objectives and tasks of the construction of transportation power construction, digital transportation construction, comprehensive three-dimensional transportation network system, etc. At the same time, drive the deep integration with the development of intelligent transportation tools and smart cities; accelerate the application of new generation technological achievements such as security, communication and sensing; improve and develop information services and modern logistics, which will be the development achievement of China's urban intelligent transportation construction into a new stage.

**Keywords**: Intelligent Transportation; Digital Transportation; Vehicle Road Coordination

# Ⅳ　Reference Report

**B**. 13　Analysis on the Development of Intelligent

　　　　Transportation Abroad

*Liu Hao, Zhang Ke, Zhao Xiaohua, Li Haijian,*

*Bian Yang and Yu Haiyang / 337*

**Abstract**: Since the mid - 1980s, Europe has begun to study and improve

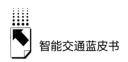
road facilities to improve service levels, observe and study the development status of European intelligent transportation field, and realize the cooperation of China and European Union on this basis, which provides reference and opportunities for the development of China's intelligent transportation industry. Taking Denmark, Germany, France, Holland, England, Sweden and other representative European countries as the object, focusing on road transportation, combined with the fields of subway, railway, water transportation and civil aviation, this paper summarizes the current development characteristics of Europe in the fields of green intelligent transportation, internet connection and autonomous driving, intelligent auto logistics system, efficient urban operation, road safety guarantee, digital infrastructure, sharing transportation and so on. By analyzing the key areas of common concern for the development of intelligent transportation between China and the EU, and the suggestions on the cooperative development plan, it provides a reference basis for formulating the cooperation plan in the field of intelligent transportation between China and the EU in the next stage.

**Keywords**: European Union; Green Transportation; Intelligent Connected; International Cooperation

# V Appendix

**B**.14 Statistics of China's Intelligent Transportation Market Size

*Dong Hailong*, *Zhang Lingyu* / 368

**Abstract**: In 2020, the novel coronavirus pneumonia affected the passenger and freight volume of the whole country, but did not slow down the construction process of transportation intellectualization. This paper analyzes the market scale of 10 million and 100 million projects in urban intelligent transportation, highway informatization from 2017 to 2020. The market scale of 10 million projects of urban intelligent transportation shows an increasing trend year by year. Among them, the growth of the market scale of traffic control is slow, and the market scale of transportation services and intelligent parking is growing rapidly. The market scale of 10 million projects of highway informatization has decreased significantly compared with 2019, but there is still a significant increase compared with that before 2019. At the same time, in 2020, East China will account for the 10 million and 100 million projects of urban intelligent transportation, while Northwest China will account for the most 10 million and 100 million projects of highway informatization. On the whole, the overall investment in China's urban intelligent transportation and highway information market will show a very positive growth trend in 2020.

**Keywords:** Intelligent Transportation; Highway Informatization; Market Scale

# 致　谢

　　本书以智能交通产业发展研究成果为依据，客观、科学地反映了智能交通行业主要领域发展现状，研究分析了产业未来发展趋势。为保证本书内容质量，中国智能交通协会联合相关主管部门、研究院校和典型企业专家组成编写委员会，面向行业深入开展调研活动，并结合翔实、准确的统计数据和课题研究成果完成全书编写工作，组织行业知名专家、主管领导成立专家咨询委员会对全书架构、内容等进行把关、审阅。

　　《中国智能交通产业发展报告（2021）》是智能交通行业集体智慧的结晶。在此，感谢课题研究组、编写委员会、专家咨询委员会各位专家、领导的宝贵建议和辛勤付出，感谢华录易云科技有限公司为本书出版提供的大力支持！

**权威报告·连续出版·独家资源**

# 皮书数据库
## ANNUAL REPORT(YEARBOOK)
## DATABASE

## 分析解读当下中国发展变迁的高端智库平台

### 所获荣誉

- 2020年，入选全国新闻出版深度融合发展创新案例
- 2019年，入选国家新闻出版署数字出版精品遴选推荐计划
- 2016年，入选"十三五"国家重点电子出版物出版规划骨干工程
- 2013年，荣获"中国出版政府奖·网络出版物奖"提名奖
- 连续多年荣获中国数字出版博览会"数字出版·优秀品牌"奖

皮书数据库　　"社科数托邦"
　　　　　　　微信公众号

### 成为会员

　　登录网址www.pishu.com.cn访问皮书数据库网站或下载皮书数据库APP，通过手机号码验证或邮箱验证即可成为皮书数据库会员。

### 会员福利

- 已注册用户购书后可免费获赠100元皮书数据库充值卡。刮开充值卡涂层获取充值密码，登录并进入"会员中心"—"在线充值"—"充值卡充值"，充值成功即可购买和查看数据库内容。
- 会员福利最终解释权归社会科学文献出版社所有。

数据库服务热线：400-008-6695
数据库服务QQ：2475522410
数据库服务邮箱：database@ssap.cn
图书销售热线：010-59367070/7028
图书服务QQ：1265056568
图书服务邮箱：duzhe@ssap.cn

社会科学文献出版社 皮书系列
SOCIAL SCIENCES ACADEMIC PRESS (CHINA)
卡号：468562686651
密码：

# S 基本子库
## SUB DATABASE

## 中国社会发展数据库（下设 12 个专题子库）

紧扣人口、政治、外交、法律、教育、医疗卫生、资源环境等 12 个社会发展领域的前沿和热点，全面整合专业著作、智库报告、学术资讯、调研数据等类型资源，帮助用户追踪中国社会发展动态、研究社会发展战略与政策、了解社会热点问题、分析社会发展趋势。

## 中国经济发展数据库（下设 12 专题子库）

内容涵盖宏观经济、产业经济、工业经济、农业经济、财政金融、房地产经济、城市经济、商业贸易等 12 个重点经济领域，为把握经济运行态势、洞察经济发展规律、研判经济发展趋势、进行经济调控决策提供参考和依据。

## 中国行业发展数据库（下设 17 个专题子库）

以中国国民经济行业分类为依据，覆盖金融业、旅游业、交通运输业、能源矿产业、制造业等 100 多个行业，跟踪分析国民经济相关行业市场运行状况和政策导向，汇集行业发展前沿资讯，为投资、从业及各种经济决策提供理论支撑和实践指导。

## 中国区域发展数据库（下设 4 个专题子库）

对中国特定区域内的经济、社会、文化等领域现状与发展情况进行深度分析和预测，涉及省级行政区、城市群、城市、农村等不同维度，研究层级至县及县以下行政区，为学者研究地方经济社会宏观态势、经验模式、发展案例提供支撑，为地方政府决策提供参考。

## 中国文化传媒数据库（下设 18 个专题子库）

内容覆盖文化产业、新闻传播、电影娱乐、文学艺术、群众文化、图书情报等 18 个重点研究领域，聚焦文化传媒领域发展前沿、热点话题、行业实践，服务用户的教学科研、文化投资、企业规划等需要。

## 世界经济与国际关系数据库（下设 6 个专题子库）

整合世界经济、国际政治、世界文化与科技、全球性问题、国际组织与国际法、区域研究 6 大领域研究成果，对世界经济形势、国际形势进行连续性深度分析，对年度热点问题进行专题解读，为研判全球发展趋势提供事实和数据支持。

# 法律声明

"皮书系列"（含蓝皮书、绿皮书、黄皮书）之品牌由社会科学文献出版社最早使用并持续至今，现已被中国图书行业所熟知。"皮书系列"的相关商标已在国家商标管理部门商标局注册，包括但不限于 LOGO（🖎）、皮书、Pishu、经济蓝皮书、社会蓝皮书等。"皮书系列"图书的注册商标专用权及封面设计、版式设计的著作权均为社会科学文献出版社所有。未经社会科学文献出版社书面授权许可，任何使用与"皮书系列"图书注册商标、封面设计、版式设计相同或者近似的文字、图形或其组合的行为均系侵权行为。

经作者授权，本书的专有出版权及信息网络传播权等为社会科学文献出版社享有。未经社会科学文献出版社书面授权许可，任何就本书内容的复制、发行或以数字形式进行网络传播的行为均系侵权行为。

社会科学文献出版社将通过法律途径追究上述侵权行为的法律责任，维护自身合法权益。

欢迎社会各界人士对侵犯社会科学文献出版社上述权利的侵权行为进行举报。电话：010-59367121，电子邮箱：fawubu@ssap.cn。

社会科学文献出版社